国家社会科学基金重点项目"习近平新时代中国特色社会主义问题意识研究"（项目批准号：18AKS012）研究成果

当代中国马克思主义问题意识研究

关　锋·著

科学出版社

北　京

内 容 简 介

本书在对"问题意识"进行必要界定的基础上,相对全景地研究了"当代中国马克思主义问题意识"这一重要理论和现实问题,深入探讨了其生成的理论根基和历史渊源,厘清了其生成的独特时代境遇和多维事理逻辑;从"言"与"行"结合的角度,解析了当代中国马克思主义问题意识的核心主张、主要诉求、现实重大指向和成功践履,深入挖掘了其深层次的普遍逻辑和方法论意义,是一部专门研究和系统梳理当代中国马克思主义问题意识的专著。

本书可供马克思主义理论研究者参阅,也可供对马克思主义理论感兴趣的读者阅读。

图书在版编目(CIP)数据

当代中国马克思主义问题意识研究/关锋著. -- 北京:科学出版社,2025. 6. -- ISBN 978-7-03-081291-9

Ⅰ. A811.63

中国国家版本馆 CIP 数据核字第 20251PW215 号

责任编辑:丁 川 / 责任校对:贾娜娜
责任印制:师艳茹 / 封面设计:有道文化

科学出版社 出版
北京东黄城根北街 16 号
邮政编码:100717
http://www.sciencep.com
北京九州迅驰传媒文化有限公司印刷
科学出版社发行 各地新华书店经销

*

2025 年 6 月第 一 版 开本:720×1000 1/16
2025 年 6 月第一次印刷 印张:21
字数:366 000
定价:198.00 元
(如有印装质量问题,我社负责调换)

前　言

党的二十大报告指出："推进马克思主义中国化时代化是一个追求真理、揭示真理、笃行真理的过程。"党的十八大以来，我们本着"追求真理、揭示真理、笃行真理"的态度和精神，"从理论和实践的结合上深入回答关系党和国家事业发展、党治国理政的一系列重大时代课题"，"勇于进行理论探索和创新"，"以全新的视野"深化了对三大规律即共产党执政规律、社会主义建设规律、人类社会发展规律的理解和认识，也因之取得了一系列重大理论创新成果，它们集中体现在当代中国马克思主义之中。

当代中国马克思主义、二十一世纪马克思主义，作为马克思主义中国化的最新理论成果，无疑主要指习近平新时代中国特色社会主义思想，从根本上说，是我们在坚持"三个毫不动摇"即"坚持马克思主义基本原理不动摇，坚持党的全面领导不动摇，坚持中国特色社会主义不动摇"的基础上，"坚持解放思想、实事求是、与时俱进、求真务实，一切从实际出发"的同时，坚持以问题为导向，"着眼解决新时代改革开放和社会主义现代化建设的实际问题"，进行艰辛探索、积极求索、认真思索，不断科学回应"中国之问、世界之问、人民之问、时代之问"，并且因之形成"符合中国实际和时代要求的正确回答""符合客观规律的科学认识"[①]的结果。显然，自觉的问题意识和鲜明的问题导向既是习近平新时代中国特色社会主义思想突出的理论特征和重要的理论特质，也是其得以生成和发展的重要内生维度，同时是它在现实中不断发挥"行动指南"作用、指导新时代中国特色社会主义实践不断获得胜利的基本理据和因由。

由此，无论基于上述哪一种考虑，都非常有必要系统深入而又专门地来对当代中国马克思主义问题意识进行研究。当然，这种系统深入而又专门的研究，理应重点厘清以下一些重要方面。

---

① 习近平：《高举中国特色社会主义伟大旗帜　为全面建设社会主义现代化国家而团结奋斗——在中国共产党第二十次全国代表大会上的报告》，人民出版社 2022 年版，第 16—18 页。

第一，当代中国马克思主义问题意识，在现实中有哪些重要表现。

其核心之处，具体来说，一则是新时代中国共产党对问题意识有哪些自觉认识，或者说党的十八大以来以习近平同志为主要代表的中国共产党人对问题意识有哪些相关明确的重要论述。比如，问题意识有哪些核心环节或者说合理合格的问题意识包括哪些重要环节，新时代强化和深化问题意识有哪些基本要求，新时代现实中成功践履问题意识有哪些特殊的重要诉求等。

二则是这些对问题意识的自觉认识、重要论述的践行和实践转化，具体说就是这种问题意识在中国特色社会主义建设中的经济发展、政治建设、文化建设、社会治理、生态文明建设、国防和军队建设、国际交流和交往、党的建设等诸多方面的自觉实践。或者从新时代中国特色社会主义建设、社会发展重大问题角度彰显中国共产党对问题意识的自觉认识、重要论述的践行和实践转化，以下重大问题是比较突出的，如新时代追求高质量发展背后的社会发展动力问题、新时代保障社会发展持续健康进行的精神力量问题、新时代社会稳定和国家安全问题、新时代坚持推进"五位一体"总体布局中的生态环境问题、新时代中国共产党和中国人民为世界发展作出更大贡献问题、新时代中国共产党长期执政问题等。在对这些重大问题的认识和求解中，当代中国马克思主义问题意识是如何被现实地践履的。

这是从认识和实践结合角度系统阐析和解答当代中国马克思主义问题意识"到底是什么"这个基本问题。

第二，当代中国马克思主义问题意识为什么会生成。

这既是在搞清楚当代中国马克思主义问题意识"到底是什么"这个基本问题基础上的进一步追问，也是凸显习近平新时代中国特色社会主义思想中问题意识何以重要、何以独特的重要支点，还是系统研究和深入梳理当代中国马克思主义问题意识不可或缺的基本维度。这方面的研究，核心在于通过深挖细究来搞清楚到底是哪些因素主导和决定了当代中国马克思主义问题意识的萌生和形成。具体说，至少应注意到以下两个维度。

一则是当代中国马克思主义问题意识何以生成的深层次的致因和必然性。习近平新时代中国特色社会主义思想是二十一世纪马克思主义、马克思主义中国化最新理论成果，这种维度的探究大体上应该涉及：①经典马克思主义具有鲜明问题导向的理论特质，这是当代中国马克思主义问题意识何以生成的深层次的理论逻辑；②马克思主义中国化、中国共产党百年征程就是在不断解决中国的现实问题中取得成功、不断前行的，此为其内生的基本维度和鲜明特点，这是当代中国马克思主义问题意识何以生成的深层次的历史逻辑；③问题本身在人类历史实践的长河中彰显出来的多维重要性，如问题是时代的声音、时代的口号，是事物矛盾的表现形式，是创新的起点和动力源等，这种多维重要性就决定了问题意识、坚持问题导向的重要性，它们构成当代中国马克思主义问题意识何以生成的深层次的事理逻辑。

二则是当代中国马克思主义问题意识何以生成的时代境遇及其决定的现实动因。习近平新时代中国特色社会主义思想是新时代中国特色社会主义建设的产物，是马克思主义中国化在新时代的结晶，它的形成和发展与新时代这个特定的历史方位有直接的关联，也因此深深打上了新时代的时代烙印。在一定意义上甚至可以说，习近平新时代中国特色社会主义思想就是在直接探索和求解新时代中国特色社会主义建设重大发展问题、难题中形成和发展的。它的问题意识既有独特的时代境遇，也因之形成了鲜明的时代特质。

具体言之，中国特色社会主义进入新时代，从社会发展角度讲，至少意味着它是努力实现更加平衡充分发展的时代，是努力促进持续健康发展实现共同富裕的时代，是努力实现以人民为中心的发展、更好彰显社会主体地位的时代，是努力推动世界共同发展、更好彰显大国担当的时代，这就是新时代中国社会问题总体性的时代境遇。也正因此，一般而言，以下三点较为突出。首先，相较于改革开放初期，新时代无疑属于"发展起来以后的历史时期"，这决定了它的社会问题"不比不发展时少"，但这些问题本质上还是"发展中的问题"，是通过发展可以不断解决的问题；新社会主要矛盾在很大程度上就构成新时代社会发展的"总问题"；其次，新时代在相当长一段时期内是发展关键期、改革攻坚期、矛盾凸显期的"三期叠加"，既要"爬坡过坎"，也要跨越"中等收入陷阱"，问题不但越来越多而且越来越复杂，社会风险走向高发期和并发期，这也由此造成重大问题、突出问题、关键问题在新时代经济发展、全面深化改革、社会问题解决中居于至关重要的地位；最后，新时代是百年未有之大变局的时代，"世界之变、时代之变、历史之变"叠加，不仅使得世界和平与发展面临更多的挑战与问题，还不可避免地带来了社会问题影响因素中国内因素、国际因素的深度关联与高度互动，这也由此造成涉及方向和道路、国家基本安全的一些战略问题的重要性不断凸显出来。

　　这种时代境遇，在很大程度上不仅直接决定了当代中国马克思主义问题意识的形成和发展，还决定了当代中国马克思主义问题意识的时代特质。

　　以上这方面的研究，实际上可以说是在广义历史逻辑和现实逻辑相结合的角度来深入探究和解答当代中国马克思主义问题意识"为什么"（会产生和形成）这个基本问题。

　　第三，当代中国马克思主义问题意识是否存在更深层次上、更具普遍性的内涵。

　　比如说是否存在更宽层面、更深层次的规制逻辑、范导逻辑等——这种逻辑涉及科学社会主义与中国特色社会主义的共振、马克思主义中国化基本原则等，以及是否存在更具普遍意义和指导价值的科学方法论等。这显然是在搞清楚当代中国马克思主义问题意识"是什么""为什么"（产生）两大重要问题基础上，进一步探究更高层次上"有什么"（是否有更深层次的内涵、更具普遍性的价值和意义等）这个重要问题，这无疑是更深层次的追问和挖掘。

　　习近平新时代中国特色社会主义思想是新时代的产物，是马克思主义中国化时代化新的飞跃，但它从根本上说是中国共产党长期坚持马克思主义中国化、长期不断推进中国特色社会主义的结果，在这个意义上，它的生成、发展逻辑的背后，则是马克思主义中国化、中国特色社会主义生成和发展的逻辑，这是其更深层次的逻辑。这自然也是当代中国马克思主义问题意识背后的深层次逻辑。习近平明确指出，中国特色社会主义，"是科学社会主义理论逻辑和中国社会发展历史逻辑的辩证统一"，是"适应中国和时代发展进步要求的科学社会主义"，"是全面建成小康社会、加快推进社会主义现代化、实现中华民族伟大复兴的必由之路"[①]，当然，它也是以马克思主义及其中国化理论成果为指导而开辟和生成的。在这个意义上，科学社会主义理论逻辑和中国社会发展历史逻辑的良性互动，中国特色社会主义具体形成中的改革开放主题、新时代重大课题、执政周期率命题"三题融合"的主导逻辑，以及马克思主义中国化中科学立场与政治立场辩证统一的历史逻辑，构成当代中国马克思主义问题意识背后深层次逻辑的重要指向。

　　事物蕴含的方法论是其更深层次、更具普遍性的意义和价值所在。当代中国马克思主义问题意识恰恰在这方面有突出的优势。我们知道，党的

---

①《习近平谈治国理政》第一卷，外文出版社 2018 年版，第 21 页。

二十大报告进一步明确提出："习近平新时代中国特色社会主义思想的世界观和方法论"，并特别指出"不断谱写马克思主义中国化时代化新篇章"，是当代中国共产党人的庄严历史责任。"继续推进实践基础上的理论创新"，首先要把握好习近平新时代中国特色社会主义思想的世界观和方法论，"坚持好、运用好贯穿其中的立场观点方法"①。与此同时，我们党明确提出了"六个必须坚持"即必须坚持人民至上、必须坚持自信自立、必须坚持守正创新、必须坚持问题导向、必须坚持系统观念、必须坚持胸怀天下，它们是组成习近平新时代中国特色社会主义思想的世界观和方法论最基本、最主要的内容。其中，坚持问题导向和问题意识本质上是一致的，它是当代中国马克思主义问题意识方法论意蕴直接的、集中的体现。

在这个意义上，就有必要在呈现问题意识和坚持问题导向内在关联的基础上，系统挖掘"必须坚持问题导向"的方法论意蕴。这应该涉及以下三个大的方面，即"必须坚持问题导向"本身的方法论实质，它与新时代诸如全面深化改革方法论、思维方式方法论、学习方法论等重大实践方法论的相融相通，以及它与其他五个"必须坚持"的辩证统一。

以上这方面的研究，实际上既可以说是在更深层次上对当代中国马克思主义问题意识的研究，也可以说是在更高层次上彰显当代中国马克思主义问题意识价值和意义的研究，同时可以更好地彰显当代中国马克思主义问题意识研究的重要性，当然也是整个研究必不可少的深化性和提升性部分，在某种意义上有"卒章显其志"之效。

以上所述，是对当代中国马克思主义问题意识进行专门、系统的学术研究的基本理路和运思逻辑。

我们知道，马克思于1872年在《资本论》第二版跋中专门强调，"当然，在形式上，叙述方法必须与研究方法不同。研究必须充分地占有材料，分析它的各种发展形式，探寻这些形式的内在联系。只有这项工作完成以后，现实的运动才能适当地叙述出来。这点一旦做到，材料的生命一旦在观念上反映出来，呈现在我们面前的就好像是一个先验的结构了"②。马克思明确区分了在他的经济研究、理论探究中叙述方法与研究方法之间的不同，研究方法一般要求首先充分地占有材料，然后通过材料分析和把握研

---

① 习近平：《高举中国特色社会主义伟大旗帜　为全面建设社会主义现代化国家而团结奋斗——在中国共产党第二十次全国代表大会上的报告》，人民出版社2022年版，第18—19页。

②《马克思恩格斯文集》第5卷，人民出版社2009年版，第21—22页。

究事物、对象的发展形式，搞清楚这些不同形式之间的内在关联，进而实现对事物"本质"的把握，表现为科学抽象及其概念表达，马克思为此说现实材料变成了"先验的结构"，这就是科学抽象。我们一般认为马克思经济学叙述方法是从抽象上升到具体，同时也是逻辑与历史相统一的方法，其核心是以一定的逻辑让历史"重新"呈现出来，但这里有一个前提，就是很重视历史本身的形成和演进。

马克思的这种"二分法"，对把握当代中国马克思主义问题意识很有启示和借鉴价值。前述所谓的"研究的基本理路和运思逻辑"，类似于马克思的"研究方法"，即在充分地占有相关材料基础上，把握当代中国马克思主义问题意识的"本质"所在。前面"第一"所涉及的"是什么"，是立足于其现实表现进行的初步探索，后面"第二"所涉及的"为什么（生成）"、"第三"所涉及的"有什么（深层次的内涵）"，则是立足于不同角度进一步探索，力图较为全面、完整而又立体地把握当代中国马克思主义问题意识的"本质"，进而形成马克思所说的"先验的结构"。

本书力图通过文字表述将上述研究基本理路、运思逻辑及其形塑的研究结果呈现出来，这近似于马克思所谓的"叙述方法"。它要求从抽象回到具体、逻辑趋向历史，从本质性的概念结构回落到现实的历史进程。基于这种考虑，本书的叙述结构（篇章结构）如下所述。

第一章分析问题意识与马克思主义形成与发展、中国共产党的诞生与发展之间的内在关联，背后则是挖掘当代中国马克思主义问题意识生成的理论之根和历史之源，在理论逻辑和历史逻辑相结合中彰显当代中国马克思主义问题意识生成的深层基础。

第二章分析当代中国马克思主义问题意识生成的时代背景和主要因由，这是挖掘当代中国马克思主义问题意识何以生成的现实逻辑、实践逻辑和更为具体的事理逻辑（即问题本身在社会发展中的多维重要性）。以上两部分实际上是立足于"生成历史"的角度解析"为什么（生成）"，进而呈现当代中国马克思主义问题意识的"本质"。

第三章分析当代中国马克思主义问题意识的核心主张和主要诉求，偏重从"言"的角度把握当代中国马克思主义问题意识的现实表现。

第四章分析当代中国马克思主义问题意识的重大指向和成功践履，偏重从"行"的角度把握当代中国马克思主义问题意识的现实表现。两者合在一起力图把当代中国马克思主义问题意识的"本质"回落到现实的具

体现象层面，相对完整地回答“是什么”，进而有助于人们更好地把握
“本质”。

　　第五章分析当代中国马克思主义问题意识的深层逻辑和方法论意义，
把以上的理论和实践、历史和现实统合起来进行深层次的剖析，更好地挖
掘和解答当代中国马克思主义问题意识在更高层次上“有什么”的问题。

目　录

第一章　问题意识与马克思主义、中国共产党的诞生与发展

习近平新时代中国特色社会主义思想是当代中国马克思主义、二十一世纪马克思主义，它的形成和发展固然离不开中国特色社会主义新时代诸如"两个大局"叠加、"两个一百年"交汇等独特的时代背景，离不开新时代就如何实现中华民族伟大复兴这个重要历史主题、重大时代课题不懈的实践求解，离不开对新时代如何实现更高质量发展的艰辛探索；但它本质上是马克思主义在 21 世纪的"守正创新"，是"两个结合"在新时代的积淀和结晶，有其独特的理论逻辑、历史逻辑和现实逻辑。

同理，当代中国马克思主义问题意识绝非空穴来风，它既有现实因素的促动和助推，特别是新时代面临的一些重大理论和实践难题，是其形成和深化的不可或缺的内生要素，也有深层次的历史和传统因素。关于后者，最重要的应该是它有自己的理论之根，即经典马克思主义本质上是一种"问题中的哲学"；有自己的历史之源，那就是中国共产党自成立之日起，就有注重解决当时的各种问题、确立问题导向的优良传统，并在百年征程中不断赓续、发扬这一优良传统。这也是马克思主义之所以能顺利进行"中国化"很重要的内在契合点。

深入梳理这种深层次的理论之根和历史之源，是我们把握当代中国马克思主义问题意识的基础性、前提性工作。而要搞好这种基础性、前提性工作，首先就要搞清楚问题、问题意识、问题导向这些基础性、核心性概念的基本内涵，以及它们具有的内在相关性。

第一节　问题与问题意识、问题导向

研究和把握当代中国马克思主义问题意识，首先要搞清楚什么是问题

意识这个核心概念。而要搞清楚"问题意识"，就有必要搞清楚更为基本的"问题"概念。只有搞清楚"问题"这个概念的基本内涵和它在现实中的基本指向，我们才可以在此基础上分析、界定何为"问题意识"。实际上，我们在日常用语中，以及新时代党和国家领导人的很多正式讲话中，经常将问题意识和问题导向放在一起使用，有时甚至直接使用问题导向来表示问题意识的一些基本诉求。所以，要真正搞清楚"问题意识"这个核心概念，同样有必要搞清楚问题导向的基本含义、问题意识和问题导向的内在关联，以及问题与问题导向、问题意识之间的内在关系。

一、何为问题

在人类的生活世界，无论是纵向的历史演进维度还是横向的全球交往维度，几乎每时每刻都充盈着问题，它无时不有、无处不在，世界就是问题所形成的集合体。"问题"也就成为了日常生活交流和正式文字表达中被广泛使用的概念。

《现代汉语常用词词频词典》分析说，"问题"一词在现代汉语中出现的频度为 15 825，频率为 0.121 63，累频为 73.775 68[①]。显然，"问题"无疑是汉语语境中的高频词，其中的主要原因应是"问题"这个概念在现实生活中的具体指向和内涵非常宽泛。实际上，中外语境大抵都是这样。

在西方，正如《朗文当代高级英语辞典》指出的，"问题"一词在英语中可以对应 problem、question、issue、matter 四种表达，具体言之如下。关于 problem，含有两种指向：①difficulty（问题、难题、困难），如 a situation that causes difficulties；②question，如 a question for which you have to find the right answer, using mathematics or careful thought（通过计算和仔细思考而解决的问题和难题）[②]。后一种表述较为中性。关于 question，含有三种指向。①asking for information（询问信息）：a sentence or phrase that is used to ask for information or to test someone's knowledge。②subject/problem: a subject or problem that needs to be discussed or dealt with（需要讨论或处理的）。③doubt（疑问、怀疑）：if there is some question about something, there is doubt about it, or people feel uncertain about it（保持怀疑和不确定

---

① 刘源等编：《现代汉语常用词词频词典》，宇航出版社 1990 年版，第 625 页。
② 英国培生教育有限公司编：《朗文当代高级英语辞典》，外语教学与研究出版社 2019 年版，第 2034—2035 页。

的）。^①关于 issue，主要指 subject/problem: a subject or problem that is often discussed or argued about, especially a social or political matter that affects the interests of a lot of people（尤指社会或政治方面的议题或争论的内容；常指较为负面的问题）^②。关于 matter，有两层指向。①subject/situation: a subject or situation that you have to think about or deal with（必须考虑或处理的事情和情况）；②matter: a situation that you are in or have been describing（正在面临或谈到的事情、情况、事态）^③。

这同样表现在我国的汉语字典、词典中。例如，《新华词典》中"问题"有三层指向：①需解决的矛盾；②要求回答或解释的题目；③事故，毛病，困难^④。《现代汉语词典》中问题有四层指向：①要求回答或解释的题目。②需要研究讨论并加以解决的矛盾、疑难。③关键；重要之点。④事故或麻烦。^⑤

显然，通过对人们使用和表达的分析可以看出，"问题"有三个非常突出的特征。第一，具有广泛性和普遍性。问题和人类实践活动的所有方面都密切相关，人类生存活动的所有时间空间都存在矛盾，世界就是由无数个问题编织而成的"问题之网"，历史就是由无数个问题汇聚成的"时间之流"。

第二，具有重要性。人们的生活离不开对问题的关注和求解，人类的生活就是在问题中存续和延展的。正如刘云山指出的，"人类认识世界、改造世界的过程，就是一个发现问题、解决问题的过程"^⑥。在一定意义上可以说，人类正是通过不断解决问题获得进步的，人类社会是在解决问题中不断发展的，"实践发展永无止境，矛盾运动永无止境，旧的问题解决了，又会产生新的问题。问题是时代的声音，每个时代总有属于它自己的问题，只有树立强烈的问题意识，才能实事求是地对待问题，才能找到引领时代进步的路标"^⑦。针对科学研究、科技进步，爱因斯坦曾经提出一个

①　英国培生教育有限公司编：《朗文当代高级英语辞典》，外语教学与研究出版社 2019 年版，第 2094—2095 页。

②　英国培生教育有限公司编：《朗文当代高级英语辞典》，外语教学与研究出版社 2019 年版，第 1378—1379 页。

③　英国培生教育有限公司编：《朗文当代高级英语辞典》，外语教学与研究出版社 2019 年版，第 1593—1594 页。

④　新华词典编纂组编：《新华词典》，商务印书馆 1980 年版，第 882 页。

⑤　中国社会科学院语言研究所词典编辑室编：《现代汉语词典》，商务印书馆 2016 年版，第 1375—1376 页。

⑥　刘云山：《增强问题意识 坚持问题导向》，《学习时报》2014 年 5 月 19 日。

⑦　刘云山：《增强问题意识 坚持问题导向》，《学习时报》2014 年 5 月 19 日。

非常有名的说法，在科学史上，"提出一个问题往往比解决一个问题更为重要，因为解决问题，也许只是技能而已，而提出新的问题，新的可能性，新角度去看旧的问题，却需要创造性的想象力，而且标志着科学的真正进步"①。由此，人们普遍认为，问题是科学研究的起点，是推动科学发展的契机。具有重大意义的科学问题的提出，常常伴随着新的思想、新的思路，以推动科学的进步。在当代科学哲学中，波普认为，科学应被看成是从问题到问题而进步的。随着这种进步，问题的深度、广度也在不断增加。库恩的科学革命范式理论也把问题视为轴心，把科学革命看成是"常规问题"与"反常问题"的转化更迭②。还有历史学家也曾说，"真正的空白不是还未有人书写其历史的漏网之鱼，而是历史学家还未做出解答的问题。""如果说不提出问题，就没有事实……那么在构建历史的过程中，问题具有决定性的地位"③。

第三，内容指向的多维性，丰富而又复杂。这种特性也决定了问题在人类思想史上引起很多著名思想家的专门关注，国内外对问题的理解和把握也因之而多种多样。

比如，古希腊先哲亚里士多德曾对"问题"进行探讨，他认为所谓问题，是探索者根据对事物的先前把握，以"是与否"的方式在自己面前就事物所提出的疑问。近代德国哲学家莱布尼茨在此基础上把问题分为回答"是—否"和回答"为什么"等。④关于"问题"是什么，也是马克思主义始终关注的内容，诸如马克思、恩格斯、列宁、毛泽东、邓小平及至习近平，都有过专门的回答。1929 年，一位法学专业学者 F.S. Cohen，在颇有影响力的哲学杂志 Monist 上发表《问题是什么？》一文，引起了很大的反响。由此可见，人们对到底什么是"问题"有着普遍的共同的困惑，也间接说明"问题"的广泛重要性。

近年来，国内有一批学者特别重视学术研究的问题意识和问题导向，也因此从科学研究、学术钻研的角度分析了何为问题。早在 20 世纪 80 年代末，中山大学的林定夷就致力于对科学问题的研究，提出"问题学"这一概念，后来出版了《问题学之探究》。他强调所谓"问题"，一类是对科学知识背景无知的"知识性疑难"，一类是产生于对科学知识背景分析

---

① 〔德〕艾·爱因斯坦：《物理学的进化》，周肇威译，湖南教育出版社 1999 年版，第 66—67 页。

② 金炳华编：《哲学大辞典》（上），上海辞书出版社 2007 年版，第 45 页。

③ 〔法〕安托万·普罗斯特：《历史学十二讲》，王春华译，北京大学出版社 2012 年版，第 72—73、67 页。

④ 金炳华编：《哲学大辞典》（上），上海辞书出版社 2007 年版，第 45 页。

的"科学探索性疑难"。^①后来还有学者分析说，"问题是主体意识到自己在某一方面无知的结果"，因此"问题"可以分为"研究的问题"和"学习的问题"。^②何明则阐析说，"问题"一词的原意包含言语文本和事实经验两个指向不同而又相互关联的层面，前者指需要思考、回答、讨论、解释的题目或语句，后者指需要讨论或处置的疑难事。从人文社会科学研究意义上看，问题具有四个最基本的特征，即应对的必需性、应对内容的非给定性、应对结果的非确定性和应对过程的能动性。^③国内知名的田野社会学和历史学家曹锦清结合自身学术研究的经验指出，一切学术研究都始自问题，所有的理论创新皆源于发问本身。而所谓问题就是预期与现实之间的反差引起的心理困惑。学术研究的问题可分为三类：理论与现实的差异、政策与实践之间的差异、在同类事物比较中的差异。^④应该说，以上这些分析和阐释，对我们进一步把握"何为问题"是很有帮助的，以上这些对问题的看法，在很大程度上不过是对问题在科学研究领域的折射和辐射而已。

综上所述，在西方语境如在英语语境中，诸如语词 problem（有待人们去分析和解决的困惑、疑难等）、matter（需要搞清楚并去解决的矛盾、麻烦或缺陷等）、issue（双方的论点不一致之处或争议、争端等）、question（有针对性提出的诘疑、问询、设问等），大都可理解为对"问题"的表述，它们是问题的等义词、同义词。在汉语表达中，大致相近，比如要求回答的题目或者创设的设问、疑问，需要努力解决的矛盾、冲突或难处，意料之外的突发事故、现实发生的情况与设计、规划或理想状态的不一致，事情或事物的要害部位、关键之处、枢纽地带，成为困难或不易的因素等，都可以称之为"问题"，甚至一件事情或某种情况，也可以用问题来指代。以上，构成"问题"的基本含义和基本指向，是人们公认度比较高的理解。

由此，除上述提及的普遍性、广泛性和重要性外，问题的其他几个重要共性，就很容易理解了。第一，问题的客观性。问题本身是客观存在的，尽管有些问题是以主观的形式表达出来的，但并不能否认问题本身的客观性。第二，问题的层次性。比如，根据问题的存在情况和重要性，可以将

---

① 林定夷：《科学中问题的结构与问题逻辑》，《哲学研究》1988 年第 5 期，第 32—38 页。
② 童世骏：《作为认识论范畴的"问题"》，《学术月刊》1991 年第 7 期，第 34—38、75 页。
③ 何明：《问题意识与意识问题——人文社会科学问题的特征、来源与应答》，《学术月刊》2008 年第 10 期，第 20—27 页。
④ 曹锦清：《问题意识与调查研究》，《社会学评论》2014 年第 5 期，第 3—9 页。

问题相应地划分为重大问题、基本问题、普通问题和细小问题，根本性问题和非根本性问题，普遍性问题和特殊性问题，关键问题、要害问题和一般问题、次要问题，复杂问题和简单问题等。第三，问题的生成性、可变性。问题是由诸多因素共同作用而生成的，不是无缘无故先定地自然存在的。问题随着新的因素产生影响会逐渐发生变化，有些简单问题会演变成复杂问题，有的问题可能会以新的形式出现，有些次要问题既可能逐渐消失也可能逐渐演变为重大问题或关键问题；问题也可能因为社会主体的努力而被有效求解、不复存在。第四，问题的主体性。这是问题最为独特的地方。问题本身是客观存在的，但它与一般的客观事实、事物不同，一般而言只有那些造成人的困惑、疑虑、不解进而引起人特有的关注和追问的客观事实、客观事物才会成为问题。"问题"中的"问"恰恰彰显了这种主体性。国内学者陈先达指出："问题并不直接存在于对象之中，而是存在于研究对象的主体的意识之中。……因为只有真正理解现实的矛盾所在才构成问题"，在这个意义上可以说"问题是对客观矛盾的理性把握"。①美国哲学家赫舍尔曾经分析说："提出一个问题（question）是一种理智的活动；而面对一个难题（problem）涉及整个人生的一种处境。一个问题是渴求知识的产物，而一个难题则反映了困惑甚至苦恼的状态。一个问题寻求的是答案，一个难题寻求的是解决问题的方案。"question 和 problem 都与主体密切关联，离不开主体的思维活动。但赫舍尔同样提醒说，"没有哪一个真正的难题是从纯粹的寻根究底中产生的。难题是处境的产物。"这种处境导致主体"经历到不安、矛盾、冲突"进而产生 problem。②

上述四个特性，一言以蔽之，当一种客观现象、客观事物、客观事实、客观事件没有引起作为社会主体的人的疑惑不解，进而不断去追问、反思的时候，它就不能称之为我们所谓的"问题"。这也意味着，问题和问题导向、问题意识等社会主体能动性具有内在的关联性。我们面对"问题"时，务必坚持可知论的立场，积极发挥社会主体的主观能动性，科学透彻地把握问题、化解问题，不断推动人类自身各方面的进步。这种对待问题的积极态度和立场，就涉及问题意识、问题导向等重要概念。

---

① 陈先达：《哲学中的问题与问题中的哲学》，《中国社会科学》2006 年第 2 期，第 10 页。
② 〔美〕赫舍尔：《人是谁》，隗仁莲译，贵州人民出版社 1994 年版，第 2—3 页。

二、问题意识、问题导向

问题意识，顾名思义就是面对问题、针对问题特有的主体的主观状态，一般而言就是处在特定意识状态下有意地去分析"何处存在或发现了存在，这是什么样的问题，这种问题如何能有效应对和解决"的思维意识。在一定意义上可以说，没有社会主体的问题意识，也就无所谓我们常说的"问题"，它们最多是一般性的客观事物、事实和现象。

一般来说，问题意识可以从两个层面来把握。一种偏重"意识"的理解，即人们针对一些未知、不明或困惑的客观现象、事件、事物，所形成的疑虑性和探究性主观状态。在这个意义上，正如有学者分析的，所谓问题意识，主要是指人们在认识活动中，经常遇见一些难以解决或疑惑的实际问题及理论问题时，产生一种怀疑、困惑、焦虑、探索的心理状态[①]。另一种偏重"问题"的理解，即人们如何对待"问题"，"问题意识"在此本质上是社会主体的一种积极、主动对待问题的自觉意识，其实质是主体能动性的体现。正如俞吾金指出的，所谓问题意识就是人对自己周围的各种现象，尤其是在自己研究的领域里，不采取轻信的态度，而总是自觉地抱着一种怀疑的、思索的、弄清楚问题的积极态度。[②]罗伯特·科克斯（Robert Cox）作为当代国际关系批判理论的学者，在对待"问题意识"上，更加重视主体能动性的重要性。他强调，问题意识虽然仍以问题为基本内容，即原有理论和客观事实之间的矛盾，但它更是一种客观事实作用于某种特定环境中的主观意识的产物，具有更强的意识能动作用，问题意识是在特定历史时期对某些问题或事件的能动意识。问题意识不仅表现为特定社会主体对问题强烈的探索欲望、意志，更为重要的是表现为他力图用某种理论或思维图式来对问题进行更为能动的阐释和把握。[③]

由此，可以将问题意识进一步具体分析如下。它大致可以分为发现问题的意识、分析问题的意识和解决问题的意识，具体包括以下方面。第一，认可问题重要的自觉意识和辩证意识，自觉认识到问题既可能造成既有工作难度提高、失败风险增大，甚至一无所获，但也有可能通过解决问题取得更大收获、获得更大进展、赢得更大突破。第二，敢于直面问题的进取

---

① 姚本先：《论学生问题意识的培养》，《教育研究》1995年第10期，第40—43页。
② 俞吾金：《如何理解"问题意识"》，《长江日报》2007年6月28日。
③ 参见秦亚青：《国际关系理论的核心问题与中国学派的生成》，《中国社会科学》2005年第3期，第165—176页。

意识和清醒意识，面对问题不畏难、不躲避，而是直面问题、迎难而上，对问题采取实事求是的态度，清醒地知道问题是客观存在的，真正要开展工作时它们是绕不开的、躲不过的。第三，善于发现问题的敏锐意识和忧患意识，主要指对未知事物、例外因素、突发情况等自觉地保持格外关注，始终保持"防患于未然"的心态。针对以上三点，刘云山明确强调："问题无处不在、无时不有，关键在于敢不敢于正视问题，善不善于发现问题。敢不敢于正视问题是态度问题，需要我们时刻保持头脑清醒，对存在的问题不掩盖、不回避、不推脱，否则就会使小问题演化成大问题。敢于正视问题，必须善于发现问题，领导干部就要在发现问题上领先。发现问题，要求我们有一双洞察问题的眼睛，拓宽视野看世界、看中国，看历史、看未来，从而找到工作中存在的问题，掌握解决问题的主动。"[1]第四，长于聚焦问题的探求意识、研究意识，即针对问题想方设法搞清楚它的来龙去脉、生成轨迹、本质和实质等。第五，勇于解决问题的担当意识和责任意识，针对问题不回避，不绕开，积极自觉地研究它，掌握它，而且主动作为、不断施策，寻找和建构求解之法、化解之道，将其危害、风险有效消弭。第六，为了解决问题而不断提高自身素养和能力的努力意识和有为意识。最突出的表现就是不断学习，掌握解决问题的科学方法。针对后三点，刘云山强调指出："发现问题是前提，能不能正确分析问题更见功力。现实世界的问题错综复杂，有来自内部的，也有来自外部的；有经济领域的，也有政治领域、文化领域、社会领域的；有曾经经历过的，也有从来没有遇到过的，许多问题相互纠结、连锁反应。这就要求我们坚持用辩证唯物主义和历史唯物主义方法，科学分析问题、深入研究问题，弄清问题性质、找到症结所在。问题分析、研究得越透彻，解决起来就越有针对性。"[2]

问题导向同样很重要。正如陈先达指出的，"问题导向很重要……问题的答案只能存在于现实的问题之中，而不是存在于书本之中。问题中就包含回答问题的答案，否则就不会出现这个问题。但是，答案不是直观的，不是信手拈来的，需要调查，需要研究，需要理论思考，而且需要实践检验。提出问题需要研究，回答问题更需要研究"[3]。问题意识的落实、问题最终的有效求解，离不开问题导向，在很大程度上可以说，问题导向是问

---

① 刘云山：《增强问题意识 坚持问题导向》，《学习时报》2014年5月19日。
② 刘云山：《增强问题意识 坚持问题导向》，《学习时报》2014年5月19日。
③ 陈先达：《"问题导向"思想方法的精髓》，《唯实》2016年第3期，第41—42页。

题意识的实践转化、落实和方法化，"增强问题意识，既要见思想，更要见行动。思想变为行动，重要的是把问题意识转化为问题导向"①。由此，所谓的问题导向，是指在具体实践活动和具体工作中，以发现和研究问题为切入点，以解决问题为引导，确立通过聚焦问题推动工作展开、通过解决核心或关键问题实现目标的工作方法和思想方法，其实质是以问题为中心。正如有学者分析的，"所谓坚持问题导向，就是人们在认识世界和改造世界的过程中，所采用的一种以问题为中心，通过各种途径发现问题，在分析问题的基础上不断加深对问题的认识，并且以解决问题为最终目标的方法"②。

问题导向是问题意识的实践展开和具体化，刘云山针对问题导向特别强调："这就要求各级领导干部坚持以解决问题为工作导向，瞄着问题去，追着问题走，把化解矛盾、破解难题作为履职尽责的第一要务。"③更具体地说，比如要在尊重和把握客观形势中践行问题导向，"要对照形势发展的新要求，抓紧解决本地区本部门本单位长远发展的重大问题，切实加强薄弱环节，努力开创事业发展新局面"④。再比如，在坚持以人民为中心的实践中践行问题导向，"要对照人民群众的新期待，抓紧解决工作中存在的损害人民群众利益的突出问题，更好地让人民群众共享改革发展成果"⑤。还比如，在砥砺党性不断实现自我革命中践行问题导向，"要对照党章的标准和要求，从习以为常的现象中发现思想作风方面存在的倾向性、苗头性、潜在性问题，坚决及时纠正，防患于未然"⑥。从根本上说，"强化问题导向、增强责任担当，就要把解决问题作为前进的动力而不是沉重的包袱，作为创新的支点而不是退缩的借口"⑦。以上这些论述，实际上进一步说明了问题意识和问题导向的辩证关系和本质上的一致性。

可以看出，问题本身是一种客观存在，但较之于一般性的客观存在，它有两个明显的独特性，一是相对于社会主体已经有所把握的客观存在，它往往表现为新情况，新现象；二是只有经过主体化的事实、事物、事件

---

① 刘云山：《增强问题意识 坚持问题导向》，《学习时报》2014 年 5 月 19 日。
② 刘建军、王慧敏：《论坚持问题导向的思想方法和工作方法》，《理论月刊》2021 年第 7 期，第 17 页。
③ 刘云山：《增强问题意识 坚持问题导向》，《学习时报》2014 年 5 月 19 日。
④ 刘云山：《增强问题意识 坚持问题导向》，《学习时报》2014 年 5 月 19 日。
⑤ 刘云山：《增强问题意识 坚持问题导向》，《学习时报》2014 年 5 月 19 日。
⑥ 刘云山：《增强问题意识 坚持问题导向》，《学习时报》2014 年 5 月 19 日。
⑦ 刘云山：《增强问题意识 坚持问题导向》，《学习时报》2014 年 5 月 19 日。

（如被主体有意识地疑问、探求等），我们才称其为所谓的"问题"，否则只能以一般性的客观事实存在。在这个意义上，真正重视问题，必须有问题意识，而践履和落实问题意识就应该坚持问题导向。所以，在新时代党和国家领导人的一些重要讲话中，强化问题意识和坚持问题导向经常并列使用。

第二节　"坚持问题导向是马克思主义的鲜明特点"

　　2016 年 5 月，习近平在哲学社会科学工作座谈会上明确指出："坚持问题导向是马克思主义的鲜明特点。"[①]的确，经典马克思主义就是其创立者马克思恩格斯在针对当时重大社会现实问题、重大理论问题不断地探索、求解中形成和发展的，也是在不断回答时代之问、历史之问、人民之问中发展、丰富和完善的。国内著名学者陈先达曾经总结说："我们学习马克思和恩格斯的著作会发现，他们的全部著作，没有不是为解决他们时代的大问题而作的。"[②]他在分析马克思主义哲学独特性时，特别强调马克思主义哲学是在双重发展轨道中向前推进的。第一，它重视哲学中的问题，恩格斯专门强调了哲学（特别是近代哲学）的基本问题，认为对这些问题的创新性解答是推动马克思主义生成和发展的内在动力；第二，更重视"问题中的哲学"，即以科学的哲学思维和方法不断关注现实问题和理论问题，以自己特有的哲学思维不断解剖现实、解答问题。而"问题中的哲学"是其最为突出之处[③]。应该说，这些对马克思主义的分析和论断显然是正确的。

　　也正是因为马克思主义具有这个鲜明特点，问题导向构成了马克思主义中国化的一个内在禀赋，强烈的问题意识和鲜明的问题导向成为了中国化马克思主义的突出理论特质。习近平为此强调："马克思主义进入中国，既引发了中华文明深刻变革，也走过了一个逐步中国化的过程。在革命、建设、改革各个历史时期，我们党坚持马克思主义基本原理同中国具体实际相结合，运用马克思主义立场、观点、方法研究解决各种重大理论和实践问题，不断推进马克思主义中国化，产生了毛泽东思想、邓小平理论、

---

① 习近平：《论党的宣传思想工作》，中央文献出版社 2020 年版，第 225 页。
② 陈先达：《"问题导向"思想方法的精髓是什么》，《北京日报》2016 年 2 月 15 日。
③ 参见陈先达：《问题中的哲学》，中国人民大学出版社 2015 年版，第 12 页。

'三个代表'重要思想、科学发展观等重大成果，指导党和人民取得了新民主主义革命、社会主义革命和社会主义建设、改革开放的伟大成就。"①马克思主义中国化是在不断解决中国实际问题中生成和前进的，它的理论成果和实践成就都是通过解决中国问题形成的，中国化的马克思主义同样具有鲜明的问题导向。

习近平新时代中国特色社会主义思想作为二十一世纪中国马克思主义，本质上是马克思主义中国化最新理论成果，它的问题意识根本上源自马克思主义问题导向这个鲜明特点，两者一脉相承。换言之，马克思主义本身固有的问题导向特质，是当代中国马克思主义问题意识深层次的根源。在这个意义上，搞清楚经典马克思主义的问题意识、问题导向，无疑有助于我们更好更深入地理解和把握当代中国马克思主义的问题意识。

习近平指出："马克思主义是人民的理论，第一次创立了人民实现自身解放的思想体系。"②从根本上说，马克思主义是在坚持"人体解剖是猴体解剖的一把钥匙"这个基本方法指引下，致力于搞清楚资本主义社会向何处去的基础上，搞清楚人类向何处去，进而不断探究无产阶级和人类如何实现真正解放、如何实现全面发展等重大现实问题中产生和发展的。不过，对于问题意识和问题导向与经典马克思主义形成和发展之间的良性互动，有必要在这个根本判断的基础上进一步分析和展开。

一、"物质利益难题"与唯物史观的萌生

19 世纪 40 年代初，青年马克思走出校门，投入火热的社会生活和战斗中，很快就认识到把握现实生活、真正有益的知识不能脱离现实、不能不关心社会重要问题。1842 年 5 月，青年马克思在《莱茵报》发表《集权问题》一文，提出"一个时代的迫切问题，有着和任何在内容上有根据的因而也是合理的问题共同的命运：主要的困难不是答案，而是问题。因此，真正的批判要分析的不是答案，而是问题"，"世界史本身，除了用新问题来回答和解决老问题之外，没有别的方法。因此，每个时代的谜语是容易找到的。这些谜语都是该时代的迫切问题"，问题就"是公开的、无所顾忌的、支配一切个人的时代之声。问题是时代的格言，是表现时代自己

---

① 习近平：《论党的宣传思想工作》，中央文献出版社 2020 年版，第 220 页。
② 习近平：《论党的宣传思想工作》，中央文献出版社 2020 年版，第 322 页。

内心状态的最实际的呼声"。^①这意味着，只有抓住一些重要的问题，才能准确把握历史和时代，问题是历史和时代本质的折射和外现；包括哲学在内的理论和知识，脱离对问题的关注（批判分析）就会迷失方向。

1842 年 6 月，保守的《科伦日报》的主编、反动而又腐朽的政论家海尔梅斯撰写了该日报的一篇社论，攻击当时青年马克思所在的《莱茵报》，因为进步的《莱茵报》批判了当时作为普鲁士国家基础的基督教，公开要求当局严令禁止利用报刊用哲学讨论现实的宗教问题，力图使哲学和现实问题完全脱节。马克思为此专门撰文（即《第 179 号〈科伦日报〉社论》），发表于《莱茵报》上，该文批评说："哲学，尤其是德国哲学，爱好宁静孤寂，追求体系的完满，喜欢冷静的自我审视"，哲学家进行的是"在普通人看来是一种超出常规的、不切实际的行为"；而真正的"哲学家并不像蘑菇那样是从地里冒出来的，他们是自己的时代、自己的人民的产物，人民的最美好、最珍贵、最隐蔽的精髓都汇集在哲学思想里"，"任何真正的哲学都是自己时代的精神上的精华"，它必须"同自己时代的现实世界接触并相互作用"^②，真正的哲学必须以哲学的方式关注现实中的社会问题，绝不能脱离现实问题去苦心孤诣地营造自得其乐的所谓"思辨王国"。正因此，科尔纽在撰写马克思评传时说，这时的青年马克思批评了德国哲学界那种坏习气即"喜欢幽静孤寂、闭关自守并醉心于淡漠的自我直观"，而这种坏习气同"经常的战斗准备""当前问题的热情关心对立起来"。^③

为了强调理论研究要关注现实问题，马克思在 1842 年底还专门批评青年黑格尔派的"自由人"不识时务、崇尚空谈的陋习，明确要求他们"少发些不着边际的空论，少唱些高调，少来些自我欣赏，多说些明确的意见，多注意一些具体的事实，多提供一些实际的知识"^④。更重要的是，马克思本人率先垂范，自觉践行这一要求，历史唯物主义就是在这个过程中逐渐萌生、形成的。

关于唯物史观的生成，马克思曾经有过一个颇为有名的"事后交代"。他在《政治经济学批判·序言》中明确说："1842—1843 年间，我作为《莱

---

①《马克思恩格斯全集》第 1 卷，人民出版社 1995 年版，第 203 页。

②《马克思恩格斯全集》第 1 卷，人民出版社 1995 年版，第 220 页。

③〔法〕奥古斯特·科尔纽：《马克思恩格斯传》第 1 卷，生活·读书·新知三联书店 1963 年版，第 335 页。

④《马克思恩格斯文集》第 10 卷，人民出版社 2009 年版，第 3 页。

茵报》的编辑，第一次遇到要对所谓物质利益发表意见的难事。莱茵省议会关于林木盗窃和地产析分的讨论，当时的莱茵省总督冯·沙培尔先生就摩泽尔农民状况同《莱茵报》展开的官方论战，最后，关于自由贸易和保护关税的辩论，是促使我去研究经济问题的最初动因。"①经过长达数年的政治经济学研究，"得出这样一个结果：法的关系正像国家的形式一样，既不能从它们本身来理解，也不能从所谓人类精神的一般发展来理解，相反，它们根源于物质的生活关系，这种物质的生活关系的总和，黑格尔按照18世纪的英国人和法国人的先例，概括为'市民社会'，而对市民社会的解剖应该到政治经济学中去寻求"②，亦即代表客观物质利益及由之形成的客观的社会关系（特别是生产关系）是诸如国家、法等上层建筑的基础，后者是由前者决定的，这是唯物史观的核心观点之一。恩格斯晚年在回忆这一段思想历程时，更为明确地说："我在曼彻斯特时异常清晰地观察到，迄今为止在历史著作中根本不起作用或者只起极小作用的经济事实，至少在现代世界中是一个决定性的历史力量；这些经济事实形成了产生现代阶级对立的基础；这些阶级对立，在它们因大工业而得到充分发展的国家里，因而特别是在英国，又是政党形成的基础，党派斗争的基础，因而也是全部政治史的基础。"③整个历史表面上看似乎是政治竞争、阶级斗争主导和形塑的历史，但实际上它们最终是离不开由生产方式决定的经济利益的，历史根本上是生产方式决定的历史。与此同时，"马克思不仅得出同样的看法，并且在《德法年鉴》（1844年）里已经把这些看法概括成如下的意思：绝不是国家制约和决定市民社会，而是市民社会制约和决定国家，因而应该从经济关系及其发展中来解释政治及其历史，而不是相反。……1845年春天当我们在布鲁塞尔再次会见时，马克思已经从上述基本原理出发大致完成了阐发他的唯物主义历史理论的工作，于是我们就着手在各个极为不同的方面详细制定这种新形成的世界观了"④。

青年马克思就是在不断求解"物质利益难题"中，促成自己思维发生范式革命，进而促进历史唯物主义生成的。1842—1843年，青年马克思遇到三次围绕所谓物质利益问题而需要他表达意见的辩论，第一次是对莱茵省中下层贫苦民众物质利益，第二次是对摩泽尔地区农民的物质利益，第

---

① 《马克思恩格斯文集》第2卷，人民出版社2009年版，第588页。
② 《马克思恩格斯文集》第2卷，人民出版社2009年版，第591页。
③ 《马克思恩格斯文集》第4卷，人民出版社2009年版，第232页。
④ 《马克思恩格斯文集》第4卷，人民出版社2009年版，第232页。

三次是对摩泽尔地区农民状况涉及的自由贸易和保护关税。当时的马克思缺乏政治经济学的研究，站在黑格尔理性主义国家观的立场上，认为诸如法律、国家作为绝对理念的化身，应是理性的，因为要维护国家整体利益必然要维护公平正义。然而，客观现实却不是这样的。马克思在《关于林木盗窃法的辩论》中就已经清楚地了解到，现实中的少数地主为捍卫自家私利，推动或迫使执政当局制定法律禁止贫苦农民为生存而享有上山砍柴、捡获枯枝烂叶的权利，将这样的行为一律视为"盗窃"，结果这种保护少数人私利而不是维护国家整体利益的"法律"居然能顺利通过，马克思称这种丑陋现象为私人"利益所得票数超过了法的票数"，感慨地说在现实世界中，"凡是在法为私人利益制定了法律的地方，它都让私人利益为法制定法律"①。客观物质利益处处占法律的上风，这就是他探究出的结论，黑格尔以及一切观念论哲学的唯心主义立场，是解释和把握不了这个社会问题的。

为了进一步深入解答物质利益难题，马克思开始了长达几十年的政治经济学研究，逐渐建构了正确把握人类社会历史的"历史科学"——历史唯物主义，强调客观的物质利益及其背后所隐秘的生产关系，才是决定一种社会形态何以如此的基本力量；生产力和生产关系的矛盾运动，构成人类社会形态变迁的基本动力和运行逻辑。当然，青年恩格斯因为身处工业社会较为发达的英国，相对更早地确证和确信客观的物质利益、经济力量对现代社会的重要性，更早地转向了唯物主义立场，他和青年马克思一起致力于政治经济学研究，不断地促进历史唯物主义的生成和发展。

二、对资本主义重大问题的批判分析与马克思主义的深化发展

我们知道，在青年马克思因物质利益难题而苦苦探索的同时，欧洲爆发了声势浩大的三大工人运动——法国里昂工人起义、英国宪章运动、德国西里西亚纺织工人起义，这种非常独特的资本主义社会现象即工人阶级奋起反抗资本家的剥削，在当时是非常重要的社会现象，背后折射的是当时严重的社会问题——社会尖锐分化、阶级对立，因之引起了很多思想家、理论家的关注。当时以圣西门、傅立叶、欧文为代表的英法空想社会主义思想家是这方面的突出代表，他们尽管对资本主义作了很多深刻的批判，并对未来社会主义作出了很多天才的设想，但总体上看，他们仍然深受观

---

① 《马克思恩格斯全集》第 1 卷，人民出版社 1995 年版，第 288 页。

念论哲学传统的影响，习惯于从社会公平、正义等价值观念的角度审视和批判现实，局限在历史唯心主义中，最多是完成了对资本主义的道德义愤和价值评判，无法进行科学的分析和科学的批判。

青年马克思因为物质利益难题在转向唯物主义的同时，也在从革命民主主义转向站在广大无产阶级利益一边的共产主义立场，非常重视资本主义社会"朱门酒肉臭，路有冻死骨"的两极分化、大量底层民众饱受剥削压迫的社会问题，这也是他反复呼吁"人的解放"的一个很重要的原因。转向唯物主义立场后，他和恩格斯都很清楚，厘清和求解这个重大的资本主义社会问题，那种纯粹道德批判和观念论哲学的唯心主义思维方式是无济于事的。相反，必须立足于客观的事实进行研析和求解，而这离不开关注经济现实的政治经济学研究。

马克思在《1844 年经济学哲学手稿》中，开始了自己的政治经济学研究，指出"资本是对劳动及其产品的支配权力。资本家拥有这种权力并不是由于他的个人的特性或人的特性，而只是由于他是资本的所有者"①，尝试从异化劳动角度阐析资本家和劳动阶级之间的两极分化问题。马克思恩格斯在政治经济学研究中，认识到"经济学研究的不是物，而是人和人之间的关系，归根到底是阶级和阶级之间的关系"②，因为资本主义社会表面上看似乎独立自由，但实际上人人都"是经济范畴的人格化，是一定的阶级关系和利益的承担者"③。所以，阶级分化和阶级对立根源于资本主义社会的结构性矛盾，即社会基本矛盾。恩格斯后来概括说："一切重要历史事件的终极原因和伟大动力是社会的经济发展，是生产方式和交换方式的改变，是由此产生的社会之划分为不同的阶级，是这些阶级彼此之间的斗争。"④阶级社会的历史，既是生产力和生产关系矛盾运动展开的历史，同时也是阶级斗争的历史，两者的内在是一致的。这极大深化了历史唯物主义的基本理论，构成广义历史唯物主义的核心内容。

与此同时，马克思恩格斯还认识到，资本主义社会的阶级分化虽然根源于资本主义社会的基本矛盾，根源于私有制，但更为直接的原因则是资本主义剥削，因此他们花了很大精力来系统地研究资本主义社会的剥削问题。经过长时间的深入研究，马克思认识到，资本主义生产过程具有独特

①《马克思恩格斯文集》第 1 卷，人民出版社 2009 年版，第 130 页。
②《马克思恩格斯文集》第 2 卷，人民出版社 2009 年版，第 604 页。
③《马克思恩格斯文集》第 5 卷，人民出版社 2009 年版，第 10 页。
④《马克思恩格斯文集》第 3 卷，人民出版社 2009 年版，第 509 页。

的双重性，既像一般生产劳动那样是创造使用价值的过程，同时又是特有价值形成和价值增殖过程，而剥削就来自价值增殖所形成的剩余价值。再进一步具体说，从价值形成的过程看，资本家花钱购买的生产资料，如生产设备、原料等，它们是任何生产过程必须具备的，不会增加任何新的价值；只有工人通过劳动把生产资料加工为产品时，才有可能创造出新价值。在这个意义上，资本家的资本可分为两种，一种是诸如购置生产资料的资本，它们不会增殖，可称为不变资本；另一种是只有作为支付给劳动者工资的那部分资本才能增殖，可称为可变资本。资本家对工人的剥削，表面上看的确来自于生产过程中的价值增殖，但价值增殖不是凭空产生的，寻根究底，它是由工人的劳动创造的。具体来看，为了保证利润的获得，资本家肯定要想方设法延长雇佣工人的劳动时间，使其超过补偿劳动力价值（即支付的工资）所需要的时间，而超过的这部分劳动时间及其创造的价值归资本家所有。当然，这种延长有绝对和相对两种方式。

通过以上分析可以看出，价值增殖就是工人劳动中有一部分成为"无偿劳动"，也就是"剩余劳动"所创造出的剩余价值，所谓剥削就是资本家无偿占有工人创造的剩余价值。这实际上就是整个资本主义社会的秘密和神秘所在："资产阶级生存和统治的根本条件，是财富在私人手里的积累，是资本的形成和增殖；资本的条件是雇佣劳动。雇佣劳动完全是建立在工人的自相竞争之上的。"①资产阶级不断地追逐利润，不断深化对剩余价值的剥夺，导致"整个社会日益分裂为两大敌对的阵营，分裂为两大相互直接对立的阶级：资产阶级和无产阶级"②。"生产剩余价值或赚钱，是这个生产方式的绝对规律"③，剩余价值规律就成为了资本主义经济运行的基本规律。

通过研究资本主义剥削问题，马克思由此创立了完整的剩余价值理论，既使狭义历史唯物主义基本框架得以确立，也使整个历史唯物主义得到极大深化。恩格斯在《反杜林论》中总结说："这两个伟大的发现——唯物主义历史观和通过剩余价值揭开资本主义生产的秘密，都应当归功于马克思。由于这两个发现，社会主义变成了科学。"④剩余价值理论可谓是"第二个重要发现"，而"马克思的第二个重要发现，就是彻底弄清了资本和

---

①《马克思恩格斯文集》第 2 卷，人民出版社 2009 年版，第 43 页。
②《马克思恩格斯文集》第 2 卷，人民出版社 2009 年版，第 32 页。
③《马克思恩格斯文集》第 5 卷，人民出版社 2009 年版，第 714 页。
④《马克思恩格斯文集》第 9 卷，人民出版社 2009 年版，第 30 页。

劳动的关系，换句话说，就是揭示了在现代社会内，在现存资本主义生产方式下，资本家对工人的剥削是怎样进行的"①。他在深刻揭示资本主义剥削工人秘密的同时，把宏观分析和微观分析有机结合起来，深入阐释了资本主义必然灭亡、社会主义必然胜利的历史规律，并提供了对这一规律更富有说服力的论据和论证。所以列宁说："自从《资本论》问世以来，唯物主义历史观已经不是假设，而是科学地证明了的原理。"②

在此过程中，马克思恩格斯也始终重视着一个重大社会问题——经济危机。1825 年资本主义世界爆发了第一次大规模的经济危机，以后每隔 10 年经济危机几乎是周期性地爆发。马克思分析说："一切现实的危机的最终原因，总是群众的贫穷和他们的消费受到限制，而与此相对比的是，资本主义生产竭力发展生产力，好像只有社会的绝对的消费能力才是生产力发展的界限。"③问题在于，这只是经济危机的表象，而不是其实质。资本家为了最大限度地榨取剩余价值、实现利润最大化，利用社会化大生产和现代生产力技术的优势，一方面千方百计地扩大生产规模，另一方面想方设法提高资本的有机构成，提高劳动生产率，尽可能地生产出更多产品，又尽可能地降低成本，减少对工人的雇佣、压缩其工资，这必然造成"手段——社会生产力的无条件的发展——不断地和现有资本的增殖这个有限的目的发生冲突"④。背后的致因则是"社会化生产和资本主义占有的不相容性"⑤，表现为"个别工厂中生产的组织性和整个社会中生产的无政府状态之间的对立"⑥，在"社会结构"上就表现为"无产阶级和资产阶级的对立"。⑦显然，生产社会化和资本主义私有制之间的矛盾，才"是危机的最深刻、最隐秘的原因，是在危机中爆发的种种矛盾的最深刻、最隐秘的原因，资产阶级的生产就是在这些矛盾中运动"⑧。表现为生产过剩的资本主义经济危机，根源于资本主义社会的基本矛盾，具体言之，就是资本主义私有制和社会化大生产之间的矛盾，本质上是生产力和生产关系矛

①《马克思恩格斯文集》第 3 卷，人民出版社 2009 年版，第 460 页。

② 中共中央马克思恩格斯列宁斯大林著作编译局编：《列宁专题文集·论辩证唯物主义和历史唯物主义》，人民出版社 2009 年版，第 163 页。

③《马克思恩格斯文集》第 7 卷，人民出版社 2009 年版，第 548 页。

④《马克思恩格斯文集》第 7 卷，人民出版社 2009 年版，第 279 页。

⑤《马克思恩格斯文集》第 9 卷，人民出版社 2009 年版，第 287 页。

⑥《马克思恩格斯文集》第 9 卷，人民出版社 2009 年版，第 290 页。

⑦《马克思恩格斯文集》第 9 卷，人民出版社 2009 年版，第 288 页。

⑧《马克思恩格斯全集》第 35 卷，人民出版社 2013 年版，第 88 页。

盾的体现。这实际上又从一个独特的角度深化了历史唯物主义的基本观点：资本主义的灭亡和社会主义的胜利是历史的必然。

在《资本论》及其手稿的写作过程中，马克思还重点研究了资本主义社会以商品拜物教为核心的、独特的各种拜物教问题，特别是"三大拜物教"即商品拜物教、货币拜物教和资本拜物教。具体言之，在资本主义社会中，商品、货币和资本都是现代社会人类为了促进商品经济的发展而由人创造出来的物，在商品生产和商品交换中，逐渐游离和独立于人而成为独立性的存在，关键是又反过来支配人、控制人，成为新的"上帝"，人成为它们的奴隶，马克思借用宗教的说法而称这种主客体颠倒的现象为"拜物教"。针对三大拜物教问题，马克思深入分析了它们的实质，进一步深化了历史唯物主义的研究境界。比如，针对商品拜物教，马克思分析说："最初一看，商品好像是一种简单而平凡的东西。对商品的分析表明，它却是一种很古怪的东西，充满形而上学的微妙和神学的怪诞。……例如，用木头做桌子，木头的形状就改变了。可是桌子还是木头，还是一个普通的可以感觉的物。但是桌子一旦作为商品出现，就转化为一个可感觉而又超感觉的物。它不仅用它的脚站在地上，而且在对其他一切商品的关系上用头倒立着，从它的木脑袋里生出比它自动跳舞还奇怪得多的狂想。"①但真正细究起来可以发现，"商品形式的奥秘不过在于：商品形式在人们面前把人们本身劳动的社会性质反映成劳动产品本身的物的性质，反映成这些物的天然的社会属性，从而把生产者同总劳动的社会关系反映成存在于生产者之外的物与物之间的社会关系"②。所以，包括商品拜物教在内的三大拜物教，其实质是"把生产者同总劳动的社会关系反映成存在于生产者之外的物与物之间的社会关系。由于这种转换，劳动产品成了商品，成了可感觉而又超感觉的物或社会的物"③。结果，人作为具有创造性的社会主体却被他所创造出来的诸如商品、金钱等创造物——客体所主宰。资本主义由此表现为全幅"物役性社会"的图景，赤裸裸的"经济决定论"大行其道。而资产阶级经济学却以"发财致富"的名义将这种畸形的社会现象自然化，使其沦为典型的意识形态。资本主义和人的自由而全面发展是背道而驰的，尽管它也具有一定的历史合理性，但终将会退出历史的舞台，这

---

① 《马克思恩格斯文集》第 5 卷，人民出版社 2009 年版，第 88 页。
② 《马克思恩格斯文集》第 5 卷，人民出版社 2009 年版，第 89 页。
③ 《马克思恩格斯文集》第 5 卷，人民出版社 2009 年版，第 89 页。

是历史的必然。

三、针对革命实践新问题不断总结反思与马克思主义的丰富拓展

恩格斯在《在马克思墓前的讲话》中强调，马克思首先是一位伟大革命家。在这个意义上，马克思主义就是无产阶级革命的理论，这意味着它不但要指导无产阶级革命实践，也要接受无产阶级革命实践的检验，不断阐析、回答革命实践中出现的新情况、新问题。针对革命实践出现的新问题、新情况，不断进行总结和反思，是马克思主义不断得以丰富和拓展的重要内生路径。

19 世纪 40 年代，由三大工人运动推动形成的席卷欧洲大陆的革命高潮，在 1848—1849 年逐渐被平息，欧洲大陆反动势力不但重新得势，而且统治地位得到强化和巩固，欧洲政治氛围整体上日趋反动；与此同时，尽管经济危机的一些明显症候时有显现，但资本主义经济总体上仍然得到较好的发展，工商业甚至呈现出相对"普遍繁荣"的特殊景观，这反过来为欧洲大陆资产阶级的反动统治提供了有力的支撑。欧洲的进步民主运动和工人革命运动由此步入低潮，短期内看不出有革命爆发的客观条件。但在当时汇聚了德国、意大利、法国、俄国等国家小资产阶级民主派、流亡者以及共产主义者同盟中的分离分子等反资产阶级队伍中，却产生了一批革命空谈家和冒险主义分子，他们以赖德律-洛兰、路易·勃朗、维利希、马志尼、科苏特以及卢格、金克尔、戈克等为代表，无视上述革命低潮的客观条件和情势，在革命群众中到处宣传要抓紧偿还"革命公债"，大肆鼓吹"制造革命"，妄图不切实际地在德国等地策划武装暴动、冒险发动革命，并三番五次派人来寻求马克思恩格斯的公开认同和支持。针对这种严重的革命冒险主义错误问题，马克思于 1852 年 12 月初专门完成《揭露科隆共产党人案件》这篇文章，强调这些人只是革命队伍中的少数派，如维利希-沙佩尔集团只是德国共产主义协会的少数派，但这些"少数派不是把现实关系、而仅仅把意志看做革命的动力……我们特别向德国工人指出德国无产阶级不够成熟，而你们却非常粗劣地向德国手工业者的民族感情和等级偏见阿谀逢迎，当然这样做是比较受欢迎的……你们像民主派一样，用关于革命的空话代替革命的发展"[①]。1853 年和 1856 年，德国莱茵省的一些革命工人，受以上革命冒险主义、盲动主义的影响，先后两次让古·

----

① 《马克思恩格斯全集》第 8 卷，人民出版社 1995 年版，第 465 页。

勒维来到伦敦拜见马克思，寻求马克思对在德国发动革命的支持，马克思都毫不客气地批评了这种主观主义的错误。因为他们完全违背了历史唯物主义的基本精神和原则，无产阶级革命必须建立在客观条件的基础上，革命实践必须接受马克思主义的指导，坚持主观和客观统一的原则，不能主观随意地发动革命，否则就会遭到惨败。马克思还毫不留情地说，这种盲动主义、冒险主义"革命家"实际上是"从自己安全的隐蔽所里干有利于德国各邦政府，特别是普鲁士政府的勾当"①。

19 世纪 60 年代，随着无产阶级革命低潮的到来，欧洲大陆很多小生产者纷纷破产，游民无产者的队伍得到迅速膨胀，游民无产者和一些失败知识分子的复仇情结和绝望心态不断滋长，一种用极端革命、非常激进语词组装和打扮的"革命主义"即巴枯宁无政府主义的社会主义思潮蔓延开来，在国际工人协会中产生很大影响，并造成第一国际的分裂。巴枯宁主义主张国家是万恶之源，先有国家然后就有了私有制，然后有了建立在私有制上的剥削和统治，任何权威都是"绝对的祸害"，国家、权威和人的自由平等是根本对立的，真正的解放是完全平等和个人绝对自由的，实现"无政府状态"。巴枯宁在《国家制度和无政府状态》中鼓吹，"社会革命的出发点"就是废除财产继承权，一旦它被废除，私有制和社会不平等现象就会不存在；而财产继承权、私有制是受国家保护的，革命和解放必须废除国家，建立无政府社会；而为了早日废除国家、尽快建立无政府状态的理想社会，在革命运动中就要"完全放弃一切政治"，因为传统意义上的政治是建立在权力等级和支配基础上的，是依靠权威运作的，由此也要反对一切权威，真正的革命要诉诸少数人的"密谋"，发动和联合主力军——流氓无产者和破产的农民，举行"全民暴动"，推翻一切国家和权威。巴枯宁无政府主义的出现颇有影响，这使无产阶级革命的一个重大实践问题凸显出来：无产阶级革命到底应该怎样进行？它和一般的自发性群众运动、历史上的"密谋"运动有什么本质的不同？无产阶级革命要建立的社会主义是无政府状态吗？

1872 年初，马克思恩格斯联合撰写并发表了《所谓国际内部的分裂》，深刻揭示和批判巴枯宁无政府主义者分裂第一国际的实质；到 1873 年底，马克思先后完成《政治冷淡主义》《巴枯宁〈国家制度和无政府状态〉一书摘要》，恩格斯先后完成《论权威》《行动中的巴枯宁主义者》，两人

①《马克思恩格斯全集》第 49 卷，人民出版社 2016 年版，第 211 页。

还分别在诸多通信中，如《马克思致弗里德里希·波尔特》《恩格斯致卡洛·卡菲埃罗》《恩格斯致卡洛·特尔察吉》等，系统批判了巴枯宁主义的错误。例如，马克思在《巴枯宁〈国家制度和无政府状态〉一书摘要》中明确批评说："只要其他阶级特别是资本家阶级还存在，只要无产阶级还在同它们进行斗争，无产阶级就必须采用暴力措施，也就是政府的措施；如果无产阶级本身还是一个阶级，如果作为阶级斗争和阶级存在的基础的经济条件还没有消失，那么就必须用暴力来消灭或改造这种经济条件，并且必须用暴力来加速这一改造的过程。"①恩格斯集中精力批判了巴枯宁对权威的错误认识，以及对权威的盲目反对。

恩格斯依据历史唯物主义分析说，权威是人类因共同进行社会生活自然而然产生的客观现象，具有历史必然性，不可能人为地随意消灭。他在《论权威》中明确指出，在人类的群体活动中，"不论在哪一种场合，都要碰到一个显而易见的权威"，比如，"假如铁路员工对乘客先生们的权威被取消了，那么，随后开出的列车会发生什么事情呢？"②只能是车毁人亡的可怕后果。1871年底，他在给保尔·拉法格的信中有针对性地强调："没有权威，就不可能有任何的一致行动。"③也就无从谈及无产阶级的阶级运动，无产阶级革命作为阶级运动只能是一种集体一致行动。在这个意义上，现实中的无产阶级革命要想获得实效、取得成功，不可能放弃党组织的权威领导和组织，甚至是确立党的领袖的权威也是必要的，无产阶级革命要推行民主集中制，在制定正确革命策略的同时，要确保集中统一领导、进行一致行动。针对巴黎公社的失败，恩格斯及时总结说："巴黎公社遭到灭亡，就是由于缺乏集中和权威。"④巴黎公社的经验教训，充分证明巴枯宁无政府主义的荒谬性和对无产阶级革命运动的巨大危害。马克思恩格斯对巴枯宁无政府主义的科学批判，即对无产阶级革命权威、组织问题的重点关注，是马克思主义指导革命的鲜活实践，在推动马克思主义基本原理同革命具体实践相结合的过程中，丰富和拓展了科学社会主义的理论内容。

19世纪70年代，巴黎公社的失败标志着传统的革命运动又渐趋低潮，西欧一些主要资本主义国家也随之对本国的统治制度、政治体制和运行机制等进行了调整，整个社会出现了很多新变化，阶级冲突和社会矛盾出现

①《马克思恩格斯文集》第3卷，人民出版社2009年版，第403页。
②《马克思恩格斯文集》第3卷，人民出版社2009年版，第337页。
③《马克思恩格斯文集》第10卷，人民出版社2009年版，第372页。
④《马克思恩格斯文集》第10卷，人民出版社2009年版，第375页。

了相对缓和的景象。在这种情况下，一个突出的问题摆在无产阶级面前：像过去那样大规模地发动暴力革命，已经有些不切实际了，革命运动有没有新的实践方式和形式？我们知道，在此之前，马克思恩格斯系统考察了欧洲近代以来大的社会革命，如英国资产阶级革命、法国资产阶级大革命，以及他们亲身经历过的 1848 年席卷欧洲的大革命，一般都主张无产阶级作为代表新生产方式（和传统所有制实现彻底决裂）的新生力量，面对强大的资产阶级，应该采取武装斗争暴力革命的形式进行革命。巴黎公社失败后，马克思恩格斯还进一步认识到即使无产阶级革命夺取了国家政权，还必须建设新的具有暴力机关功能的国家机器来巩固革命的胜利成果。但面对形势的变化，他们对革命形式有了新的认识。1871 年 9 月，马克思参加了国际工人协会伦敦代表大会，并在会上发言说："我们应当向各国政府声明：我们知道，你们是对付无产者的武装力量；在我们有可能用和平方式的地方，我们将用和平方式反对你们，在必须用武器的时候，则用武器。"①1872 年 9 月，他又作了《关于海牙代表大会》的演说，强调"工人总有一天必须夺取政权，以便建立一个新的劳动组织"，"在大陆上的大多数国家中，暴力应当是我们革命的杠杆；为了最终地建立劳动的统治，总有一天正是必须采取暴力"，但他同时承认，"必须考虑到各国的制度、风俗和传统；我们也不否认，有些国家，像美国、英国，——如果我对你们的制度有更好的了解，也许还可以加上荷兰，——工人可能用和平手段达到自己的目的"。②1877 年，德国的社会主义政党通过议会选举取得可喜成就。1878 年 2—3 月，恩格斯在《1877 年的欧洲工人》的组合文章中对此分析说："1877 年一开始，就迎来了一次胜利，这次胜利是工人曾经取得的最重大的胜利之一"，德国工人党"向世界显示它的组织得很好而且不断壮大的队伍。"③到了 19 世纪八九十年代，诸如英国、法国、德国等主要资本主义国家都进入更趋稳定的发展阶段，这一方面是因为工人阶级的力量在发展壮大，另一方面是因为资产阶级的统治力量也在明显增强，如军事技术和武装镇压能力都得到提升，传统的暴力革命、武装起义的生成空间日益萎缩。

　　恩格斯于 1890 年秋撰写了《给〈社会民主党人报〉读者的告别信》，

---

①《马克思恩格斯全集》第 17 卷，人民出版社 1963 年版，第 700 页。
②《马克思恩格斯全集》第 18 卷，人民出版社 1964 年版，第 179 页。
③《马克思恩格斯全集》第 25 卷，人民出版社 2001 年版，第 163 页。

他在信中建议，针对当前的时局，"应当努力暂时运用合法的斗争手段来应对局面。不仅我们这样做，凡是工人享有某种法定的活动自由的所有国家里的所有工人政党也都在这样做，原因很简单，那就是运用这种办法收效最大"①。这种"合法的斗争"亦即和平的革命方式，它以通过普选获得选民支持为主要表现（如获得议会大多数席位），是特定情况下无产阶级革命的策略选择。1892 年 10 月，他在给倍倍尔的信中还特意总结说："如果没有必须加以反对的反动的暴力，也就谈不上什么革命的暴力；要知道，对那些根本无须推翻的东西是不能进行革命的。"②他再次指出了革命不应该只是暴力革命这一种模式、一条道路，特定情况下，采用和平、合法的方式进行革命也是允许和应该的。

通过以上分析可以发现，经典马克思主义是因关注社会问题、时代难题而产生，又由问题推动不断深化发展，作为介入现实、改变世界的科学和"实践唯物主义"，马克思主义的这些理论特质恰恰是以社会问题为中介而得以生成和彰显的。强烈的问题意识和问题导向，的确是经典马克思主义重要的内生要素，也因之是其鲜明的理论特点。

对此精通熟稔的列宁，重视以重大理论问题和现实问题为中介，通过不断澄明重大理论问题，求解现实问题，实现马克思主义基本原理同俄国具体实际的结合，始终坚持问题导向来推动马克思主义俄国化，开启了社会革命实践的新进程，使无产阶级革命第一次在现实中取得最终胜利，开辟了马克思主义发展史上具有原创性的俄国革命道路。马克思恩格斯在奠定科学社会主义基本原则时，明确提出"共产主义革命将不是仅仅一个国家的革命，而是将在一切文明国家里，至少在英国、美国、法国、德国同时发生的革命"，因为共产主义"它是世界性的革命"，而且是代表先进生产力的革命，所以理应于"有较发达的工业，较多的财富和比较大量的生产力"的国家率先发生。③这意味着，"联合的行动，至少是各文明国家的联合的行动，是无产阶级获得解放的首要条件之一"④，"无产阶级的解放只能是国际性的事业"⑤。后人将马克思恩格斯的这些思想称之为"发达国家多国同时胜利论"。

---

① 《马克思恩格斯文集》第 4 卷，人民出版社 2009 年版，第 401 页。
② 《马克思恩格斯全集》第 38 卷，人民出版社 1972 年版，第 497 页。
③ 《马克思恩格斯文集》第 1 卷，人民出版社 2009 年版，第 687 页。
④ 《马克思恩格斯文集》第 2 卷，人民出版社 2009 年版，第 50 页。
⑤ 《马克思恩格斯全集》第 39 卷，人民出版社 1974 年版，第 87 页。

但列宁当时所在的俄国恰恰不符合上述判断，这样一个保留了大量传统社会因素的落后国家能否、如何进行无产阶级革命，以及能否、如何独立地进行社会主义建设，是摆在列宁等俄国共产党人面前的一道巨大的时代难题。列宁在领导俄国工人运动的过程中，来自实践中的经验教训使他领悟到，当时资本主义世界发展不平衡、充满矛盾，俄国无产阶级可以利用这些矛盾推翻沙俄的反动统治、夺取政权，社会主义革命"将首先在一个或者几个国家内获得胜利，而其余的国家在一段时间内将仍然是资产阶级的或资产阶级以前的国家"[①]。俄国布尔什维克党领导和发动的十月革命，最终获得了伟大胜利，在俄国确立了无产阶级专政性质的社会主义政权，"社会主义革命一国胜利论"成功践履。而且，列宁晚年根据当时俄国的实际以及客观的国际环境，曾尝试探索在一个落后的非西方国家如何独立自主地建设现代化的社会主义。及至斯大林，他明确提出了"一国建成社会主义"思想，强调"无须其他国家无产阶级革命的预先胜利，无产阶级可能夺得政权并利用这个政权来在我国建成完全的社会主义社会"[②]。经过长期实践的艰辛探索，苏联模式的社会主义逐渐形成和发展起来，这意味着苏联共产党在求解以上难题方面，提供了一定的历史性解答。

第三节　中国共产党人"从来都是为了解决中国的现实问题"

2013 年 11 月，习近平就《中共中央关于全面深化改革若干重大问题的决定》向党的十八届三中全会作说明。他专门指出，我们之所以推出全面深化改革战略，核心目的就是要实现"六个进一步"，即进一步形成公平竞争的发展环境，进一步增强经济社会发展活力，进一步提高政府效率和效能，进一步实现社会公平正义，进一步促进社会和谐稳定，进一步提高党的领导水平和执政能力。而这"六个进一步"就是我国当下乃至相当长一段时期内的"重大课题"，围绕它们，我们要有强烈的问题意识，以重大问题为导向，抓住关键问题进一步研究思考，着力推动解决我国发展面临的一系列突出矛盾和问题。只有这样，我们在改革开放的新时期才能

---

① 《列宁全集》第 28 卷，人民出版社 2017 年版（第 2 版增订版），第 88 页。
② 《斯大林选集》（上），人民出版社 1979 年版，第 438 页。

不断取得成功。我们中国共产党人干革命、搞建设、抓改革，从来都是为了解决中国的现实问题，改革开放更是如此。回顾改革开放的伟大实践，可以说，改革是由问题倒逼而产生，又在不断解决问题中得以深化①。在2020 年 10 月秋季学期中央党校（国家行政学院）中青年干部培训班开班式上，习近平再次强调，回望人类历史，必须清楚，人类历史总是在不断解决问题中前进和发展的。我们党领导人民干革命、搞建设、抓改革，从来都是为了解决我国的现实问题。提高解决实际问题的能力是应对当前复杂形势、完成艰巨任务的迫切需要，也是年轻干部成长的必然要求。年轻干部要提高"七种能力"（政治能力、调查研究能力、科学决策能力、改革攻坚能力、应急处突能力、群众工作能力、抓落实能力），勇于直面问题，想干事、能干事、干成事，不断解决问题、破解难题。②

　　"我们中国共产党人干革命、搞建设、抓改革，从来都是为了解决中国的现实问题"③，实际上就是强调中国共产党始终具有强烈的问题意识、问题导向，这句话简明而又生动地概括了中国共产党百年征程的鲜明特色、基本经验和成功之道。进一步分析，我们可以发现两个基本的层面。首先，中国共产党的这个鲜明特色、基本经验和成功之道是有深刻的理论基因的，亦即经典马克思主义鲜明的问题意识、问题导向是其理论根基，中国共产党的这个鲜明特色是对经典马克思主义理论特色的继承和发展；其次，中国共产党百年征程始终通过聚焦于中国的现实问题来推动马克思主义同中国具体实际、同中华优秀传统文化相结合，不断推动马克思主义中国化走深走实，由此也将以解决中国的现实问题为出发点，把坚持贯彻问题导向变成自己内在演进特有的优良传统。习近平为此强调："在革命、建设、改革各个历史时期，我们党坚持马克思主义基本原理同中国具体实际相结合，运用马克思主义立场、观点、方法研究解决各种重大理论和实践问题，不断推进马克思主义中国化"，在产生诸如毛泽东思想、中国特色社会主义理论体系等马克思主义中国化重大理论成果、不断实现理论创新的同时，也"指导党和人民取得了新民主主义革命、社会主义革命和社会主义建设、改革开放的伟大成就"，不断推进实践创新。④

---

　　① 参见中共中央文献研究室编：《十八大以来重要文献选编》（上），中央文献出版社 2014 年版，第 496—497 页。

　　②《年轻干部要提高解决实际问题能力 想干事能干事干成事》，《人民日报》2020 年 10 月 11 日。

　　③《习近平谈治国理政》第一卷，外文出版社 2018 年版，第 74 页。

　　④ 习近平：《论党的宣传思想工作》，中央文献出版社 2020 年版，第 220 页。

　　显然，当代中国马克思主义问题意识的生成和不断深化，在深层次上有双重要素，一是马克思主义的问题意识是其深层次的理论基因、思想基因；二是中国共产党百年征程中始终坚持问题导向来推动革命、谋划发展所形成的自觉的问题意识则是其深层次的优良历史传统，习近平新时代中国特色社会主义思想既传承了这种优良基因，又发扬了这种优良传统，在新时代让它们焕发新的活力。据此，深入梳理中国共产党百年征程始终葆有自觉的问题意识、始终坚持问题导向的优良传统，对深入理解和把握当代中国马克思主义问题意识很有必要。

一、问题、主义和方法的复杂关联：中国共产党何以诞生再审视

　　中国共产党百年征程的问题意识，有其深刻的理论基因和思想基因即经典马克思主义。我们首先有必要搞清楚，这种基因在现实中是如何促成中国共产党的诞生，中国共产党成立后又是如何把马克思主义作为一种"主义"同中国实际相结合，形成自觉的"问题导向"和"问题意识"，从而形成自己百年来优良的历史传统的。而这就有必要回溯到 20 世纪初中国共产党成立时期的历史语境，特别是要聚焦于当时的"问题与主义"之争。

　　1840 年的鸦片战争，掀开了近代中国屈辱的一页，帝国主义、封建主义和官僚资本主义"三座大山"将近代中国人民压制得几近无法喘息。中国共产党人对此始终有清醒的认知。早在 1919 年，毛泽东就在《民众的大联合》中愤慨地说，时下的中国，"国家坏到了极处，人类苦到了极处，社会黑暗到了极处"[①]。中共二大为此提出彻底反帝反封建的民主革命纲领。毛泽东于 1939 年在《中国革命和中国共产党》中，详细分析了帝国主义和封建主义勾结给中国带来的深重灾难，如帝国主义列强对中国多次发动侵略战争，强迫中国签订许多不平等条约，控制了中国的海关、对外贸易及交通事业，开办工厂挤压民族工业，扶植和利用封建残余势力来垄断中国的金融和财政，实施文化侵略政策，利用各种手段推动中国军阀混战等。[②]1984 年，邓小平在会见第二次中日民间人士会议日方委员会代表团时，仍然不忘提醒说："中国自鸦片战争以来的一个多世纪内，处于被侵

---

　　① 中共中央文献研究室、中共湖南省委《毛泽东早期文稿》编辑组编：《毛泽东早期文稿（1912.6—1920.11）》，湖南出版社 1990 年版，第 338 页。

　　②《毛泽东选集》第 2 卷，人民出版社 1991 年版，第 628—631 页。

略、受屈辱的状态。”[①]2001 年，江泽民在庆祝中国共产党成立 80 周年大会上总结说，鸦片战争后，中国因为西方列强的侵略，逐渐沦为半殖民地半封建社会，“中国人民受到帝国主义、封建主义的双重压迫。民族危机和社会危机空前深重”[②]。2011 年，胡锦涛在庆祝中国共产党成立 90 周年大会上总结说，鸦片战争后中国沦为半殖民地半封建社会，“封建统治日益腐败，祖国山河破碎、战乱不已，人民饥寒交迫、备受奴役。救亡图存的民族使命迫在眉睫。争取民族独立、人民解放，实现国家富强、人民富裕，成为中国人民必须完成的历史任务”[③]。中国特色社会主义进入新时代，习近平在很多重要场合，对 1840 年鸦片战争到 1921 年中国共产党成立这一段时期的中国境况进行过分析和阐述。例如，他在纪念毛泽东同志诞辰 120 周年座谈会上，指出这一段时期，“中国危机四起、人民苦难深重，陷入半殖民地半封建社会的黑暗深渊”，“战乱频仍，民生凋敝，丧权辱国，成了旧中国长期无法消除的病疠”；在纪念邓小平同志诞辰 110 周年座谈会上，他强调当时的中国，“社会动荡不已，人民饥寒交迫，民族危在旦夕”，“面对深重的民族灾难和激烈的社会矛盾”；在庆祝中国人民解放军建军 90 周年大会上，他强调当时“中华民族处在积贫积弱、内忧外患的苦难深渊，中国人民处在饥寒交迫、民不聊生的悲惨境地”[④]。在党的十九大报告中，习近平指出，那一段时期，“中国陷入内忧外患的黑暗境地，中国人民经历了战乱频仍、山河破碎、民不聊生的深重苦难”[⑤]。

从鸦片战争到五四运动前后，这一时期的“中国问题”突出表现在以下几个方面。第一，丧权辱国。以《南京条约》《北京条约》《马关条约》《辛丑条约》的先后签订为标志，中国作为主权独立的民族国家逐渐沦为半殖民地半封建社会，丧失国家主权的完整性和独立性，一个曾经创造辉煌文明、历史悠久的伟大民族陷入了生存危机。第二，山河破碎、战乱不断、国无宁日。这不仅体现在帝国主义列强对中国的殖民侵略、割地强占，还表现在各种地方势力（如地方军阀）争权夺利、拥兵自重、抢占各自势力范围，烽烟四起、战乱频仍，国家一方面长期缺乏有效的统一治理，另一方面长期缺乏稳定的社会秩序，社会动荡不安。第三，民不聊生。帝国主

①《邓小平文选》第 3 卷，人民出版社 1993 年版，第 62 页。

② 江泽民：《论党的建设》，中央文献出版社 2001 年版，第 489 页。

③《胡锦涛文选》第 3 卷，人民出版社 2016 年版，第 522 页。

④ 习近平：《论中国共产党历史》，中央文献出版社 2021 年版，第 50、73—74、164 页。

⑤《习近平著作选读》第二卷，人民出版社 2023 年版，第 11 页。

义和封建主义的双重压迫，再加上政府无能、官员腐败、卖官鬻爵、社会不平等几近常态，广大民众生活在水深火热之中，民生维艰，基本生存都缺乏保障。第四，主权不独立、国家不完整、社会不安宁，造成近代中国积贫积弱，经济、科技、军事等远远落后于帝国主义列强。国家、民族、社会和民众都陷入重重危机中，可谓灾难深重。

面对这些"中国问题"，英勇的中国人民奋起抗争，不断寻求解决之道，先后发起了太平天国运动、洋务运动、戊戌变法、义和团运动、清末新政和辛亥革命；在救国救民的苦苦求索中，先后做出诸如君主立宪制、帝制复辟、议会制、多党制、总统制等制度救国的尝试。一时间，商业救国、商务救国、教育救国、科学救国、洋务救国、立宪救国等各种救亡图存的政治主张粉墨登场，而诸如虚无主义、自由主义、民族主义、民主社会主义等各种各样的"主义"纷至沓来，令人眼花缭乱、目不暇接，其中不乏生吞活剥、夸夸其谈、凌空蹈虚等现象。

也正是在这种背景下，胡适于 1919 年 7 月发表《多研究些问题，少谈些"主义"》，明确重申："现在舆论界的大危险，就是偏向纸上的学说，不去实地考察中国今日的社会需要究竟是什么东西"，学理、主义不过是"考察社会的实在情形"的"工具"，确立"救济的方法"即解决现实问题的方法，有些人空谈主义，把这一点搞颠倒了；强调说"现在中国应该赶紧解决的问题，真多得很"。从人力车夫的生计问题到大总统的权限问题，从卖淫问题到卖官卖国问题，从解散安福部问题到加入国际联盟问题，从女子解放问题到男子解放问题等，到处都是"火烧眉毛紧急问题"，所以，我们要"多多研究这个问题如何解决，那个问题如何解决，不要高谈这种主义如何新奇，那种主义如何奥妙"。应该说，胡适的这些言论，是有现实针对性的，但其问题同样明显，尽管他也承认，"种种学说和主义，我们都应该研究。有了许多学理做材料，见了具体的问题，方才能寻出一个解决的方法"，但总体上没有把握好问题与主义之间的辩证关系。[①]第一，从发生学意义上讲，正确的学理和主义源自人们对问题的分析和求解，但科学的主义的反作用无疑是巨大的，它有助于更好地把握不同问题之间的关系，进而更为合理、有效地解决问题。胡适对这一点的重视不够，反而认为主义都是"应时势而起的"，不具有普遍适用性，很多外来的主义对解决中国具体问题没有价值。第二，胡适在其他地方承认，他所谓的"多

---

① 胡适：《问题与主义》，北京大学出版社 2013 年版，第 1—2、4、6 页。

研究些问题，少谈些'主义'"，主张从细微的具体问题着手进行点滴推动、推进，背后实际上也是主义和方法，即实验主义（自谓是"实验主义的信徒"[①]）、点滴改良主义。问题在于，这种改良主义恰恰解决不了前述突出的"中国问题"，各种改良主义及其变种在中国都没有取得成功。这一点胡适恰恰没有足够的自觉。第三，胡适因为有些主义偏于空泛不切实际、有些主义和中国没有相关性，以偏概全，既没有对好主义、坏主义进行必要的区分，更没有认识到马克思主义作为科学的方法论与其他主义的根本区别，反而对马克思主义有很多误解和不实之词。

　　这很快引起了对上述"中国问题"和马克思主义都有很好把握的李大钊的警觉，他一个月内就撰文《再论问题与主义》进行回应。他首先就"主义"进行辩论。第一，主义和问题密不可分，因为一个社会问题的解决需要"社会上多数人共同的运动"，而这又需要"先有一个共同趋向的理想、主义"来引起多数人的共同关注、形成共识。"所以我们的社会运动，一方面固然要研究实际的问题，一方面也要宣传理想的主义。这是交相为用的，这是并行不悖的。"第二，"大凡一个主义，都有理想与实用两面"，既有抽象和理想的一面，也有具体实用的一面，后者意味着它可以根据实际情况不断调整、运用，杜威所谓脱离实际的空谈，"只怕不是主义的本身带来的，是空谈他的人给他的"[②]。其次，他专门就马克思主义进行了辩护。一则，马克思主义作为指导俄国取得伟大胜利的科学理论，很重要的一点就是能够洞悉一个社会的"根本问题"。"依马克思的唯物史观，社会上法律、政治、伦理等精神的构造，都是表面的构造。他的下面，有经济的构造，作他们一切的基础。经济组织一有变动，他们都跟着变动。换一句话说，就是经济问题的解决，是根本解决。经济问题一旦解决，什么政治问题、法律问题、家族制度问题、女子解放问题、工人解放问题，都可以解决。"[③]由此，"我们应该承认：遇着时机，因着情形，或须取一个根本解决的方法，而在根本解决以前，还须有相当的准备活动才是"[④]。马克思主义的革命理论，提供了正确的根本解决之法。二则，马克思主义不但能提供解决当时中国社会问题的"根本方法"，而且"一面宣传我们的主义，一面就种种问题研究实用的方法，好去本着主义作实际的运动"，

---

　　①　欧阳哲生编：《胡适文集》第3册，北京大学出版社1998年版，第364页。

　　②　李大钊：《李大钊选集》，人民出版社1959年版，第230页。

　　③　李大钊：《李大钊选集》，人民出版社1959年版，第233页。

　　④　李大钊：《李大钊选集》，人民出版社1959年版，第234页。

"一面认定我们的主义,用他作材料、作工具,以为实际的运动。一面宣传我们的主义,使社会上多数人都能用他作材料、作工具,以解决具体的社会问题",它还可以提供和转化为解决各种具体问题的方法。①

　　显然,在李大钊看来,寻找解决问题的方法离不开"主义",解决以上中国问题,恰恰非常需要学习、宣传、运用马克思主义。不过,他同时也直言不讳地承认,"我们最近发表的言论,偏于纸上空谈的多,涉及实际问题的少",并保证"以后誓向实际的方面去作"②。这也意味着,他同样认为现实问题具有优先性,"主义"是为求解中国实际问题服务的。很快,同年9月李大钊发表《北京市民应该要求的新生活》一文,专门列举诸如税收监督问题、公共教育问题等20项需要研究和解决的具体社会问题,以彰显问题的优先性和问题导向的重要性;此后一直到1922年底,李大钊先后发表了诸如《妇女解放与Democracy》《出卖官吏》《归国的工人》《青年厌世自杀问题》《北京贫民生活的一瞥》《现代的女权运动》《失意与结婚自由》《国际的资本主义下的中国》等诸多文章,进一步凸显解决现实具体问题对于当时中国的重要性。

　　这实际上也是当时很多早期马克思主义者的共同立场。受前述"问题与主义"的影响,1919年9月毛泽东专门推动创建"问题研究会",强调"凡事或理之为现代人生所必需,或不必需,而均尚未得适当之解决,致影响于现代人生之进步者,成为问题"③。他同样倡导"多研究些问题",为此详细勾勒71类共计144项大大小小不同的具体社会问题,以彰显问题的重要性。陈独秀在1920年公开强调:"与其高谈无政府主义、社会主义,不如去做劳动者教育和解放底实际运动;与其空谈女子解放,不如切切实实谋女子底教育和职业。"④针对广州青年,他特意嘱咐:"我希望诸君切切实实研究社会实际问题底解决方法,勿藏在空空的什么主义什么理想里面当造遁逃薮安乐窝。"⑤1921年1月,由刘仁静、邓中夏担任主编的中国社会主义青年团的机关报——《先驱》报创刊,其发刊词明确说:"近一二年来的言论界,大非'五四'前后的言论界了。大家都在纸上空谈不

---

　　① 李大钊:《李大钊选集》,人民出版社1959年版,第233页。

　　② 李大钊:《李大钊选集》,人民出版社1959年版,第229页。

　　③ 中共中央文献研究室、中共湖南省委《毛泽东早期文稿》编辑组编:《毛泽东早期文稿(1912.6—1920.11)》,湖南出版社1990年版,第396页。

　　④ 任建树编:《陈独秀著作选编》第2卷,上海人民出版社2009年版,第261页。

　　⑤ 任建树编:《陈独秀著作选编》第2卷,上海人民出版社2009年版,第286页。

着边际的主义，并毫无研究问题解决问题的决心。"所以，"本刊的第一任务是努力研究中国的客观的实际情形，而求得一最合宜的实际的解决中国问题的方案。"①1922 年，马克思主义者张申府，认为"只道听途说的瞎谈主义，绝不把实际的问题一加研究"②是一个衰老民族惰性的体现，尤须注意避免。甚至到 1924 年中，共产党员恽代英、萧楚女担任主编的共青团中央机关刊物——《中国青年》刊文强调"少发些抽象的哲理高论，多注重于具体的实际问题"③。

　　不过，在这个过程中，这些马克思主义者越来越重视到"主义"与问题的不可分割性及马克思主义对于解决前述中国问题的重要性。毛泽东在《问题研究会章程》中同时强调："问题之研究，须以学理为根据。因此在各种问题研究之先，须为各种主义之研究。"④为此他在第三条专门列出诸如哲学上的、伦理学上的、教育上的等 10 种"主义"，要求重点研究。实际上，早在 1919 年 7 月 21 日，他在《湘江评论》发表的《民众的大联合》系列文章的第一篇文章中，就强调中国人民要解决自己的问题，必须采用"民众的大联合"方法进行斗争，这个方法是俄国革命取得成功的方法，但其首创者是马克思。1920 年 9 月初，毛泽东在《大公报》发表文章进一步总结俄国革命的成功经验，指出"列宁之以百万党员，建平民革命的空前大业"，主要是因为"有主义（布尔失委克斯姆），有时机（俄国战败），有预备，有真正可靠的党众"，有马克思主义指导居于首要地位，并且还为此明确说"中国如有澈（彻）底的总革命，我也赞成"⑤。同年 11 月，他在给罗章龙的信中更明确地说：马克思主义"譬如一面旗子，旗子立起了，大家才有所指望，才知所趋赴"⑥。与此同时，毛泽东还明确把"主义"与解决问题的"方法"之间的内在关联凸显出来。1920 年 2 月，他在致陶

　　① 中共中央马克思恩格斯列宁斯大林著作编译局研究室编：《五四时期期刊介绍》第 2 集下册，生活·读书·新知三联书店 1959 年版，第 528、529 页。

　　② 转引自罗志田：《整体改造和点滴改革："问题与主义"之争再认识之二》，《历史研究》2005 年第 5 期，第 105 页。

　　③ 转引自罗志田：《外来主义与中国国情："问题与主义"之争再认识之三》，《南京大学学报》2005 年第 2 期，第 108 页。

　　④ 中共中央文献研究室、中共湖南省委《毛泽东早期文稿》编辑组编：《毛泽东早期文稿（1912.6—1920.11）》，湖南出版社 1990 年版，第 401 页。

　　⑤ 中共中央文献研究室、中共湖南省委《毛泽东早期文稿》编辑组编：《毛泽东早期文稿（1912.6—1920.11）》，湖南出版社 1990 年版，第 507—508 页。

　　⑥ 中共中央文献研究室、中共湖南省委《毛泽东早期文稿》编辑组编：《毛泽东早期文稿（1912.6—1920.11）》，湖南出版社 1990 年版，第 554 页。

毅的信中指出："我觉得好多人讲改造，却只是空泛的一个目标。究竟要改造到那一步田地（即终极目的）？用什么方法达到？自己或同志从那一个地方下手？这些问题，有详细研究的却很少。""我们想要达到一种目的（改造），非讲究适当的方法不可。"①毛泽东这时讲的"方法"，是从根本上解决中国问题意义上的方法，亦即和"主义"大体是同义词。在 1921 年 1 月初长沙新民学会新年大会上，对于解决中国问题的"方法"而采行俄式马克思主义之路，他更明确地强调"我极赞成。因俄式系诸路皆走不通了新发明的一条路"，这种"激烈方法的共产主义，即所谓劳农主义，用阶级专政的方法，是可以预计效果的，故最宜采用"。②今天来看，这无疑是他对当时中国的时势和问题总体情况基本判断基础上的正确思虑和选择。在月底给蔡和森的信中，他强调"唯物史观是吾党哲学的根据"③。

为了避免有人对他对"专为空谈主义不去努力实行的人"进行的批判产生误解，陈独秀于 1920 年底专门发表《主义与努力》，强调他绝不只"主张办实事，不要谈什么主义什么制度"，办实事是具体努力，而主义和制度则是"定方向"的，"定方向与努力二者缺一不可"④，重视问题和重视主义不可分割。实际上，早在同年 8 月写给张东荪的回信中，陈独秀就明确说，"像中国这样知识幼稚没有组织的民族，外面政治的及经济的侵略又一天紧迫似一天"，只能选取马克思主义意义上的"急进的 Revolution"。⑤1920 年 11 月初，陈独秀在《共产党》创刊号上，又特意强调，"要想把我们的同胞从奴隶境遇中完全救出，非由生产劳动者全体结合起来，用革命的手段打倒本国外国一切资本阶级，跟着俄国的共产党一同试验新的生产方法不可"，建立俄国那样的"劳动者的国家"⑥，亦即要用马克思主义及其劳动阶级革命的方法来解决中国问题。

蔡和森于 1920 年底在与新民学会会员的通信中明确说，"非以无产阶级的迪克推多压不住反动，俄国就是个明证，所以我对于中国将来的改造，

① 中共中央文献研究室、中共湖南省委《毛泽东早期文稿》编辑组编：《毛泽东早期文稿（1912.6—1920.11）》，湖南出版社 1990 年版，第 464、465 页。
②《毛泽东文集》第 1 卷，人民出版社 1993 年版，第 2 页。
③《毛泽东文集》第 1 卷，人民出版社 1993 年版，第 4 页。
④《陈独秀文集》第 2 卷，人民出版社 2013 年版，第 93 页。
⑤ 转引自罗志田：《外来主义与中国国情："问题与主义"之争再认识之三》，《南京大学学报》2005 年第 2 期，第 102 页。
⑥ 中共中央文献研究室、中央档案馆编：《建党以来重要文献选编（1921—1949）》第 1 册，中央文献出版社 2011 年版，第 475—476 页。

以为完全适用社会主义的原理与方法。我以为先要组织共产党，因为它是革命运动的发动者，宣传者，先锋队，作战部"，毛泽东将之概括为"以为应用俄国式的方法去达到改造中国与世界，是赞成马克思的方法的"，并"表示深切的赞同"[①]。

显然，诸如李大钊、陈独秀、毛泽东等早期的马克思主义者，此时的核心诉求都是要求把马克思主义同中国问题结合起来，用马克思主义伸张的革命方法来解决中国问题。毛泽东于 1925 年明确总结说："为什么要革命？为了使中华民族得到解放，为了实现人民的统治，为了使人民得到经济的幸福。"[②]1921 年 7 月，中国共产党就是在这种氛围下成立的，换言之，是在马克思主义和中国问题的互动中，在寻找解决中国问题的方法中诞生的。

党的一大、二大纲领很明显地体现了这一点。党的一大通过的《中国共产党第一个纲领》明确指出："革命军队必须与无产阶级一起推翻资本家阶级的政权，必须支援工人阶级，直到社会的阶级区分消除为止；承认无产阶级专政，直到阶级斗争结束，即直到消灭社会的阶级区分"，这是典型的马克思列宁主义基本立场，纲领还结合中国的实际问题提出要把工人、农民和士兵组织起来。党的二大纲领更为重视"主义与问题"结合中中国问题的优先性，专门推出最低纲领即"消除内乱，打倒军阀，建设国内和平；推翻国际帝国主义的压迫，达到中华民族完全独立；统一中国本部（东三省在内）为真正民主共和国"，然后是最高纲领即"组织无产阶级，用阶级斗争的手段，建立劳农专政的政治，铲除私有财产制度，渐次达到一个共产主义的社会"[③]，并主张前者是民主主义革命。党的二大，在使革命这个马克思主义根本方法具有更为丰富内涵的同时，也使马克思主义与中国问题得到更好结合。毛泽东后来在《论人民民主专政》中对此有很精当的概括。他说："十月革命一声炮响，给我们送来了马克思列宁主义。十月革命帮助了全世界的也帮助了中国的先进分子，用无产阶级的宇宙观作为观察国家命运的工具，重新考虑自己的问题。走俄国人的路——这就是结论。一九一九年，中国发生了五四运动。一九二一年，

①《毛泽东书信选集》，中央文献出版社 2003 年版，第 3 页。

②《毛泽东文集》第 1 卷，人民出版社 1993 年版，第 21 页。

③ 中共中央文献研究室、中央档案馆编：《建党以来重要文献选编（1921—1949）》第 1 册，中央文献出版社 2011 年版，第 1、133 页。

中国共产党成立。"①所谓工具，核心就是有用的方法。

中国共产党就是在寻找解决中国问题的科学方法的过程中，逐渐诞生和初步发展起来的，它是马克思主义和中国问题良性互动的结果，但归根结底是马克思主义的理论特性和 20 世纪初中国的巨大现实需要相互作用的结果。客观地说，早期中国共产党人卷入所谓"问题与主义"之争，绝不是说早期以陈独秀为代表的中国共产党只讲"主义"，不讲问题；相反，中国共产党首先重视的是"中国问题"，追求的是能正确把握和分析"中国问题"，能真正和有效解决"中国问题"的"主义"。恰恰是在这场争议中，不少先进的、寻求救亡图存的中国人，更为深入地意识到马克思主义才是解决"中国问题"、当代中国最需要的"主义"。正是在这种马克思主义和"中国问题"初步结合中，中国共产党诞生了。

可见，"问题"与"主义"的结合，具体说是 20 世纪初的"中国问题"与坚持问题导向的马克思主义的结合，才有了中国共产党的诞生。中国共产党从一开始就因为马克思主义具有科学性和问题导向的理论特性，选择了将马克思主义作为自己的指导思想。而这根本上又是因为中国共产党为了解决当时中国问题进而为中华民族谋复兴、为中国人民谋幸福，内在地需要能解决问题的科学理论。中国共产党秉持问题意识、重视问题导向的历史传统，在其成立之日就已经确定了。

二、中国共产党百年征程坚持问题导向与重大问题的求解

"中国产生了共产党，这是开天辟地的大事变，深刻改变了近代以后中华民族发展的方向和进程，深刻改变了中国人民和中华民族的前途和命运，深刻改变了世界发展的趋势和格局。"②中国共产党百年征程实现的四个"深刻改变"的背后，是中国共产党百年征程取得的一系列伟大成就；这些伟大成就的背后，则是中国共产党对一个个重大"中国问题"的求解，我们是通过不断求解问题而获得成就和取得成功的。中国共产党人不管是干革命，还是搞建设，以及抓改革，从来都是为了解决中国的现实问题。而不断解决问题的背后，则是中国共产党百年征程始终葆有自觉的问题意识、坚持问题导向。所以，梳理中国共产党百年征程对重大问题的求解，无疑是有助于我们更好把握中国共产党问题意识、问题导向的重要维度。

---

①《毛泽东选集》第 4 卷，人民出版社 1991 年版，第 1471 页。
②《习近平谈治国理政》第四卷，外文出版社 2022 年版，第 4 页。

中国共产党百年征程对重大问题的求解,可以从以下三个层面来把握。

第一,可以从不断求解中国共产党自身根本性问题层面来彰显百年征程对问题意识、问题导向的坚守。

这首先体现为对中国共产党自身的理解和认识。党的十九届六中全会通过的《中共中央关于党的百年奋斗重大成就和历史经验的决议》明确提出:"全党要牢记中国共产党是什么、要干什么这个根本问题,……决不在根本性问题上出现颠覆性错误。"①这实际上也就是习近平多次强调的要搞清楚中国共产党"从哪里来、往哪里去"这个根本问题。党的十九届六中全会通过追溯党的百年征程,告诉世人,中国共产党百年征程在一定意义上就是不断解答和证明自身"是什么、干什么"这个根本问题的过程。时至今日,这个问题的答案已经清晰明了,所以《中共中央关于党的百年奋斗重大成就和历史经验的决议》强调党员要牢记这个根本问题。

2021 年 8 月 26 日,中共中央宣传部发布《中国共产党的历史使命与行动价值》,对此作出权威阐释,强调一切事物发展都有逻辑可循,政党也是如此。循着中国共产党的过去,可以解释它的现在,也可以看到它的未来。历史和现实充分证明,中国共产党是全心全意为人民服务的政党;中国共产党是为实现理想不懈奋斗的政党,党的百年发展史就是在马克思主义指引下,坚定信念、勇于探索、百折不挠、顽强不屈的不懈奋斗史;中国共产党是具有强大领导力、执政力的政党,能够把亿万人民团结和凝聚起来,一次次跨过急流险滩,一次次战胜困难危机;中国共产党是始终保持旺盛生机和活力的政党,不但能够领导人民进行伟大的社会革命,也能够进行伟大的自我革命,不断推进自我净化、自我完善、自我革新、自我提高;中国共产党是为人类和平与发展贡献力量的政党,始终秉持和平、发展、公平、正义、民主、自由的全人类共同价值,始终弘扬国际主义精神,为世界和平发展作出贡献。②

在此基础上,《人民日报》发表署名"宣言"的文章,对中国共产党"是什么、干什么"进一步给予了权威性的分析。关于"是什么",该文指出:"中国共产党是用马克思主义武装起来的觉悟者,是最广大人民利益的守护者,是人类社会发展方向的引领者,是最光明最正义最壮丽事业的

---

① 《中共中央关于党的百年奋斗重大成就和历史经验的决议》,人民出版社 2021 年版,第 72 页。

② 参见《中国共产党是什么样的政党——论中国共产党的历史使命与行动价值》,《人民日报》2021 年 8 月 28 日。

奋斗者"。"对马克思主义的信仰，对社会主义和共产主义的信念"是中国共产党人的"政治灵魂"和"精神支柱"，"胸怀崇高坚定的理想信念并为之不懈奋斗，是中国共产党独特的精神标识"。这无疑是对"是什么"高度凝练的概括和回答。关于"干什么"，该文指出："中国共产党作为无产阶级政党，始终把为人民谋幸福、为民族谋复兴作为初心使命，始终牢记'为了谁、依靠谁、我是谁'，为人民出生入死、同人民休戚与共"；"党的百年奋斗充分证明，中国共产党是为人民谋幸福、为民族谋复兴的党，也是为人类谋进步、为世界谋大同的党"。与此同时，"我们党始终以世界眼光关注人类前途命运，践行大道不孤、天下一家的行动价值，以自己的奋斗和成就深刻影响了世界历史进程，为推动人类进步、促进世界和平作出了重要贡献"。①这无疑是对"干什么"高度凝练的概括和回答。

第二，可以从不断解决近代中国社会发展重大问题层面来彰显百年征程对问题意识、问题导向的坚守。

《中共中央关于党的百年奋斗重大成就和历史经验的决议》把党的百年征程大致划分为四大阶段，即新民主主义革命时期、社会主义革命和建设时期、改革开放和社会主义现代化建设新时期、中国特色社会主义新时代。中国共产党百年征程的问题意识、问题导向、问题求解，在每个历史时期的重大问题上体现得尤为突出和充分。

"鸦片战争以后，由于西方列强入侵和封建统治腐败，中国逐步成为半殖民地半封建社会，国家蒙辱、人民蒙难、文明蒙尘，中华民族遭受了前所未有的劫难"②，中国如何维持主权独立、国家完整？整个国家朝哪里走、什么是我们的奋斗方向？靠什么力量来实现民族复兴？这就是摆在中国人民面前的时代之问。中国共产党带领全国人民，团结各民主党派和无党派人士，经过了近三十年的艰苦斗争和浴血奋斗，成立了中华人民共和国，在实现民族独立、人民解放的同时也实现了四个"彻底结束"，即"彻底结束了旧中国半殖民地半封建社会的历史，彻底结束了极少数剥削者统治广大劳动人民的历史，彻底结束了旧中国一盘散沙的局面，彻底废除了列强强加给中国的不平等条约和帝国主义在中国的一切特权"③，四个"彻底结束"也同时意味着"实现了中国从几千年封建专制政治向人民民主的伟

---

① 宣言：《什么是中国共产党，中国共产党干什么》，《人民日报》2022 年 6 月 30 日。
②《中共中央关于党的百年奋斗重大成就和历史经验的决议》，人民出版社 2021 年版，第 3 页。
③《中共中央关于党的百年奋斗重大成就和历史经验的决议》，人民出版社 2021 年版，第 8 页。

大飞跃，也极大改变了世界政治格局，鼓舞了全世界被压迫民族和被压迫人民争取解放的斗争"①。这些载入史册的巨大辉煌成就的背后，则是对一些重大问题特别是对革命的重大问题的艰辛探索和求解，正是对这些问题的求解推动着中国革命不断前行，从而结束了"国家蒙辱、人民蒙难、文明蒙尘"屈辱历史。刘云山为此总结说："革命战争年代，正是成功解决了中国革命的目标、道路、领导力量和依靠力量等一系列根本问题，才最终赢得新民主主义革命的伟大胜利。"②

社会主义革命和建设时期，一般指从中华人民共和国成立到改革开放前的这一时期。如何在一个一穷二白、底子薄弱而又封建传统浓厚的东方国家搞社会主义，是摆在中国共产党和中国人民面前的巨大挑战。这一时期，"党领导人民完成社会主义革命，消灭一切剥削制度，实现了中华民族有史以来最为广泛而深刻的社会变革，实现了一穷二白、人口众多的东方大国大步迈进社会主义社会的伟大飞跃"③。当然，在这个探索的过程中，也走过一些弯路，遇到过一些挫折，但谁都不能否认"党在社会主义革命和建设中取得的独创性理论成果和巨大成就，为在新的历史时期开创中国特色社会主义提供了宝贵经验、理论准备、物质基础"。④这个巨大成就的背后，同样是对一些重大问题自觉地求解。"新中国成立后，正是创造性地解决了对农业、手工业和资本主义工商业进行社会主义改造等重大问题，才顺利实现从新民主主义向社会主义的过渡，并开启了社会主义建设新征程。"⑤

改革开放和社会主义现代化建设新时期，党和国家面临着如何从错误和挫折中走出来，寻找一条适合自己健康发展的社会主义道路这样的历史重任。经过四十多年的艰苦奋斗，改革开放和社会主义现代化建设实践取得了举世瞩目的伟大成就，如实现生产力从一穷二白、相对落后的状况到GDP 总量跃居全球第二的历史性重大突破，"实现了人民生活从温饱不足到总体小康、奔向全面小康的历史性跨越，推进了中华民族从站起来到富起来的伟大飞跃"⑥。而这背后，同样是对问题意识的自觉坚持和运用。这

①《中共中央关于党的百年奋斗重大成就和历史经验的决议》，人民出版社 2021 年版，第 8 页。

② 刘云山：《增强问题意识 坚持问题导向》，《学习时报》2014 年 5 月 19 日。

③《中共中央关于党的百年奋斗重大成就和历史经验的决议》，人民出版社 2021 年版，第 14 页。

④《中共中央关于党的百年奋斗重大成就和历史经验的决议》，人民出版社 2021 年版，第 14 页。

⑤ 刘云山：《增强问题意识 坚持问题导向》，《学习时报》2014 年 5 月 19 日。

⑥《中共中央关于党的百年奋斗重大成就和历史经验的决议》，人民出版社 2021 年版，第 22 页。

一段时期，"正是紧紧抓住什么是社会主义、怎样建设社会主义，建设什么样的党、怎样建设党，实现什么样的发展、怎样发展等重大问题"，我们聚焦于这些重大问题，集中精力、锐意进取，"在实践中不断取得突破，才成功开辟和拓展了中国特色社会主义康庄大道，使当代中国和中华民族展示出光明前景"①。

党的十八大以来，中国特色社会主义进入了新时代，我们党制定了一系列重大的战略方针和政策，推出一系列重大的改革和发展举措，使一些重大工作得以顺利推进，也因之"战胜一系列重大风险挑战，解决了许多长期想解决而没有解决的难题，办成了许多过去想办而没有办成的大事"②，最终"推动党和国家事业取得历史性成就、发生历史性变革"③，在坚持党的全面领导、经济建设、政治建设、文化建设、社会建设和生态文明建设等十三个方面取得了一系列显著成就，而这背后则是我们自觉地聚焦求解和系统回答"新时代坚持和发展什么样的中国特色社会主义、怎样坚持和发展中国特色社会主义，建设什么样的社会主义现代化强国、怎样建设社会主义现代化强国，建设什么样的长期执政的马克思主义政党、怎样建设长期执政的马克思主义政党等重大时代课题"④，自觉地坚持问题导向、践履问题意识。

第三，可以从不断求解科学社会主义基本原则同中国实际结合的过程中因为中国特殊国情引发的独特难题这个层面来彰显党的百年征程对问题意识、问题导向的坚守。

科学社会主义有两个特点。首先，它是立足于对发达资本主义国家社会结构、社会矛盾的把握来科学地分析、预判未来的社会主义社会的；其次，它是着力于矛盾的普遍性、理论的普适性而阐析、论述和界定社会主义的。例如，它设想和预判"共产主义革命将不是仅仅一个国家的革命，而是将在一切文明国家里，至少在英国、美国、法国、德国同时发生的革命"，"它是世界性的革命"，但发生于"有较发达的工业，较多的财富和比较大量的生产力"的国家⑤；"联合的行动，至少是各文明国家的联合

①　刘云山：《增强问题意识　坚持问题导向》，《学习时报》2014 年 5 月 19 日。
②《中共中央关于党的百年奋斗重大成就和历史经验的决议》，人民出版社 2021 年版，第 27 页。
③《中共中央关于党的百年奋斗重大成就和历史经验的决议》，人民出版社 2021 年版，第 27 页。
④《中共中央关于党的百年奋斗重大成就和历史经验的决议》，人民出版社 2021 年版，第 25—26 页。
⑤《马克思恩格斯文集》第 1 卷，人民出版社 2009 年版，第 687 页。

的行动，是无产阶级获得解放的首要条件之一"①；所以，"无产阶级的解放只能是国际性的事业"②。当然，这里有两层指向，一是夺取旧政权、取得社会主义革命胜利；二是社会主义建设成功，使社会主义完全实现。另外，针对发达资本主义国家生产力高度发达而经济危机却时有出现、社会两极分化的客观事实，科学社会主义非常强调废除资产阶级私有制，强调社会主义一定要实现生产资料的共同占有、实行公有制，强调按照共同的计划调节全国生产、结束无政府状态和周期性动荡。

但这也蕴含着两个非常现实的难题：首先，非发达的资本主义国家，特别是那些经济文化相对落后的非资本主义国家、发展中国家能不能建设社会主义？其次，在具体的社会主义建设中，基础落后的国家应该怎么看待公有制、国家计划？当发达的资本主义世界并没有发生社会主义革命，应该怎么看待社会主义和资本主义的关系？

列宁在领导工人运动的实践中，深刻地认识到因资本主义发展不平衡，社会主义夺取政权的革命"将首先在一个或者几个国家内获得胜利，而其余的国家在一段时间内将仍然是资产阶级的或资产阶级以前的国家"③。他领导的发生于"帝国主义链条上最薄弱的环节"的十月革命获得伟大成功，既使得"社会主义革命一国胜利论"成为现实，也使得不发达国家进行社会主义革命成为可能。更可贵的是，列宁晚年还努力探索在俄国这样一个经济文化比较落后的国家如何建设社会主义，最典型的就是"新经济政策"，即欢迎外资进入，允许商品买卖和私企经济存在。斯大林强调，"无须其他国家无产阶级革命的预先胜利，无产阶级可能夺得政权并利用这个政权来在我国建成完全的社会主义社会"④，提出了著名的"一国建成社会主义论"，继而把落后国家独立搞社会主义这一和经典马克思主义的设想颇有出入的重要难题在科学社会主义史上明确凸显出来。可惜的是，列宁的探索很快就中断了，斯大林的探索在取得一些成就的同时，也逐渐产生很多问题，这为后来苏联的解体埋下了伏笔。

这些问题究其实质而言，就是一个和科学社会主义设想有很大差距的落后国家如何在尊重基本国情、世界形势的基础上来创造性地建设社会主义。

---

① 《马克思恩格斯文集》第 2 卷，人民出版社 2009 年版，第 50 页。
② 《马克思恩格斯全集》第 39 卷，人民出版社 1974 年版，第 87 页。
③ 《列宁全集》第 28 卷，人民出版社 2017 年版（第 2 版增订版），第 88 页。
④ 《斯大林选集》（上），人民出版社 1979 年版，第 438 页。

　　新中国成立后，我们党逐渐认识到"找到自己的一条适合中国的路线"、"反映中国客观经济规律"的发展路径的重要性，毛泽东强调："不可能设想，社会主义制度在各国的具体发展过程和表现形式，只能有一个千篇一律的格式。"①我国对此有着充分和自觉的认识，因为我国是文化传统和西方社会迥然不同的东方国家，同时又是疆域辽阔、人口众多的大国；而且，"我国不但在民主革命过程中有自己的许多特点，在社会主义改造和社会主义建设的过程中也带有自己的许多特点，而且在将来建成社会主义社会以后还会继续存在自己的许多特点"②。因此，我国进行了许多颇有成效的艰辛探索，如建立了较为独立完整的工业体系，确立了中国特色的无产阶级专政制度。

　　邓小平为此总结说："中华人民共和国成立三十五年多，走的路是比较曲折的。"其中原因固然很多，但总体来看，"主要就是不完全懂社会主义。因此，我们提出的课题是：什么是社会主义和怎样建设社会主义"③。这是落后国家搞社会主义建设必须首先要回答的问题，强调的是"建设"，而非斯大林使用的"建成"。

　　在改革开放中，我们党不但总结经验教训强调"贫穷不是社会主义"，而且很快认识到"社会主义制度并不等于建设社会主义的具体做法"④，后者就是我们改革的着力点，根本制度必须捍卫，基本制度必须坚持，但具体制度、体制机制、具体方法是可以不断改革完善的。集道路、理论、制度、文化为一体的中国特色社会主义由此逐渐形成。也正因此，"邓小平同志开创了中国特色社会主义，第一次比较系统地初步回答了在中国这样经济文化比较落后的国家如何建设社会主义、如何巩固和发展社会主义的一系列基本问题"⑤。

　　这个过程，实际上也是通过改革开放求解不发达国家建设社会主义独特难题的过程，其中关键有三点，分别是社会主义和资本主义的关系，公有制经济和非公有制经济的关系，计划和市场的关系。改革开放正是通过求解这些重要难题并妥善处理上述关系，使中国特色社会主义不断走向成

---

① 中共中央文献研究室编：《建国以来毛泽东文稿》第9册，中央文献出版社1996年版，第213页。
② 中共中央文献研究室编：《建国以来毛泽东文稿》第6册，中央文献出版社1992年版，第143页。
③ 中共中央文献研究室编：《邓小平年谱（1975—1997）》（下），中央文献出版社2004年版，第1158页。
④《邓小平文选》第2卷，人民出版社1994年版，第250页。
⑤《习近平谈治国理政》第一卷，外文出版社2018年版，第22页。

功的。具体言之如下。

第一，改革开放以来，我们党始终强调"把马克思主义的普遍真理同我国的具体实际结合起来，走自己的道路"，"注意学习和借鉴外国经验"但拒绝照抄照搬，奉行独立自主的基本原则①；与此同时，"中国人民坚持立足国情、放眼世界"，在坚持独立自主、自力更生的同时，"又注重对外开放、合作共赢"②。充分认识到"现在的世界是开放的世界"，这决定了"关起门来搞建设是不行的，发展不起来"，改革和开放一定要紧密结合起来，形成良性互动。③其中最重要的是要处理好与发达资本主义国家的关系，邓小平一方面明确强调，我们"必须大胆吸收和借鉴人类社会创造的一切文明成果"，另一方面重点强调"吸收和借鉴当今世界各国包括资本主义发达国家的一切反映现代社会化生产规律的先进经营方式、管理方法"；在改革开放的进程中要始终重视"向资本主义发达国家学习先进的科学、技术、经营管理方法"。④

第二，通过改革开放，我们在有效解决生产力如何发展、如何有效预防社会剥削和两极分化、公有制如何实现的问题的同时，也妥善处理了公有制经济和非公有制经济的关系。我们认识到，不发达国家建设社会主义，搞单一的公有制是不切实际的；相反，在一定时期一定范围内私有经济存在是有益的、必要的、合理的。时至今日，我们党始终强调"实行公有制为主体、多种所有制经济共同发展的基本经济制度"，是党和国家的"一项大政方针"和"中国特色社会主义制度的重要组成部分"。⑤为此在改革开放中既要毫不动摇的巩固和发展公有制经济，又要毫不动摇的鼓励、支持、引导非公有制经济发展。

第三，在改革开放中，我们认识到，正确把握社会主义和市场经济的关系至关重要，它们两者之间"不存在根本矛盾"，社会主义最根本的任务是发展生产力，市场经济和计划经济都是发展生产力、发展经济的手段和方式，新中国成立以后，更重要的"问题是用什么方法才能更有力地发展社会生产力"，所以绝不能先验地断定社会主义和计划经济、市场经济之间的关系，而是要结合实际来看实践效果。在改革开放前，"一直搞计

---

① 《邓小平文选》第 3 卷，人民出版社 1993 年版，第 2—3 页。
② 习近平：《开放共创繁荣　创新引领未来》，《人民日报》2018 年 4 月 11 日。
③ 《邓小平文选》第 3 卷，人民出版社 1993 年版，第 64 页。
④ 《邓小平文选》第 3 卷，人民出版社 1993 年版，第 373、44 页。
⑤ 《习近平谈治国理政》第二卷，外文出版社 2017 年版，第 258 页。

划经济，但多年的实践证明，在某种意义上说，只搞计划经济会束缚生产力的发展"，我们务实的选择只能是"把计划经济和市场经济结合起来，就更能解放生产力"，实践证明这种选择无疑是正确的，所以"计划多一点还是市场多一点，不是社会主义与资本主义的本质区别。……社会主义也有市场。"①中国特色社会主义进入新时代，我们党特别强调，要使市场在资源配置中起决定性作用和更好发挥政府作用并行不悖。在不断深化改革中，合理地解决如何正确看待国家计划这个不发达国家建设社会主义的独特难题。

此外，还有一个独特难题。《哥达纲领批判》曾经强调："在资本主义社会和共产主义社会之间，有一个从前者变为后者的革命转变时期。同这个时期相适应的也有一个政治上的过渡时期，这个时期的国家只能是无产阶级的革命专政。"②科学社会主义肯定了社会主义国家存在的必要性和必然性，但特别强调了它的过渡性本质，只是"一种革命的暂时形式"，因为国家是"靠社会供养而又阻碍社会自由发展"的"寄生赘瘤"。③"在一切典型的时期毫无例外地都是统治阶级的国家，并且在一切场合在本质上都是镇压被压迫被剥削阶级的机器。"④所以，"未来无产阶级革命的最终结果之一，将是称为国家的政治组织逐步解体直到最后消失"⑤。简言之，让暂时存在的国家尽快消亡、复归社会是社会主义的重要历史任务。

科学社会主义的这个推论和诉求，也是基于对发达资本主义现实的观察、分析和思考得出的。首先，发达资本主义国家和社会两种力量都发育得比较成熟，相对分化开来；其次，资本主义国家和社会二者之间又存在着相互抗衡、相互对立的作用，以至于整个资本主义社会成为"虚假的共同体"；最后，资本主义政治国家作为一种统治机器，其反动性和腐朽性愈益突出。但这些情况在不发达国家则是明显有异的，比如其社会力量尚未发育成熟，政治国家除了承担专政职能外还必须承担必要的社会动员、整合职能。

经历十月革命后在直接民主基础上废除国家的短暂历史尝试所造成的种种恶果后，列宁进行了痛苦的反思，逐渐认识到马克思恩格斯所设想的

---

① 《邓小平文选》第 3 卷，人民出版社 1993 年版，第 148—149、373 页。
② 《马克思恩格斯文集》第 3 卷，人民出版社 2009 年版，第 445 页。
③ 《马克思恩格斯文集》第 3 卷，人民出版社 2009 年版，第 339、157 页。
④ 《马克思恩格斯文集》第 4 卷，人民出版社 2009 年版，第 195 页。
⑤ 《马克思恩格斯文集》第 10 卷，人民出版社 2009 年版，第 506 页。

国家消亡的条件在当时并不存在，在相当长的历史时期乃至整个社会主义阶段国家都必须存在。经过更长时期社会主义实践锻造的斯大林反思地更为彻底，他强调国家在社会主义不但不应消亡，反而是一国（特别是落后国家）建设社会主义重要的推动力量，并且在相当长历史时期内必须存在①。可惜的是，斯大林模式走向了另一个极端，国家权力高度集中，与国家相对意义上的社会严重窒息了。

　　显然，如何搞好国家和社会之间的关系，无疑是科学社会主义在现实中非常重要的问题，更是落后国家搞社会主义建设必须重点解决的独特难题。这个问题，在中华人民共和国成立初期，因为搞计划经济和单一的公有制没有凸显出来。但在改革开放时期，却是一个必须解决的重大问题。

　　改革开放伊始，邓小平就明确强调根据中国的实际"不可能设想国家的专政职能的消亡……没有无产阶级专政，我们就不可能保卫从而也不可能建设社会主义"②。社会主义国家要长期存在，就不能搞高度集权的计划管理体制，因为它"在思想上导致僵化，妨碍人民和基层积极性的发挥"③。过去，代表国家的"各级领导机关，都管了很多不该管、管不好、管不了的事"④，而社会力量没有发挥应有的作用，缺乏社会活力。所以，"经济改革，概括一点说，就是对内搞活，对外开放"⑤。大力培育各种市场主体等社会力量，"要调动企业和社会各方面的积极性"⑥。简政放权、转变政府职能等改革措施不断推出，从1982年到2008年，我们党先后集中进行了六次较大规模的机构改革。

　　在此过程中，一是社会主义市场经济体制逐步确立和完善，政府、市场、企业三者之间的关系逐渐理顺，政企分开、政资分开、政事分开、政府与市场中介组织分开的要求逐步实现；二是"在城乡社区治理、基层公共事务和公益事业中实行群众自我管理、自我服务、自我教育、自我监督""充满活力的基层群众自治机制"逐步确立，社会自治力量得以健康蓬勃发

---

① 参见关锋：《"国家治理现代化"对历史唯物主义国家观的推进》，《教学与研究》2016年第11期，第27—36页。

②《邓小平文选》第2卷，人民出版社1994年版，第169页。

③《邓小平文选》第3卷，人民出版社1993年版，第237页。

④《邓小平文选》第2卷，人民出版社1994年版，第238页。

⑤《邓小平文选》第3卷，人民出版社1993年版，第135页。

⑥《邓小平文选》第3卷，人民出版社1993年版，第135页。

展。[1]中国特色社会主义进入新时代，我们党创新性地提出"国家治理现代化"，并将其作为全面深化改革的总目标之一，它一方面将社会主义国家的重要性、长期性凸显出来，另一方面又特别强调激活一些非国家因素的力量参与社会主义建设。首先强调使市场在资源配置中起决定性作用和更好发挥政府作用，进一步处理好政府和市场关系；其次强调不断改进对社会进行治理的方式，其中最重要的是"坚持系统治理，加强党委领导，发挥政府主导作用，鼓励和支持社会各方面参与"，同时加快推进政社分开，妥善处理好政府和社会的关系，如有些公共服务、公共事项由社会组织提供更为合适，那就放心地交给社会组织承担，并鼓励和扶持它们积极承担，进而"激发社会组织活力。……推进社会组织明确权责、依法自治、发挥作用"，不断"实现政府治理和社会自我调节、居民自治良性互动"。[2]最终"把党和国家机关、企事业单位、人民团体、社会组织等的工作能力都提高起来"[3]；一言以蔽之，就是要搞好国家和社会的关系，实现两者之间的良性互动。国家治理现代化的提出，以及为此推出的一系列"放管服"改革措施，意味着改革开放把妥善解决社会主义国家和社会关系推进到新的高度。[4]

三、主义、方法、学习的"三位一体"：中国共产党坚持问题导向的基本经验

　　中国共产党百年征程秉持自觉的问题意识、始终坚持问题导向，聚焦于不断解决中国的现实问题，特别是一些重大现实问题，在不同时期分别取得了卓越的成就。之所以能够不断解决这么多重大现实问题，其中一个很重要的原因就在于，我们党把主义、方法、学习三者有机结合起来，形成了针对问题、解决问题的合力。具体言之，在推进马克思主义基本原理同中国具体实际相结合的过程中，我们党高度重视基本原理中的科学方法论，将其转化为解决中国具体问题的各种科学方法，然后在全党开展学习

---

　　① 中共中央文献研究室编：《十八大以来重要文献选编》（上），中央文献出版社 2014 年版，第 21 页。
　　② 中共中央文献研究室编：《十八大以来重要文献选编》（上），中央文献出版社 2014 年版，第 539—540 页。
　　③《习近平谈治国理政》第一卷，外文出版社 2018 年版，第 105 页。
　　④ 参见关锋：《科学社会主义在中国的践行与发展——以重大难题求解为中心的阐释》，《探索》2020 年第 3 期，第 5—20 页。

活动，将马克思主义基本原理、科学方法论普及化，在这个过程中，进一步转化为党员干部的诸如辩证思维、历史思维、战略思维等思维方式和工作能力。这种"三位一体"的方式和模式，构成中国共产党百年来坚持问题导向、不断强化问题意识的基本经验。

（一）从"主义"到更多分析中国问题、解决中国问题的"方法"

毛泽东在回忆早年接受马克思主义时，有一个著名的说法。他自认在1920年前后通过《共产党宣言》对马克思主义有了初步理解，"我才知道人类自有史以来就有阶级斗争，阶级斗争是社会发展的原动力，初步地得到认识问题的方法论"[①]，其核心就是阶级分析法。毛泽东于20世纪20年代先后完成了《中国社会各阶级的分析》《湖南农民运动考察报告》《中国的红色政权为什么能够存在？》《井冈山的斗争》等运用阶级分析法的经典之作，中国共产党在此期间对革命性质、主要问题、领导力量和主要力量、革命道路等基本问题有了较好的认识，并形成了一些初步共识。

但与此同时，随着国共合作破裂，中国共产党在独立进行革命运动的过程中，遇到了很多困难。比如，红军中出现了诸如单纯军事观点、极端民主化、非组织观点、绝对平均主义、主观主义、个人主义、流寇思想、盲动主义等现象和问题，有些问题之所以产生，与不知道自觉坚持和运用马克思主义有关。1929年底召开的红四军第九次代表大会审议通过《关于纠正党内的错误思想》决议，该决议强调红四军的共产党内部"存在着各种非无产阶级的思想，这对于执行党的正确路线，妨碍极大"，针对在一些"党员中浓厚地存在"并容易诱发出机会主义、盲动主义的主观主义，强调"教育党员用马克思列宁主义的方法去作政治形势的分析和阶级势力的估量，以代替主观主义的分析和估量"[②]，鼓励党员要注重客观调查，很好地彰显了作为方法的马克思主义的重要性。在1930年发表的《星星之火，可以燎原》中，毛泽东依据唯物辩证法分析了当时中国社会的各种矛盾错综交织，指出这恰恰为中国革命的发展和成长提供了广阔的空间。《星星之火，可以燎原》强调"我们看事情必须要看它的实质，而把它的现象只看作入门的向导，一进了门就要抓住它的实质，这才是可靠的科学的分析

---

①《毛泽东文集》第2卷，人民出版社1993年版，第379页。
②《毛泽东选集》第1卷，人民出版社1991年版，第85、91、92页。

方法"①，这才是对待问题的正确的马克思主义方法。在稍后的《调查工作》（后改名为《反对本本主义》）中，毛泽东明确说，"马克思主义的'本本'是要学习的，但是必须同我国的实际情况相结合。我们需要'本本'，但是一定要纠正脱离实际情况的本本主义"，本本主义、唯上主义，实际上是唯心主义的教条主义，"必须努力作实际调查，才能洗刷唯心精神"，"调查就像'十月怀胎'，解决问题就像'一朝分娩'。调查就是解决问题"，并提出了著名的"没有调查没有发言权"的论断。②毛泽东还就如何进行调查或者说调查的具体方法进行了进一步阐述，他依据马克思主义尊重客观实际的基本立场，强调客观调查分析法对解决问题的重要性。更重要的是，这一时期，毛泽东还亲身坚持运用调查分析法去研究、解决实际问题，除 1926 年完成名为《中国佃农生活举例》的调查外，还先后于 1930 年 5 月完成《寻乌调查》、10 月完成《兴国调查》、11 月完成《东塘等处调查》和《木口村调查》，1933 年 11 月完成《长冈乡调查》和《才溪乡调查》。1931 年 4 月 2 日，毛泽东起草《总政治部关于调查人口和土地状况的通知》，进一步提出了"不做正确的调查同样没有发言权"③的论断。

　　在具体的革命根据地建设中，党的工作更为繁杂多样，除了武装斗争和军事工作、政治工作外，还要搞好根据地的经济建设、文化教育事业等，任务日益繁重，面临的问题越来越多，更重要的是，这些问题不解决，最终会影响战争的胜利和革命的成功。在此背景下，方法与问题之间的内在关联、方法的重要性日益凸显。

　　毛泽东于 1934 年在第二次全国工农兵代表大会上专门作了题为《关心群众生活，注意工作方法》的讲话，明确指出现在战争无疑是核心工作，这很重要，但我们不能只是"单单动员人民进行战争，一点别的工作也不做"，如果这样，"能不能达到战胜敌人的目的呢？当然不能。我们要胜利，一定还要做很多的工作"④。比如说，为了革命战争，必须想方设法"解决群众的穿衣问题，吃饭问题，住房问题，柴米油盐问题，疾病卫生问题，婚姻问题。总之，一切群众的实际生活问题，都是我们应当注意的问题"⑤。

---

①《毛泽东选集》第 1 卷，人民出版社 1991 年版，第 99 页。
②《毛泽东选集》第 1 卷，人民出版社 1991 年版，第 111—112、109—110 页。
③《毛泽东文集》第 1 卷，人民出版社 1993 年版，第 268 页。
④《毛泽东选集》第 1 卷，人民出版社 1991 年版，第 136 页。
⑤《毛泽东选集》第 1 卷，人民出版社 1991 年版，第 136—137 页。

如果我们不努力地、认真地解决这些问题，我们怎么能够和群众心连心、情牵情打成一片呢？相反，如果我们充分注意到这些问题，认真地去"解决了，满足了群众的需要，我们就真正成了群众生活的组织者，群众就会真正围绕在我们的周围，热烈地拥护我们"①。群众必然会踊跃地参加革命斗争、全心地支持革命斗争。毛泽东为此"郑重地向大会提出，我们应该深刻地注意群众生活的问题，从土地、劳动问题，到柴米油盐问题"②。中国共产党要想得到群众的真心拥护、激发群众参与革命斗争的积极性，"就得真心实意地为群众谋利益，解决群众的生产和生活的问题"，除了前面的柴米油盐、衣食住行等日常生活问题，甚至包括"生小孩子的问题"，概而言之，就是要"解决群众的一切问题"，我们真正这样做了、这样努力了，人民群众就会"把革命当作他们的生命，把革命当作他们无上光荣的旗帜"，革命也因之不可能不取得胜利。所以，我们在抓革命斗争的同时，也要"领导农民的土地斗争，分土地给农民；提高农民的劳动热情，增加农业生产；保障工人的利益；建立合作社；发展对外贸易"，也就是要发展经济、提高生活，两者要并行不悖。③为此，毛泽东特别强调，在革命根据地的建设中，中国共产党要时刻牢记"组织革命战争，改良群众生活，这是我们的两大任务"，既要做好"革命战争的领导者、组织者"，又要做好"群众生活的领导者、组织者"，这两种角色缺一不可。但这两种工作显然是有区别和差异的，不能混为一谈，由此"工作方法的问题，就严重地摆在我们的面前"④。据此，毛泽东提出一个非常有影响的著名说法，即"我们不但要提出任务，而且要解决完成任务的方法问题。我们的任务是过河，但是没有桥或没有船就不能过。不解决桥或船的问题，过河就是一句空话。不解决方法问题，任务也只是瞎说一顿"⑤。不同的任务需要用不同的方法，但依据马克思主义基本原理，必须反对一些错误的方法，否则工作就不能取得成功。具体说，"一切工作，如果仅仅提出任务而不注意实行时候的工作方法，不反对官僚主义的工作方法而采取实际的具体的工作方法，不抛弃命令主义的工作方法而采取耐心说服的工作方法，那

---

① 《毛泽东选集》第1卷，人民出版社1991年版，第137页。
② 《毛泽东选集》第1卷，人民出版社1991年版，第138页。
③ 《毛泽东选集》第1卷，人民出版社1991年版，第138—139、136页。
④ 《毛泽东选集》第1卷，人民出版社1991年版，第139页。
⑤ 《毛泽东选集》第1卷，人民出版社1991年版，第139页。

末，什么任务也是不能实现的"①。

显然，我们党在革命的淬炼中，已经认识到，我们不但要从马克思主义中寻找解决中国问题的宏观层次的根本方法，还要寻找解决各种具体工作问题的工作方法。换言之，李大钊的认识即马克思主义作为"主义"既可以提供解决中国重大问题的"根本方法"，又可以提供解决各种"具体社会问题"的具体方法，其重要性也日益凸显。具体言之，一方面对马克思主义作为科学方法论的本质特征，作为科学世界观和方法论的有机统一，我们有了更为充分的认识；另一方面，马克思主义科学方法论可以转化为解决具体问题的方法，变成具体的思想方法、工作方法、领导方法、处事方法，我们党对之不但有了深刻的认同，而且能够转化为自觉的行动。

1936 年，毛泽东在《中国革命战争的战略问题》中强调："我们的眼力不够，应该借助于望远镜和显微镜。马克思主义的方法就是政治上军事上的望远镜和显微镜"②。"望远镜和显微镜"的说法，主要是针对革命战争中的局部和全局、战略进攻与战略退却、游击战和总决战的关系而言的，要求"一切依照当时具体情况看来对于当时的全局和全时期有利益的、尤其是有决定意义的一局部和一时间，是应该捉住不放的"③。但这种说法同时提醒人们，学习马克思主义既有助于我们把握战略性、全局性的大问题，形成战略性、全局性视野（望远镜），也有助于我们把握局部问题、具体问题、细微问题（显微镜），这意味着马克思主义的科学方法论既可以提供事关战略性、全局性问题的根本方法，也可以转化为针对具体问题的具体方法。

这方面，调查分析法的确立和广泛运用，已成为典例。所以到抗日战争时期，我们党不仅仍然非常重视对这种方法的坚持和运用，而且力图将其丰富和深化。毛泽东于 1941 年 3—4 月在汇编上述大革命时期各种调查报告的《农村调查》所作的序言和跋中强调，"印这个材料，是为了帮助同志们找一个研究问题的方法"，其核心在于，"用马克思主义的基本观点，即阶级分析的方法，作几次周密的调查，乃是了解情况的最基本的方法"，依据阶级分析法对中国实际进行充分的调查，"只有这样，才能使我们具有对中国社会问题的最基础的知识"；他还结合自身经验特意强调，

①《毛泽东选集》第 1 卷，人民出版社 1991 年版，第 140 页。
②《毛泽东选集》第 1 卷，人民出版社 1991 年版，第 212 页。
③《毛泽东选集》第 1 卷，人民出版社 1991 年版，第 212 页。

"开调查会，是最简单易行又最忠实可靠的方法，我用这个方法得了很大的益处，这是比较什么大学还要高明的学校"①。同年8月，毛泽东还专门起草了《中共中央关于调查研究的决定》，指出"我党现在已是一个担负着伟大革命任务的大政党，必须力戒空疏，力戒肤浅，扫除主观主义作风"，这个时候，要重视"采取具体办法""加重对于历史，对于环境，对于国内外、省内外、县内外具体情况的调查与研究"，只有这样才能制定适合客观实际的正确的革命战略和策略，"方能有效地组织革命力量，推翻日本帝国主义及其走狗的统治"②。毛泽东这时候强调方法，有时把调查和阶级分析法并置在一起，有时又强调它可以是针对具体问题的具体方法。

更重要的是，毛泽东于1937年完成《辩证法唯物论（讲授提纲）》，艾思奇于1936年出版《思想方法论》，专门强调马克思主义是世界观和方法论的统一，是科学的思想方法论。毛泽东和艾思奇对马克思主义的认识相当一致，毛泽东在《辩证法唯物论（讲授提纲）》中更为明确地说："唯物辩证法是马克思主义的科学方法论，是认识的方法，是论理的方法，然而它就是世界观。"他还进一步分析了世界观和方法论在本质上的一致性，强调"在马克思主义者手里，世界观同方法论是一个东西，辩证法、认识论、论理学，也是一个东西"③。较之于以前将阶级分析法作为自己的方法论，这无疑拓展了对马克思主义方法论的认识。

在《实践论》中，毛泽东依据马克思主义科学的实践观完整地阐释认识的本质、认识运动的基本规律以及认识和实践的辩证关系，把认识论的唯物辩证法以通俗易懂的方式很好地呈现出来，强调"唯心论和机械唯物论，机会主义和冒险主义，都是以主观和客观相分裂，以认识和实践相脱离为特征的"④。《实践论》中也蕴含着认识问题的基本的科学方法，如尊重客观实际，从现象到本质、从局部到全体，具体的历史的分析法等，这些同时也是人们把握具体问题的具体认识方法。在同年完成的《矛盾论》中，毛泽东在这方面做得更为出色。《矛盾论》强调，我们要学会马克思对资本主义社会研究的方法，即矛盾分析法，"这是研究任何事物发展过程所必须应用的方法"，"中国共产党人必须学会这个方法，才能正确地

---

①《毛泽东选集》第3卷，人民出版社1991年版，第789、790页。

②《毛泽东文集》第2卷，人民出版社1993年版，第361页。

③ 毛泽东：《辩证法唯物论提纲（1937年8月）》，天津人民出版社1958年版，第39页。

④《毛泽东选集》第1卷，人民出版社1991年版，第295页。

分析中国革命的历史和现状，并推断革命的将来"。[1]因为矛盾具有普遍性，任何事物都具有矛盾，矛盾构成事物自身发展、演变的根本动力，所以矛盾分析法也是处理具体问题的方法。《矛盾论》进一步指出，"不同质的矛盾，只有用不同质的方法才能解决"，"用不同的方法去解决不同的矛盾，这是马克思列宁主义者必须严格地遵守的一个原则"。[2]其核心诉求就是"具体地分析具体的情况"亦即要坚持具体问题具体分析法，这是"马克思主义的最本质的东西，马克思主义的活的灵魂"；因为问题不仅是客观存在的，而且是由诸多因素互相内在联系造成的，"研究问题，忌带主观性、片面性和表面性"，针对具体问题，除了坚持客观分析法（如调查研究），还要坚持全面分析法或整体分析法、本质分析法，而"只看见局部，不看见全体，只看见树木，不看见森林"，这些错误的立场和方法"是不能找出解决矛盾的方法的，是不能完成革命任务的，是不能做好所任工作的"，"主观的、片面的和表面的"分析方法都是错误的方法[3]；此外，因为"矛盾力量的不平衡性"是普遍存在的，所以要善于分析并区别对待主要的矛盾和非主要的矛盾以及"主要的矛盾方面和非主要的矛盾方面"，这是"革命政党正确地决定其政治上和军事上的战略战术方针的重要方法之一，是一切共产党人都应当注意的"。[4]在分析矛盾、解决问题时，既要坚持两点论又要坚持重点论，这也是分析、解决具体问题的重要方法。

显然，马克思主义及其方法论不仅能提供一些根本解决中国问题的根本方法，也提供了解决各种具体问题的具体方法，具有不同层次的方法。这决定了马克思主义中国化的核心诉求就是运用马克思主义的基本立场、观点和方法，来同中国具体实际相结合、解决中国具体问题。很快，1938年10月党的六届六中全会在党的历史上首次提出"马克思主义中国化"的命题，毛泽东还明确指出，马恩列斯这些经典创始人的理论，的确是"放之四海而皆准"的科学理论，但即使是这样，也不"应当把他们的理论当作教条看待，而应当看作行动的指南"；如果把马克思列宁主义"当成革命的科学来学习"，就不应当满足于对一些词句、篇章的学习，甚至是"滚瓜烂熟"识记，而是既要了解这些经典创始人"他们研究广泛的真实生活和革命经验所得出的关于一般规律的结论"，更要学习和掌握"他们观察

---

[1]《毛泽东选集》第1卷，人民出版社1991年版，第307—308页。
[2]《毛泽东选集》第1卷，人民出版社1991年版，第311页。
[3]《毛泽东选集》第1卷，人民出版社1991年版，第312—313页。
[4]《毛泽东选集》第1卷，人民出版社1991年版，第326—327页。

问题和解决问题的立场和方法"。①这把马克思主义作为方法论与中国具体问题的关系鲜明地呈现出来。

1941 年 5 月 19 日，毛泽东在《改造我们的学习》报告中，专门批评了一些同志对马克思主义的错误态度和学习方式，因为他们"只会片面地引用"马克思、恩格斯、列宁、斯大林的"个别词句"，而不会运用这些经典创始人的"立场、观点和方法，来具体地研究中国的现状和中国的历史，具体地分析中国革命问题和解决中国革命问题"，"这种对待马克思列宁主义的态度是非常有害的"②，这不是中国共产党倡导的、应有的态度。1942 年 3 月，毛泽东在《如何研究中共党史》中还进一步提出："我们要把马、恩、列、斯的方法用到中国来，在中国创造出一些新的东西。"③脱离中国实际、生搬硬套一般的理论"打不得敌人"也不可能取得胜利，"但如果把理论用到实际上去，用马克思主义的立场、方法来解决中国问题，创造些新的东西，这样就用得了"。④我们不但要运用马克思主义基本立场和方法，更重要的是要活学活用，结合中国实际进行理论创新、实践创新和方法创新，这无疑是中国共产党更应该做到的。为此，他还先后写过诸如《关心群众生活，注意工作方法》《关于领导方法的若干问题》《党委会的工作方法》《工作方法六十条（草案）》等直接事关解决问题方法的重要文献，依据马克思主义及其基本原理，创造出各种各样解决问题的方法，构成毛泽东思想中非常重要也是很有创新意义的内容。

习近平为此总结说："掌握和运用马克思主义立场观点方法来研究和解决中国的实际问题，是以毛泽东同志为主要代表的中国共产党人留给我们的传家宝。"⑤在这个过程中，毛泽东作出了很多原创性的贡献，也由之成为毛泽东思想的主要创立者。而"毛泽东思想活的灵魂是贯穿其中的立场、观点、方法，它们有三个基本方面，这就是实事求是、群众路线、独立自主"⑥。

这个"传家宝"成为中国特色社会主义建设的重要支撑，为中国共产

---

① 《毛泽东选集》第 2 卷，人民出版社 1991 年版，第 533 页。
② 《毛泽东选集》第 3 卷，人民出版社 1991 年版，第 797 页。
③ 《毛泽东文集》第 2 卷，人民出版社 1993 年版，第 408 页。
④ 《毛泽东文集》第 2 卷，人民出版社 1993 年版，第 408 页。
⑤ 习近平：《深入学习中国特色社会主义理论体系 努力掌握马克思主义立场观点方法》，《求是》2010 年第 7 期。
⑥ 习近平：《论党的宣传思想工作》，中央文献出版社 2020 年版，第 41 页。

党所不断地继承和发扬光大。邓小平于 1978 年曾这样总结以往社会主义建设经验，他认为"主要的是要用马克思主义的立场、观点、方法来分析问题，解决问题。马克思主义的活的灵魂，就是具体地分析具体情况"，包括毛泽东思想在内的马克思主义，"如果不同实际情况相结合，就没有生命力了"。^①他殷切地希望全党全军在改革开放后的社会主义新征程中，必须始终牢记和践行这个要求，推动社会主义不断健康发展。江泽民、胡锦涛都曾在一些重要场合，针对全体党员干部强调，中国特色社会主义建设始终要注意学会和善于运用马克思主义的立场、观点、方法来观察中国现实问题，形成解决实际问题的方法和能力。比如，江泽民明确强调："我们强调弘扬马克思主义学风，目的在于引导广大党员、干部认真学习好邓小平理论，掌握马克思主义的立场、观点、方法，解决我们面临的各种复杂矛盾和问题，把改革开放和现代化建设的伟大实践不断推向前进。"^②他还专门作了题为"科学对待马克思主义"的发言，明确说："确立以实际问题为中心研究马克思主义的方法，是我们党一贯倡导的科学方法论。看我们是否真正坚持了马克思主义，关键看是否能运用它来解决中国面临的实际问题，推进党的事业发展。解决的问题越多，就运用得越好。"^③把马克思主义在理论上搞得头头是道、说得讲得很漂亮，但一点问题解决不了，"那就不是真正的坚持。坚持马克思主义，要在解决实际问题的进程中来落实，要用实践的效果来检验"^④。

（二）把握"主义"、掌握和运用"方法"与学习有机统一

也就是在这个过程中，中国共产党愈益认识到马克思主义基本原理同中国具体实际相结合，关键在于解决中国的实际问题，而要解决中国的实际问题，必须发挥马克思主义作为科学方法论的优势，在坚持运用马克思主义基本方法的同时，还要结合具体实际、具体问题实现基本方法创造性转化和创新性发展，创新和发展出更多能解决实际问题的具体方法；而这需要党内有一大批精通马克思主义理论的专家，在他们的指导和影响下，让普通党员干部很好地掌握和运用马克思主义基本原理特别是科学方法论。为了实现这一点，就需要动员和组织全体党员、先进分子通过学习来

---

① 《邓小平文选》第 2 卷，人民出版社 1994 年版，第 118 页。
② 江泽民：《论党的建设》，中央文献出版社 2001 年版，第 300 页。
③ 江泽民：《论党的建设》，中央文献出版社 2001 年版，第 539 页。
④ 《江泽民文选》第 3 卷，人民出版社 2006 年版，第 339 页。

掌握马克思主义理论。

早在大革命时期，中国共产党就已经认识到，革命形势要求党在"数量上及质量上有相当的组织"，所谓"质量"，很重要的一点就是要有马克思主义理论素养。很多党员干部在这方面的基础是非常薄弱的。党的四大对此有过明确的反思和批评，强调"党中政治教育做得极少"，强调有"组织"地搞好针对"广大的工农阶级"和"一般的革命群众"包括马克思主义理论教育在内的政治宣传教育，已成为"党生存和发展之一个最重要的问题"。[①]1923 年 10 月，中共中央按照要求组建了统管全党学习教育的工作机构即教育宣传委员会，制定了《教育宣传委员会组织法》，不但要求教育培训的内容设计上要有唯物史观等马克思主义理论的内容，还要求各地方应当组织读书会性质的马克思研究会，进一步学习和研讨。

1924 年 5 月，党的第三届中央执行委员会第一次扩大会议首次提出"设立党校养成指导人才"想法。1924 年 12 月，安源地委创办安源党校，刘少奇任校长，这是中国共产党最早的党校之一。党的四大进一步要求"设立党校有系统地教育党员"。1925 年 10 月，党的第四届中央执行委员会第一次扩大会议决定开办两类党校，一类是地委之下的普通党校，任务是训练工人党员；另一类是区委之下的高级党校，任务是教育政治知识较高和已有工作经验的党员。1925 年至 1926 年，北方区委党校、湖南区委党校、江浙区委党校、广东区委党校、武昌高级党校、上海区委党校等建立。1926 年 2 月，中共中央特别会议提出要开办最高党校，这是党最早提出建立中央党校。以 1925 年 10 月开始招生的北京党校为例，大部分党校的主要教学内容包括马克思主义基本理论和中国革命基本问题、党的方针政策和时事政治等。1926 年 5 月，中共中央发布《支部的组织及其进行的计划》，在党的四大确定党基本组织为支部的基础上，确立了以支部为基本单元的学习制度，强调支部教育宣传员要注意搞好"政治教育和主义宣传的工作"，使受众"对于主义有系统的知识"，能以马克思主义理论的观点和方法去分析当前的各种问题。在此期间，中国共产党针对不同的人群，开办了农民运动讲习所、政治讲习班、农民训练班、妇女讲习所、北伐宣传训练班、青年训育养成所及劳动学院等各种专门学校，学习内容除农民运动、军事

---

① 中共中央文献研究室、中央档案馆编：《建党以来重要文献选编（1921—1949）》第 2 册，中央文献出版社 2011 年版，第 72—74、258—261 页。

运动的实践总结和理论指导外，还有大量的马克思主义理论。[①]

大革命失败后，一方面是为了批评和消除党内各种错误思想，另一方面是为了提高党员干部、革命群众的素质，更好地运用马克思主义科学方法去分析解决革命中的很多问题，中国共产党更为重视马克思主义的学习教育。毛泽东于 1929 年底在红四军第九次代表大会上，明确要求教育党员用马克思列宁主义的方法去作政治形势、革命力量的科学分析，以取得革命战争的胜利，强调这是红军面临的非常迫切的问题。之后，毛泽东于 1934 年又提出著名的"桥与船"的说法，进一步强调学习、掌握马克思主义科学方法论的重要性。1933 年 8 月，中共中央组织局发出《关于党内教育计划致各级党部的信》，提出必须有系统地宣传马克思列宁主义，加紧党员群众的教育，以马克思列宁主义的思想进行武装。实际上，在此之前，中国共产党已经开展了系列活动。从 1933 年春起，中央苏区陆续开办了正规的干部学校，主要有：苏维埃大学、中国工农红军学校、中央教育干部学校等。1933 年 3 月，中国共产党创办第一所中央党校——马克思共产主义学校，成立"马克思共产主义学校编审处"，由副校长董必武负责，自编的教材主要有《列宁主义问题》《共产党宣言》《中国革命基本问题》等[②]。其中，马克思主义理论是党校必须开设的基本课程。1933 年 4 月，根据张闻天的倡议，马克思共产主义学校内又成立了专职学习研究和宣传马克思主义的组织——中央苏区马克思主义研究会，之后又先后建立了诸如江西分会、中央局分会、红军马克思主义研究分会等多个分会。这些学习培训，大大提高了党员干部的马克思主义理论水平，特别是通过毛泽东这一时期系列著作阐发的一些基本的方法论，为不少党员干部所认可和接受。例如，学员肖锋回顾在党校学习的收获时说："打开了学习马列主义的大门，向老师同学和校外群众学到了阶级斗争知识。尤其是毛主席、朱总司令、董老、徐老等首长的讲课对我教育更大。毛主席倡导的马列主义同中国革命实践相结合，注意阶级分析，注意调查研究，实事求是的精神和作风，是我一辈子学习的榜样。"[③]

1935 年 10 月，中共中央率中央红军长征到达陕北，标志着革命进入了新阶段。此时有三个问题凸显出来，一是如何正确对待马克思主义的问

① 参见王继凯：《党在大革命时期的学习》，《学习时报》2021 年 11 月 17 日。

② 参见晏义光、陈上海：《马克思共产主义学校的办学特点》，《中国党政干部论坛》2008 年第 2 期，第 58—59 页。

③ 转引自谢庐明：《党在中央苏区时期的学习》，《学习时报》2021 年 11 月 24 日。

题，虽然很多党员同志对马克思主义有了一定的了解，但本本主义、教条主义等一些"左"倾错误仍有影响；二是随着民族抗战重要性日渐上升及其形势不断演变，当时的革命形势非常复杂、革命任务非常繁重与艰难，各种错综复杂的矛盾越来越多；三是随着抗战形势的演变，党员队伍和抗日军队都得到迅速发展，到1938年末全国党员已超过50万名，迫切需要深化马克思主义理论的宣传教育，既需要培养一批真正学懂弄通马克思主义的人才，更需要大量党员干部掌握马克思主义精髓——基本原理、科学方法论并活学活用，进而真正解决现实问题。在这种背景下，毛泽东于1936年发表《中国革命战争的战略问题》，提出著名的"望远镜和显微镜"之说，并很快完成《实践论》《矛盾论》等关于方法论的名篇。红军到达陕北后，当即在瓦窑堡重新恢复"马克思共产主义学校"，合并中共陕北特委党校，名称定为"中共中央党校"。1936年6月1日，中国人民抗日红军大学在陕北瓦窑堡成立（1937年1月改名为中国人民抗日军事政治大学），毛泽东兼任学校政委并亲自授课，重点讲授中国革命战争的战略问题，以及矛盾论、实践论的基本观点及其蕴含的科学方法论。

为此，在1938年党的六届六中全会上，毛泽东一方面提出"来一个全党的学习竞赛"的动员和号召，另一方面要求重点学习马克思主义创立者观察、解决问题的立场和方法，以把握和解决现实中的问题。同年底，《新中华报》发表了题为《一刻也不要放松了学习》的社论来响应这一号召，指出："我们所处的环境，比任何时候要来得复杂；我们的任务，也特别来得繁重与艰难"，为此"要努力地学习"，"学习高深的革命理论"来"决定自己的工作方针，正确地观察问题解决问题"。[①]

1939年2月，党中央设立干部教育部，负责开展全党的马列主义学习运动和在职干部教育；3月，正式发布《延安在职干部教育暂行计划》；5月，举行在职干部教育动员会，毛泽东在会上强调全体党员都要进在职学习教育"这个无期大学"，"要把全党变成一个大学校"，并且强调"共产党员不学习理论是不对的"，但也要同时把握各种"时事问题"；6月，他在延安高级干部会上提出著名的关于"学习运动"的"九条指示"，其中第七条再次强调"理论与实际一致"[②]。在这次大学习运动中，刘少奇于1938年秋在中共豫西省委举办的党员干部训练班上以"共产党员的修养"

---

① 转引自谭虎娃：《历史的转折：中共中央在延安十三年》，人民出版社2018年版，第127页。

② 《毛泽东文集》第2卷，人民出版社1993年版，第185、180、224页。

为名作主题演讲，强调马克思主义理论"是观察一切社会现象、处理一切社会问题的武器"，努力学习它进而"作马克思和列宁的好学生"是共产党员"修养"的要求，但要注意把握其中的"方法"和"掌握马克思列宁主义的精神和实质"，务必把其中的"普遍真理和本国革命的具体实践结合起来"，运用其中的"观点和方法，去解决无产阶级所领导的革命运动中的各种问题"，"运用到活生生的具体实际问题上去"。①陈云于 1939年 5 月发表《怎样做一个共产党员》，一方面强调学习马克思主义理论是共产党员的"党性"要求，另一方面强调关键是要学习"观察问题的立场、观点和方法，而不是背诵教条"，学习是为了解决问题；陈云于 1939 年12 月发表《学习是共产党员的责任》，再次强调"学习理论一定要联系实际"②，要把理论和实际工作结合起来，解决实际问题。

1940 年初，党中央相继发布《关于干部学习的指示》《关于在职干部教育的指示》，一方面先后确立学习小组制度、日均两小时学习制度、分类分期检查制度，来推动党内学习教育走深走实；另一方面在学习内容上确立以马克思列宁主义理论为主，为此组织编撰和翻译了一些经典著作。然而，这次学习运动并没有实现初衷，教条主义仍有影响，理论与具体实际问题脱节仍然是大问题，皖南事变证明了这一点。毛泽东审时度势，强调"策略教育"的重要性，核心在于强调学习要联系实际、把握具体问题。1940 年 8 月至 10 月，中共中央先后出台《关于加强干部策略教育的指示》《关于提高延安在职干部教育质量的决定》来强化这一点。1941 年 5 月，毛泽东针对党员干部作了著名的《改造我们的学习》报告，公开批评那种"为了单纯地学理论而去学理论"的学风，强调学习"是为了解决中国革命的理论问题、策略问题"而去马克思主义中"找立场，找观点，找方法"，明确要求党员学习"应确立以研究中国革命实际问题为中心，以马克思列宁主义基本原则为指导的方针，废除静止地孤立地研究马克思列宁主义的方法"。③为了解决实际问题，各中央机关和群众团体、西北局和陕甘宁边区政府都及时组织调查团、考察团深入基层，掀起调研新的高潮，形成一批在党史上著名的调研报告。1941 年 9 月，中共中央专门成立中央学习研究组，各根据地相应地成立地方高级学习组。同年底，《中共中央关于延

---

① 刘少奇：《论共产党员的修养》，人民出版社 2018 年版，第 34、12、20、17 页。

②《陈云文选》第 1 卷，人民出版社 1995 年版，第 143、189 页。

③《毛泽东选集》第 3 卷，人民出版社 1991 年版，第 799、802 页。

安干部学校的决定》印发，同样明确强调，学习马克思主义旨在"能够正确地应用这种理论去解决中国革命的实际问题，而不是为了书本上各项原则的死记与背诵"①。

1942年2月初，毛泽东又先后以《整顿党的作风》《反对党八股》为名作了演讲，推动以上学习目的的实现。他明确要求整顿党的学风，明确说我们需要的理论家是能够通过学习真正领会马克思主义立场观点方法"去深刻地、科学地分析中国的实际问题"，更高的要求则是"对每一问题要根据详细的材料加以具体的分析，然后引出理论性的结论来"，形成普遍性的理论来指导解决更多中国问题。②《反对党八股》分析"党八股"的第五条罪状就是文章充满各种符号，就是"不提出问题、不分析问题、不解决问题"，并对问题做了著名的界定——"问题就是事物的矛盾"，再次要求学习就是要"学会应用马克思主义的方法去观察问题、提出问题、分析问题和解决问题"，只有这样"革命事业才能胜利"。③同月底，中共中央发出《关于在职干部教育的决定》，要求在职干部要学习业务、政治、文化、理论等多方面的知识，其中马克思主义理论无疑占据主导地位，但同时也要加强时事问题、政策策略的学习，坚决反对不良学风、政风、文风。1942年5月至6月先后成立中央总学习委员会、各类分区学习委员会，推动整风学习走向高潮。1942年10月，陈云在延安军事干部会议上发表题为《干部要严格要求自己》的演讲，强调"不要因为怕犯教条主义错误而不敢读书"，相反要加强对马克思主义理论的学习，因为它本质上是帮助我们分析和解决实际问题的真理和科学方法，所以关键是要正确地"学理论，学正确的思想方法"，"理论上、思想方法上搞好了，对党对革命是有很大好处的"。④1945年4月通过的《关于若干历史问题的决议》，在总结中国共产党二十多年的历史经验教训的基础上，明确强调"中国共产党人学习辩证唯物论和历史唯物论，应该是为了用以研究和解决中国革命的各种实际问题"⑤。延安整风运动，实际上是一场普遍的马克思主义教育学习运动，进一步确立和强化了结合中国实际问题的重要性，在党的问

---

① 《中共中央文件选集》第13卷，中共中央党校出版社1991年版，第257—258页。

② 毛泽东：《整顿党的作风》，人民出版社1964年版，第7页。

③ 《毛泽东选集》第3卷，人民出版社1991年版，第838—839页。

④ 《陈云文选》第1卷，人民出版社1995年版，第261页。

⑤ 中共中央文献研究室、中央档案馆编：《建党以来重要文献选编（1921—1949）》第22册，中央文献出版社2011年版，第102页。

题导向演进史上留下了浓墨重彩的一笔。

党在西柏坡时期，"善于建设一个新世界"的重任摆在历史日程上，面临的问题更为复杂，一方面是老问题冒头，如党员干部纯洁性问题，一些人因胜利在望而骄傲自满、脱离群众；另一方面，"党和军队的工作重心必须放在城市"，新问题肯定会不断涌现，除了像以往那样继续深化对马克思主义理论的学习外——毛泽东为此专门列出干部在规定时间内必读的 12 本马列主义著述，还要学习各种各样的知识，特别是"必须用极大的努力去学会管理城市和建设城市"、"去学习生产的技术和管理生产的方法"以及"同生产有密切联系的商业工作、银行工作和其他工作。"①对这些要求，杨尚昆在日记中形象而又精辟地说"要重新学起，学会管理城市。由学到会，学的任务提出了"，其中关键在于"提出问题——学，解决问题——要会"②，学习要围绕问题进行。

中华人民共和国成立后，为适应全国范围内全面执政的要求，我们党很快就将培养教育承担新中国建设重任的大批干部、业务骨干作为重要的政治任务、组织任务来抓。为满足全面、大规模建设需要，不断推进干部学习的全面性、系统性，把理论学习、文化知识和专业技术学习融为一体，我们"建立并形成了包括专门干部学校、普通高等学校、军事院校、少数民族干部院校以及各级党校在内的干部学习机构网"③，也由此推进了正规党校教育的又一次大发展。到 20 世纪 60 年代初，随着社会主义建设的推进，任务和问题更多，毛泽东号召全党开展新的学习运动，即针对全党各级领导干部的"普遍地进行一次轮训"活动。

关于理论学习，核心仍然是马克思主义理论。为深化理论学习，1951年出台的《关于加强理论教育的决定（草案）》强调"党正面临着建设新中国的复杂任务，全党有系统地学习理论，比较过去任何时候都有更好的条件，也更加迫切需要"④；1953 年中共中央马克思、恩格斯、列宁、斯大林著作编译局成立，推进经典著作编译的专业化和系统化；1964 年 2月，党中央下发《干部选读马克思、恩格斯、列宁、斯大林著作目录（草

①《毛泽东选集》第 4 卷，人民出版社 1991 年版，第 1427—1428 页。

② 杨尚昆：《杨尚昆日记》（上），中央文献出版社 2001 年版，第 45 页。

③ 王香平：《中国共产党历史上的三次大规模学习活动及其经验启示》，《毛泽东邓小平理论研究》2011 年第 7 期，第 172 页。

④ 中共中央文献研究室、中央档案馆编：《建国以来重要文献选编》第 2 册，中央文献出版社 1992年版，第 123 页。

案）》，要求高级干部必须挤出时间认真读书，至少要阅读书目中的一些书。当然，一些新的变化也随之出现。第一，加强对马克思主义中国化理论即毛泽东思想的学习。1950 年夏，《毛泽东选集》出版委员会成立，之后《毛泽东选集》1—4 卷先后出版，1964 年还专门出台促进县以上干部学习毛泽东哲学著作的决定。第二，为适应经济建设的需要，强化政治经济学的学习。1953 年 7 月，党中央要求干部理论学习中高级组都要学习列宁、斯大林关于社会主义经济建设的论著；毛泽东从 1958 年底到 1961 年，前后六次建议领导干部都要学习政治经济学，率先垂范推动党内经济理论学习。同时，我们党始终重视学习与问题的内在关联。刘少奇早在 1950 年 9 月的马列学院第二、三班开学典礼上，就明确指出，"我们学习马列主义，要学习它的立场、观点、方法，不要把马列主义变成教条。你们以后所遇到的、所要处理的问题都是新的问题……就得靠你们用所学到的马列主义的立场、观点、方法，去观察、分析、处理"，"要处理得不错"才算得上学会了理论；"在工作岗位上能够运用理论，独立地处理问题和独立工作"，"这就说明学习有了成绩"。①陈云于 1957 年 1 月在商业部党组会议讲话中也强调，"学习理论，最要紧的，是把思想方法搞对头。因此，首先要学哲学，学习正确观察问题的思想方法"②。1958 年 11 月 9 日至 10 日，毛泽东在第一次郑州会议上，就如何学习政治经济学理论，明确强调，"为了我们的事业，结合当前的实际问题，学习经济理论著作，比脱离实际专门读书，要好得多，容易懂"③。

"文化大革命"结束后，党面临拨乱反正的问题。1977 年 7 月 21 日，邓小平在中共十届三中全会上讲话时强调，"要善于学习、掌握和运用毛泽东思想的体系来指导我们各项工作"，但这有一个前提，即要对之"有一个完整的准确的认识"④，在党的十一大闭幕词中，他明确强调要恢复和发扬毛泽东思想所确立的实事求是的传统和作风，拉开了确立"实践是检验真理的唯一标准"的序幕。

在 1978 年底召开的中共中央工作会议闭幕会上，邓小平强调反思过去、总结教训、纠正错误是为了"团结一致向前看"，而"要向前看，就要及时地研究新情况和解决新问题，否则我们就不可能顺利前进"；"在

---

① 《刘少奇选集》下卷，人民出版社 1981 年版，第 49—51 页。
② 《陈云文选》第 3 卷，人民出版社 1995 年版，第 46 页。
③ 《毛泽东著作专题摘编》（下），中央文献出版社 2003 年版，第 2406 页。
④ 《邓小平文选》第 2 卷，人民出版社 1994 年版，第 42 页。

实现四个现代化的进程中，必然会出现许多我们不熟悉的、预想不到的新情况和新问题"，"全党必须再重新进行一次学习"，"学习什么？根本的是要学习马列主义、毛泽东思想，要努力把马克思主义的普遍原则同我国实现四个现代化的具体实践结合起来"①，结合新情况新问题学习，进而更好地把握和解决这些新问题的方法。其后，《关于党内政治生活的若干准则》在党的十一届五中全会通过，强调党员要努力学习，力争又红又专；党的十二大通过的党章把学习列为党员的第一项义务，强调既要"认真学习马克思列宁主义、毛泽东思想"，又要"学习党的基本知识和党的路线、方针、政策和决议，学习科学、文化和业务"，理论要同实际、具体问题结合，为此明确提出"努力实现干部队伍的革命化、年轻化、知识化、专业化"。②党的十一届六中全会后，中央先后印发《关于中央党政机关干部教育工作的决定》《关于实现党校教育正规化的决定》等，成立专门的领导小组来强化对干部的教育培训。党的十二大明确提出"走自己的路，建设有中国特色的社会主义"，邓小平为此指出，"时代和任务不同了，要学习的新知识确实很多"，特别是那些具体而又具有实操性的专业知识和管理知识，尤为紧缺、最为需要，但不能由此认为学习马克思主义理论没有实际意义，恰恰相反，"马克思主义理论从来不是教条，而是行动的指南。它要求人们根据它的基本原则和基本方法，不断结合变化着的实际，探索解决新问题的答案，从而也发展马克思主义理论本身"，在"积极探索解决新的政治经济社会文化基本问题"中，"把我们的事业和马克思主义理论本身推向前进"，马克思主义科学方法有助于我们解决社会主义建设中出现的各种问题，我们就是在解决各种问题中推进马克思主义在中国的丰富、创新发展。③这次讲话，再次把马克思主义在中国的运用、发展与问题导向的内在密切关系充分彰显出来。1989 年 5 月，邓小平会见戈尔巴乔夫时再次强调，马克思不可能"为解决他去世之后上百年、几百年所产生的问题提供现成答案"，这个重任只能由今天的马克思主义者结合实际情况、具体问题"认识、继承和发展马克思列宁主义"来完成。④在 20 世纪 90 年代的南方谈话中，他又提出了著名的"学马列要精要管用"的说法，

---

　　①《邓小平文选》第 2 卷，人民出版社 1994 年版，第 149、152—513 页。

　　② 中共中央文献研究室编：《十二大以来重要文献选编》（上），人民出版社 1986 年版，第 69、83 页。

　　③《邓小平文选》第 3 卷，人民出版社 1993 年版，第 146—147 页。

　　④《邓小平文选》第 3 卷，人民出版社 1993 年版，第 291 页。

其核心要义就是要深入把握基本原理、方法，既能解决具体问题，又能在解决问题中得到创新进而能解决更多新问题。

党的十三届四中全会以来，中国特色社会主义面临更为复杂的国际国内形势，1992年党的十四大明确提出建立社会主义市场经济体制，各种新情况新问题新任务层出不穷，会议强调全体党员要认真学习马克思主义理论，中心是"学习建设有中国特色社会主义的理论"，关键是学习邓小平"运用马克思主义立场、观点和方法研究新情况、解决新问题的科学态度和创造精神"，"学习要联系实际"进而不断提高"解决实际问题的能力"。①江泽民在1993年7月初召开的全国省、自治区、直辖市党委政策研究室主任会议上，强调面对新问题新任务只能"学习、学习、再学习"，但"最重要最根本"②还是包括中国特色社会主义理论在内的马克思主义理论学习。江泽民在1994年3月召开的全国党校工作座谈会上，再次强调以上观点。1995年11月，江泽民在北京视察工作时首次明确提出党员干部要"讲学习，讲政治，讲正气"，把学习马克思主义摆在第一位。党的十五大号召全党兴起一个学习马克思主义理论的新高潮，但同时强调学习"一定要以我国改革开放和现代化建设的实际问题、以我们正在做的事情为中心，着眼于马克思主义理论的运用，着眼于对实际问题的理论思考，着眼于新的实践和新的发展"，聚焦实际问题学习，在解决问题中推动实践创新、促进理论创新。③党的十五大后，为学习邓小平理论和十五大精神，中央连续举办两期新当选中央委员和候补委员学习研讨班。1998年7月中共中央下发《关于在全党深入学习邓小平理论的通知》，再次强调了这一点。随后中共中央组织部、中共中央宣传部专门召开了学习邓小平理论工作会，江泽民在会上将以上观点概括为"一个中心，三个着眼于"，强调它"是总结过去、面向未来得出的正确结论，是党的理论联系实际学风在新的历史条件下的具体体现"④，要始终坚持下去。同年底，在纪念党的十一届三中全会召开二十周年大会上，他将"必须坚持党的马克思主义思想路线"视为"二十年来我们党的主要历史经验"的第一个经验，再次强调"一个中心，三个着眼于"的重要性。为了强化马克思主义理论和实际问题的结

---

① 中共中央文献研究室编：《十四大以来重要文献选编》（上），人民出版社1996年版，第796、39页。

② 江泽民：《论党的建设》，中央文献出版社2001年版，第86、87页。

③ 江泽民：《论党的建设》，中央文献出版社2001年版，第254页。

④ 江泽民：《论党的建设》，中央文献出版社2001年版，第299页。

合，从 1999 年初开始，党中央先后举办省部级主要领导干部金融、财税、国际经济贸易、国际形势等多个专题研究班，集中学习研究事关全局的重大现实和理论问题。江泽民强调"学习不应该是经院式的，而要有的放矢，学以致用"，"坚持以研究中国的实际问题为中心"，对待马克思主义要坚持"一个中心，三个着眼于"，进而"不断研究新情况、解决新问题，勇敢地开拓理论和实践的新境界"①，推进马克思主义中国化。

为了更好地应对世情、国情、党情的新变化以及全面建设小康社会提出的新任务，党的十六大召开后不久就确立了中央政治局集体学习制度，到党的十八大召开前共进行了 70 余次集体学习。胡锦涛在第一次集体学习时强调，全党首先要学习马克思主义理论，"一定要紧密联系认识和解决改革和发展中出现的新情况新问题来进行"，学习和掌握理论的精髓；还要注重马克思主义理论学习和其他知识学习的融合，发挥前者的指导作用。2004 年 1 月，党中央提出实施马克思主义研究和建设工程，2004 年 4 月底，胡锦涛在会见参加该工程工作会议的全体代表时，强调面对新世纪"新变化、新矛盾、新问题""新任务、新情况、新课题"，全党必须认真学习马克思主义理论，特别是马克思主义中国化最新理论成果，聚焦求解"重大的理论和实际问题"，进而"在实践中不断丰富和发展马克思主义"。②2004 年 9 月，党的十六届四中全会强调，在党的十六大报告提出的建设"全民学习、终身学习的学习型社会"基础上，进一步提出努力建设"学习型政党"的任务；2009 年 9 月，党的十七届四中全会强调将建设马克思主义学习型政党提升为党的重大战略，为此提出"建设学习型党组织"。习近平于 2009 年 11 月在中央党校 2009 年秋季学期第二批进修班开学典礼上，就如何建设马克思主义学习型政党进行了较为系统的阐析，特别强调"坚持理论联系实际、学以致用"，学习马克思主义及其中国化理论，"同研究解决人民最关心最直接最现实的利益问题、本地区本部门改革发展稳定的重大问题、党的建设突出问题结合起来"，"不断作出新的理论概括，用发展着的马克思主义指导新的实践"。③为了强化学习，我们党在此期间还确立了党委中心组学习制度。

---

① 江泽民：《论党的建设》，中央文献出版社 2001 年版，第 309、330 页。

② 江金权主编：《伟大工程谱新篇——胡锦涛总书记抓党建重要活动纪略》，人民出版社 2007 年版，第 21—22、157 页。

③ 习近平：《关于建设马克思主义学习型政党的几点学习体会和认识》，《学习时报》2012 年 9 月 10 日。

　　党的十八大以来，中国特色社会主义进入新时代，"全党面临的一个重要课题，就是如何正确认识和妥善处理我国发展起来后不断出现的新情况新问题"，唯一的选择就是强化学习。①习近平在党的十八大召开后不久举行的中央党校建校 80 周年庆祝大会暨 2013 年春季学期开学典礼上，明确呼吁"全党同志一定要善于学习，善于重新学习"，坚持"依靠学习走向未来"，"大兴学习之风，坚持学习、学习、再学习，坚持实践、实践、再实践"。②党的十八大为此提出了建设学习型、服务型、创新型马克思主义执政党的历史重任，特意把学习型置于首位。2014 年 5 月，在上海召开的外国专家座谈会上，习近平明确提出"中国要永远做一个学习大国"，党的十九大在此基础上提出"建设马克思主义学习型政党，推动建设学习大国"③。"思想建党、理论强党"是我们党历经艰苦却不断壮大的内在原因，所以"首先要认真学习马克思主义理论，这是我们做好一切工作的看家本领，也是领导干部必须普遍掌握的工作制胜的看家本领"，"特别是领会了贯穿其中的马克思主义立场、观点、方法"④。由此，"要发扬理论联系实际的马克思主义学风，带着问题学"，"做到干中学、学中干、学以致用、用以促学、学用相长"⑤。习近平在很多重要场合，都再次重申江泽民强调的学习理论务必以中国特色社会主义建设"实际问题、以我们正在做的事情为中心"，反复强调"带着问题学"。之所以特别重视"带着问题学"，是因为它首先要求"坚持以马克思主义为指导，必须落到研究我国发展和我们党执政面临的重大理论和实践问题上来，落到提出解决问题的正确思路和有效办法上来"；更重要的是，"问题是创新的起点，也是创新的动力源"，我们是通过"认真研究解决重大而紧迫的问题"而不断"推动理论创新"，是通过"运用马克思主义立场、观点、方法研究解决各种重大理论和实践问题，不断推进马克思主义中国化"。⑥学习马克思主义理论必须坚持问题导向。

　　为了深化这种问题导向的理论学习，我们党一是深化原有的学习制度，从 2012 年 11 月 17 日至 2022 年 7 月 28 日，中共中央政治局已先后组织了

---

①《习近平谈治国理政》第一卷，外文出版社 2018 年版，第 401 页。

②《习近平谈治国理政》第一卷，外文出版社 2018 年版，第 401、407 页。

③《习近平谈治国理政》第三卷，外文出版社 2020 年版，第 53 页。

④《习近平谈治国理政》第一卷，外文出版社 2018 年版，第 404 页。

⑤《习近平谈治国理政》第一卷，外文出版社 2018 年版，第 406 页。

⑥ 习近平：《论党的宣传思想工作》，中央文献出版社 2020 年版，第 225、220 页。

84 次集体学习，其中专门聚焦于马克思主义理论的学习就有多次，如关于历史唯物主义、辩证唯物主义、马克思主义政治经济学、当代世界马克思主义思潮及其影响、《共产党宣言》及其时代意义等，不断推进各级党委（党组）中心组学习的规范化、常态化和制度化。二是先后开展了党的群众路线教育实践活动、"三严三实"专题教育、"两学一做"学习教育、"不忘初心、牢记使命"主题教育、党史学习教育、"四史"学习教育等，把它们和马克思主义理论学习教育紧密结合，促进理论和具体问题的深入结合。新时代，中国共产党的学习步入新的高潮阶段，也把我们党坚持主义-方法-学习"三位一体"问题导向的历史经验和优良传统，推向新的发展阶段，也因之把问题导向这个优良传统进行了深刻的时代凸显、焕发出新的时代伟力、取得了巨大的实际成效，并使坚持问题导向成为习近平新时代中国特色社会主义思想世界观和方法论的重要内容（"六个必须坚持"之一）和重要的理论特质。

习近平新时代中国特色社会主义思想作为当代中国马克思主义、二十一世纪马克思主义和马克思主义中国化最新理论成果，具有鲜明的问题导向、自觉的问题意识。中国共产党作为马克思主义执政党，能自觉地彰显马克思主义这一理论特质并进而形成坚持问题导向的优良传统，无疑是坚持问题导向、秉持问题意识，并将之作为自己世界观和方法论重要内容之一的思想基因、"理论之根"和历史自觉、经验传承。换言之，当代中国马克思主义问题意识的形成、发展和践履，有其深刻的理论逻辑、历史逻辑，这是我们分析和把握当代中国马克思主义问题意识必须要注意的。

第二章　当代中国马克思主义问题意识生成的时代背景和主要因由

习近平多次强调，中国共产党人干革命、搞建设、抓改革，从来都是为了解决中国的现实问题，问题意识和问题导向贯穿于党的百年奋斗伟大征程中，构成中国共产党重要的实践标识和政党特征，也是党的百年征程不断取得成功、不断推进马克思主义中国化的重要经验。在这个意义上，习近平新时代中国特色社会主义思想作为当代中国马克思主义、二十一世纪马克思主义和马克思主义中国化最新成果，它的问题意识根本上说是对经典马克思主义问题导向这个鲜明特点的继承和发展，也是对中国共产党、马克思主义中国化基本历史经验、历史传统的承继和发展。不过，我们也要注意，习近平新时代中国特色社会主义思想之所以被认为是马克思主义中国化的新飞跃，是因为它立足于中国特色社会主义新时代这个新的历史阶段，在总结针对新时代特有的重大社会难题、时代课题而进行的实践创新基础上，实现了重大理论创新。而在这个意义上，当代中国马克思主义问题意识同样有其重要的独特性、创新性，这种独特性和创新性与新时代这个历史方位密切相关，与新时代我国面临问题的独特性密切相关。当然，也与问题本身固有的重要性有关。由此，分析和阐释当代中国马克思主义问题意识生成的时代背景和主要因由，是把握该问题意识的基本要求。

第一节　中国特色社会主义新时代与社会问题的独特境况

刘云山于 2014 年 5 月 15 日在中央党校 2014 年春季学期第二批进修班开学典礼上的讲话中分析说："党的十八大以来，习近平总书记发表系列重要讲话，深刻回答了新的历史条件下党和国家发展面临的一系列重大理论和现实问题，贯穿着强烈的问题意识、鲜明的问题导向。"①的确，我们党提出的一系列新思想、新理念、新战略，都是立足于新时代中国的现实问题而提出的，理论创新和实践创新都来自问题，都是在解答新时代中国问题中形成的。习近平新时代中国特色社会主义思想是在新时代这个独特的历史方位中生成的，其问题意识的生成则与新时代中国的社会问题的独特境况密切相关。新时代具有承前启后、继往开来的重要性，是社会主义初级阶段中既取得巨大成就又面临更为重大的历史使命和责任的特定阶段，属于发展起来以后谋取更大更好发展的社会发展阶段，但"发展起来以后的问题不比不发展时少"；属于改革日益进入攻坚期、深水区的发展阶段，"问题高发期、并发期和深层次问题愈益"；属于推动对外开放走向更高水平的发展阶段，社会问题中国内因素、国际因素深度关联、高度互动。当代中国马克思主义问题意识就是在这种时代境况下生成的，具有鲜明的新时代特征。

一、中国特色社会主义进入新时代

党的十九大明确指出，改革开放以来，我们不断坚定"走自己的路、建设中国特色社会主义"的信念，经过不懈奋斗，"推动我国经济实力、科技实力、国防实力、综合国力进入世界前列，推动我国国际地位实现前所未有的提升"，由此，"中国特色社会主义进入了新时代，这是我国发展新的历史方位"②。它意味着"近代以来久经磨难的中华民族迎来了从站起来、富起来到强起来的伟大飞跃，迎来了实现中华民族伟大复兴的光明前景"；"科学社会主义在二十一世纪的中国焕发出强大生机活力，在世界上高高举起了中国特色社会主义伟大旗帜"；"拓展了发展中国家走向现代化的途径……为解决人类问题贡献了中国智慧和中国方案"。③

总而言之，新时代是中国不断推进中国特色社会主义道路的特定历史阶段，它既是发展到一定阶段、形成重大发展成果的产物，是通过改革开放 40 多年伟大实践、中华人民共和国成立以来 70 多年持续探索、中国共产党带领人民进行 100 多年伟大社会革命，历经千辛万苦不懈奋斗的宝贵

---

① 刘云山：《增强问题意识 坚持问题导向》，《学习时报》2014 年 5 月 19 日。
② 《习近平谈治国理政》第三卷，外文出版社 2020 年版，第 8 页。
③ 《习近平谈治国理政》第三卷，外文出版社 2020 年版，第 8—9 页。

成果，也是谋取更大更好发展、向着更高目标迈进、处在非常关键地位的历史阶段；它同时使我国社会主义建设发生重大变化，因而面临一些特殊问题，生成前所未有的新要求新挑战，进而必须完成特定历史任务和使命的历史阶段。我们党运用马克思主义基本原理分析说，经过长期奋斗，"我国社会生产力水平总体上显著提高，社会生产能力在很多方面进入世界前列"，再也不能像以前那样简单地以"落后的物质生产"来概括我国生产力状况，而随着生产的发展，"人民美好生活需要日益广泛"；但问题在于，"更加突出的问题是发展不平衡不充分，这已经成为满足人民日益增长的美好生活需要的主要制约因素"，两者之间的矛盾构成社会的主要矛盾。①这种社会主要矛盾的变化，是我们提出"中国特色社会主义进入新时代"最重要的理据。我们同时强调这个变化"没有改变我们对我国社会主义所处历史阶段的判断，我国仍处于并将长期处于社会主义初级阶段的基本国情没有变，我国是世界最大发展中国家的国际地位没有变"②。但它毕竟是"关系全局的历史性变化"，带来了一些新的重大发展问题、新的重大挑战，也因之"对党和国家工作提出了许多新要求"，"着力解决好发展不平衡不充分问题，大力提升发展质量和效益"，就成为我们有所作为、努力实现的时代重任，"更好满足人民在经济、政治、文化、社会、生态等方面日益增长的需要，更好推动人的全面发展、社会全面进步"③就成为新时代我们奋斗的指向和目标，也是激励我们不断前行的动力。

党的十九届六中全会通过的《中共中央关于党的百年奋斗重大成就和历史经验的决议》，在党的十九大报告基础上就新时代进一步指出，它"是承前启后、继往开来、在新的历史条件下继续夺取中国特色社会主义伟大胜利的时代，是决胜全面建成小康社会、进而全面建设社会主义现代化强国的时代，是全国各族人民团结奋斗、不断创造美好生活、逐步实现全体人民共同富裕的时代，是全体中华儿女勠力同心、奋力实现中华民族伟大复兴中国梦的时代，是我国不断为人类作出更大贡献的时代"④。这种指认，首先就强调了新时代的历史性质，"是中国特色社会主义新时代，而不是别的什么新时代"，所以我们必须清醒地认识到"最根本的就是要高举中国特色社会主义伟大旗帜"，"努力使中国特色社会主义展现更加强大、

①《习近平谈治国理政》第三卷，外文出版社2020年版，第9页。
②《习近平谈治国理政》第三卷，外文出版社2020年版，第9、10页。
③《习近平谈治国理政》第三卷，外文出版社2020年版，第9页。
④《中共中央关于党的百年奋斗重大成就和历史经验的决议》，人民出版社2021年版，第23页。

更有说服力的真理力量"。①其次强调了它在中国特色社会主义建设伟大征程、中华民族伟大复兴历史进程中的独特地位,不但具有"承前启后、继往开来"的特点,还处在上述伟大征程、历史进程中的关键位置。这也意味着,它是中国共产党和中国人民必须大有可为也一定大有可为的时代。再次明确了新时代一些基本而又重要的特质,它是从富起来到强起来的交接处,是建设社会主义现代化强国、实现中华民族伟大复兴的新的重要起点,不断实现人民对美好生活的需要、走向共同富裕是其发展的基本规定,使中华民族成为人类发展的主要推动者、引领者,这是其重要的发展诉求。上述五句话分别提纲挈领地交代了新时代的历史脉络、奋斗主题及其人民性、民族性、世界性等基本属性。这个深入而又全面的概括,为进一步分析和把握新时代提供了基本的依据。从社会发展以及发展与问题的辩证法角度看,新时代还可从以下几方面进行把握。

第一,中国特色社会主义新时代,是努力实现更加平衡充分发展的时代。

党的十九大以来,我国社会主要矛盾发生了重大转变,已经由之前人民日益增长的物质文化需要同落后的社会生产转变为人民日益增长的美好生活需要和不平衡不充分的发展之间的矛盾。这一方面说明,经过六十多年的社会主义建设、四十多年的改革开放,我国的经济发展取得了巨大成就,生产力水平得到显著提高,GDP 跃居全球第二,综合国力得到明显增强。由此,"人民生活显著改善,对美好生活的向往更加强烈,人民群众的需要呈现多样化多层次多方面的特点,期盼有更好的教育、更稳定的工作、更满意的收入、更可靠的社会保障、更高水平的医疗卫生服务、更舒适的居住条件、更优美的环境、更丰富的精神文化生活"②。我国社会发展的不平衡不充分,已经成为社会主要矛盾的主要方面,依据马克思主义矛盾发展不平衡原理,解决发展的不平衡不充分问题,既是实现人民对美好生活需要的主要着力点,也是新时代推动中国特色社会主义建设的着力点。

正如有学者分析的,当前我国社会发展的不平衡主要表现在三个方面,即领域之间发展不平衡、区域之间发展不平衡、群体之间发展不平衡。所谓领域发展不平衡,主要是指政治、经济、文化、社会治理等不同社会领域之间发展不平衡,其中经济领域的发展有着耀眼的成绩和成就,创造了

---

① 《习近平谈治国理政》第三卷,外文出版社 2020 年版,第 70—71 页。
② 《习近平谈治国理政》第二卷,外文出版社 2017 年版,第 61 页。

经济发展的奇迹，而政治、社会、文化、生态等领域的发展，虽然一直在稳步推进，也取得不少成就，但与经济领域相较而言，还存在比较明显的差距。在生态领域的建设中，生态问题、环保问题时有发生；在社会治理方面，社会公平正义问题也比较突出，社会分化现象凸显。所谓区域发展不平衡，主要是指东中西等不同区位发展不平衡、城市与农村发展不平衡、发达地区与欠发达地区发展不平衡，甚至城市内部、发达地区内部、一些农村内部也存在不平衡现象。所谓群体发展不平衡，主要是指不同社会群体在共享发展成果方面有差距，少数先富起来的群体和大部分普通人群之间的差距不断拉大，建立在橄榄形社会结构上的财富公平正义分配格局有待形成。此外，具体到各个领域内部也存在不平衡。比如，经济领域中实体经济与金融、房地产发展不平衡，低端产业与高端产业发展不平衡，大企业与小微企业的发展不平衡等[①]。实际上，这些发展的不平衡如果长期存在或者成为一种相对的常态，我们通常也用结构不平衡来分析。比如，上述领域发展不平衡，我们可以用社会发展结构不平衡进行分析，经济领域内部的不平衡，如不同产业发展的不平衡，我们可以用产业结构不平衡来分析。

而发展的不充分，总体上看，主要指整个社会的发展总量尚不丰富、总体发展程度尚不够高、总的发展态势尚不够稳固。它可以表现在社会发展的方方面面，既可以指处于那些发展的低端相对于高端而言形成整体不平衡，也可以指高端部分之间的不平衡。如果立足于历史唯物主义基本原理，所谓发展不充分，其根本和核心则指社会生产力难以得到充分的解放和发展，科技作为现代社会第一生产力的引领作用、驱动作用没有得到充分发挥，一个社会整合各方面发展要素进而促进发展的合力尚未得到优化和利用，也指人民作为社会发展主体的能动性、主体性尚未得到充分彰显；等等。显然，平衡发展和充分发展之间存在着密切的关联。缺乏充分发展支撑的平衡，只能是一种低水平平衡，它也只能保持暂时状态，很快会因为发展的低水平而被打破；充分发展是一种各方面都充分发挥效能进而形成最大合力的发展，没有发展平衡的支撑，最终只会互相掣肘、彼此牵制。因此，必须在社会发展的动态中，实现两者的良性互动。

新时代必须想方设法地进行全面深化改革，促进社会发展各种要素的

---

① 参见吴秋余：《新时代呼唤更平衡更充分的发展——访中共中央党校教授辛鸣》，《人民日报》2017 年 10 月 30 日。

充分激活和有机组合，促进社会发展的整体性、协同性，不断发掘创新动力、走高质量发展之路，才能不断满足人民对美好生活的向往和追求。

第二，中国特色社会主义新时代，是努力促进持续健康发展、实现共同富裕的时代。

邓小平强调"不改革死路一条""改革就是赶上时代"。在这种时代背景下，我们必须选择更快发展的战略，才能不被时代落下；追求更快的发展，特别是高速的经济增长，就成为邓小平谋划和推动改革开放非常重要的着力点。

根据傅高义撰写的《邓小平时代》的考证，早在党的十一届三中全会召开前的 1978 年 9 月东北之行中，邓小平就明确指出，"如果不能比资本主义国家发展得更快，就无法证明我们的制度的优越性"，傅高义为此说，"速度问题似乎一直是邓小平的中心问题。他希望经济尽可能快地增长，又要避免'大跃进'的危险"①。1980 年初，邓小平在中共中央召集的干部会议上发表题为《目前的形势和任务》的讲话，强调"现代化建设的任务是多方面的，各个方面需要综合平衡，不能单打一。但是说到最后，还是要把经济建设当作中心"，"其他一切任务都要服从这个中心，围绕这个中心，决不能干扰它，冲击它"。②1984 年 6 月 30 日，邓小平在会见第二次中日民间人士会议日方委员会代表团时，再次明确指出："社会主义的优越性归根到底要体现在它的生产力比资本主义发展得更快一些、更高一些，并且在发展生产力的基础上不断改善人民的物质文化生活"。③到 1990 年 3 月初，他在同中央几位负责同志谈话时强调："如果经济发展老是停留在低速度，生活水平就很难提高。人民现在为什么拥护我们？……这不只是经济问题，实际上是个政治问题"，"最根本的因素，还是经济增长速度"。④

1992 年南方谈话时，邓小平多次肯定"加速发展"对中国特色社会主义建设的重要性。发展是硬道理，不发展只有死路一条；在发展时注重以经济建设为中心，注重效率优先，就成为改革开放初期务实且有效的选择。在此，虽然邓小平也多次强调社会主义与共同富裕的关系，如早在 1985 年

---

① 〔美〕傅高义：《邓小平时代》，冯克利译，生活·读书·新知三联书店 2013 年版，第 228、447 页。

② 《邓小平文选》第 2 卷，人民出版社 1994 年版，第 250 页。

③ 《邓小平文选》第 3 卷，人民出版社 1993 年版，第 63 页。

④ 《邓小平文选》第 3 卷，人民出版社 1993 年版，第 354、355 页。

3 月全国科技工作会议上，他明确说"社会主义的目的就是要全国人民共同富裕，不是两极分化"，到 20 世纪 90 年代初他强调"社会主义最大的优越性就是共同富裕，这是体现社会主义的本质的一个东西"。在 1992 年南方谈话时，邓小平在提炼和概括社会主义本质时，将共同富裕融入其中，作为最终目的。①但在具体实现路径和发展方式上，邓小平强调一定要尊重实际，采用先富带动共富的方式，"让一部分人、一部分地区先富起来，大原则是共同富裕。一部分地区发展快一点，带动大部分地区，这是加速发展、达到共同富裕的捷径"②。为此，他还提出著名的"两个大局"的思想，强调沿海地区较快地先发展起来、先富起来是事关大局的问题。显然，以经济建设为中心、快速发展和先富起来是紧密结合在一起的。

世纪之交，改革步入了江泽民担任党和国家最高领导人的时期，他反复强调发展是中国共产党执政兴国的第一要务，强调不断推进科技、制度、文化和其他各方面的创新来促进发展，强调重视发展先进生产力、重视经济建设与资源、环境的协调发展，并且提出了可持续发展的创新理念，还提出了"兼顾效率与公平"原则，要求"运用包括市场在内的各种调节手段，既鼓励先进，促进效率，合理拉开收入差距，又防止两极分化，逐步实现共同富裕"③，甚至为此进一步提出"在整个改革开放和现代化建设的过程中，都要努力使工人、农民、知识分子和其他群众共同享受到经济社会发展的成果"④。但与此同时，我们还是强调"体现效率优先、兼顾公平的原则。……坚持鼓励一部分地区一部分人通过诚实劳动和合法经营先富起来的政策，提倡先富带动和帮助后富，逐步实现共同富裕"⑤。总体上还是坚持了改革开放初期奠定的路径选择，即以经济建设为中心，注重效率优先，加快发展，使少数人先富起来，先富带动共同富裕。我们要承认，这种在当时具有合理性的发展路径选择，产生了很大成效。自从建构社会主义市场经济体制以来，我国经济驶入高速发展的快车道。1992 年我国 GDP 增长率就达到了 14.3%，除 1998—1999 年受亚洲金融危机波及外，其他近 20 年时间基本上都保持两位数的高增长率；GDP 总量 1990 年跃居世界排名前十（第十位），1995 年上升到第七，2000 年世界排名第六。但是，

①《邓小平文选》第 3 卷，人民出版社 1993 年版，第 110、364 页。

②《邓小平文选》第 3 卷，人民出版社 1993 年版，第 166 页。

③《江泽民文选》第 1 卷，人民出版社 2006 年版，第 227 页。

④《江泽民文选》第 2 卷，人民出版社 2006 年版，第 262 页。

⑤ 中共中央文献研究室编：《十四大以来重要文献选编》（上），人民出版社 1996 年版，第 534 页。

很多问题也随之而来。比如，逐渐形成"三高一低"（高投入、高消耗、高污染、低效益）的粗放型增长模式，经济增长主要靠政府投资驱动，科技创新能力不高，驱动作用不大，产业结构不合理、居民消费不足、内需外需不协调等问题普遍存在，经济整体质量不高、缺乏强有力的竞争力；经济增长和生态维护之间的矛盾愈益突出，发展的可持续成为了重大挑战。而且，发展的不协调性日益凸显，教育、科学、文化、卫生、社会治理等社会事业发展与经济增长相比的滞后性越来越明显，"见物不见人"的现象在有些地方颇为明显，城乡差距、地区差距、居民收入差距所谓的"三大差距"持续拉大，"三大差距"所形成的贫富差距日益成为社会热点问题，社会分化甚至存在一定的极化风险。

　　这就是摆在新世纪中国特色社会主义建设面前的重大现实和难题。2003 年非典疫情暴发，很快演变成一场突发性公共卫生危机，充分暴露了我国上述发展不协调的弊端。2003 年 4 月，胡锦涛到广东进行考察，提出社会主义建设要坚持"全面的发展观"，到同年八九月在江西考察时，进一步提出"科学发展观"，要求坚持全面、协调、可持续的发展方向。同年 10 月，党的十六届三中全会通过《关于完善社会主义市场经济体制若干问题的决定》，以党的正式文件形式第一次完整地提出"科学发展观"。与此相适应，2006 年 10 月党的十六届六中全会提出发展的新口号新要求即促进经济又好又快发展，12 月中央经济工作会议再次重提"又好又快发展"，要求同时注重经济增长的速度和效益、整个社会发展的质量。党的十七大对科学发展观进行了科学界定："科学发展观，第一要义是发展，核心是以人为本，基本要求是全面协调可持续，根本方法是统筹兼顾。"[①]正如日本共同社评论的，"胡锦涛所倡导的科学发展观是一种以人为本的理念，把只重视经济发展在量上的扩大，转变为对生活质量和公平观等内容的关注，为构建和谐社会提供了理论指导。这使得长期以来一边倒式的开发，开始向重视民生及民权的方向转变，大力推进经济、社会、政治、文化、环境等各个领域的协调、平衡发展"[②]。奉行"又好又快发展"原则、推行科学发展观和和谐社会思想，在保障经济持续高速增长的同时，2005年我国 GDP 总量超过法国，跃居世界第五，2006 年超过英国排名第四，

---

① 中共中央文献研究室编：《十七大以来重要文献选编》（上），中央文献出版社 2009 年版，第70 页。

② 参见徐崇温：《科学发展观：提出的背景和根据》，《广东社会科学》2008 年第 5 期，第 50 页。

2007 年超过德国排名第三，2010 年超过日本，成为世界 GDP 总量第二大国；从 2003 年一直到 2007 年，连续五年 GDP 增长率保持在两位数。2008 年受金融危机影响略有下调。这对前述经济发展不平衡性、社会发展的不协调性、社会贫富差距不断拉大有一定的纠正。

习近平强调，党的十八大之前，"我国经济发展的'蛋糕'不断做大，但分配不公问题比较突出，收入差距、城乡区域公共服务水平差距较大。在共享改革发展成果上，无论是实际情况还是制度设计，都还有不完善的地方"①。党的十八大报告也明确指出，当前"发展中不平衡、不协调、不可持续问题依然突出，科技创新能力不强，产业结构不合理，农业基础依然薄弱，资源环境约束加剧，制约科学发展的体制机制障碍较多，深化改革开放和转变经济发展方式任务艰巨"②。这就是新时代社会发展必须要重点解决的问题。

因此，新时代，"我们要着力提升发展质量和效益，更好满足人民多方面日益增长的需要，更好促进人的全面发展、全体人民共同富裕"③，谋求更好发展和促进全体人民共同富裕之间有紧密关系。所以，新时代要实现经济和社会持续健康发展，要谋求高质量发展，要追求全体人民共同富裕的发展。

第三，中国特色社会主义新时代，是努力实现以人民为中心的发展、更好彰显社会主体地位的时代。

为中国人民谋幸福、为中华民族谋复兴，是中国共产党的初心和使命，而这个初心和使命的生成是有深厚根基的，"不仅来自于对人民的朴素感情、对真理的执着追求，更建立在马克思主义的科学理论之上"④。早在历史唯物主义形成之前的《神圣家族》中，马克思恩格斯就强调"历史活动是群众的活动"，"行动着的群众"决定历史的演变，"历史的活动和思想就是'群众'的思想和活动"。⑤历史唯物主义问世以后，恩格斯明确地说，"与其说是个别人物、即使是非常杰出的人物的动机，不如说是使广

---

① 《习近平谈治国理政》第二卷，外文出版社 2017 年版，第 200 页。

② 中共中央文献研究室编：《十八大以来重要文献选编》（上），中央文献出版社 2014 年版，第 4 页。

③ 中共中央党史和文献研究院、中央"不忘初心、牢记使命"主题教育领导小组办公室编：《习近平关于"不忘初心、牢记使命"论述摘编》，党建读物出版社、中央文献出版社 2019 年版，第 36 页。

④ 习近平：《论党的宣传思想工作》，中央文献出版社 2020 年版，第 413 页。

⑤ 《马克思恩格斯文集》第 1 卷，人民出版社 2009 年版，第 287、286 页。

大群众、使整个整个的民族，并且在每一民族中间又是使整个整个阶级行动起来的动机"①在历史发展中更重要，这些群体性动机使人民群众发生相应的实践行为，塑造历史面貌，决定历史变迁。真正的马克思主义者必须深刻把握这一点，尊重人民群众的历史主体地位，彰显人民群众创造历史的伟力。作为马克思主义者心中最重要的经典，《共产党宣言》特别强调："无产阶级的运动是绝大多数人的，为绝大多数人谋利益的独立的运动。"②

习近平为此指出："马克思主义是人民的理论，第一次创立了人民实现自身解放的思想体系。……马克思主义第一次站在人民的立场探求人类自由解放的道路，以科学的理论为最终建立一个没有压迫、没有剥削、人人平等、人人自由的理想社会指明了方向。"③人民性构成马克思主义内在最鲜明的理论品格，也因之成为无产阶级政党的本质特征和根本政治立场。中国共产党在革命实践中很快确立了这样的使命和立场，20 世纪 40 年代毛泽东用中国人喜闻乐见、通俗易懂的话语"全心全意为人民服务"将这个使命和立场凝练地表达出来，强调"共产党人的一切言论行动，必须以合乎最广大人民群众的最大利益，为最广大人民群众所拥护为最高标准"。④社会发展一定要维系人民的利益、改善人民的生活、发挥人民的积极性和主动性、增进人民的幸福，就成为我们党建设社会主义的根本目的。

改革开放伊始，邓小平就提醒全党，"我们一定要根据现有的有利条件加速发展生产力，使人民的物质生活好一些，使人民的文化生活、精神面貌好一些"⑤。不断改善人民生活、彰显人民主体地位，就成为改革开放重要的目的和原动力。邓小平后来还总结说："在社会主义国家，一个真正的马克思主义政党在执政以后，一定要致力于发展生产力，并在这个基础上逐步提高人民的生活水平。"⑥人民长期生活在贫穷困苦中，温饱问题都难以解决，更难以谈及发挥创造历史的伟力。1992 年南方谈话时，邓小平创新性地提出评判全部社会主义建设工作的"三个有利于"判断标准，其中将"提高人民的生活水平"作为"三个有利于"判断标准中最高的评判

---

①《马克思恩格斯文集》第 4 卷，人民出版社 2009 年版，第 304 页。

②《马克思恩格斯文集》第 2 卷，人民出版社 2009 年版，第 42 页。

③ 习近平：《论党的宣传思想工作》，中央文献出版社 2020 年版，第 322 页。

④《毛泽东选集》第 3 卷，人民出版社 1991 年版，第 1096 页。

⑤ 中共中央文献研究室编：《邓小平年谱（1975—1997）》（上），中央文献出版社 2004 年版，第 380 页。

⑥《邓小平文选》第 3 卷，人民出版社 1993 年版，第 28 页。

标准。中国特色社会主义建设进入世纪之交，江泽民特别警醒全党要"尊重人民群众的创造，倾听人民群众的呼声，反映人民群众的意愿，集中人民群众的智慧和力量去发展我们的各项事业"①，多次强调中国共产党要"始终代表中国最广大人民的根本利益"，"必须坚持把人民的根本利益"作为全部实践工作、活动的"出发点和归宿"。②

限于当时的客观条件，二十多年的改革开放进程在不断取得巨大成就的同时，也逐渐形成了粗放型的经济增长模式，整个社会发展的不协调性不平衡性逐渐凸显出来，不可持续的风险也愈益凸显。其中，从人民群众历史主体地位视角看，有两个问题比较突出。一是经济增长和社会其他领域如政治、文化、社会建设、生态等的发展不协调不平衡，"GDP 至上"成为部分地方发展的信条，整体上"见物不见人"较为凸显，人的发展、人的综合性全面性发展没有得到相应的强化；二是随着城乡差距、地区差距和收入差距"三大差距"的拉大，社会贫富分化拉大，存在两极分化的风险，公平正义已经成为人们非常关注的话题。21 世纪，面对这些发展积累出来的问题，胡锦涛强调中国特色社会主义建设在新时期一定要坚持"科学发展观"，强调"以人为本"是科学发展观的本质和核心，而所谓"坚持以人为本"，"就是要以实现人的全面发展为目标，从人民群众的根本利益出发谋发展、促发展，不断满足人民群众日益增长的物质文化需要，切实保障人民群众的经济、政治和文化权益，让发展的成果惠及全体人民"③。实现人的全面发展、满足人民的需要，最终实现全体人民共同发展、共享发展，科学发展观把人民群众的主体地位很好地彰显出来。党的十七大报告对此给予了进一步的指明，强调"要始终把实现好、维护好、发展好最广大人民的根本利益作为党和国家一切工作的出发点和落脚点"，在中国特色社会主义建设中，要"尊重人民主体地位，发挥人民首创精神，保障人民各项权益，走共同富裕道路，促进人的全面发展，做到发展为了人民、发展依靠人民、发展成果由人民共享"。④应该说，这些认识对中国特色社会主义在发展目标、主体地位问题上进一步彰显马克思主

---

①《江泽民文选》第 2 卷，人民出版社 2006 年版，第 262 页。

②《江泽民文选》第 3 卷，人民出版社 2006 年版，第 279 页。

③ 中共中央文献研究室编：《十六大以来重要文献选编》（上），中央文献出版社 2005 年版，第 850 页。

④ 中共中央文献研究室编：《十七大以来重要文献选编》（上），中央文献出版社 2009 年版，第 12 页。

义、科学社会主义的基本要求，有着重要的贡献和价值；新时期，中国特色社会主义建设在促进人的全面发展、促进社会公平正义、促进发展的平衡性协调性方面，确实也取得了不少成就。但客观地说，一是因为当时发展的客观基础，二是发展的惯性，两者的双重作用推动的，但现实中的建设与这些美好的发展目标、诉求之间仍然存在较大距离。

中国特色社会主义进入新时代，一是我们已经具备实现经济和社会持续健康发展的基础，也因之具备追求更好发展、高质量发展进而更好地促进人的全面发展、共同发展和真正实现共同富裕的基础。二是社会主要矛盾发生的重要变化，人民日益增长的美好生活需要成为社会主要矛盾的主导方面，中国特色社会主义建设必须顺应这种社会主要矛盾的变化，坚持"两点论"和"重点论"的统一，高度重视对人民日益增长的美好生活需要的满足。三是传统发展模式不仅弊端尽显，资源承载力、环境承受力等也都到了极限。质言之，如果说以前是"不改革死路一条"的话，现在是"不转型死路一条"。四是经过几十年的建设，我们对共产党执政规律、社会主义建设规律、人类社会发展规律有了更为深刻的认识、更为深入的把握。

在此背景下，党的十八大报告明确提出了"五位一体"的总体布局，要求今后的中国特色社会主义经济建设、政治建设、文化建设、社会建设和生态文明建设全面推进；后来又逐渐提出"四个全面"的战略布局，将代表消除贫困的"全面建成小康社会"摆在第一位。实际上，这两个"布局"的背后，深层次涉及人的自由解放、全面发展的物质基础、文化支撑、制度保障等，涉及核心性的人与人、人与社会以及人与自然等各种关系的改善和优化。在 2012 年 11 月十八届中共中央政治局常委同中外记者见面会上，习近平代表全党，郑重地强调人民对美好生活的向往就是我们的奋斗目标。新时代，在宏观层面，我们反复强调贯彻新发展理念、构建新发展格局，不断推进高质量发展，不断提高发展的协调性、平衡性、包容性。在具体方面，一是要求"要自觉主动解决地区差距、城乡差距、收入差距等问题……更加注重向农村、基层、欠发达地区倾斜，向困难群众倾斜，促进社会公平正义，让发展成果更多更公平惠及全体人民"①；二是注重基本民生的不断提升、基本服务的均等化和均衡化，要求"以更大的力度、更实的措施保障和改善民生……在幼有所育、学有所教、劳有所得、病有所医、老有所养、住有所居、弱有所扶上不断取得新进展，让实现全体人

---

① 习近平：《全党必须完整、准确、全面贯彻新发展理念》，《求是》2022 年第 16 期。

民共同富裕在广大人民现实生活中更加充分地展示出来"①；三是不断扩大和切实保障人民平等参与、平等发展的权利，形成共建共治共享的社会发展、社会治理格局，使社会主义民主真正成为人民当家作主的路径和方式，既"不断满足人民日益增长的美好生活需要"，又"不断促进社会公平正义，形成有效的社会治理、良好的社会秩序"，最终"使人民获得感、幸福感、安全感更加充实、更有保障、更可持续"。②一言以蔽之，就是"坚持以人民为中心的发展"，"坚持发展为了人民、发展依靠人民、发展成果由人民共享"，"增强发展动力，增进人民团结，朝着共同富裕方向稳步前进"。③

第四，中国特色社会主义新时代，是努力推动世界共同发展、更好地彰显大国担当的时代。

习近平概括说，马克思主义"归根到底就是一句话，为人类求解放"④。中国共产党作为坚定的马克思主义政党，注定是"为人类进步事业而奋斗的政党"，"始终把为人类作出新的更大的贡献作为自己的使命"⑤。这缘于中国共产党的这种内在秉性以及源远流长、灿烂辉煌的中华文明，毛泽东在 1956 年社会主义三大改造尚未完全完成、社会主义建设刚刚起步时就强调"中国应当对于人类有较大的贡献"⑥。

改革开放初期，面对世界的快速发展，以及我们和发达国家的差距不断拉大的事实，邓小平一方面明确说，"经验证明，关起门来搞建设是不能成功的"，所以"中国的发展离不开世界"；另一方面也明确说"从世界的角度来看，中国的发展对世界和平和世界经济的发展有利"。⑦随着改革开放的推进，的确验证了邓小平的战略判断。改革开放以来，我们既吸引了大量的外来投资，也引进了大量先进的科技、管理经验，极大提高了我国的生产力水平，经济获得高速发展。到世纪之交，我们就开始逐渐解决困扰中华民族百年的温饱问题；开放有力促进了社会主义市场经济体制的确立，工业化水平显著提高，科技含量稳步提升，高等教育逐渐和世界

---

① 习近平：《在第十三届全国人民代表大会第一次会议上的讲话》，人民出版社 2018 年版，第 9 页。

②《习近平谈治国理政》第三卷，外文出版社 2020 年版，第 35 页。

③ 中共中央文献研究室编：《十八大以来重要文献选编》（中），中央文献出版社 2016 年版，第 793 页。

④ 习近平：《论党的宣传思想工作》，中央文献出版社 2020 年版，第 322 页。

⑤《习近平谈治国理政》第三卷，外文出版社 2020 年版，第 45 页。

⑥《毛泽东文集》第 7 卷，人民出版社 1999 年版，第 157 页。

⑦《邓小平文选》第 3 卷，人民出版社 1993 年版，第 78、79 页。

接轨；通过特区建设这个纽带，拉动外向型经济不断壮大，东部沿海地区形成比较稳定的产业链和区位优势，为后来几大沿海经济带的形成打下良好的基础；我国综合国力、国家整体竞争力、国际地位都得到明显提升。江泽民也曾提出："面对经济、科技全球化趋势，我们要以更加积极的姿态走向世界，完善全方位、多层次、宽领域的对外开放格局，发展开放型经济，增强国际竞争力"①，要求抓住机遇、敢闯敢干，扩大开放，进一步融入世界经济发展的大潮中。与此同时，随着综合国力和国际影响力的提高，我国成功申请加入世界贸易组织等多个国际组织，借助于成立上海合作组织的机会，明确倡导"上海精神"即国与国之间互信、互利、平等、协商，尊重多样文明、谋求共同发展，为人类发展进步作出更大贡献。

中国特色社会主义进入新世纪，取得了更为丰硕的成就，对外开放也迈向新阶段、新层次，中国共产党带领中国人民对内提出科学发展观、和谐社会等新发展观念，谋求又好又快的发展，对外"高举和平、发展、合作的旗帜"，强调"同所有国家开展交流合作，积极促进世界多极化、推动国际关系民主化……推动经济全球化朝着均衡、普惠、共赢方向发展"②。中国逐渐成为大家公认的世界和平的建设者、全球发展的贡献者、国际秩序的维护者，这些国际形象的背后，则是中国特色社会主义为维护世界和平、促进各国共同发展作出的重要贡献。也正因此，党的十九届六中全会审议通过的"第三个历史决议"，把"坚持胸怀天下"作为我们党百年奋斗得出的历史经验之一。

中国特色社会主义新时代，一方面，当前世界各种力量对比发生了深刻而又明显的变化，发展中国家在快速崛起，整体实力在不断提升，支持和平和发展、公平与正义的势力在增强，而我国 GDP 总量已多年稳居世界第二，和美国的差距不断缩小，多年来对世界经济增长的贡献率排名世界第一，外贸总量也多年占据世界第一，是世界上大多数国家的进出口第一大贸易对象，被世界公认是全球经济增长的主要引擎、拥有全球影响力的大国。党的十九大报告为此强调新时代中国日益走近世界舞台中央。当今的中国，既是中国之中国，同时也是世界之中国；中国的发展固然离不开世界，但世界的发展同样离不开中国，两者深度融合。在这种时代背景下，

---

① 中共中央文献研究室编：《十五大以来重要文献选编》（上），人民出版社 2000 年版，第 28—29 页。

②《胡锦涛文选》第 3 卷，人民出版社 2016 年版，第 166、167 页。

中国既有责任也更有能力和条件去为世界发展、人类进步作出更大贡献。但另一方面，面对世界百年未有之大变局，当今世界"面临的不稳定性不确定性突出"，"人类面临许多共同挑战"①，如世界经济增长缺乏充足动能、非传统安全因素不断增加，个别地区和国家的单边主义甚至贸易保护主义、反全球化思潮有日渐上升之势，霸权主义和强权政治仍颇有势力，不少人仍然固守冷战思维、零和思维，新干涉主义时有发生，信任、治理、和平、发展四大方面的"赤字"已成为公认的国际性重大难题，严重影响国家之间的良性交往、合作发展。但和平与发展的时代主题没有改变，世界上希望和平发展的呼声没有削弱，作为历史大势仍不可逆转。在这种情势下，我们要"坚定不移做和平发展的实践者、共同发展的推动者、多边贸易体制的维护者、全球经济治理的参与者"②，中国特色社会主义建设将始终扮演"全球共同开放的重要推动者""世界经济增长的稳定动力源""各国拓展商机的活力大市场""全球治理改革的积极贡献者"③等重要角色，努力推动全球"共创普惠平衡、协调包容、合作共赢、共同繁荣的发展格局"，"共建团结、平等、均衡、普惠的全球发展伙伴关系"。④

中国特色社会主义发展进入新时代，我们党主动深化改革来进一步扩大开放，也明确强调："中国对外开放，不是要一家唱独角戏，而是要欢迎各方共同参与；不是要谋求势力范围，而是要支持各国共同发展；不是要营造自己的后花园，而是要建设各国共享的百花园。"⑤为了扩大开放、促进世界共同发展，我们进一步为推动建设开放型世界经济、塑造对外开放新格局，创造性地提出构建人类命运共同体理念。我们党明确强调，新时代的对外开放，就是要把世界各国人民的利益紧密结合起来，使世界上不同制度、不同文明、不同国家在和平、普惠、共治中形成共建美好世界的"最大公约数"，把"以人民为中心的发展"拓展到世界范围，努力"把世界各国人民对美好生活的向往变成现实"⑥。

总而言之，这就是从社会发展角度对中国特色社会主义新时代的分析

---

① 《习近平谈治国理政》第三卷，外文出版社 2020 年版，第 45 页。

② 习近平：《论坚持推动构建人类命运共同体》，中央文献出版社 2018 年版，第 3 页。

③ 《习近平谈治国理政》第三卷，外文出版社 2020 年版，第 203 页。

④ 习近平：《构建高质量伙伴关系 共创全球发展新时代——在全球发展高层对话会上的讲话》，《人民日报》2022 年 6 月 25 日。

⑤ 习近平：《论中国共产党历史》，中央文献出版社 2021 年版，第 132 页。

⑥ 《习近平谈治国理政》第三卷，外文出版社 2020 年版，第 433 页。

和阐释。之所以专门从社会发展角度来进行分析和阐释，是因为社会发展一般就是在不断解决各种问题中实现的，从社会发展角度分析中国特色社会主义新时代的独特性，有助于我们从这个角度审视新时代各种社会问题与社会发展之间的复杂关系，从总体上更好地把握中国特色社会主义新时代的社会问题的独特性、重要性，进而更好地把握当代中国马克思主义问题意识形成的时代境况。

二、"发展起来以后的问题不比不发展时少"

习近平明确指出，纵观改革开放以来中国特色社会主义建设，"改革是由问题倒逼而产生，又在不断解决问题中得以深化。我们用改革的办法解决了党和国家事业发展中的一系列问题"①。这句话表明，我们的改革在很大程度上是被当时的社会问题倒逼而产生。关于这个问题，邓小平有过明确的总结。他曾经说，经过社会主义三大改造，社会主义经济基础在新中国确立后，很长一段时间没有发挥出应有的优势，"社会生产力发展缓慢，人民的物质和文化生活条件得不到理想的改善，国家也无法摆脱贫穷落后的状态。这种情况，迫使我们在一九七八年十二月召开的党的十一届三中全会上决定进行改革"②。"迫使"一词把"问题倒逼"很好地表达出来了。他后来还更为明确地指出："中国社会从一九五八年到一九七八年二十年时间，实际上处于停滞和徘徊的状态，国家的经济和人民的生活没有得到多大的发展和提高。这种情况不改革行吗？"③邓小平后来把这个反问进一步凝练为"不改革开放……只能是死路一条"④。

习近平指出，改革不仅是问题倒逼而产生，还是在问题倒逼中不断前进的，是在不断解决问题中深化发展的。改革首先是从农村开始的，是因为当时农村农民问题最严重的。"农村人口占我国人口的百分之八十，农村不稳定，整个政治局势就不稳定……坦率地说，在没有改革以前，大多数农民是处在非常贫困的状况，衣食住行都非常困难。"⑤随着改革的深入，20世纪80年代中晚期，另一个重要的社会问题凸显出来，具体言之，"各

---

① 中共中央文献研究室编：《十八大以来重要文献选编》（上），中央文献出版社2014年版，第497页。
②《邓小平文选》第3卷，人民出版社1993年版，第134页。
③《邓小平文选》第3卷，人民出版社1993年版，第237页。
④《邓小平文选》第3卷，人民出版社1993年版，第370页。
⑤《邓小平文选》第3卷，人民出版社1993年版，第237页。

级党政领导班子、各行各业领导班子都存在老化的问题，这是我们中国最特殊的问题"①。与此同时，"我们的官僚主义确实多得很。就拿人事制度来说，社会主义国家恐怕有个共同的问题，就是干部老化僵化，首先表现在思想上，组织上也有这种状况。所以，我们必须进行政治体制改革"。②官僚主义这个问题倒逼我们进行政治体制改革，同时也在解决这个问题中不断推进政治体制改革，完善社会主义民主政治体制。可以说，从一开始改革就是聚焦问题来展开的，具有明确的问题导向，正是在分析、解决问题中不断推进和深化的，两者的良性互动成为了我国改革的重要特征。

　　在改革中，我们形成了建设有中国特色的社会主义的共识，并且深刻认识到"中国解决所有问题的关键是要靠自己的发展"，对于中国和中国特色社会主义而言，"发展是硬道理"。③要谋取发展，就必须正确处理好改革、发展与问题之间的关系。实际上，在党的十一届三中全会召开前一星期举行的中央工作会议上，邓小平发表了题为《解放思想，实事求是，团结一致向前看》的讲话，讲话最后部分专门以"研究新情况，解决新问题"为标题，明确提醒人们"要向前看，就要及时地研究新情况和解决新问题，否则我们就不可能顺利前进"④。而这首先要求我们，要承认问题是客观存在和普遍存在的，既不能采用鸵鸟政策对问题视而不见，也不能耽于幻想而认为问题不存在，发展中必然会出现各种问题。1978 年改革的大幕一拉开，邓小平就告诫全党："在实现四个现代化的进程中，必然会出现许多我们不熟悉的、预想不到的新情况和新问题。……一定会出现各种各样的复杂情况和问题，一定会遇到重重障碍。"⑤对此我们一定要有足够的心理准备，要勇于面对问题。其次要求我们充分发挥主观能动性，想方设法解决问题，通过解决问题实现发展，解决问题往往既是创新，也能直接推动事业发展。邓小平在这个问题上特意提醒说："不会研究现在的问题，不从现在的实际出发来提出问题，解决问题。这样天天讲四个现代化，讲来讲去都会是空的。"⑥社会主义建设要取得成绩，要实现"四个现代化"，

　　①《邓小平文选》第 3 卷，人民出版社 1993 年版，第 241 页。

　　②《邓小平文选》第 3 卷，人民出版社 1993 年版，第 240—241 页。

　　③《邓小平文选》第 3 卷，人民出版社 1993 年版，第 265、377 页。

　　④《邓小平文选》第 2 卷，人民出版社 1994 年版，第 149 页。

　　⑤《邓小平文选》第 2 卷，人民出版社 1994 年版，第 152 页。

　　⑥ 中共中央文献研究室编：《邓小平年谱（1975—1997）》（下），中央文献出版社 2004 年版，第 320 页。

只能通过不断解决问题才有可能。所以，"我们要不断研究新情况、解决新问题、寻找新办法、制定新制度，使整个国家的各种体制越来越完善，保证社会主义现代化建设能够顺利进行"①。他结合当时的情况进行了具体说明，指出："我们面临的最大问题是官僚主义。它表现为上层建筑臃肿不堪，机构重叠，人浮于事，效率低下，耽误事情。……现在正在着手研究这个问题，用简单的改良办法解决这个问题恐怕不行，但是不解决这个问题，我们的事业很难顺利发展。"②再次要求我们认识到，"过去我们讲先发展起来。现在看，发展起来以后的问题不比不发展时少"，随着改革的深入和中国特色社会主义的发展，"问题也会越来越多，越来越复杂，随时都会出现新问题"。这也要求在发展中，要未雨绸缪、提前预防。邓小平不但这样强调，实际上也做到了这一点。20 世纪 90 年代初，经过十多年的改革开放，我国经济获得了快速发展，沿海地区发展非常迅猛，一部分人凭借各种方式、途径完成财富积累，成为先富起来的少数人，但这背后的收入分配问题开始显现。邓小平明确指出："中国发展到一定的程度后，一定要考虑分配问题。也就是说，要考虑落后地区和发达地区的差距问题。"③富起来后财富怎样进行分配将是个"大问题"，"分配不公，会导致两极分化，到一定时候问题就会出来。这个问题要解决"④。

中国特色社会主义步入世纪之交和新世纪，党和国家领导人反复强调要尊重邓小平提出的发展是解决中国所有问题的关键、发展是硬道理的论断，进一步提出改革开放是决定中国命运的关键一招，而通过改革推动中国特色社会主义发展则必须落实到解决改革中出现的各种问题上。世纪之交，江泽民提出，中国特色社会主义"要在研究新情况、解决新问题的过程中"来不断实现"丰富、完善和发展"的目标⑤，改革就是要针对新问题、解决新问题；胡锦涛立足于新世纪，从社会发展的宏观角度强调，"当代

---

① 中共中央文献研究室编：《邓小平年谱（1975—1997）》（下），中央文献出版社 2004 年版，第 809 页。

② 中共中央文献研究室编：《邓小平年谱（1975—1997）》（下），中央文献出版社 2004 年版，第 783 页。

③ 中共中央文献研究室编：《邓小平年谱（1975—1997）》（下），中央文献出版社 2004 年版，第 1356 页。

④ 中共中央文献研究室编：《邓小平年谱（1975—1997）》（下），中央文献出版社 2004 年版，第 1364 页。

⑤ 中共中央文献研究室编：《十四大以来重要文献选编》（上），中央文献出版社 1996 年版，第 13 页。

中国正经历着空前广泛的社会变革。这种变革在给我国发展进步带来巨大活力的同时，也必然带来这样那样的矛盾和问题"[①]。中国的发展绝不能回避问题和矛盾，恰恰相反，必须在不断解决问题中实现；他还结合改革开放、中国特色社会主义建设更为具体地说，"许多新矛盾新问题，大多是在深化改革、发展社会主义市场经济新形势下发生和突出起来的，也要在深化改革过程中来解决"[②]，中国特色社会主义是"不断发展的事业，我们在前进中还会遇到这样那样的新情况新课题，还要应对各种可以预料和难以预料的风险和挑战"[③]，这要求我们一定要"抓紧研究解决本地区本部门改革发展稳定中的重大问题，抓紧研究解决群众生产生活中的迫切问题，抓紧研究解决党的建设中存在的突出问题"[④]，推动改革不断深化、推动中国特色社会主义不断前进。

在改革开放的历程中，我们党始终聚焦问题，通过解决改革中不断出现的新问题，来推动改革深化和社会发展。20 世纪 90 年代，经过十多年的改革开放，我国经济实力、综合国力明显提高，特别是经济发展的表现非常亮眼，但也逐渐形成了"三高一低"的粗放型经济增长模式，给资源承载力、生态承受力带来重大挑战，中国特色社会主义也由此"出现了新的矛盾和问题"，其中具有典型性而又非常突出的是，"区域性生态环境保护任务艰巨，人口、资源、环境的压力日益增大；地区经济发展差距拉开，中西部贫困地区和边远民族地区亟待加快发展"[⑤]。我们党针对这些新的问题和难题，锐意改革、大胆创新，审时度势地提出西部大开发战略，推出一批重大基础设施、重点工程来推动西部实行区域差异化发展，如三峡水利枢纽工程、西气东输和西电东送工程，为了搞好环境保护，还专门推出系列生态保护工程，如退耕还林、退牧还草、风沙源治理、天然林保护等。以上这些针对问题的改革和创新，较好地阻止了东西部差距的蔓延和深化态势，遏制了生态恶化的趋势。到 20 世纪 90 年代末期，另一个社会大问题——"三农"问题日益凸显出来，具体言之，"农业人口多，就

---

①《胡锦涛文选》第 3 卷，人民出版社 2016 年版，第 540—541 页。

②《胡锦涛文选》第 1 卷，人民出版社 2016 年版，第 95 页。

③ 中共中央文献研究室编：《十六大以来重要文献选编》（上），中央文献出版社 2005 年版，第 376 页。

④ 中共中央文献研究室编：《十六大以来重要文献选编》（上），中央文献出版社 2005 年版，第 375 页。

⑤《江泽民文选》第 3 卷，人民出版社 2006 年版，第 57 页。

业压力大；科技教育文化落后，文盲半文盲数量较大"，"农民生活水平比较低，还有几千万人没有解决温饱"，农村"生产力落后，主要靠手工劳动；市场化程度低，自给半自给经济占相当比重……城乡差别大，农村发展也很不平衡"①，这些问题严重影响中国特色社会主义的健康发展。为此，我们党又进行了有针对性的改革，推出并不断完善以家庭承包经营为基础、统分结合的经营体制，推出政策积极扶持和大力发展乡镇企业、乡村农副业和第三产业，加大科技投入和人才支撑来优化农业和农村经济结构，助推统一开放、竞争有序的农产品市场体系的形成。到了 21 世纪，"三农"问题出现了新情况。这首先表现为，改革开放使中国逐渐成为"世界工厂"，中国的工业化水平得到很大提高，但这也导致了城乡差距有逐渐拉大的趋势，"城乡二元结构造成的深层次矛盾突出"，"农业基础仍然薄弱，最需要加强；农村发展仍然滞后，最需要扶持；农民增收仍然困难，最需要加快"；其次表现为在科学发展、和谐社会背景下，一些新问题凸显出来，如"农村社会事业和公共服务水平较低"，"一些地方农村基层组织软弱涣散"，严重影响"三农"问题的解决。②为此，我们推出新的改革举措、建设举措，如提出新农村建设战略，推行农村综合改革，实行城乡公共服务一体化，建立新型农村社会养老保险制度、新型农村合作医疗制度，实行城乡按相同人口比例选举人大代表制度，努力消解城乡二元差距造成的发展障碍。

　　这里有一个突出性的表现和标志，那就是我们把这种问题导向、通过问题推动改革和发展的问题意识，贯穿、渗透在诸如党代会报告、政府工作报告，各种发展纲要、加强和改进工作的意见，以及领导人的重要讲话等各种官方重要文献中。典型的有：党的十四届三中全会通过的《中共中央关于建立社会主义市场经济体制若干问题的决定》、党的十四届四中全会通过的《中共中央关于加强党的建设几个重大问题的决定》、1996 年 8月出台的《国务院关于环境保护若干问题的决定》、党的十四届六中全会通过的《中共中央关于加强社会主义精神文明建设若干重要问题的决定》、1996 年 10 月出台的《中共中央、国务院关于尽快解决农村贫困人口温饱问题的决定》，党的十五届三中全会通过的《中共中央关于农业和农村工

---

① 中共中央文献研究室编：《十五大以来重要文献选编》（上），中央文献出版社 2011 年版，第492 页。

② 中共中央文献研究室编：《十七大以来重要文献选编》（上），中央文献出版社 2013 年版，第670—671 页。

作若干重大问题的决定》、党的十五届四中全会通过的《中共中央关于国有企业改革和发展若干重大问题的决定》，党的十六届三中全会通过的《中共中央关于完善社会主义市场经济体制若干问题的决定》、党的十六届六中全会通过的《中共中央关于构建社会主义和谐社会若干重大问题的决定》、2006 年 12 月出台的《中共中央、国务院关于全面加强人口和计划生育工作统筹解决人口问题的决定》，党的十七届三中全会通过的《中共中央关于推进农村改革发展若干重大问题的决定》，党的十七届四中全会通过的《中共中央关于加强和改进新形势下党的建设若干重大问题的决定》，党的十七届六中全会通过的《中共中央关于深化文化体制改革推动社会主义文化大发展大繁荣若干重大问题的决定》；它们都冠有"问题""若干问题"等字样。可以说，在改革开放中，我们党始终葆有强烈的问题意识，坚持问题导向，聚焦各种现实问题来不断推出改革的新战略新政策新举措，不断进行深层次的体制机制改革，不断解决问题，也推动中国特色社会主义不断健康发展。其实，就是把邓小平改革开放初期强调"坏事变成好事"的辩证想法变成了现实。中国也因之取得了巨大成就，为中国特色社会主义进入新的历史时期、历史阶段谋取更大更好发展奠定了良好的发展基础，也探索了基本的发展路径。

党的十八大以来，习近平先后发表了系列重要讲话，其中有一个共通点，就是"贯穿着强烈的问题意识、鲜明的问题导向"[①]。这是对马克思主义理论鲜明特点的彰显，是对中国共产党百年征程优良传统的赓续，是对改革开放以来形成的中国特色社会主义发展路径的延续和深化，更是在对"发展起来以后的问题更多更复杂"的自觉认识基础上形成的政治自觉、历史自觉。

十八届中共中央政治局于 2012 年 11 月 17 日进行第一次集体学习时，习近平在会上强调："党的十八大提出的基本要求，是对当前我国经济社会发展中存在的突出问题、改革攻坚和加快转变经济发展方式面临的难点问题、干部群众普遍关注的热点问题的积极回应"[②]，这是我们党对以上马克思主义问题意识、中国共产党问题导向传统的继承、运用；他还郑重要求，在今后的中国特色社会主义建设中，"我们一定要以我国改革开放和现代化建设的实际问题、以我们正在做的事情为中心，着眼于马克思主义

---

① 刘云山：《增强问题意识 坚持问题导向》，《学习时报》2014 年 5 月 19 日。
②《习近平谈治国理政》第一卷，外文出版社 2018 年版，第 13 页。

理论的运用，着眼于对实际问题的理论思考"①，来推动理论创新和实践创新，来推动改革的深入和社会的全面发展。之所以要这样，还有一个更重要的因由，就是邓小平强调的，发展起来以后的问题不会比不发展起来的时候少。党的十八大召开后不久，在2013年1月初召开的新进中央委员会委员、候补委员学习贯彻党的十八大精神研讨班的开班式上，习近平郑重提醒说："我们的事业越前进、越发展，新情况新问题就会越多，面临的风险和挑战就会越多，面对的不可预料的事情就会越多。我们必须增强忧患意识，做到居安思危。"②在随后的中央党校建校80周年庆祝大会暨2013年春季学期开学典礼上，他更为明确地指出："当前，全党面临的一个重要课题，就是如何正确认识和妥善处理我国发展起来后不断出现的新情况新问题……新问题每时每刻都在出现，而且多数又是我们过去不熟悉或者不太熟悉的。出现这样的状况，是由世情、国情、党情的发展变化引起的。"③这明确告诉世人，今天的问题与改革开放前是不同的，属于发展起来以后的问题；既然是发展起来以后的问题，正常情况下，越发展涉及面越广，问题就越多。所以，他同时明确提醒全党，"可以预见，在今后的前进道路上，来自各方面的困难、风险、挑战肯定还会不断出现"④。在2020年8月底举行的经济社会领域专家座谈会上，习近平还是不忘提醒地说，我国社会结构发生深刻而又剧烈的变化，互联网以前所未有的全方位态势介入人们的交往交流，人们的观念、心理和行为方式都在相应地发生深刻变化，由此造成的社会问题越来越多，所以"事实证明，发展起来以后的问题不比不发展时少"⑤。

这个"发展起来以后"的历史时期，首先意味着它确实已经完成了一些初级发展的任务。经过三十多年的改革开放，2010年我国GDP总量达到40万亿元，超过日本跃居世界第二，2011年达到47.3万亿元，稳居世界第二位；到2012年，达到54万亿元，进一步缩小与世界第一大国美国的差距，占世界的比重由1978年改革开放初的1.8%提升到11.5%；到2009年我国出口总额首次超过德国，一跃成为世界第一，到2011年进出口贸易总额跃居世界第二位；2011年，我国人均国内生产总值达到35 083元，农

民年人均纯收入提高到 6977 元，城乡收入差距有所缩小，城镇化率达到
51.3%，开始实现从低收入国家向上中等收入国家的飞跃。到 2009 年，我
国科技人力资源总量达到 4200 万人，位居世界第一；研究开发人员总量
190 万人，居世界第二位，载人航天、探月工程、载人深潜、超级计算机、
高速铁路等实现重大突破。

　　而且，正如习近平在党的十八届一中全会上总结的，经过六十多年社
会主义建设，特别是经过 30 多年的改革开放，中国特色社会主义"使我们
国家快速发展起来，使我国人民生活水平快速提高起来"。①特别是后者，
表现得非常突出。我国城乡人民生活得到明显改善，享有的公共服务水平
显著提高。2011 年，城镇居民人均可支配收入 21 810 元，农村居民人均纯
收入 6977 元；城镇居民人均住房建筑面积 32.7 平方米，农村居民人均住
房面积 36.2 平方米。城乡基本养老保险制度全面建立。2011 年，95%以上
的城乡居民得到基本医疗保障。与人们日常生活息息相关的教科文卫事业
得到全面发展。2011 年，义务教育人口覆盖率达 100%，青壮年文盲率降
到 1.08%。高等教育毛入学率提高到 26.9%，总规模居世界第一。公共图
书馆、博物馆、艺术表演团体数量显著增加；城乡居民精神文化生活更加
丰富多彩。医药卫生事业改革与发展取得新成就。2011 年末，全国共有医
疗卫生机构 95 万个，卫生技术人员 620 万人，医院卫生机构床位 516 万张。
2010 年我国人均预期寿命达 74.83 岁。在这种情况下，人民群众自然而然
地对生活有了更高的期待、更好的憧憬、更美的向往、更大的追求。对此
习近平很生动地概括说："过去有饭吃、有学上、有房住是基本需求，现
在人民群众有收入稳步提升、优质医疗服务、教育公平、住房改善、优美
环境和洁净空气等更多层次的需求。"②我们党很敏锐地捕捉到这一点。
在 2012 年 11 月 15 日举行的十八届中共中央政治局常委同中外记者见面
会上，习近平就代表全党明确强调，人民对美好生活的向往，就是我们的
奋斗目标。

　　党的十九大报告明确指出，新时代这个新定位最根本的依据是社会主
要矛盾的变化，但这个社会主要矛盾，一方是人民日益增长的美好生活需
要，一方是不平衡不充分的社会发展，两者都是"发展起来以后"的客观

① 习近平：《全面贯彻落实党的十八大精神要突出抓好六个方面工作》，《求是》2013 年第 1 期。
② 中共中央文献研究室编：《习近平关于社会主义社会建设论述摘编》，中央文献出版社 2017 年
版，第 17 页。

存在。党的十九大报告也明确强调，经过三十多年改革开放的积累，"我国社会生产力水平总体上显著提高，社会生产能力在很多方面进入世界前列"，"我国稳定解决了十几亿人的温饱问题，总体上实现小康，不久将全面建成小康社会"，这是社会主要矛盾发生变化的基础，也就是说它是"发展起来以后"的社会主要矛盾。党的十九大报告对"新时代"的具体阐释和界定，一个基本的分析框架就是"发展起来了"。其中"三个意味着"的第一个"意味着"就是"意味着近代以来久经磨难的中华民族迎来了从站起来、富起来到强起来的伟大飞跃"，"富起来到强起来"只能建立在"发展起来"的基础上，后面两个"意味着"既是对中国特色社会主义建设已有成就的总结，更是立足于"发展起来"后对未来更好发展的谋划。而在"三个意味着"之后所谓对新时代进一步解释的"四个是……的时代"，即"继续夺取中国特色社会主义伟大胜利的时代""全面建设社会主义现代化强国的时代""逐步实现全体人民共同富裕的时代""不断为人类作出更大贡献的时代"①，都表明新时代是有着更高奋斗目标、追求更好发展、力求有更大作为的时代，学界和理论界有人因此称"新时代"为强国时代、制度成熟和定型时代，但这无疑是以取得的发展成就作为基础，只有在"发展起来以后"才有可能性和现实性。

新时代的这些"发展起来以后"的发展诉求、发展特质，就决定了它的社会问题具有独特的时代特征。这既是当代中国马克思主义问题意识生成的独特的问题境况，也是这种问题意识具有鲜明的时代特征和独特重要性的历史根基，具体介绍如下。

第一，社会主要矛盾在很大程度上构成新时代社会发展的"总问题"。

依据党的十九大报告对新时代的阐析和界定，之所以判断新时代到来，很重要的理据是我国社会主要矛盾已发生重大转化，表现为人民日益增长的美好生活需要和不平衡不充分的发展之间的矛盾。这对矛盾在很大程度上就构成新时代社会发展的"总问题"。

这里有两点值得重视。首先，何为新时代社会发展的"总问题"，它和新时代中国共产党要回答的重大时代课题之间是什么关系？习近平多次说过，中国共产党人始终坚持问题导向，干革命、搞建设、抓改革从来都是为了解决当时特定的现实问题和发展难题的。刘云山依据这个说法，结合一些重要的党代会报告，对新时代以前中国共产党90多年的辉煌历程，

---

① 《习近平谈治国理政》第三卷，外文出版社 2020 年版，第 9 页。

从求解问题的角度进行了总结，并指出：新民主主义革命战争时期，中国共产党带领人民群众正确解决了"中国革命的目标、道路、领导力量和依靠力量等一系列根本问题"，推翻"三座大山"，取得了新民主主义革命的伟大胜利，建立了中华人民共和国；中华人民共和国成立以后，中国共产党带领中国人民把马克思主义基本原理同中国具体实际结合起来，借鉴苏联社会主义建设经验，很好地解决了"对农业、手工业和资本主义工商业进行社会主义改造等重大问题"，确立了社会主义在政治、经济、文化领域的基本制度，使社会主义全面建设初步展开有了坚实的制度基础；改革开放以来，中国共产党努力探索和求解"什么是社会主义、怎样建设社会主义，建设什么样的党、怎样建设党，实现什么样的发展、怎样发展等重大问题"[1]，不断深化改革，取得了一系列伟大成就，开辟了中国特色社会主义道路这条伟大的建设之路、发展之路。《中共中央关于党的百年奋斗重大成就和历史经验的决议》对新时代同样有明确的概括，强调习近平新时代中国特色社会主义思想就"新时代坚持和发展什么样的中国特色社会主义、怎样坚持和发展中国特色社会主义""建设什么样的社会主义现代化强国、怎样建设社会主义现代化强国""建设什么样的长期执政的马克思主义政党、怎样建设长期执政的马克思主义政党"等重大时代课题进行艰辛探索，"提出一系列原创性的治国理政新理念新思想新战略"[2]。这些"重大时代课题"无疑具有根本性，新时代的社会主要矛盾作为新时代社会发展的"总问题"，它们是其在社会发展问题上的具体化、凝练化的体现，"重大时代课题"的顺利求解，最终要落实到对这个新时代"总问题"的化解。其次，这个"总问题"与中国特色社会主义新时代发展的"问题群"是什么关系？这也是中国特色社会主义在新时代发展有必要明确的。新时代面临着大量各种各样的社会问题，构成了复杂的"问题群"。从总体上看，它们是由"总问题"衍生或派生出来的，是其进一步的具体化，它们的时代特性与"总问题"息息相关，对它们的求解最终是为解决"总问题"服务的。党的二十大报告为此总结和强调要"紧紧围绕这个社会主要矛盾推进各项工作"[3]。

---

[1] 刘云山：《增强问题意识 坚持问题导向》，《学习时报》2014 年 5 月 19 日。

[2]《中共中央关于党的百年奋斗重大成就和历史经验的决议》，人民出版社 2021 年版，第 25—26 页。

[3] 习近平：《高举中国特色社会主义伟大旗帜 为全面建设社会主义现代化国家而团结奋斗——在中国共产党第二十次全国代表大会上的报告》，人民出版社 2022 年版，第 7 页。

　　第二，"三期叠加"背景下，新时代的社会发展问题更为复杂。

　　党的十八大以来，"我国社会生产力、综合国力、人民生活水平实现了历史性跨越，我国基本国情的内涵不断发生变化，我们面临的国际国内风险、面临的难题也发生了重要变化"，改革的环境、任务和一些具体目标都发生了重大变化，"当前，我国已经进入发展关键期、改革攻坚期、矛盾凸显期，我们面临的矛盾更加复杂，既有过去长期积累而成的矛盾，也有在解决旧矛盾过程中新产生的矛盾，大量的还是随着形势环境变化新出现的矛盾"①。发展关键期、改革攻坚期、矛盾凸显期的"三期叠加"是新时代在发展问题方面的突出特点。"三期叠加"首先带来的就是社会发展的问题和矛盾比以前更多，它意味着"我国进入了社会矛盾多发期，各种人民内部矛盾和社会矛盾较多"②。党的十九大后，习近平还是不忘提醒说："当前和今后一个时期，我国发展进入各种风险挑战不断积累甚至集中显露的时期，面临的重大斗争不会少……而且越来越复杂。"③

　　其次，习近平提醒说，"三期叠加"意味着有些问题越来越复杂，或者牵涉面越来越广，或者触及深层次的体制机制。2013 年 11 月习近平明确指出："经过三十五年不断改革，很多容易改的问题已经得到有效解决，留下来的大都是比较难啃的硬骨头，甚至是牵动全局的敏感问题和重大问题。"④而且，"各种矛盾风险挑战源、各类矛盾风险挑战点是相互交织、相互作用的"⑤，大大增加了问题的复杂性。习近平还明确指出，党的十八大以来所聚焦和针对的"经济社会发展中存在的突出问题""加快转变经济发展方式面临的难点问题""干部群众普遍关注的热点问题"，本质上都涉及深层次的东西，"既涉及中国特色社会主义伟大事业、又涉及党的建设新的伟大工程，同时还涉及统筹国内国际两个大局"，甚至"既涉及生产力和生产关系、又涉及经济基础和上层建筑"，即涉及社会基本矛盾。⑥这是它们具有复杂性的另一个重要原因。

　　之所以这样，一个很重要的原因是"我国发展进入新阶段，改革进入

---

①　习近平：《论党的宣传思想工作》，中央文献出版社 2020 年版，第 128 页。

②　中共中央文献研究室编：《习近平关于社会主义社会建设论述摘编》，中央文献出版社 2017 年版，第 119 页。

③《习近平谈治国理政》第三卷，外文出版社 2020 年版，第 226 页。

④　中共中央文献研究室编：《习近平关于全面深化改革论述摘编》，中央文献出版社 2014 年版，第 141 页。

⑤《习近平谈治国理政》第二卷，外文出版社 2017 年版，第 222 页。

⑥《习近平谈治国理政》第一卷，外文出版社 2018 年版，第 13—14 页。

攻坚期和深水区"，长期积累，既说明它们本身是重大难题，也说明它们
牵涉深层次的社会关系。忽视它们不可能，绕过去更不是办法；不解决不
行，解决不好也不行；而且，再累积下去，很可能形成"击鼓传花"的恶
劣局面，乃至积重难返、不可收拾。认真研究它们，我们才可以获得发展
的新突破。所以，"必须以强烈的历史使命感，最大限度集中全党全社会
智慧，最大限度调动一切积极因素"，以"敢于啃硬骨头，敢于涉险滩"
的态度来面对和解决它们。①习近平有时也借用其他的说法，来说明新时代
的独特性与问题的多发性、复杂性之间的关系。例如，他明确说："我国
正处于跨越'中等收入陷阱'并向高收入国家迈进的历史阶段，矛盾和风
险比从低收入国家迈向中等收入国家时更多更复杂。"②

最后，正是因为新时代的问题越来越多、越来越复杂，重大问题、突
出问题才在新时代具有突出的重要性。

这一则是因为问题越来越多，在解决问题的时候必须有所选择，有轻
重缓急之分；二则是重大问题、突出问题本身具有特殊性，它是矛盾复杂
性、交叉性的复合体。这意味着新时代中国特色社会主义建设一定要高度
重视重大问题、突出问题，要聚焦于它们的解决来推动社会发展和社会主
义建设。重大、突出的社会问题一般是涉及深层次矛盾的问题，换言之，
往往是和社会基本矛盾、社会主要矛盾关系密切的问题，是社会基本矛盾
最生动、最鲜活、最集中的外化和外现，是社会主要矛盾变化的主要显示
器。这也意味着，我们在对社会基本矛盾最新态势的理解、对社会主要矛
盾演进情况进行把握时，它们通常是无法回避、不可或缺的重要内容和基
本参照物；重大、突出的社会问题一般也深度涉及"人民群众最关心最直
接最现实的利益问题"，是人民群众最关心、最关切的问题。习近平在庆
祝中国人民政治协商会议成立65周年大会上的讲话中，提出"聚焦推动科
学发展、全面深化改革中的重大问题和群众最为关切的问题"③，在 2017
年 7 月 26 日举行的省部级主要领导干部"学习习近平总书记重要讲话精神，
迎接党的十九大"专题研讨班开班式上，习近平强调要"着力解决人民群

---

①《中共中央关于全面深化改革若干重大问题的决定》，人民出版社 2013 年版，第 7 页。

② 中共中央文献研究室编：《习近平关于社会主义经济建设论述摘编》，中央文献出版社 2017 年
版，第 318—319 页。

③ 中共中央文献研究室编：《十八大以来重要文献选编》（中），中央文献出版社 2016 年版，第
69 页。

众反映最强烈、对党的执政基础威胁最大的突出问题"①，这些重要讲话鲜明地把重大、突出的社会问题与人民群众最关心、最关切的问题的同构性、同质性呈现出来。所以，他也强调我们要"在解决改革发展稳定的重大问题、人民群众反映强烈的突出问题、党的建设面临的紧迫问题"②中不断前进；重大、突出的社会问题往往同时是谋划社会发展的关键问题。所谓的关键问题，顾名思义，占据着最核心、最要害的位置，是诸多社会问题的集合点，它的解决，可以带动一大批问题的解决；它解决不了，连带一大批问题可能都无法有效化解。它是问题中的问题，是问题群中的"肠梗阻"。比如，我国当前社会存在的部分党员干部严重腐败问题，无疑就是中国特色社会主义发展的"关键问题"。所以，党的十八大以来，我们狠抓全面从严治党，把党的建设视为"伟大工程"，原因正在于此。③

习近平多次明确指出，新时代的中国特色社会主义建设，"要有强烈的问题意识，以重大问题为导向，抓住关键问题进一步研究思考，着力推动解决我国发展面临的一系列突出矛盾和问题"④。

第三，新时代的社会问题尽管是"发展起来的问题"，但本质上还是"发展中的问题"。

新时代实质上是我国社会主义建设"发展起来以后"的新阶段，但这绝不意味着"发展已经完成了"，也不意味着"发展终结了"；新时代的社会问题虽然越来越多、越来越复杂，但这绝不意味着应该放任自流、悲观无为，面对问题无力退却、茫然无绪。这就要求我们必须立足于发展的视角看问题，"发展起来的问题"本质上还是"发展中的问题"，是通过发展可以解决的问题，"发展起来以后"恰恰可以更有条件、基础和能力来解决"发展中的问题"，通过不断解决"发展中的问题"来实现更大的发展。

习近平多次强调，新时代虽然"面临诸多矛盾叠加、风险隐患增多的严峻挑战"，但"综合判断，我国发展仍处于可以大有作为的重要战略机

---

① 《习近平谈治国理政》第二卷，外文出版社 2017 年版，第 61 页。

② 中共中央文献研究室编：《十八大以来重要文献选编》（上），中央文献出版社 2014 年版，第474 页。

③ 参见关锋：《全面深化改革与"问题和发展的辩证法"的建构》，《东南大学学报》（哲学社会科学版）2020 年第 3 期，第 50—59，152 页。

④ 中共中央文献研究室编：《十八大以来重要文献选编》（上），中央文献出版社 2014 年版，第497 页。

遇期"，对发展一定要有信心。①鉴于此，他在很多重要场合反复强调，我们始终要铭记改革开放以来党提出的"发展是硬道理""发展是中国共产党执政兴国第一要务"，新时代始终要认识到"发展是基础，经济不发展，一切都无从谈起"②，发展"仍然是带有基础性、根本性的工作"③，发展也因之仍是解决我国所有问题的关键，是解决一切问题的"总钥匙"。

尽管国内外形势发生变化，出现了很多不可预知的因素，但我们的发展也有很多有利条件。我国不仅处在大有可为的重要战略机遇期，而且当前"我国发展形势总的是好的"④。当前，我国经济发展环境的复杂性、严峻性及不确定性明显上升，经济增长、经济发展受到的冲击最为明显，但即使是这样，我国经济稳中向好、长期向好的基本面没有变，有广阔的国内市场、有比较成熟的制造业支撑，"经济韧性好、潜力足、回旋余地大的基本特征没有变，经济持续增长的良好支撑基础和条件没有变，经济结构调整优化的前进态势没有变"⑤，除此之外，经济活力强、国家对经济适度干预和引导的政策工具多这些基本特点也没有变。所以，习近平指出："对中国经济发展前景，大家完全可以抱着乐观态度。中国经济发展健康稳定的基本面没有改变，支撑高质量发展的生产要素条件没有改变，长期稳中向好的总体势头没有改变。……中国具有保持经济长期健康稳定发展的诸多有利条件。"⑥我们对中国经济长期发展要有足够的信心。他在另外一个场合更为明确地说，"当前，中国经济面临一定的下行压力和不少困难"，如总体产能过剩、经济增长持续性的内生动力不充足、金融风险有所累积和上升等，但我们始终认为，"这些都是前进中必然出现的阶段性现象，对这些问题和矛盾，我们正在着力加以解决，并不断取得积极成效"⑦。它们不会影响我们向前发展的决心。而且，其中很多问题是我们积极作为引

① 中共中央文献研究室编：《十八大以来重要文献选编》（中），中央文献出版社 2016 年版，第788 页。

② 中共中央文献研究室编：《十八大以来重要文献选编》（中），中央文献出版社 2016 年版，第828 页。

③ 中共中央文献研究室编：《习近平关于社会主义社会建设论述摘编》，中央文献出版社 2017 年版，第 31 页。

④ 中共中央党史和文献研究院编：《习近平关于防范风险挑战、应对突发事件论述摘编》，中央文献出版社 2020 年版，第 230 页。

⑤ 习近平：《论坚持推动构建人类命运共同体》，中央文献出版社 2018 年版，第 285 页。

⑥ 中共中央党史和文献研究院编：《十九大以来重要文献选编》（上），中央文献出版社 2019 年版，第 688 页。

⑦《习近平谈治国理政》第二卷，外文出版社 2017 年版，第 485 页。

发的，我们现在"坚持科学发展，加大结构性改革力度，坚持以提高发展质量和效益为中心"，追求的是"更高质量、更有效率、更加公平、更可持续的发展"①，有些社会问题是追求更高更好发展难以回避的代价，概而言之，"中国经济已经进入新的发展阶段，正在进行深刻的方式转变和结构调整"，这是我们自觉进行的调整和完善，"这必然伴随调整的阵痛、成长的烦恼，但这些都是值得付出的代价"。②

由此，新时代中国特色社会主义建设，既要认真对待、勇于面对各种社会发展问题，早在 2012 年 12 月，习近平赴广东调研时明确要求"不回避矛盾，不掩盖问题，从坏处准备，争取最好的结果"，这样才能在发展问题上"牢牢把握主动权"③；还要确信"发展中的问题"通过发展可以解决，不但要坚持用发展的办法解决前进中的问题，而且要在解决问题中推动改革开放的深化、促进中国特色社会主义不断发展。问题一般意味着困难、阻力、障碍等对发展来说负面的东西，但问题本身往往同时蕴含着突破、超越、转机的方面，它是两者的结合。每一次问题的解决，同时意味着前进和超越，意味着新的发展时机的来临；特别是重大基本问题、难题的解决，往往都是大突破大发展的前奏。在这个意义上，习近平指出："强调增强问题意识、坚持问题导向"，"就是要善于把认识和化解矛盾作为打开工作局面的突破口"，"在解决矛盾的过程中推动事物发展"。④新时代全面深化改革遇见的各种各样的问题和矛盾，本质上都是发展中的问题，也就是事业前进中暂时的障碍、困难，很多都是前述"调整的阵痛、成长的烦恼"。他以当前民营经济为例指出："应该承认，当前一些民营经济遇到的困难是现实的，甚至相当严峻，必须高度重视。同时，也要认识到，这些困难是发展中的困难、前进中的问题、成长中的烦恼，一定能在发展中得到解决。"⑤而且，"彩虹往往出现在风雨之后。……没有比人更高的山，没有比脚更长的路"，对这些问题和矛盾的解决，可以直接助推、促

① 中共中央文献研究室编：《十八大以来重要文献选编》（中），中央文献出版社 2016 年版，第828 页。

② 中共中央文献研究室编：《习近平关于全面深化改革论述摘编》，中央文献出版社 2014 年版，第39 页。

③《坚定必胜信心 增强忧患意识 坚持稳中求进 推动经济持续健康发展》，《人民日报》2012 年12 月 11 日。

④ 习近平：《论党的宣传思想工作》，人民出版社 2020 年版，第 127—128 页。

⑤ 中共中央党史和文献研究院编：《十九大以来重要文献选编》（上），中央文献出版社 2019 年版，第676 页。

进发展，并使社会主体在解决问题中汲取实践智慧、积累成功经验，进而形成更大的发展合力，推动解决更多更难的问题，谋取更大发展，所以"不断解决好前进道路上面临的问题，是我们这一代人的责任"。①

三、国内国际因素深度关联与战略问题愈益凸显

中国特色社会主义新时代，发展中的问题不仅具有多发性，而且更为复杂。之所以较之以前更为复杂，其中一个很重要的原因是新时代是中国日益走近世界舞台中央、努力推动世界共同发展的时代，导致社会问题的影响因素中国内因素、国际因素深度关联与高度互动。当然，这种深度关联和高度互动，恰恰也构成新时代社会问题的时代境况和时代特征。

改革开放国门一打开，中国便卷入了全球化的洪流，开启了与世界各国日益频繁往来的进程；随着改革开放的深入和综合国力的不断增强，中国日益离不开世界，世界也日益离不开中国。这样一来，中国的社会问题的影响因素中国内因素、国际因素的交互作用不但难以避免，而且越来越复杂。

早在 1978 年党的十一届三中全会召开前的中央工作会议上，邓小平针对即将开启的改革开放，就提醒说人事安排要考虑到国际因素尤其是对以后国际交往的影响，并指出"现在国际上就看我们有什么人事变动"，"好多外国人要和我们做生意，也看这个大局"②。到 20 世纪 80 年代中后期，一方面是改革取得了很大成就，另一方面是随着国际交往的增多，国外的一些负面因素如资产阶级自由化思潮开始进入中国，并产生了很大影响。

世纪之交，我们将实行对外开放是我国实现社会主义现代化的必由之路确立为中国特色社会主义基本的发展理念之一，不断拓展和建构"全方位、多层次、宽领域"的对外开放格局，实施"走出去"与"引进来"相结合的开放战略，中国与国际的互动和交流更为频繁，在这种背景下，江泽民明确要求党员干部想问题、办事情要用"马克思主义的宽广眼界观察世界"，"所谓宽广的眼界，一是要有历史的深远眼光，一是要有世界的全局眼光"。③他还结合新时期思想政治工作的具体要求指出："做好新时期的思想政治工作，必须从国际和国内、历史和现实的角度……正确审视

---

① 中共中央文献研究室编：《习近平关于全面深化改革论述摘编》，中央文献出版社 2014 年版，第 39、141 页。

② 中共中央文献研究室编：《邓小平年谱（1975—1997）》（上），中央文献出版社 2004 年版，第 441 页。

③《江泽民文选》第 3 卷，人民出版社 2006 年版，第 126 页。

和解决那些影响干部群众思想活动的重大理论问题和实际问题。"①中国特色社会主义进入新世纪，胡锦涛也多次强调要把国际和国内因素结合起来思考、把握中国问题，明确要求党员干部"坚持以宽广的眼界观察世界，善于进行战略思维。……努力从国际国内形势的相互联系中把握发展方向，从国际国内条件的相互转化中用好发展机遇，从国际国内资源的优势互补中创造发展条件，从国际国内因素的综合作用中掌握发展全局"②。

中国特色社会主义进入新时代，经过三十多年的改革开放，中国各方面都取得了很大成就，国家的综合国力得到显著提高，国际地位、国家形象都得到大幅的提升和改善，对世界和平与发展的贡献有目共睹，中国日益走近世界舞台中央，深度地融入世界并深刻地影响世界，"中国离不开世界"和"世界离不开中国"彼此交映、共为一体。由此，新时代中国的社会问题、发展变化中国际因素、海外要素的重要性愈益凸显，国内国际影响因素的互动互渗前所未有，两者的高度互动前所未有。

新时代就国际范围来看，一方面，"世界正处于大发展大变革大调整时期，和平与发展仍然是时代主题"③。"各国相互联系、相互依存的程度空前加深，人类生活在同一个地球村里"，"今天的人类比以往任何时候都更有条件朝和平与发展的目标迈进"。④但另一方面，"当前，世界之变、时代之变、历史之变正以前所未有的方式展开"⑤。具体言之，与这些变化相关，人类"正处在一个挑战层出不穷、风险日益增多的时代。世界经济增长乏力，金融危机阴云不散，发展鸿沟日益突出，兵戎相见时有发生，冷战思维和强权政治阴魂不散，恐怖主义、难民危机、重大传染性疾病、气候变化等非传统安全威胁持续蔓延"⑥，人类面临许多新的共同挑战和发展难题。

这种"世界之变、时代之变、历史之变"不仅使得世界和平与发展面临更多的挑战与问题，同时也给新时代中国的发展带来新的冲击和问题，

①《江泽民文选》第3卷，人民出版社2006年版，第76页。

② 江金权主编：《伟大工程谱新篇——胡锦涛总书记抓党建重要活动纪略》，人民出版社2007年版，第142页。

③《习近平谈治国理政》第三卷，外文出版社2020年版，第45页。

④ 中共中央文献研究室编：《十八大以来重要文献选编》（上），中央文献出版社2014年版，第259、260页。

⑤ 习近平：《高举中国特色社会主义伟大旗帜　为全面建设社会主义现代化国家而团结奋斗——在中国共产党第二十次全国代表大会上的报告》，人民出版社2022年版，第60页。

⑥《习近平谈治国理政》第二卷，外文出版社2017年版，第538页。

而且"变"特别是偏于负面的"变"的增多,使得国际因素对中国社会发展问题的生成、变化和解决的影响力逐渐增大,进一步深化了新时代中国社会问题中国内因素和国际因素之间的互动和关联。这也是新时代中国社会问题的独特境况。习近平明确指出:"当前,受国际国内形势变化影响,外部挑战和风险不断增多,改革发展面临新情况新矛盾新问题,推动改革任务落实更为紧迫、更为艰巨繁重。"①这也是新时代社会问题处于高发期、共振期、复杂期很重要的致因,也因之构成我们观察、思考新时代社会问题的基本着力点之一。在这一点上,刘云山明确强调,新时代党员干部务必要学会"在国际国内相互联系中发现问题","把国际问题和国内问题联系起来全面考察、整体考虑",因为"国际国内的联系互动日益加深,国内问题中的国际因素和国际问题中的中国因素都在增加",鉴于此,在中国特色社会主义建设中,既要始终注意"立足基本国情、树立世界眼光,密切关注世界政治、经济、科技、文化各领域的新情况,准确把握国际形势发展变化的新趋向,从而发现需要抓紧破解的新矛盾新问题";同时,还要深刻注意到,这种影响渗透在全面深化改革、经济社会发展的很多方面。②具体言之,在维护我国主权和安全方面,"要注意从世界格局变化中"看到"风险与挑战";在经济发展方面,"从世界经济缓慢复苏的态势中",既看到"新机遇"又看到"不确定不稳定因素";在科技方面,"从当今世界特别是发达国家科技日新月异的发展中,看到我国科技创新的差距和潜力";在文化方面,"从世界各国文化的交流互鉴中,看到壮大我国文化软实力的有利条件和不利因素"③。

在新时代中国特色社会主义建设不断推进的过程中,习近平就一些突出领域、重点问题明确分析了国际国内因素的深度互动及其影响。比如,针对经济领域,他明确指出,我国经济正处在多重"攻关期",总体上"经济发展前景向好",但也要承认我国"面临着结构性、体制性、周期性问题相互交织所带来的困难和挑战⋯⋯目前我国经济运行面临较大压力"。④与此同时,新时代的经济建设"还要面对世界经济深度衰退、国际贸易和投资大幅萎缩、国际金融市场动荡、国际交往受限、经济全球化遭遇逆流、

---

①　中共中央党史和文献研究院:《习近平关于防范风险挑战、应对突发事件论述摘编》,中央文献出版社2020年版,第20页。

②　刘云山:《增强问题意识 坚持问题导向》,《学习时报》2014年5月19日。

③　刘云山:《增强问题意识 坚持问题导向》,《学习时报》2014年5月19日。

④《习近平谈治国理政》第四卷,外文出版社2022年版,第183页。

一些国家保护主义和单边主义盛行、地缘政治风险上升等不利局面"①,两者对当下我国经济发展交互影响,明显加大了经济增长、经济发展的压力。这也是我们在新时代为什么反复强调要贯彻新发展理念、构建新发展格局、建构开放型世界经济体系等新发展举措的重要原因。2018 年 11 月,在民营企业座谈会上,他也明确指出,近年来,不少民营企业在其经营和发展壮大中,遇到了一些诸如"市场的冰山、融资的高山、转型的火山"式的困难和问题,"这些困难和问题成因是多方面的,是外部因素和内部因素、客观原因和主观原因等多重矛盾问题碰头的结果"②。

在国家安全和社会稳定方面,习近平明确指出,虽然总体发展形势向好,但是一方面,随着改革步入攻坚期和深水区、社会风险进入多发期,广大人民群众公平、民主、权利、法治意识都大大增强,"对促进社会公平正义、实现安居乐业的要求越来越高",这造成"一些重大问题敏感程度明显增大,处理不慎极易影响社会稳定"③,这是一些重要的国内因素;另一方面,还有国外因素,主要指"随着国际力量对比持续朝着于我有利的方向发展,美国等西方国家越来越感到如鲠在喉、如芒在背,加紧对我国实施西化、分化战略",我们被迫卷入更为激烈的"两种社会制度、两种意识形态的较量"。④习近平首先明确指出:"我国正处在大发展大变革大调整时期,国际国内形势的深刻变化使我国意识形态领域面临着空前复杂的情况,各种思想文化相互激荡,不同文明交流交融交锋更加频繁,进一步凸显了思想文化力量在综合国力竞争中的战略地位。"⑤这种大的时代背景决定了在相当长一段时期内,受国内国外双重要素的高度联动,意识形态领域始终是敏感领域、问题多发和高发地带。其次,他还具体指出,当前我国"意识形态工作面临的内外环境更趋复杂,境外敌对势力加大渗透和西化力度,境内一些组织和个人不断变换手法,制造思想混乱,与我争夺人心。一些单位和党政干部政治敏锐性、责任感不强,在重大意识形

①《习近平谈治国理政》第四卷,外文出版社 2022 年版,第 183—184 页。

② 习近平:《论坚持全面深化改革》,中央文献出版社 2018 年版,第 482 页。

③ 中共中央党史和文献研究院编:《习近平关于防范风险挑战、应对突发事件论述摘编》,中央文献出版社 2020 年版,第 230 页。

④ 中共中央党史和文献研究院编:《习近平关于防范风险挑战、应对突发事件论述摘编》,中央文献出版社 2020 年版,第 230 页。

⑤ 中共中央党史和文献研究院编:《习近平关于防范风险挑战、应对突发事件论述摘编》,中央文献出版社 2020 年版,第 37 页。

态问题上含含糊糊、遮遮掩掩，助长了错误思潮的扩散"①。这种内外因素的互动和交织，使得我国意识形态安全受到越来越大的压力，很多敏感事件之所以从很小的问题演变为社会热点话题甚至国际性议题，就是"内外联动"造成的。习近平为此特别强调，党员干部至少要保证本人所在的党和政府机构不能出事，不能给国内外敌对势力在意识形态上炮制"问题"提供"内部"支撑；相关职能部门要积极作为，"高度重视苗头性、倾向性问题，打好主动仗，防患于未然"②。他有针对性地指出，西方敌对势力力图通过"意识形态输出"，在中国搞"和平演变""颜色革命"，"下功夫最大的一个领域就是争夺我们的青少年"，多年来一直如此，新时代通过信息技术的加持，更是其重中之重，"争夺青少年的斗争是长期的、严峻的，我们不能输，也输不起"③。也正因此，党的十八大以来，我们反复强调，意识形态工作极端重要，我国非常重视对青少年的思想政治教育，推出推动大中小学思政课一体化建设等多方面举措。

也正是源于这种时代境况，新时代中国特色社会主义建设、社会发展战略问题的重要性日益凸显。邓小平在改革开放中多次对党员干部特别是高层干部提出要求，希望他们"考虑任何问题都要着眼于长远，着眼于大局。许多小局必须服从大局，关键是这个问题"④。所谓大局，往往就涉及战略问题。在新时代面临"世界之变、时代之变、历史之变"叠加、国内发展正处在"发展关键期、改革攻坚期、矛盾凸显期"的状况下，战略问题对改革开放、社会发展、现代化建设尤为重要。习近平为此多次提醒说："战略是从全局、长远、大势上作出判断和决策。我们是一个大党，领导的是一个大国，进行的是伟大的事业，要善于进行战略思维，善于从战略上看问题、想问题。"⑤新时代的发展，绝不能在根本问题上、战略问题上犯颠覆性的错误。

重视战略问题，与保持战略定力、搞好战略谋划、提高战略思维能力来把握和认识战略问题密切相关。在新时代，习近平一方面多次强调"坚

---

① 中共中央党史和文献研究院编：《习近平关于防范风险挑战、应对突发事件论述摘编》，中央文献出版社 2020 年版，第 38 页。

② 中共中央党史和文献研究院编：《习近平关于防范风险挑战、应对突发事件论述摘编》，中央文献出版社 2020 年版，第 39 页。

③ 中共中央党史和文献研究院编：《十九大以来重要文献选编》（上），中央文献出版社 2019 年版，第 648 页。

④《邓小平文选》第 3 卷，人民出版社 1993 年版，第 298 页。

⑤《习近平谈治国理政》第四卷，外文出版社 2022 年版，第 31 页。

持发展仍是解决我国所有问题的关键这个重大战略判断"①；另一方面又特意指出："发展是硬道理的战略思想要坚定不移坚持"②。保持发展特别是持续健康发展，是新时代最基本的战略问题，其他的战略谋划、战略目标必须建立在此基础上。抓战略问题，往往就是抓大局，必须从大局上着眼。习近平明确要求说："当前，世界大变局加速深刻演变，全球动荡源和风险点增多，我国外部环境复杂严峻。我们要统筹国内国际两个大局、发展安全两件大事。"③习近平为此在很多场合反复要求，领导干部心中一定要有"两个大局"的观念，要对国内国际各种不利因素交织互动的复杂性和存在的长期性有着清醒的判断。对战略问题的敏锐发现和深入把握，离不开战略思维及其能力。为此，习近平也明确要求"全党要提高战略思维能力，不断增强工作的原则性、系统性、预见性、创造性"④，党员干部在日常工作中要养成从全局高度、用长远眼光看问题、谋划发展的思维习惯，敏于观大势、谋大事、知大局，运筹帷幄，把握事物发展的关键，长于聚焦重大问题作为推动发展的突破口。

第二节　　"问题"和问题意识何以重要的四种维度

　　第一节分析了中国特色社会主义进入新时代，社会发展的各种问题也同样打上了"新时代"的烙印，有共同而又独特的时代条件、时代特征、时代氛围，总体上看属于"发展起来以后的问题"，对它们的把握和求解也因之有独特的时代吁求，这就是当代中国马克思主义问题意识生成的时代背景。不过，习近平新时代中国特色社会主义思想对问题、问题导向的重视及它的问题意识的形成，还有更一般性、深层次的缘由，即问题本身对于人类生存和发展、对社会发展和进步的重要性，以及由此决定的问题导向的重要性。当然，问题的这些重要性，有些在新时代这个特定的历史方位上更为凸显，它本身内含的一般意义上的重要性和在新时代特别的重要性相互叠加。具体言之，这种重要地位、重要作用，主要体现在以下四

---

① 习近平：《论党的宣传思想工作》，人民出版社 2020 年版，第 35 页。
②《习近平谈治国理政》第二卷，外文出版社 2017 年版，第 75 页。
③《习近平谈治国理政》第三卷，外文出版社 2020 年版，第 222 页。
④《习近平谈治国理政》第二卷，外文出版社 2017 年版，第 62 页。

个方面。

一、"时代的声音和口号"：问题是把握时代本质的切入点

　　问题在人类的现实生活中无时不在、无处不有，整个世界近乎是问题的"集合体"。而问题在不同的场合往往有不同的表现形式，含义丰富、指向颇为多元，在具体运用中有时会出现歧义，人类思想史上不少著名的思想家对之都进行了关注，对其的理解和界定很多。正因此，如第一章指出的，在西方语境如在英语语境中，诸如语词 problem、matter、issue、question，大都可理解为对"问题"的表述，它们是问题的等义词、同义词。

　　马克思主义作为关注现实、眷注人类解放的科学理论，难以回避对"问题"的关注。"问题"同样引起了不少马克思主义者的重点关注。无论是马克思、恩格斯、列宁等经典作家，还是马克思主义中国化过程中诸如毛泽东、邓小平等，都对"问题"有过专门的论述。更重要的是，这些马克思主义者对"问题"的界定和把握，充分发挥了马克思主义善于从事物根本或本质角度进行把握和分析的优势，进而对"问题"进行了本质性的阐析和界定，在根本上彰显了问题的重要性，为人们强调问题导向、问题意识的重要性提供了重要论据，为人们解决日常具体问题提供了重要的方法论依据。具体言之，马克思主义对"问题"在根本层面上的科学把握和界定，首先表现为立足于时代的高度，透过时代与问题的关系，强调"问题是时代的声音和口号"，进而把握问题的根本重要性。

　　1842 年 5 月《莱茵报》副刊登载了青年黑格尔派代表人物莫泽斯·赫斯的文章——《德国和法国在集权问题上的态度》，该文对国家集权问题作了抽象的、虚无主义的阐释，完全没有搞清楚德国和法国的明显差异：法国是经过启蒙运动和工业文明洗礼的国家，而德国显然没有完成这样的历史任务，两国压根不处在同一个发展阶段。马克思为此撰写《集权问题》一文，明确批评说："一个时代所提出的问题，和任何在内容上是正当的因而也是合理的问题，有着共同的命运：主要的困难不是答案，而是问题。……问题就是公开的、无畏的、左右一切个人的时代声音。问题就是时代的口号，是它表现自己精神状态的最实际的呼声。"[①]虽然马克思这个时候还没有形成历史唯物主义思想，但他敏锐地发现把握不同的重大历史阶段的重要性，而把握时代则需要通过当时的重要问题来完成；由此，他

---

　　①《马克思恩格斯全集》第 40 卷，人民出版社 1982 年版，第 289 页。

也实现了对"问题"深刻而又正确的认识，科学地把握了问题的某种本质：问题就是以浓缩、汇聚而又生动、具体的形式表征着时代，时代主题、时代主潮、时代任务等都是通过问题呈现出来的，我们通过问题可以准确把握时代、找到社会发展的症结和突破点。马克思还进一步补充说，"每个历史时期的谜是容易找到的。这些谜反映了时代所提出的问题"①，这意味着我们通过科学分析、深入解析各种时代问题，可以把握"历史之谜"，掌握历史发展的内在脉络、趋势和规律。后来的历史唯物主义也正是遵循这种理路逐渐形成的。②

历史唯物主义形成以后，马克思恩格斯明确指出，要科学地把握不同的时代，进而更好地理解历史上的社会形态更替，"必须从物质生活的矛盾中，从社会生产力和生产关系之间的现存冲突中去解释"，只有通过生产方式中的冲突、矛盾等"问题"，以及由之生发出来的重大社会问题，才能准确把握特定时代的本质和特征。马克思恩格斯依据生产方式中的"矛盾""冲突"，对整个人类社会历史进行了划分，"大体说来，亚细亚的、古希腊罗马的、封建的和现代资产阶级的生产方式可以看做是经济的社会形态演进的几个时代"③。他们也同时据此对身处的时代进行了阐析，明确指出"资本一出现，就标志着社会生产过程的一个新时代"，它是以资本主导下的私有制、雇佣劳动为基础的，可称为"资本主义生产时代"或"资本主义时代"④。源自生产方式的"矛盾""冲突"，这个时代因之有两个非常突出的"社会问题"，"在我们这个时代，每一种事物好像都包含有自己的反面。……随着人类愈益控制自然，个人却似乎愈益成为别人的奴隶或自身的卑劣行为的奴隶。……人的生命则化为愚钝的物质力量"，人的主体性受到严重侵蚀，人或者被别人支配和控制、遭受奴役和剥削，人或者作为主体被"物"所支配控制，马克思为此建构了著名的三大拜物教理论，并称资本主义社会是人类发展中以物的依赖性为基础的人的独立性阶段；人剥削人、人奴役人，造成第二个大的社会问题，"我们的时代，资产阶级时代，却有一个特点：它使阶级对立简单化了"⑤，在这种阶级严

①《马克思恩格斯全集》第40卷，人民出版社1982年版，第290页。
② 关锋：《习近平新时代中国特色社会主义思想对"问题"的科学理解和求解》，《福建师范大学学报（哲学社会科学版）》2022年第3期，第1—12页。
③《马克思恩格斯文集》第2卷，人民出版社2009年版，第592页。
④《马克思恩格斯文集》第5卷，人民出版社2009年版，第198、861、874页。
⑤《马克思恩格斯文集》第2卷，人民出版社2009年版，第580、32页。

重对立中，资产阶级无疑占据支配和主导地位，由此，这个时代又可以称之为"资产阶级时代"。

在马克思主义发展史上，依据历史唯物主义提出的"问题是时代的声音，问题是时代的口号"，进而准确把握时代、准确把握无产阶级革命运动，在这方面列宁作出了非常突出的贡献。

20世纪初，根据当时突出的社会问题来准确把握不同时代的差异，已经成为当时俄国工人阶级革命的重要任务。1903年7月至8月，俄国的工人阶级政党——社会民主工党召开第二次代表大会，通过了国际工人运动中马克思恩格斯去世之后第一个把无产阶级专政明确写进纲领的党纲。这个党纲站在马克思主义立场上明确主张无产阶级政党反对任何使用暴力手段或其他不正义的方式从外部施加影响、干扰一个民族自决的不当企图，但它同时强调这不是无条件地支持任何民族自决，无产阶级政党真正的主要任务是努力实现每个民族中被压迫的无产阶级独立自决、走向解放，而不是无原则地促进各民族的自决。但这个正确的主张却遭到波兰社会党的公开反对，他们中的一些人到马克思那里寻找"支持"，因为马克思在《新莱茵报》这份曾经被列宁高度赞誉为"革命无产阶级最好最卓越的机关报"的报纸上发表过文章，文章曾有力地声援和支持波兰争取民族独立的努力，这些人由此主张民族自决对于左翼力量来说具有无条件性。鉴于此，列宁把马克思主义同实际结合起来深入分析说，相较于50年前马克思发文的那个时候，当前波兰的情况已经发生了根本性的变化，那个时候民族压迫、剥削是当时非常突出的社会问题，而现今则是无产阶级革命居于中心地位的时期，无产阶级和资产阶级的革命对垒、阶级斗争则使得民族压迫问题退居次要地位，它的解决只有在阶级压迫解决之后才能实现。所以，事情的关键在于，"当时和现在，一个是最后的资产阶级革命运动的时代，一个是在无产阶级革命前夕反动派十分猖獗、各方面力量极其紧张的时代，这两个时代的区别是极其明显的"①。不同的社会问题折射了不同的时代，而不同的时代则要求我们有不同的革命策略。1907年4月，列宁借着评论德国社会民主党党报——《新时代》3月刊登的《弗·梅林论第二届杜马》一文之机，明确要求说："凡是愿意就无产阶级在资产阶级革命中的任务问题向马克思求教的人，都必须掌握马克思针对德国资产阶级革命时代所

① 《列宁全集》第7卷，人民出版社2013年版（第2版增订版），第222页。

作的论断。"①真正的革命实践、运动务必要把握好问题与时代的辩证关系，既要通过突出的社会问题把握不同时代的差异和区别，又要根据时代的变化和不同的呼求，依据所处时代的主导阶级、不同政治力量的分布和对比，来确定革命任务，制定相应的革命策略，反对脱离时代变化而教条化地对待马克思主义。

随着革命形势的变化，把握时代和问题的辩证关系的重要性更为凸显。1914 年初，俄国崩得分子李普曼、取消派分子谢姆柯夫斯基以及乌克兰民族社会党人尤尔凯维奇在不同报刊分别发表文章，又一次共同鼓吹民族自决、不同民族独立建国具有至高无上性，它理应凌驾于阶级斗争，工人阶级革命应该服从和服务于它。为此，列宁专门发表文章《论民族自决权》来批驳这个错误观点，列宁明确提出，这种做法绝不是马克思主义的，因为"在分析任何一个社会问题时，马克思主义理论的绝对要求，就是要把问题提到一定的历史范围之内；此外，如果谈到某一国家（例如，谈到这个国家的民族纲领），那就要估计到在同一历史时代这个国家不同于其他各国的具体特点"②。一定要依据时代和问题的辩证法具体问题具体分析，既要依据一定历史范围内的重要问题区分不同的时代，又要依据不同的时代、不同的国家对相似的问题有不同的应对策略。"如果把马克思主义的这个绝对要求应用到我们现在这个问题上来，那应该怎么办呢？"③真正的马克思主义者一定要有这样的自觉设问，真正做到具体问题具体分析。具体而言，"首先必须把从民族运动的角度来看根本不同的两个资本主义时代严格区别开来。一个时代是封建制度和专制制度崩溃的时代，是资产阶级民主制的社会和国家形成的时代，当时民族运动第一次成为群众性的运动，它通过报刊和参加代表机关等等途径，以不同方式把一切阶级的居民卷入了政治。另一个时代，就是我们所处的各资本主义国家已经完全形成、宪制早已确立、无产阶级同资产阶级的对抗大大发展的时代，这个时代可以叫做资本主义崩溃的前夜"④。这两个不同的时代，民族问题只具有表面上的相似性，实则性质根本不同。在前一个时代，民族压迫、民族剥削造成的民族不平等是主要问题，那时追求民族自决符合革命需要，也具有历史的正当性。但在今天的时代则不同，"后一时代的典型现象，就是没有

①《列宁全集》第 15 卷，人民出版社 2017 年版（第 2 版增订版），第 262 页。
②《列宁全集》第 25 卷，人民出版社 2017 年版（第 2 版增订版），第 232 页。
③《列宁全集》第 25 卷，人民出版社 2017 年版（第 2 版增订版），第 232 页。
④《列宁全集》第 25 卷，人民出版社 2017 年版（第 2 版增订版），第 232 页。

群众性的资产阶级民主运动，这时发达的资本主义使完全卷入商业周转的各个民族日益接近，杂居在一起，而把跨民族联合起来的资本同跨民族的工人运动的对抗提到第一位"①。民族团结、民族联合共同革命已经成为时代特征和时代需要，还一味倡导、鼓吹民族自决就严重背离了时代，会犯严重的历史错误。列宁在 1915 年完成的《打着别人的旗帜》中，结合实际明确指出，马克思主义所谓的生产方式矛盾、阶级冲突等所谓把握不同时代的"重要问题"，常常会通过一些重大历史事件的爆发表现出来，由此，在实际操作中，"我们只是大致地以那些特别突出和引人注目的历史事件作为重大的历史运动的里程碑"②，进而来区分不同的时代。显然，列宁关于不同时代的界划，把马克思所谓问题是时代的声音、时代的口号这个科学判断大大深化和拓展了。

　　在《打着别人的旗帜》中，列宁还在"时代"问题上作出了两个重要贡献。一是他在分析从法国大革命到今天，根据重要的社会问题、以重大历史事件发生为标志，大致可以划分为"三个时代"，强调"这里谈的是大的历史时代"，这也就意味着，还存在时间段更短或者视野更为狭窄的"小时代"。如果立足于马克思恩格斯三个时代的划分，列宁所谓"三个时代"充其量只能算是"小时代"。二是他把法国大革命至今的第三个时代称之为"帝国主义时代"，强调其突出的问题是资本主义制度"已成为生产力进一步发展的障碍了"③。列宁后来进一步依据一些突出的社会问题来剖析帝国主义时代，如 1916 年 2 月他在《论"和平纲领"》中强调，"这个时代本质的和典型的现象是民族分为压迫民族和被压迫民族"④，这就是其突出问题，帝国主义同时伴随着已经进入现代化的民族国家对尚未进入现代化的民族国家的侵略和压迫；在《帝国主义是资本主义的最高阶段》中他进一步补充说，从根本上说，帝国主义时代实乃"金融资本密切联系的世界殖民政策的特殊时代"⑤，帝国主义本质上是金融资本主导的时代；为此，他在 1917 年四五月完成的《修改党纲的材料》中又强调称帝国主义时代就是"金融资本时代"⑥。由此建构了马克思主义发展史上著名的"帝

---

①《列宁全集》第 25 卷，人民出版社 2017 年版（第 2 版增订版），第 232 页。
②《列宁全集》第 26 卷，人民出版社 2017 年版（第 2 版增订版），第 144 页。
③《列宁全集》第 26 卷，人民出版社 2017 年版（第 2 版增订版），第 146 页。
④《列宁全集》第 27 卷，人民出版社 2017 年版（第 2 版增订版），第 286 页。
⑤《列宁全集》第 27 卷，人民出版社 2017 年版（第 2 版增订版），第 390 页。
⑥《列宁全集》第 29 卷，人民出版社 2017 年版（第 2 版增订版），第 474 页。

国主义时代论"。

　　经典马克思主义的这些重要论述，以及对时代和问题辩证关系的科学把握，深刻影响了中国共产党，构成中国共产党进行社会主义革命和建设过程中坚持问题导向重要的内生要素。在中华人民共和国成立前夕的 1949 年 6 月新政治协商会议筹备会上，毛泽东指出我们当时处在"帝国主义制度走向全部崩溃的时代"①。到 1973 年 6 月党的十大召开前，针对十大报告的起草，毛泽东郑重地提出建议，强调"政治报告中要指出时代的特点，现在仍处于帝国主义和无产阶级革命时代，这个时代与列宁所处的时代相同"②。可以看出，社会主义革命和建设时期，很多重大政策的出台，都与这个时代定位和判断有深层关联。改革开放后，在总的方面和大的原则上，我们坚持了这个判断。邓小平在 20 世纪 90 年代初的一次谈话中明确要求，列宁所讲的大时代，不要去动它③。不过，改革开放以后，国内形势不断发生重大变化，国际形势也在不断产生新的变化。就国际形势而言，以下几点很明显。第一，世界政治版图中第三世界的兴起愈益显现，和我们一样追求和平谋求发展的力量在增强；第二，苏联不断调整政策，两极争霸所造成的战争风险有所降低；第三，随着第三世界的兴起和欧洲力量的重新崛起，世界多极化趋势不断凸显。总之，战争爆发的可能性在降低，和平发展的可能性在增大。面对这些局势变化，邓小平审时度势，在 1985 年春明确提出："现在世界上真正大的问题，带全球性的战略问题，一个是和平问题，一个是经济问题或者说发展问题。"④这就是改革开放以来具有世界性进而决定时代特征的真正的大问题。党的十三大报告据此将和平与发展进一步概括为世界历史时代的"两大主题"，党的十五大、党的十六大、党的十七大将之都写入了报告。

　　与此同时，我们在尊重这个世界历史时代主题变化的基础上，还力图更为精确地把握我国社会主义建设具体的历史方位，明确列宁当年提出"大时代"说法中蕴含的"小时代"。1981 年的《关于建国以来党的若干历史问题的决议》以党的正式文件的形式第一次明确指出，我们的"社会主义制度还是处于初级的阶段"。其后党的十三大对之进行了确认，党的十四

　　①《毛泽东选集》第 4 卷，人民出版社 1991 年版，第 1466 页。

　　②《毛泽东年谱（1949—1976）》第 6 卷，中央文献出版社 2013 年版，第 482 页。

　　③ 转引自李慎明：《当今资本主义经济危机的成因及应对》，《红旗文稿》2009 年第 12 期，第 8—11 页。

　　④《邓小平文选》第 3 卷，人民出版社 1993 年版，第 105 页。

大、党的十五大则给予了更为详细和明确的阐发，都将之明确规定为中国特色社会主义基本国情，到了党的十八大，在强调它是基本国情的同时又强调这是"最大实际"。改革开放以来，我们之所以不断取得巨大成就，与"初级阶段"这个对"小时代"的正确判断密切相关。

受马克思主义、马克思主义中国化对问题与时代辩证关系科学认识的影响，党的十八大之前，习近平在浙江工作时就明确认识到"每个时代总有属于它自己的问题"，而要实现当时提出的"构建和谐社会"的历史重任，实则"就是一个解决这些时代问题的持续过程"；不过，"我们国家发展的阶段性特征，决定了我们在和谐社会建设过程中面临着许多与别的时代、别的国家所不同的社会问题"。[①]其中，诸如就业、社会保障、协调发展、收入分配、安全生产等"与群众切身利益关系比较密切的问题还比较突出"，而"这些问题就是我们这个时代的口号，就是时代的声音"；它们是把握时代特征、理解时代脉络、领悟时代主题和任务最重要的依据，我们正是通过它们把握身处其中的时代的。[②]另外，对这些时代问题，以及其他突出社会问题，也有必要依据时代特征、时代主题来进一步深化对问题的理解。所以，习近平也特别指出，"对这些时代问题"，有必要"从时代的高度、大局的高度去看待、去研究"[③]，这样对这些问题才会有更深刻的把握。这意味着，既要依据重大突出的社会问题来深入地把握时代及其本质，又要依据时代特征、时代主题等来深入理解现实中的各种社会问题，问题是时代的声音，但问题同时打上了时代烙印、被时代赋予了时代性特征。由此，问题和时代的内在关联被很好地阐析和揭示出来。正因此，党的十八大以来，习近平多次强调以上的说法。

更重要的是，党的十八大以来，我们党也正是这样践行的。其中最突出的就是依据党的十八大以来一些重大社会问题的新凸显，提出中国特色社会主义进入"新时代"这个重大判断。具言之，党的十八大以来，随着综合国力的增强、社会各方面的发展进步，十几亿人的温饱问题已经得到稳定解决，全面建成小康社会的奋斗目标行将实现，人民群众不仅对物质、文化生活提出了更高更多的新要求，还对民主法治、公平正义、安宁有序、生态和谐等日常生活维度提出了更高的新要求，对美好生活的需要更广泛，

①　习近平：《之江新语》，浙江人民出版社 2007 年版，第 235 页。
②　习近平：《之江新语》，浙江人民出版社 2007 年版，第 235 页。
③　习近平：《之江新语》，浙江人民出版社 2007 年版，第 235 页。

但这种合理的需要，却受到一定的限制，其中最主要的原因就是社会发展不平衡不充分，它与人民日益增长的美好生活需要构成新的社会主要矛盾，同时也是重大突出的社会问题、发展难题。我们必须依据这个新的历史方位来谋划新的发展战略、提出新的发展要求，把握社会中各种发展中的问题。

二、"事物矛盾的表现形式"：问题与矛盾的本质关联

"问题是时代的声音和口号"，这种说法无疑是站在时代高度的分析，它依据哲学的抽象思维实现对问题与时代本质关联的把握，它内在地具有两个突出的特点。第一，之所以能作为时代的声音和口号，是因为"问题"能凸显时代特质、表征时代诉求、传达时代主题，但时代特质、时代主题既具有抽象性或凝练性，又是具有普遍性或共性的抽象存在，在这个意义上，不是每个问题都能很好地成为时代的"口号和声音"；确切地说，能够成为时代口号和声音的是同一个时代中"问题的共性"——一个时代所有社会问题的共性，这意味着在现实中，我们往往只能通过一些社会问题的特定"群集""系谱"来把握时代的本质和主题。第二，不是每个问题都能很好地成为时代的"口号和声音"，但一些特殊的社会问题，主要指特定时代那些重大而又突出的社会问题，往往既是社会矛盾的聚合点，各种矛盾错综交织其中，背后凝聚着不同矛盾的一些共性，也是社会主体利益的碰撞和交汇点，背后浓缩着社会普遍性的吁求，更是社会发展的重大"堵点"，同时也可能扮演着解决问题群"总阀门"的角色，换言之，它们在很大程度上能融合不同的特殊性而又具有普遍性和代表性，因此最能反映时代特质、时代主题、时代诉求。这既是列宁强调要根据重大社会现象、重大历史事件来区划不同时代和把握不同时代的重要原因，也是我们指认这是马克思主义实现了对"问题"在根本层面上的科学把握和界定的缘由所在，还是我们前面在分析社会发展问题时反复强调重大社会问题特别重要的原因之一。习近平多次强调，一定"要有强烈的问题意识，以重大问题为导向，抓住关键问题进一步研究思考，着力推动解决我国发展面临的一系列突出矛盾和问题"①，很大的缘由也在于此。

但这由此也带来了另外一个问题：由于时代在本质层面和重大社会问题方面具有深层关联，这也意味着通过时代能更容易且能更好地把握那些

①《习近平谈治国理政》第一卷，外文出版社 2018 年版，第 74 页。

突出的社会重大问题，而日常生活、平时工作中遇到的更多的则是普通的具体问题，它们应如何把握？马克思主义对这个问题实际上也有关注，这种关注构成它对"问题"在根本层面上科学把握和界定的另一维度。

我们知道，历史唯物主义在形成和发展的过程中，深受黑格尔辩证法思想的影响，马克思恩格斯也多次高度肯定黑格尔的辩证法思想，它正确地揭示了事物运动最基本的动力和原则。黑格尔明确提出"辩证法是实在世界中一切运动，一切生命，一切事业之推动的原则"，之所以这样说，是因为矛盾对事物发展具有重要性，"矛盾是推动世界的原则"。[①]具体地说，无所不在的矛盾"则是一切运动和生命力的根源；事物只因为自身具有矛盾，它才会运动，才具有动力和活动"[②]受此影响，在标志着历史唯物主义初步形成的《德意志意识形态》中，马克思恩格斯强调"生产力和交往形式的这种矛盾"，"在迄今为止的历史中曾多次发生过"；而且，"一切历史冲突都根源于生产力和交往形式之间的矛盾"；这种冲突在历史上往往表现为："已成为桎梏的旧交往形式被适应于比较发达的生产力……新交往形式所代替；新的交往形式又会成为桎梏，然后又为另一种交往形式所代替"，"在整个历史发展过程中构成各种交往形式的相互联系的序列"。[③]这种不断更替及其形成的序列，就构成人类社会发展演进的基本脉络。《政治经济学批判·序言》中对历史唯物主义也有"经典表述"，对此既给予了更为科学、规范的表述，也建构了著名的"社会五形态理论"。总而言之，马克思恩格斯依据黑格尔的矛盾是事物发展动力的思想，建构了科学把握人类社会历史发展演进的历史唯物主义，强调生产力和生产关系、经济基础和上层建筑的矛盾运动构成人类社会发展的根本动力。

在革命实践中对马克思主义认识愈益深刻的毛泽东，于1937年写下了著名的《实践论》《矛盾论》等马克思主义中国化名作；他结合革命实际，在"矛盾"问题上进一步作出了一些具有原创性的贡献。在《矛盾论》中，他指出："一切事物中包含的矛盾方面的相互依赖和相互斗争，决定一切事物的生命，推动一切事物的发展。没有什么事物是不包含矛盾的，没有矛盾就没有世界。"[④]这是对唯物辩证法思想通俗而又明确的表述。毛泽东接着还指出："社会的变化，主要地是由于社会内部矛盾的发展，即生产

①〔德〕黑格尔：《小逻辑》，贺麟译，商务印书馆1980年版，第132、258页。
②〔德〕黑格尔：《逻辑学》下卷，杨一之译，商务印书馆2013年版，第66页。
③《马克思恩格斯文集》第1卷，人民出版社2009年版，第567、575—576、575页。
④《毛泽东选集》第1卷，人民出版社1991年版，第305页。

力和生产关系的矛盾，阶级之间的矛盾，新旧之间的矛盾，由于这些矛盾的发展，推动了社会的前进，推动了新旧社会的代谢。"①这是对历史唯物主义关于社会变迁一般规律、一般模式的凝练分析和中国化的通俗表达。而"马克思把这一法则应用到资本主义社会经济结构的研究的时候，他看出这一社会的基本矛盾在于生产的社会性和占有制的私人性之间的矛盾。……这个矛盾的阶级表现则是资产阶级和无产阶级之间的矛盾"②。毛泽东还准确地认识到，历史唯物主义依据社会矛盾理论对资本主义进行了深刻剖析和批判，恩格斯明确提出的"资本主义基本矛盾"的说法，也得到毛泽东的认可并自觉使用。

《矛盾论》在矛盾问题上有相关表述，毛泽东在具体分析矛盾特殊性时，提出特殊性与多样性密切相关，强调"在复杂的事物的发展过程中，有许多的矛盾存在，其中必有一种是主要的矛盾，由于它的存在和发展规定或影响着其他矛盾的存在和发展"，主要矛盾对我们分析和把握事物非常重要，"例如在资本主义社会中，无产阶级和资产阶级这两个矛盾着的力量是主要的矛盾"③。毛泽东还特别强调："研究任何过程，如果是存在着两个以上矛盾的复杂过程的话，就要用全力去找出它的主要矛盾。捉住了这个主要矛盾，一切问题就迎刃而解了。"④毛泽东据此建构了著名的"主要矛盾说"，挖掘了其背后诸如重点论、两点论等著名的矛盾分析法。

我们党在革命实践中愈益认识到，真正的马克思主义者必须运用马克思主义的立场、观点和方法来解决中国的具体问题，必须坚持问题导向。毛泽东明确提出，"能够依据马克思列宁主义的立场、观点和方法，正确地解释历史中和革命中所发生的实际问题"的人，才是我们需要的"理论家"⑤；前面提及的《实践论》《矛盾论》，毛泽东在很大程度上也正是基于这个目的写出来的，在将马克思主义基本原理中国化、大众化的同时，也着力凸显了其中蕴含的方法论维度，对辩证法中蕴含的矛盾分析法的挖掘和建构，非常具有代表性。

还有一个很重要的地方在于，在唯物辩证法那里，世界是矛盾的集合体，矛盾伴随着事物发展的始终；而中国共产党在革命实践中同样认识到，

---

① 《毛泽东选集》第 1 卷，人民出版社 1991 年版，第 302 页。
② 《毛泽东选集》第 1 卷，人民出版社 1991 年版，第 318 页。
③ 《毛泽东选集》第 1 卷，人民出版社 1991 年版，第 320 页。
④ 《毛泽东选集》第 1 卷，人民出版社 1991 年版，第 322 页。
⑤ 《毛泽东选集》第 3 卷，人民出版社 1991 年版，第 814 页。

问题无所不在、无时不有，中国革命必须在不断解决问题中前进，矛盾和问题有何内在关联？诸如矛盾分析法等马克思主义的辩证法方法等对解决问题有何直接价值？这是摆在马克思主义中国化面前逐渐凸显的问题。

1942 年，为了进一步促进马克思主义理论学习同具体实际相结合，毛泽东作了题为《反对党八股》的著名讲演，明确提出，"不提出问题，不分析问题，不解决问题"的理论文章，"说来说去还是一个中药铺，没有什么真切的内容"，是没有什么现实价值和意义的，强调理论学习和理论著述一定要坚持问题导向。[①]怎么理解问题呢？毛泽东接着明确阐析说："什么叫问题？问题就是事物的矛盾。哪里有没有解决的矛盾，哪里就有问题。"[②]他还进一步指出，所谓"提出问题"，"首先就要对于问题即矛盾的两个基本方面加以大略的调查和研究，才能懂得矛盾的性质是什么，这就是发现问题的过程"。提出问题、发现问题就是去寻找事物发展中的矛盾、确定矛盾的性质，而"要解决问题，还须作系统的周密的调查工作和研究工作，这就是分析的过程"[③]，其核心就是抓住矛盾所在。理论学习的实质，就是"大家学会应用马克思主义的方法去观察问题、提出问题、分析问题和解决问题"[④]，就是要学会用诸如矛盾分析法等科学方法去分析问题、把握问题，进而解决问题。"问题就是事物的矛盾"，把问题和矛盾的本质性关联深入地揭示出来，也就同时实现了对所有问题的本质性把握，更重要的是，它也为我们发现问题、分析问题和解决问题提供了基本的方法论指引；反过来同样成立，我们理解事物的矛盾，离不开对相关具体问题的分析和把握，矛盾的解决，最终依赖于对与矛盾相关的一系列问题的解决。

中国共产党在社会主义革命实践中，始终重视问题和矛盾的本质关联以及两者间的辩证关系，很重视通过把握矛盾、运用矛盾分析法和其他唯物辩证法来分析、把握进而解决各种具体现实问题，也通过具体问题来不断深化对矛盾的认识，并通过不断求解具体问题来最终缓解或化解矛盾，在处理好两者的辩证关系中不断确立马克思主义科学世界观和方法论的指导地位，促进"两个结合"的深化，不断取得马克思主义中国化的丰硕成果。

党的十八大以来，中国特色社会主义进入新时代，"发展起来的问题

---

① 《毛泽东选集》第 3 卷，人民出版社 1991 年版，第 838 页。
② 《毛泽东选集》第 3 卷，人民出版社 1991 年版，第 838 页。
③ 《毛泽东选集》第 3 卷，人民出版社 1991 年版，第 839 页。
④ 《毛泽东选集》第 3 卷，人民出版社 1991 年版，第 839 页。

不比没发展起来时少",加之世界正处于百年未有之大变局,一方面是各种新情况新困难新问题不断涌现,另一方面是矛盾的复杂性、多发性更为明显,深层次的矛盾也愈益凸显,不可能回避,我们在强化问题导向、彰显问题意识的重要性的同时,必须更好地、更深入地把握问题和矛盾的本质关联和辩证关系。在这种时代背景下,2015年初,十八届中共中央政治局就以辩证唯物主义基本原理和方法论进行第二十次集体学习,习近平明确指出,"辩证唯物主义是中国共产党人的世界观和方法论",要"学习掌握事物矛盾运动的基本原理,不断强化问题意识,积极面对和化解前进中遇到的矛盾"。同时,要深刻认识到并坚信"矛盾是普遍存在的,矛盾是事物联系的实质内容和事物发展的根本动力",社会发展就是在不断解决矛盾中实现的,设想没有矛盾的发展是痴人说梦,这在中国特色社会主义新时代尤为重要,因为"当前,我国已经进入发展关键期、改革攻坚期、矛盾凸显期,我们面临的矛盾更加复杂"。①但不管是哪一种情况,这些矛盾都绕不开,躲不过,必须坚定决心和信心去迎难而上,深入认识和有效化解矛盾。这里,必须深刻认识到"问题是事物矛盾的表现形式",我们之所以反复强调"增强问题意识、坚持问题导向,就是承认矛盾的普遍性、客观性",目的就在于使人们"善于把认识和化解矛盾作为打开工作局面的突破口";但与此同时,也要注重分析矛盾、运用矛盾分析法来把握和求解重大社会问题、关键问题,如党的十八大以来我们的改革既"注重总体谋划",又注重牵住"牛鼻子",强调把两点论和重点论有机统一起来,因之"既对全面从严治党提出系列要求,又把党风廉政建设作为突破口,着力解决人民群众反映强烈的'四风'问题,着力解决不敢腐、不能腐、不想腐的问题"②,全面从严治党也由之取得了巨大成就。也正因此,习近平在很多讲话中,经常把化解矛盾和解决问题并列,来彰显两者之间的本质关联和辩证关系,如明确提出"面对新形势新任务,我们必须通过全面深化改革,着力解决我国发展面临的一系列突出矛盾和问题"③,推进中国特色社会主义不断自我完善和发展。

习近平提出的"问题是事物矛盾的表现形式"的论断,一是对问题与矛盾的本质关联、对问题本质的论断无疑更为明确和准确,矛盾是内容、

---

① 习近平:《论党的宣传思想工作》,中央文献出版社 2020 年版,第 128 页。
② 习近平:《论党的宣传思想工作》,中央文献出版社 2020 年版,第 129 页。
③《习近平谈治国理政》第一卷,外文出版社 2018 年版,第 71 页。

问题是其表现形式，两者在一定意义上是内容和形式的关系；二是也因之更为明确了问题和矛盾之间的内在互动关系，强调要善于把认识和化解矛盾作为打开工作局面的抓手，实际上这也就是解决问题特别是关键问题的突破口①。问题和矛盾的本质关联、辩证关系，是问题何以重要、问题意识何以重要的重要原因，我们对此是有清晰认识和清醒的实践自觉的，这也因之构成当代中国马克思主义问题意识的重要组成部分。

三、"解决特定时代问题，才能推动社会进步"：问题与发展的辩证法

黑格尔的辩证法思想，是历史唯物主义重要的思想来源。恩格斯在《反杜林论》中高度评价说："黑格尔第一次——这是他的伟大功绩——把整个自然的、历史的和精神的世界描写为一个过程，即把它描写为处在不断的运动、变化、转变和发展中，并企图揭示这种运动和发展的内在联系。"②马克思恩格斯吸取了黑格尔的这个核心主张，同时借鉴和汲取古典经济学一些正确成分，依据社会基本矛盾及其运动规律，建构了把握整个人类社会历史变迁的科学理论，正确地揭示了人类社会发展的基本规律和资本主义社会运行的特殊规律。对历史唯物主义、唯物辩证法有很好把握的《矛盾论》，明确地指出："按照唯物辩证法的观点，自然界的变化，主要地是由于自然界内部矛盾的发展。社会的变化，主要地是由于社会内部矛盾的发展，即生产力和生产关系的矛盾，阶级之间的矛盾，新旧之间的矛盾，由于这些矛盾的发展，推动了社会的前进，推动了新旧社会的代谢。"③毛泽东清楚地认识到，依据唯物辩证法和历史唯物主义，矛盾是事物发展的动力，推动中国革命前进、变革旧社会建设新社会进而实现中国人民解放，就必须不断化解和求解其中的各种社会矛盾。毛泽东在《反对党八股》等著作中，已经深刻把握了矛盾和问题的本质关联与辩证关系，化解或缓和矛盾来推动事物发展，这与不断解决问题推动事物发展在本质上是一致的。《反对党八股》为此强调，我们只有坚持和运用马克思主义的各种科学方法，"去观察问题、提出问题、分析问题"进而不断地"解

---

① 参见关锋：《习近平新时代中国特色社会主义思想对"问题"的科学理解和求解》，《福建师范大学学报》（哲学社会科学版）2022 年第 3 期，第 1—12，169 页。

② 《马克思恩格斯文集》第 9 卷，人民出版社 2009 年版，第 26 页。

③ 《毛泽东选集》第 1 卷，人民出版社 1991 年版，第 302 页。

决问题"，"我们所办的事才能办好，我们的革命事业才能胜利"。①革命的胜利和成功，是在不断解决问题的征程中通过不断解决问题实现的，舍此没有其他路径。实际上，以毛泽东为核心的第一代中国共产党人，带领中国人民聚焦于革命中的各种现实问题，特别是重大战略问题、紧迫问题，不断求解和破解，取得了新民主主义革命的伟大胜利，成立了中华人民共和国；又针对一些新问题新矛盾，锐意进取、想方设法去解决，推动社会主义三大改造顺利实现目标，确立了社会主义基本制度，并使生产力得到解放和发展。在社会主义三大改造快要完成之际，毛泽东发表了著名的《论十大关系》，再次明确指出："世界是由矛盾组成的。没有矛盾就没有世界。我们的任务，是要正确处理这些矛盾。这些矛盾在实践中是否能完全处理好，也要准备两种可能性，而且在处理这些矛盾的过程中，一定还会遇到新的矛盾，新的问题。但是，像我们常说的那样，道路总是曲折的，前途总是光明的。"②矛盾处理得好，就可能大步前进，处理得不好，有可能停滞甚至倒退；我们只有在解决矛盾和问题中前进，解决新矛盾新问题，才会获得新发展。在《关于正确处理人民内部矛盾的问题》中，毛泽东还不忘强调，社会主义三大改造使得社会主义制度得以确立，很多社会矛盾已经转变为人民内部矛盾，矛盾性质改变绝不意味着矛盾变少了、矛盾不重要了，它仍然是推动事物发展的动力，"我们今后必须按照具体的情况，继续解决上述的各种矛盾。当然，在解决这些矛盾以后，又会出现新的问题，新的矛盾，又需要人们去解决"③。他还指出，"矛盾不断出现，又不断解决，就是事物发展的辩证规律"④，其背后就是矛盾或问题与社会发展的辩证法。

改革开放以来，我们党坚持问题导向，始终重视社会矛盾、社会问题与社会发展之间的辩证法，并在改革开放的伟大实践中不断推动它落地生根、深化发展。邓小平早在改革开放初期就提醒人们，在改革中，随着事业的发展和改革的深入，"问题也会越来越多，越来越复杂，随时都会出现新问题"；我们对此一定要有思想准备；而且要知道，只有"不断研究新情况、解决新问题、寻找新办法、制定新制度"，才能"使整个国家的各种体制越来越完善，保证社会主义现代化建设能够顺利进行"，改革只

①《毛泽东选集》第3卷，人民出版社1991年版，第839页。
②《毛泽东文集》第7卷，人民出版社1999年版，第44页。
③《毛泽东文集》第7卷，人民出版社1999年版，第215页。
④《毛泽东文集》第7卷，人民出版社1999年版，第216页。

能通过不断解决问题前行，社会只有在解决问题中才能得到发展。①邓小平一句流传很广的说法即"坏事可以变好事"，就是对这种发展和问题之间的辩证法通俗而又形象的表达。

正是基于对历史唯物主义、社会发展理论的深刻理解，以及对改革开放以来我们因为坚持和推进问题与社会发展的辩证法而取得的巨大成就的感知和洞见，习近平在浙江主持工作时，就已经明确强调："每个时代总有属于它自己的问题，只要科学地认识、准确地把握、正确地解决这些问题，就能够把我们的社会不断推向前进。"②所以，"构建和谐社会就是一个解决这些时代问题的持续过程"③。对诸如就业、社会保障、协调发展等事关和谐社会建设能否实现的"时代问题"，必须"从时代的高度、大局的高度去看待、去研究"，科学地分析成因并深入地探究其背后的矛盾，进而寻找科学的解决之道。"只有立足于时代去解决特定的时代问题，才能推动这个时代的社会进步；只有立足于时代去倾听这些特定的时代声音，才能吹响促进社会和谐的时代号角。"④习近平的这些重要论述，在把时代和问题之间辩证关系的认识推向新高度的同时，也很好呈现并初步建构了社会问题和社会发展之间的辩证法。

党的十八大以来，习近平结合新时代中国特色社会主义建设的实际，进一步丰富了社会问题和社会发展的辩证法。党的十八大召开后，习近平到地方调研，明确要求面对错综复杂、快速变化的形势，我们要保持清醒头脑，对经济社会发展有利和不利的地方都要有清晰的判断；只有勇于面对矛盾和问题，坚持底线思维去努力求解，才能牢牢把握社会发展的主动权。2013 年 11 月，在对党的十八届三中全会通过的《中共中央关于全面深化改革若干重大问题的决定》进行说明时，他更为具体地要求，全面深化改革要针对问题、聚焦于重大突出的社会问题才能更有成效，中国特色社会主义只有在不断解决问题中才能得到深化和发展。习近平还特别强调，全面深化改革是对以往改革开放的深化，而纵观三十多年的改革开放，之所以能取得巨大成就，一言以蔽之，"改革是由问题倒逼而产生，又在不

---

① 中共中央文献研究室编：《邓小平年谱（1975—1997）》（下），中央文献出版社 2004 年版，第 1364、810 页。

② 习近平：《之江新语》，浙江人民出版社 2007 年版，第 235 页。

③ 习近平：《之江新语》，浙江人民出版社 2007 年版，第 235 页。

④ 习近平：《之江新语》，浙江人民出版社 2007 年版，第 235 页。

断解决问题中得以深化"①。这句精炼的概括，实际上就是结合中国改革开放这个伟大实践，把前述社会问题和社会发展之间的辩证法进行了聚焦性表达。也正因此，他在 2014 年 12 月举行的中央经济工作会议上明确要求，推进国有企业改革要奔着问题去。中央全面深化改革领导小组也多次要求，哪里出现新问题，改革就要跟进到哪里，解决问题就要针锋相对，措施对问题一定要有针对性。为了贯彻问题导向、强化问题与发展辩证法的落实，习近平还特别要求，在推进全面深化改革的过程中，要始终注意改革要在解决"突出问题上下功夫，让实践来检验、让基层来评判、让群众来打分"②。

2020 年 9 月 8 日，在全国抗击新冠肺炎疫情表彰大会上，习近平结合我国抗疫面对诸多艰难问题而取得巨大成绩的事实，总结说"彩虹和风雨共生，机遇和挑战并存，这是亘古不变的辩证法则"③，这是对社会问题和社会发展辩证法的生动提炼和说明，也正因此，习近平在很多讲话中反复强调我们在谋求发展中，一定要善于化危为机、转危为安，善于在危机中育先机、于变局中开新局，这也是社会问题与社会发展辩证法的通俗化、生动化表达。

在 2020 年 10 月 10 日举行的 2020 年秋季学期中央党校（国家行政学院）中青年干部培训班开班式上，习近平作了专门的讲话，再次强调我们党领导人民干革命、搞建设、抓改革，从来都是为了解决我国的现实问题；提高解决实际问题能力是应对当前复杂形势、完成艰巨任务的迫切需要，也是年轻干部成长的必然要求，年轻干部应该勇于直面问题，在不断解决问题、破解难题中成长、成才；改革攻坚要有正确方法，准确识变、科学应变、主动求变，跟着问题走、奔着问题去则是其中的基本要求。习近平还深刻地提醒全党，历史总是在不断解决问题中前进的④。习近平的这次讲话，既从人类历史的高度深化了社会问题与社会发展间的辩证法，强调它是历史发展的基本经验，又在具体改革、青年干部成长这些具体而微的角度丰富了社会问题与社会发展辩证法的具体内容。

正是因为中国共产党在新时代深化对社会问题与社会发展辩证法的理

①《习近平谈治国理政》第一卷，外文出版社 2018 年版，第 74 页。

② 习近平：《增强改革定力保持改革韧劲 扎扎实实把改革举措落到实处》，《人民日报》2015年 8 月 19 日。

③《习近平谈治国理政》第四卷，外文出版社 2022 年版，第 106 页。

④ 习近平：《年轻干部要提高解决实际问题能力 想干事能干事干成事》，《人民日报》2020 年10 月 11 日。

解，进一步认识到全面深化改革要推进、中国特色社会主义要行稳致远，最终都依赖于不断发现问题、认识问题、解决问题，所以中国共产党特别强调问题意识、问题导向的重要性。这构成当代中国马克思主义问题意识生成重要的因由。

四、"问题是创新的起点，也是动力源"：问题推动创新

中国特色社会主义新时代作为"发展起来以后"的历史阶段，贯彻新发展理念、追求高质量发展成为其重要而又基本的发展诉求，其背后则是经济增长的"转型升级"成为基本要求，在这种背景下，创新不仅是新发展理念的内容之一，还是其他发展理念、发展诉求得以贯彻和实现的重要支撑；也正因此，习近平多次强调，五大新发展理念中，创新是第一位的。如何更好地认识创新的重要性、如何更好地推进创新就成为新时代谋求更高更好发展的重要课题。

党的十八大以来，创新成为习近平系列重要讲话中的高频词和关键词，我们党对创新有了更为系统和深刻的论述。首先，我们立足于整个人类历史进程，凸显创新对于发展的基本重要性，明确提出："纵观人类发展历史，创新始终是一个国家、一个民族发展的重要力量，也始终是推动人类社会进步的重要力量。不创新不行，创新慢了也不行。"[①]而且，在人类历史上，善于变革创新、能够顺应历史规律和时代要求及时进行改革创新，或者进行革命性变革，总会推动一个民族、一个国家迈向发展的新阶段，进而掌握民族或者文明的命运，在这个意义上，"变革创新是推动人类社会向前发展的根本动力。谁排斥变革，谁拒绝创新，谁就会落后于时代，谁就会被历史淘汰"[②]，总而言之，我们必须牢记"创新是一个民族进步的灵魂，是一个国家兴旺发达的不竭动力"[③]。中华民族创造的五千年的文明之所以能绵延至今，成为历史最悠久的文明之一，很重要的一点就是创新乃"中华民族最深沉的民族禀赋"[④]。我们对此既要自知，又要自信。

其次，立足于党的百年历史，总结创新对党的历史、党的事业的重要性。纵观一百多年来，"我们党的历史，就是一部不断推进马克思主义中

---

① 中共中央党史和文献研究院编：《十八大以来重要文献选编》（下），中央文献出版社 2018 年版，第 331 页。

② 习近平：《论坚持推动构建人类命运共同体》，中央文献出版社 2018 年版，第 522 页。

③《习近平谈治国理政》第一卷，外文出版社 2018 年版，第 59 页。

④《习近平谈治国理政》第一卷，外文出版社 2018 年版，第 51 页。

国化的历史，就是一部不断推进理论创新、进行理论创造的历史"①，就是
不断开辟马克思主义中国化时代化新境界、产生新的重大理论成果的历史。
党的十九届六中全会审议通过的《中共中央关于党的百年奋斗重大成就和
历史经验的决议》，把"坚持理论创新"和"坚持开拓创新"总结为党的
百年奋斗的历史经验，在"十条历史经验"中，"创新"占了两条；它还
明确指出，"越是伟大的事业，越充满艰难险阻，越需要艰苦奋斗，越需
要开拓创新。党领导人民披荆斩棘、上下求索、奋力开拓、锐意进取，不
断推进理论创新、实践创新、制度创新、文化创新以及其他各方面创新，
敢为天下先，走出了前人没有走出的路"②，我们就是以理论创新为引领，
不断结合问题进行多方面的创新，才成功开辟中国特色社会主义道路、开
辟中国式现代化道路的。

　　最后，立足于中国特色社会主义新时代特定历史方位，重点凸显了创
新的重要性。我们一是立足于世界百年未有之大变局强调，"当今世界，
变革创新的潮流滚滚向前"③，"创新是当今时代的一个重大命题"④。确
切地说，一则国际竞争使创新更为重要，在当今"激烈的国际竞争中，惟
创新者进，惟创新者强，惟创新者胜"⑤，二则世界发展的动能需要创新引
领和激发，"当今世界，经济社会发展越来越依赖于理论、制度、科技、
文化等领域的创新，国际竞争新优势也越来越体现在创新能力上"⑥。二是
立足于新时代社会主要矛盾变化带来的新发展要求，强调新时代坚持以创
新引领、带动、驱动发展，"是我们应对发展环境变化、增强发展动力、
把握发展主动权，更好引领新常态的根本之策"⑦。也正是基于这样的考虑，
党的十八大以来，我们党多次明确表示，创新是引领发展的"第一动力"，
"抓创新就是抓发展，谋创新就是谋未来"⑧。党的十九届五中全会在此基
础上强调坚持"创新在我国现代化建设全局中的核心地位"。而且，我们
还特别指出，不仅仅是国家发展、民族复兴要靠创新，具体各方面工作要
发展要有成效，也离不开创新，"一个地方、一个企业，要突破发展瓶颈、

①《习近平谈治国理政》第四卷，外文出版社 2022 年版，第 510 页。
②《中共中央关于党的百年奋斗重大成就和历史经验的决议》，人民出版社 2021 年版，第 69 页。
③ 习近平：《论坚持推动构建人类命运共同体》，中央文献出版社 2018 年版，第 522 页。
④《习近平会见出席 2019 年"创新经济论坛"外方代表》，《人民日报》2019 年 11 月 23 日。
⑤《习近平谈治国理政》第一卷，外文出版社 2018 年版，第 59 页。
⑥《习近平谈治国理政》第二卷，外文出版社 2017 年版，第 203 页。
⑦《习近平谈治国理政》第二卷，外文出版社 2017 年版，第 201 页。
⑧《习近平谈治国理政》第二卷，外文出版社 2017 年版，第 201、203 页。

解决深层次矛盾和问题，根本出路在于创新"①；面对激烈的国际竞争和"卡脖子"、核心技术或关键技术受制于人的问题，我们明确指出，"在激烈的国际竞争面前，在单边主义、保护主义上升的大背景下，我们必须走出适合国情的创新路子，特别是要把原始创新能力提升摆在更加突出的位置，努力实现更多'从0到1'的突破"②，争取有更多的"原始创新"也是中华民族伟大复兴理应优先解决的重大课题。

　　一个关键问题随之而来，创新如此重要，如何才能实现创新？这里首先要明确，所谓的"创新"，应该从广义来理解，在现代社会竞争和社会发展中，科技创新无疑占据着关键或核心的地位，但创新不能局限在科技领域。党的十八大以来，习近平多次就创新问题发表讲话，他在强调科技创新居于重要地位的同时，也指出中国特色社会主义重视的创新既包含各个方面的创新，也包含不同层次的创新，并多次将科技创新、理论创新、制度创新、实践创新、文化创新等共同提及；除科技创新、经济发展创新外，他还就宣传思想工作的创新、文艺工作的创新、新闻工作的创新、军事部队工作的创新、高校思想政治工作创新、人才工作创新、社会治理和国家安全创新、对外交往创新等几乎所有领域的创新，都有过专门的讲话或指示。而在谈及促进经济增长、提升经济发展质量的创新时，他列举过诸如科技创新、产业创新、企业创新、市场创新、产品创新、业态创新、管理创新等很多有具体指向的创新。而就理论研究而言，我们一般将观点创新、论证创新、方法创新、结论创新都称之为理论创新。习近平在哲学社会科学工作座谈会上，专门就哲学社会科学创新强调，"创新可大可小，揭示一条规律是创新，提出一种学说是创新，阐明一个道理是创新，创造一种解决问题的办法也是创新"③。

　　创新需要很多方面的工作来支持，它的具体内容也非常丰富多样，如何实现创新，不同的群体、不同的角度、不同的内容很可能就有不同的答案。但无论如何，根本的地方是一致的，那就是它和问题密切相关，往往源自对问题的发现、分析和求解。

　　人类为何需要创新？从根本上说，当然是为了更好地生存和发展，但其生存和发展在很大程度上取决于社会历史的发展，而"社会总是在发展

---

① 中共中央文献研究室编：《习近平关于科技创新论述摘编》，中央文献出版社2016年版，第3页。
② 习近平：《在科学家座谈会上的讲话》，人民出版社2020年版，第4页。
③ 习近平：《论党的宣传思想工作》，中央文献出版社2020年版，第231页。

的，新情况新问题总是层出不穷的，其中有一些可以凭老经验、用老办法来应对和解决，同时也有不少是老经验、老办法不能应对和解决的"①。只有不断应对这些新情况、解决这些新问题，人类的生存和发展才能更好。面对回避不了且必须解决的客观存在的新问题、新任务，人类应该主动去发现、自觉地认识和分析，尝试用新思路、新办法、新途径去有效应对。这就是创新的过程。19世纪公认的伟大科学家、著名的相对论创立者爱因斯坦，他提出的相对论对当代物理学发展具有划时代的创新意义，他曾经结合自身经历指出："提出一个问题往往比解决一个问题更为重要，因为解决问题，也许只是技能而已，而提出新的问题，新的可能性，从新的角度去看旧的问题，却需要创造性的想象力，而且标志着科学的真正进步。"②发现和提出新问题不仅仅是科学进步的前提，往往也是推动科学重大创新的开始；当然，进步和创新的最终实现，往往是在进一步调研问题、探究问题、解决问题的过程中完成的，因为面对新情况、新问题，我们要么更新观念，颠覆已有的认知图式，寻找新的知识体系来解释；要么变换运思逻辑，采用新的解题思路；要么更换策略，采用新的解决方法；要么寻找新的条件，采用新的解决手段，这就是创新。质言之，是问题促动和逼使人们致力于去发现和创造新答案来应对新情况、新问题③。习近平针对创新中难度相对更高的理论创新，明确指出"理论创新只能从问题开始。从某种意义上说，理论创新的过程就是发现问题、筛选问题、研究问题、解决问题的过程"④。他还立足于新时代殷切要求我国哲学社会科学工作者，"只有聆听时代的声音，回应时代的呼唤，认真研究解决重大而紧迫的问题，才能真正把握住历史脉络、找到发展规律，推动理论创新"⑤。马克思主义理论创新更应如此，必须聚焦中国的现实问题，在认识和解决问题中，不断推动理论创新和实践创新的良性互动，开辟马克思主义中国化时代化新境界。应该讲，不惟理论创新如此，其他诸如科技创新、制度创新、实践创新等概不例外，不仅大创新如此，小创新也应如此。所以，习近平为此

---

① 习近平：《论党的宣传思想工作》，中央文献出版社2020年版，第231页。

②〔德〕艾·爱因斯坦：《物理学的进化》，周肇威译，湖南教育出版社1999年版，第66—67页。

③ 参见关锋：《习近平新时代中国特色社会主义思想对"问题"的科学理解和求解》，《福建师范大学学报（哲学社会科学版）》2022年第3期，第1—12，169页。

④ 习近平：《论党的宣传思想工作》，中央文献出版社2020年版，第231页。

⑤ 习近平：《论党的宣传思想工作》，中央文献出版社2020年版，第225页。

总结说："问题是创新的起点，也是创新的动力源。"①习近平的这个概括，把问题对于创新的重要性、如何从根本上推动创新，以及创新和问题之间的辩证关系简明凝练而又生动深刻地表达出来了。这种辩证法关系就在于：解决问题的根本出路在于创新，而创新往往源于对问题的发现和解决。

问题对创新的始源和驱动意义，以及中国特色社会主义新时代对于创新的特别需要，构成当代中国马克思主义问题意识重要的生成起因。

第三节　言与行：当代中国马克思主义问题意识的两个维度

本章前面两节分析了我国的社会问题在新时代独特的时代境况，并具体指认它们是"发展起来以后的问题"，更具有多发性也更为复杂，背后牵扯的因素更多，且关涉更深层次的社会矛盾，这些社会问题中不少问题牵涉国内因素、国际因素的深度关联、高度互动。这增加了对它们认识、求解的难度；分析了"问题"和问题意识何以重要的四种维度，这些重要性既涉及一般意义上的，也涉及新时代独特凸显特殊意义上的。具体阐析了问题是"时代的声音，时代的口号"，是宏观上把握时代本质的切入点；问题是"事物矛盾的表现形式"，强调问题与矛盾存在本质关联，这内蕴着解决问题的基本要求；"解决特定时代问题，才能推动这个时代的社会进步"，强调存在问题与社会发展的辩证法，应该通过不断求解问题才能推动社会进步；问题是"创新的起点，也是创新的动力源"，强调问题是创新的原动力和驱动力。以上两节的分析为我们把握当代中国马克思主义问题意识何以产生提供了最基本而又非常重要的现实理据；我们也因之认识到当代中国马克思主义问题意识的生成，既有理论根基，也有对历史传统的承继和延续，同时也是有现实因由的，是"三位一体"共同作用的结果。

不过，我们研究当代中国马克思主义问题意识何以生成，还有一个非常重要的论说点，即前面"三位一体"的"因"，结出了丰硕的"果"。质言之，习近平新时代中国特色社会主义思想因为上述三重因由的作用，

---

① 习近平：《论党的宣传思想工作》，中央文献出版社 2020 年版，第 225 页。

关于问题意识有丰富的重要内容，具有明显的现实性。这种现实内容大致可以从两种维度把握，即认识和言说、践行和落实，或者说言和行两种维度。

一、当代中国马克思主义问题意识的言说维度

以习近平同志为核心的党中央，对问题及其一般意义上的重要性，以及问题及其重要性在新时代的独特凸显，是有着清晰而又充分认识的，也因之自觉地将它们表达出来，转化为一些明确、具体的论述，它们构成习近平系列重要讲话和一些官方文件的重要内容。换言之，它们构成习近平新时代中国特色社会主义思想问题意识的基本表现之一和重要维度，这在以下几个方面表现得较为突出。

第一，关于何为问题的论述，其核心在于把握问题的本质。前已叙及，有两处很显要。其一是 2015 年 1 月 23 日就辩证唯物主义基本原理和方法论进行的十八届中共中央政治局第二十次集体学习时，习近平明确强调问题是事物矛盾的表现形式，还要求全面深化改革一定要增强问题意识、坚持问题导向，积极面对和化解前进中遇到的问题和矛盾，党员干部务必在新时代不断增强辩证思维的能力，提升处理复杂繁难问题的本领。其二是在 2014 年 12 月底举行的全国政协新年茶话会、2016 年 5 月召开的哲学社会科学工作座谈会，以及 2022 年 10 月召开的党的二十大上，习近平都明确强调，问题是时代的声音，既要站在时代的高度把握一些社会问题特别是重大关键问题，又要通过社会问题把握时代本质、时代大势和民心所向。此外，习近平在党的十八大以来发表的系列重要讲话中，也经常用诸如风险、矛盾、弊端、困境、难题、挑战、课题等来代替"问题"一词，进而对问题的认识更为全面、准确和具体。比如，党的十九大报告中关于社会主要矛盾的说法，强调它是人民日益增长的美好生活需要和不平衡不充分的发展之间的矛盾，这对矛盾本身就是新时代社会发展的重大问题，而人民日益增长的美好生活需要和不平衡不充分的发展各自都是重要的社会问题。再比如，所谓"四种危险"之说，即新形势下我们党执政面临的精神懈怠危险、能力不足危险、脱离群众危险、消极腐败危险；"四大考验"之说，即中国共产党新时代面临的执政考验、改革开放考验、市场经济考验、外部环境考验；所谓"四大赤字"之说，即全球交往面临治理赤字、信任赤字、和平赤字、发展赤字，前两者是对中国共产党在新时代执政问

题的形象而又精炼的概括，后两者则是对中国新时代面临的国际环境问题形象而又精炼的概括。再比如，2015 年 11 月 10 日，在中央财经领导小组第十一次会议上，习近平明确提出当前经济发展存在"三大风险"即过剩产能风险、楼市库存风险和金融风险；2021 年 1 月底，习近平在世界经济论坛"达沃斯议程"对话会上发表特别致辞，明确提出当今"这个时代面临的四大课题"，分别是：如何"加强宏观经济政策协调，共同推动世界经济强劲、可持续、平衡、包容增长"；如何"摒弃意识形态偏见，共同走和平共处、互利共赢之路"；如何"克服发达国家和发展中国家发展鸿沟，共同推动各国发展繁荣"；如何"携手应对全球性挑战，共同缔造人类美好未来"①。"三大风险"说和"四大课题"说，也是新时代中国发展所面临的问题的形象表达和凝练概括。

　　第二，对问题、问题导向重要性的论述。如前文所述，这里主要有以下几种情况。其一，强调问题是把握时代的重要入口。习近平在 2014 年 12 月底举行的全国政协新年茶话会，以及 2016 年 5 月召开的哲学社会科学工作座谈会上的讲话中，强调问题是时代的声音、是时代的口号。其二，强调通过解决时代问题推动时代前进、解决社会问题推动社会发展。习近平在浙江主持工作时，就已经明确提出只有立足于时代去解决特定的时代问题，才能推动这个时代的社会进步。党的十八大以来，他在对党的十八届三中全会制定的《中共中央关于全面深化改革若干重大问题的决定》进行说明时，强调通过解决问题推动中国特色社会主义建设的深入发展和制度的自我完善，2020 年 9 月在全国抗击新冠肺炎疫情表彰大会上，他指出彩虹和风雨共生、机遇和挑战并存是人类有史以来亘古不变的辩证法则，这些都是对通过解决问题促进社会发展这个观点的另一种表述。在 2020 年 10 月举行的 2020 年秋季学期中央党校（国家行政学院）中青年干部培训班开班式上，习近平更为明确地提出历史总是在不断解决问题中前进的。其三，强调问题导向对改革生成和发展的重要性。2013 年 9 月，在中共中央举行的关于全面深化改革若干重大问题决定的党外人士座谈会上，习近平明确提出改革是由问题倒逼而产生，又在不断解决问题中而深化，随后他在党的十八届三中全会上就《中共中央关于全面深化改革若干重大问题的决定》进行说明时再次强调了这句话。其四，强调问题意识、问题导向对于

---

　　① 习近平：《让多边主义的火炬照亮人类前行之路——在世界经济论坛"达沃斯议程"对话会上的特别致辞》，《人民日报》2021 年 1 月 26 日。

中国共产党百年征程的重要性。在上述 2013 年 9 月的党外人士座谈会上，以及 2013 年 11 月对党的十八届三中全会通过的《中共中央关于全面深化改革若干重大问题的决定》进行说明时，习近平明确提出，中国共产党人干革命、搞建设、抓改革，从来都是为了解决中国的现实问题，这贯穿于党的百年奋斗征程。在 2015 年 1 月 23 日就辩证唯物主义基本原理和方法论进行的十八届中共中央政治局第二十次集体学习时、2020 年 10 月举行的 2020 年秋季学期中央党校（国家行政学院）中青年干部培训班开班式上，习近平都再次重复了这个说法。《中共中央关于党的百年奋斗重大成就和历史经验的决议》为此把坚持在"两个结合"中不断"及时回答时代之问、人民之问"①进而不断理论创新、实践创新总结为党百年征程的"十大经验"之一。其五，涉及问题导向与马克思主义相互关系的论述。这主要集中在 2016 年 5 月召开的哲学社会科学工作座谈会上的讲话，习近平在讲话中明确指出：坚持问题导向是马克思主义的鲜明特点，坚持以马克思主义为指导，必须落到研究我国发展和我们党执政面临的重大理论和实践问题上来，落到提出能够解决问题的科学思路和可行的办法上来；2018 年 4 月下旬，十九届中共中央政治局就学习《共产党宣言》举行第五次集体学习时，习近平明确指出：与时代同步伐，与人民共命运，关注和回答时代和实践提出的重大课题，是马克思主义永葆生机活力的奥妙所在②。

第三，关于何为问题意识、问题导向，或者说问题意识具体指向的论述。这涉及以下一些要点。增强问题意识、坚持问题导向的实质，习近平于 2015 年 1 月在十八届中共中央政治局第二十次集体学习时，在强调问题就是矛盾的表现形式时，同时也强调增强问题意识、坚持问题导向的实质就是依据矛盾的普遍性、客观性来善于发现矛盾，善于通过认识、化解矛盾来打开工作局面。

关于问题意识的具体指向，首先是敏于发现问题。在 2013 年 4 月中央政治局常委会审议《关于中央巡视工作领导小组第一次会议研究部署巡视工作情况的报告》、同年 7 月在河北省调研党的群众路线教育实践活动、2015 年第十八届中央纪律检查委员会第五次全体会议等重要场合，都强调首先要发现问题，要敏于发现问题。至于如何敏于发现问题，习近平重点

---

①《中共中央关于党的百年奋斗重大成就和历史经验的决议》，人民出版社 2021 年版，第 66—67 页。

② 习近平：《论党的宣传思想工作》，中央文献出版社 2020 年版，第 225、315 页。

强调了从人民群众中发现问题、从工作实践中发现问题。他在党的二十大报告中明确强调,增强问题意识就应该注意实践中遇到的新问题、就应该时刻关心人民群众急难愁盼的问题。其次是敢于正视问题。习近平于2014年6月在听取中央巡视组首轮巡视情况汇报、2016年8月召开的全国卫生与健康大会等重要场合,都强调坚持问题导向必须"敢于正视问题",不推诿、不绕避、不"视而不见"、不采取"鸵鸟政策"。2017年2月,在省部级主要领导干部学习贯彻党的十八届六中全会精神专题研讨班上,习近平在讲话中强调坚持自我革命的关键就是要有正视问题的自觉和刀刃向内的勇气。再其次是善于分析问题。其中的关键是掌握合适的方式和方法。早在2003年2月,习近平主政浙江时就发表过名为《调研工作务求"深、实、细、准、效"》的文章,强调调研和分析问题要做到"深细实"的统一,务必注意具体问题具体分析这个科学的方法。坚持重点论和两点论相统一的矛盾分析方法,习近平除了2015年1月在十八届中共中央政治局第二十次集体学习时系统阐述了矛盾分析法外,还多次就一些问题作具体要求,多次强调党员干部要把握大势、着眼大事,注重抓事关全局、事关长远发展的问题,要善于"抓牛鼻子"。党的二十大报告也将重视主要矛盾视为解决问题进而推进各项建设的科学思想方法。最后是强于解决问题。习近平多次强调,中国共产党人干革命、搞建设、抓改革,从来都是为了有效解决中国各种各样的现实问题;他于2019年6月在十九届中共中央政治局第十五次集体学习时发表讲话,明确要求党员干部"真刀真枪解决问题"。关于如何强于解决问题,除了前面提及的依据唯物辩证法生成的各种科学方法外,习近平还强调要站稳人民立场、坚持群众路线,领导干部需要有责任担当意识和韧劲精神,需要不断学习本领,提高解决问题的能力,需要自觉养成科学的思维方式。

第四,对新时代问题独特境遇的表述,大致可分为以下几个方面。首先,强调"发展起来以后的问题"仍是"发展中的问题"。在2013年3月1日举行的中央党校建校80周年庆祝大会暨2013年春季学期开学典礼上,习近平明确要求并提醒全党,新时代面临的重要课题就是如何正确认识和妥善处理我国发展起来后不断出现的新情况新问题;在2020年8月24日举行的经济社会领域专家座谈会上,习近平指出,我国社会结构正在发生深刻变化,再加上网络时代、信息时代、全球化时代的到来,社会问题越来越多、越来越复杂,事实证明,发展起来以后的问题不比不发展时少,处理这些"发展起来以后的问题"更有难度也更为重要。其次,强调新时代的问题背后具有"三期叠加"特征。2015 年 1 月 23 日在就辩证唯物主义基本原理和方法论进行十八届中共中央政治局第二十次集体学习时，习近平明确说当前我国已经进入发展关键期、改革攻坚期、矛盾凸显期，我们面临的矛盾更加复杂；《中共中央关于全面深化改革若干重大问题的决定》则就改革进程专门强调我国发展进入新阶段，改革进入攻坚期和深水区；刘云山依据邓小平强调的发展起来以后的问题不比不发展时少，进一步强调当代中国正处于爬坡过坎的紧要关口，进入发展关键期、改革攻坚期、矛盾凸显期，许多问题相互交织、叠加呈现[1]。"相互交织、叠加呈现"就意味着矛盾越来越复杂、越来越繁重。习近平在很多重要讲话中指出，面临诸多矛盾叠加、风险隐患增多的严峻挑战，我国发展仍处于可以大有作为的重要战略机遇期；2015 年 10 月底中国共产党第十八届中央委员会第五次全体会议通过的《中共中央关于制定国民经济和社会发展第十三个五年规划的建议》、2020 年 10 月底党的十九届五中全会第二次全体会议审议通过的《中共中央关于制定国民经济和社会发展第十四个五年规划和二〇三五年远景目标的建议》也都强调了这一点。最后，强调国内、国际因素内在密切联系。2014 年 2 月 24 日十八届中共中央政治局第十三次集体学习时，会议主题是培育和弘扬社会主义核心价值观、弘扬中华传统美德，习近平在会上针对意识形态问题明确提出，当前我国正处在大发展大变革大调整时期，国际国内形势的深刻变化使我国意识形态领域面临着空前复杂的情况，国际国内不同思想文化相互激荡，不同文明交流交融交锋更加频繁，使得意识形态安全问题更为复杂多变。也正是出于新时代国际国内因素的密切关联和高度互动，早在 2013 年 1 月 28 日十八届中共中央政治局第三次集体学习时，习近平就强调新时代务必更好地统筹国内国际两个大局。2014 年 5 月 15 日，刘云山在中央党校 2014 年春季学期第二批进修班开学典礼上更为明确地要求，党员干部在新时代更要重视"在国际国内相互联系中发现问题"，因为"国际国内的联系互动日益加深，国内问题中的国际因素和国际问题中的中国因素都在增加"[2]。党的十九大以来，习近平进一步明确了"两个大局"的核心要义，强调一个是中华民族伟大复兴的战略全局，一个是世界百年未有之大变局，胸怀两个大局是新时代谋划工作的基本出发点。党的十九届五中全会审议通过的《中共中

---

① 刘云山：《增强问题意识 坚持问题导向》，《学习时报》2014 年 5 月 19 日。
② 刘云山：《增强问题意识 坚持问题导向》，《学习时报》2014 年 5 月 19 日。

央关于制定国民经济和社会发展第十四个五年规划和二〇三五年远景目标的建议》进一步明确"两个大局"相互交织、相互激荡、相互影响。

第五，对新时代各种社会问题的具体论述，这主要体现为两种维度。一种维度是从不同层次、不同性质、不同地位对不同问题进行论述。具体在以下几个方面表现较为突出。首先，对党的十八大以来，我们党主要解决时代课题这种大问题的指认。党的十九届六中全会通过的《中共中央关于党的百年奋斗重大成就和历史经验的决议》对此有明确的指认，强调我们就"新时代坚持和发展什么样的中国特色社会主义、怎样坚持和发展中国特色社会主义，建设什么样的社会主义现代化强国、怎样建设社会主义现代化强国，建设什么样的长期执政的马克思主义政党、怎样建设长期执政的马克思主义政党等重大时代课题"①进行了艰辛探索和求解，取得了重大的实践成果和理论成果。2022 年 1 月 11 日，习近平在省部级主要领导干部学习贯彻党的十九届六中全会精神专题研讨班开班式上的讲话中再次强调了这一点。其次，对社会主要矛盾作为社会问题重要性的指认。党的十九大报告已经明确强调社会主要矛盾的变化是关系全局的历史性变化，《中共中央关于党的百年奋斗重大成就和历史经验的决议》以"十个明确"再次强调了它的重要性，习近平在省部级主要领导干部学习贯彻党的十九届六中全会精神专题研讨班上也以"依据社会主要矛盾、确定中心任务"的说法再次确认其重要性，党的二十大报告提出"紧紧围绕这个社会主要矛盾推进各项工作"。最后，强调重大问题、关键问题、战略问题等对新时代的重要性。新时代是发展起来以后的时代，是"三期叠加"的时代，也是社会矛盾不断积累、社会问题和深层次矛盾关联更为密切的时代，这让诸如重大问题、关键问题、战略问题等更为重要。习近平在很多场合都对此有明确的强调，如在 2012 年 11 月十八届中共中央政治局第一次集体学习时，习近平强调党的十八大以来系列改革举措、发展谋划就是聚焦于突出问题、难点问题、热点问题而生成的；在党的十八届三中全会就《中共中央关于全面深化改革若干重大问题的决定》进行说明时，他强调全面深化改革要有强烈的问题意识，以重大问题为导向，抓住重大问题、关键问题来思考、谋划和践行；在庆祝中国人民政治协商会议成立 65 周年大会的讲话，以及 2017 年 7 月 26 日的"7·26"讲话中，习近平都强调重大、

---

①《中共中央关于党的百年奋斗重大成就和历史经验的决议》，人民出版社 2021 年版，第 25—26 页。

突出问题以及人民群众最关心的问题的重要性。习近平在很多场合都指出要善于从战略上看问题、想问题，善于把握战略问题，强调要培养战略思维。他在省部级主要领导干部学习贯彻党的十九届六中全会精神专题研讨班开班式上，强调要把握五个重大问题，把"重视战略策略问题"作为第三个重大问题专门进行了阐析。党的二十大报告就坚持问题导向进一步进行说明，强调要聚焦实践遇到的新问题、改革发展稳定存在的深层次问题、人民群众急难愁盼问题、国际变局中的重大问题、党的建设面临的突出问题，不断提出真正解决问题的新理念新思路新办法。

从另一种维度来看，就是直接点明新时代我们遇到的各种具体问题。这又大致可分为两种情况。一种情况是总体上把握发展面临的主要问题。这里代表性的论述，以党的十九大报告、党的二十大报告、"十三五"规划建议和"十四五"规划建议具有典型意义。比如，党的二十大报告明确分析了新时代我们面临的突出问题，包括党内存在的系列问题、经济发展存在的问题、政治制度自信问题、错误思潮不时出现和网络舆论丛生造成的社会文化环境问题、民生保障问题、环境污染问题、国家安全风险问题[①]；《中共中央关于制定国民经济和社会发展第十四个五年规划和二〇三五年远景目标的建议》同样具体指出当前社会发展不平衡不充分问题仍然突出，重点领域关键环节改革任务仍然艰巨，创新能力不适应高质量发展要求，农业基础还不稳固，城乡区域发展和收入分配差距较大，生态环保任重道远，民生保障存在短板，社会治理还有弱项[②]。另一种情况是聚焦于某一领域、某一主题来具体分析面临的问题和难题。新时代针对一些特定领域专门出台的冠以"重大问题决定"的文件最具典型性。例如，2013 年 11 月 12 日中国共产党第十八届中央委员会第三次全体会议通过的《中共中央关于全面深化改革若干重大问题的决定》，习近平在对之专门进行说明时明确指出，之所以推出全面深化改革，是因为"我国发展面临一系列突出矛盾和挑战，前进道路上还有不少困难和问题"，诸如发展中不平衡、不协调、不可持续问题依然突出，科技创新能力不强，产业结构不合理，发展方式依然粗放，城乡区域发展差距和居民收入分配差距依然较大，社会矛盾明显增多，教育、就业、社会保障、医疗、住房、生态环境、食品药品

① 习近平：《高举中国特色社会主义伟大旗帜 为全面建设社会主义现代化国家而团结奋斗——在中国共产党第二十次全国代表大会上的报告》，人民出版社 2022 年版，第 20、5 页。

②《中共中央关于制定国民经济和社会发展第十四个五年规划和二〇三五年远景目标的建议》，《人民日报》2020 年 11 月 4 日。

安全、安全生产、社会治安、执法司法等关系群众切身利益的问题较多，部分群众生活困难，形式主义、官僚主义、享乐主义和奢靡之风问题突出等①；2014年10月中国共产党第十八届中央委员会第四次全体会议通过的《中共中央关于全面推进依法治国若干重大问题的决定》明确指出当前我国法治建设还存在诸如有的法律法规"针对性、可操作性不强"，"立法工作中部门化倾向、争权诿责现象较为突出"，"有法不依、执法不严、违法不究现象比较严重，执法体制权责脱节、多头执法、选择性执法现象仍然存在，执法司法不规范、不严格、不透明、不文明现象较为突出"等问题，习近平在对该决定进行说明时，明确指出全面依法治国在立法、司法、执法、守法等具体环节都有具体的问题，如执法环节"存在的有法不依、执法不严、违法不究甚至以权压法、权钱交易、徇私枉法等突出问题，老百姓深恶痛绝，必须下大气力解决"②；2019年10月党的十九届四中全会审议通过的《中共中央关于坚持和完善中国特色社会主义制度、推进国家治理体系和治理能力现代化若干重大问题的决定》，习近平在对之进行说明时明确指出，新时代"对改革顶层设计的要求更高，对改革的系统性、整体性、协同性要求更强，相应地建章立制、构建体系的任务更重"，"改革发展稳定、内政外交国防、治党治国治军各方面任务之繁重前所未有，我们面临的风险挑战之严峻前所未有"③是该决定出台的重要背景。其他一些重要的专项改革或建设性文件，诸如《国家"十三五"时期文化发展改革规划纲要》《新时代公民道德建设实施纲要》《新时代爱国主义教育实施纲要》等，都专门列出了其所针对的重要的具体问题。

二、当代中国马克思主义问题意识的践行维度

通过上述对"言"维度的分析可以看出，在新时代，我们总体上既对中国特色社会主义发展所面临的突出问题、重大难题、热点话题有清晰的认识和自觉意识，也对全面深化改革及中国特色社会主义建设诸如政治、经济、文化、社会治理等各自领域、各个特定主题范围内的主要问题有清晰的认识和自觉意识，并形成了明确的论述，这构成了当代中国马克思主

---

①《习近平谈治国理政》第一卷，外文出版社2018年版，第70—71页。

② 中共中央文献研究室编：《十八大以来重要文献选编》（中），中央文献出版社2016年版，第155—156、150页。

③《习近平谈治国理政》第三卷，外文出版社2020年版，第112页。

义问题意识的突出特征和重要表现。不过，更重要的是，我们还将这些清晰的认识和自觉意识转化为自觉的实践，针对认识和把握到的各种问题，充分发挥主体能动性，发挥全体人民群众的集体智慧，想方设法去努力求解，推出一系列有针对性的举措去在实践中解决问题，并在解决问题中推动全面深化改革的深化和社会发展。习近平为此总结说，党的十八大以来我们提出的新的发展战略、发展理念，作出的重大决策、重要决定，推出的重要改革举措、发展举措，都是围绕重大问题、发展难题、人民群众关心的问题进行的。后者同样构成当代中国马克思主义问题意识的突出特征和重要表现。鉴于本书第四章将聚焦于"当代中国马克思主义问题意识的重大指向和成功践履"，以一些重大实践举措来深入阐释这一特征，故在此只进行扼要的概括性分析及简要的代表性例证。

具体言之，当代中国马克思主义问题意识的践行维度在以下几方面表现比较突出。

第一，针对发展问题，党中央及时制定新的发展谋划、发展战略。首先，针对人民日益增长的美好生活需要和不平衡不充分的发展之间的矛盾成为社会主要矛盾，党的十八大以来，我们党先后推出"五位一体"总体布局和"四个全面"战略布局。前者主要指统筹推进经济建设、政治建设、文化建设、社会建设、生态文明建设五个方面，后者主要指全面建成小康社会、全面深化改革、全面依法治国、全面从严治党的战略布局。在新时代中国特色社会主义深入建设过程中，我们进一步明确了"五位一体"是一个有机整体，共同服从和服务于富强民主文明和谐美丽的社会主义现代化强国目标，并统一于强国建设和中华民族伟大复兴的进程中。经济建设是根本，生态文明建设是基础，文化建设居于灵魂地位，政治建设提供保障，社会建设是条件，五个方面缺一不可。新时代的中国特色社会主义建设就是围绕"五位一体"总体布局和"四个全面"战略布局展开的，以此顺利完成全面建成小康社会的伟大胜利。2020 年 10 月党的十九届五中全会审议通过的《中共中央关于制定国民经济和社会发展第十四个五年规划和二〇三五年远景目标的建议》将"全面建成小康社会"提升为"全面建设社会主义现代化国家"，进而形成新的"四个全面"战略布局。

在总体布局和战略布局的指引下，为了更好地解决发展不平衡不充分的问题、社会发展远不能满足人民对美好生活的需要的问题，新时代我们又提出创新、协调、绿色、开放、共享的"五大新发展理念"，先后推出诸如"科教兴国战略、人才强国战略、创新驱动发展战略、乡村振兴战略、区域协调发展战略、可持续发展战略、军民融合发展战略"①等一系列新的发展战略，改革创新、不断解决问题，推动中国特色社会主义健康前进。

第二，针对不同的具体问题，党中央先后推出一批具体的重大决策、改革举措、发展举措。比如，从党的十八届三中全会提出全面深化改革以来，改革呈现"全面发力、多点突破、蹄疾步稳、纵深推进"②的局面，推出一批又一批的改革举措，取得了亮眼的成绩单。例如，成立中央全面深化改革领导小组，形成了集中统一的改革领导体制、务实高效的统筹决策机制、上下联动的协调推进机制、追责问效的督察落实机制③；强化巡视监督和派驻监督，使全面从严治党双重责任制不断落实，党的纪律检查和国家监察体制改革进一步拓深；全面实施市场准入负面清单制度，这在世界上没有先例；立足于国有资本与民营资本的相互融合、交叉持股来深化混合所有制改革，在推出乡村振兴战略的同时，实现承包地所有权、承包权、经营权"三权分置"，构建开放型经济新体制；在国家治理现代化理念下创新社会治理体制，"社会治理共同体"初具雏形，组织药品集中采购试点，改革疫苗管理体制，使公共安全体系不断朝着健全的方向发展；实施文化惠民工程，推动文化企业跨地区、跨行业、跨所有制兼并重组，现代公共文化服务体系得以不断深化；实行最严格的生态环境保护制度，健全自然资源资产产权制度和用途管制制度、划定生态保护红线、实行资源有偿使用制度和生态补偿制度；等等。到2019年，党的十八届三中全会提出的336项重大改革举措，已出台实施方案超过95%。④

第三，针对问题谋划改革发展，我们取得了很多实实在在的重大成效。这些成效折射了新时代我们党对问题意识、问题导向的践行和落实。这里有一些标志性文件对此有明确的总结和概括，最典型的一是党的二十大报告的明确表述，它扼要地分析了新时代面临的诸如党的领导弱化虚化淡化、贪腐现象比较严重、发展不平衡不协调不可持续、民生保障存在明显短板、国家安全受到严峻挑战等问题，强调我们要针对这些问题不断努力、不断发力，"攻克了许多长期没有解决的难题，办成了许多事关长远的大事要

---

① 《习近平谈治国理政》第三卷，外文出版社2020年版，第22页。

② 习近平：《在庆祝改革开放40周年大会上的讲话》，《人民日报》2018年12月19日。

③ 人民日报评论员：《新时代改革再出发的重要里程碑——写在党的十八届三中全会召开五周年之际》，《人民日报》2019年1月4日。

④ 参见关锋、陈文静：《全面深化改革与共同体四种维度的自觉建构》，《华南师范大学学报（社会科学版）》2020年第2期，第14—27，189页。

事，推动党和国家事业取得举世瞩目的重大成就"①，在诸如重大理论创新、全面加强党的领导、不断化解社会主要矛盾进而不断丰富和发展人类文明新形态、全面脱贫、推进高质量发展、全面深化改革、加快构建对外开放新格局、推进全过程人民民主、不断确立马克思主义在意识形态领域的指导地位、全面推进生态文明建设、全面从严治党等十六个方面都取得了显著成就，并扼要分析了这些显著成就的具体表现。比如，在全面从严治党方面，我们"坚持思想建党和制度治党同向发力，严肃党内政治生活，持续开展党内集中教育，……加强政治巡视，形成比较完善的党内法规体系"，"开展了史无前例的反腐败斗争，以'得罪千百人、不负十四亿'的使命担当祛疴治乱，不敢腐、不能腐、不想腐一体推进，……反腐败斗争取得压倒性胜利并全面巩固"，最终"找到了自我革命这一跳出治乱兴衰历史周期率的第二个答案"②。二是党的十九届六中全会审议通过的《中共中央关于党的百年奋斗重大成就和历史经验的决议》，明确指出新时代我国"外部环境变化带来许多新的风险挑战，国内改革发展稳定面临不少长期没有解决的深层次矛盾和问题以及新出现的一些矛盾和问题"，在坚持党的领导方面出现了诸如"党内消极腐败现象蔓延、政治生态出现严重问题，党群干群关系受到损害"等重大问题；针对这些问题，我们党迎难而上、锐意进取、大胆改革，"出台一系列重大方针政策，推出一系列重大举措，推进一系列重大工作，战胜一系列重大风险挑战，解决了许多长期想解决而没有解决的难题，办成了许多过去想办而没有办成的大事，推动党和国家事业取得历史性成就、发生历史性变革"，这些成就和变革，在坚持党的全面领导、全面从严治党、经济政治文化生态建设、全面深化改革、全面依法治国等十三个方面，都有重要表现；以经济建设为例，通过不断解决经济发展中的问题，"我国经济发展平衡性、协调性、可持续性明显增强……国家经济实力、科技实力、综合国力跃上新台阶，我国经济迈上更高质量、更有效率、更加公平、更可持续、更为安全的发展之路"。③

总而言之，新时代中国特色社会主义的深化和发展，中国式现代化和

---

① 习近平：《高举中国特色社会主义伟大旗帜　为全面建设社会主义现代化国家而团结奋斗——在中国共产党第二十次全国代表大会上的报告》，人民出版社 2022 年版，第 4 页。

② 习近平：《高举中国特色社会主义伟大旗帜　为全面建设社会主义现代化国家而团结奋斗——在中国共产党第二十次全国代表大会上的报告》，人民出版社 2022 年版，第 13—14 页。

③《中共中央关于党的百年奋斗重大成就和历史经验的决议》，人民出版社 2021 年版，第 26—27、36 页。

人类文明新形态的凸显，是因为我们有自觉的问题意识，对新时代所面临的各种发展问题有清醒的认识和清晰的把握，始终坚持问题导向，聚焦于这些问题、以解决问题为基本目标，出台一系列政策、决定，推出一系列改革发展的举措，自觉地把问题意识、问题导向转化为实践行为、具体工作，这使得问题意识的言和行两种维度紧密统一起来，构成当代中国马克思主义问题意识的鲜明特征。

第三章　当代中国马克思主义问题意识的核心主张和主要诉求

　　理解和把握当代中国马克思主义问题意识，有必要搞清楚一些重要问题，否则无从谈及当代中国马克思主义问题意识的研究。

　　在这些重要问题中，以下三点尤有必要作专门分析。第一，习近平新时代中国特色社会主义思想对问题意识的基本看法。这是理解和把握当代中国马克思主义问题意识的重要指导。问题意识作为习近平新时代中国特色社会主义思想鲜明的理论特点和重要组成部分，必然会涉及告诉人们怎么对待问题、如何分析问题和解决问题，换言之，就是会在问题意识的形成和发挥重要作用的核心环节上有所言所思。所以，首先就是要搞清楚习近平新时代中国特色社会主义思想所明确指出的问题意识的形成和发挥作用的核心环节，以及对这些环节的具体要求。

　　第二，除了在一般意义上就问题意识的核心环节有所言所思外，习近平新时代中国特色社会主义思想是新时代马克思主义中国化的最新理论成果，具有鲜明的时代特质，它对问题意识的看法和分析，无疑会打上新时代的烙印。这种新时代的烙印，首先突出表现为对新时代如何深化问题意识提出基本要求，其次表现为即使是它对问题意识的形成和发挥作用的核心环节这些事关问题意识一般性问题的分析和言说，同样会有立足于新时代这个时代方位的色彩。换言之，把握当代中国马克思主义问题意识，阐析好它依据新时代的时代诉求就如何强化和深化问题意识提出的基本要求，同样不可或缺。

　　第三，倡导问题意识的最终落脚点是为了解决问题，特别是习近平新时代中国特色社会主义思想这种偏重行动纲领和实践指南的思想和理论，它注重问题意识就是为了解决中国特色社会主义发展中遇到的各种现实问题。解决现实问题，换一种说法就是在现实中成功践履问题意识。一般来说，解决问题亦属于问题意识的核心环节之一，但鉴于它指向终端且具有尤为重要的地位，更有必要单列出来。所以，阐析好习近平新时代中国特色社会主义思想就新时代在现实中成功践履问题意识提出的重要吁求，同样不可或缺。

第一节　问题意识的核心环节

陈云曾经提出"我们观察、分析和解决问题的方法，是唯物辩证法"①。这个简洁的表述，把问题意识的核心环节明确地呈现出来了。这也表明中国共产党在长期的革命和建设实践中，对问题意识是有清醒的理论自觉的。当代中国马克思主义的问题意识，以及它对问题意识的核心环节的把握和论述，就是对这种理论自觉的时代继承。当然，它坚持聆听时代声音、把握时代脉搏，勇于直面我国经济社会发展中的突出矛盾，把问题意识贯穿于各个领域，提出了一系列新思想新战略，为我们增强发现问题的敏锐性、正视问题的清醒性、分析问题的科学性、解决问题的自觉性提供了科学指导。缘于此，我们分析习近平新时代中国特色社会主义思想对问题意识的核心环节的论说，有时需要同时涉及我们党对这些核心环节在历史上的认知和分析。

习近平新时代中国特色社会主义思想对问题意识的核心环节的论说，习近平本人在这方面作出了突出贡献。早在 2003 年 2 月他在浙江工作时，就用"深、实、细、准、效"五个字概括了问题意识的核心环节，强调要"深入分析问题，掌握全面情况"，"善于分析矛盾、发现问题"，同时"提出解决问题的办法要切实可行"②。在 2008 年中央党校春季学期第二批进修班暨师资班开学典礼上的讲话中，他特意强调："我们要把学习的着眼点聚集到研究和解决这样的矛盾和问题上，善于发现问题、敢于正视问题，以新的理念、新的方法、新的思路寻求解决矛盾和问题的具体办法。"③所以，分析和把握习近平新时代中国特色社会主义思想对问题意识的核心环节的认识，往往离不开习近平相关论述的文献支撑。

而且，习近平新时代中国特色社会主义思想着眼于解决新时代改革开

①《陈云文选》第3卷，人民出版社1995年版，第46页。
② 习近平：《之江新语》，浙江人民出版社2007年版，第1页。
③ 习近平：《领导干部要认认真真学习》，《学习时报》2008年5月26日。

放和社会主义现代化建设的实际问题，不断回答中国之问、世界之问、人民之问、时代之问，作出符合中国实际和时代要求的正确回答，得出符合客观规律的科学认识和理论成果，我们把握习近平新时代中国特色社会主义思想对问题意识的核心环节的论说，离不开对其时代特质的阐析。

一、敏于发现问题

　　问题可谓无处不在、无时不有，能否正确把握它，首先在于我们能否敏于发现问题。马克思曾指出："主要的困难不是答案，而是问题。"[①]因为有些问题太过平常而容易"视而不见"；有些问题比较隐蔽，注意力、关注度不够会被疏漏；有些问题很专业，缺乏专门的知识难以知晓；大量现实问题则是综合因素互相作用造成的，它的发现更不容易，对主体提出了更高的要求。正因此，发现问题不仅很重要，而且对主体有特殊的要求；敏于发现问题是前提，是问题意识的第一个重要环节，绝不是可有可无的。

　　中国共产党在坚持问题导向的革命实践中，很早对此就有正确的认识。前面很多内容都分析过毛泽东在重视发现问题方面的突出表现。邓小平在社会主义建设中，也很重视发现问题的重要性。1956 年 5 月，邓小平在听取中国新民主主义青年团中央书记处汇报青年生产队问题时的谈话中指出，"要加强工作检查，多发现问题"[②]，这样才能克服工作中的缺点，把工作搞得更好更活跃。改革开放开启后，邓小平还是强调，"要抓住当前的有利时机，坚定不移，大胆探索，同时注意及时发现问题和解决问题"[③]，通过发现和解决问题才能把改革搞好。

　　发现问题很重要，但一定要敏于发现问题，否则其重要性就体现不出来。1942 年 11 月，陈云在中共中央西北局高级干部会议上的讲话中提出，"我们要像毛主席讲的那样，嗅觉要灵敏，要主动地发现问题"[④]，并提醒人们，不要消极被动地等待，要积极主动才能敏于发现问题。1978 年邓小平在东北视察时，对这一点进行了形象生动的表达，提出"开动脑筋"的说法，呼吁各级干部"要开动脑筋，不开动脑筋，就没有实事求是，不开动脑筋，就不能分析自己的情况，就不能从实际出发提出问题，解

　　①《马克思恩格斯全集》第 1 卷，人民出版社 1995 年版，第 203 页。
　　② 中共中央文献研究室编：《邓小平文集（1949—1974）》（中卷），人民出版社 2014 年版，第239 页。
　　③ 邓小平：《建设有中国特色的社会主义（增订本）》，人民出版社 1987 年版，第 122 页。
　　④ 中共中央文献研究室编：《陈云论党的建设》，中央文献出版社 1995 年版，第 178 页。

决问题"①。

党的十八大以来，我们取得了举世瞩目的成就，但也逐步进入了矛盾凸显期、发展深水区，新旧问题交织叠加。习近平反复强调敏于发现问题对于我国社会发展及领导干部的重要性。2013 年 4 月 25 日，习近平在中共中央政治局常委会审议《关于中央巡视工作领导小组第一次会议研究部署巡视工作情况的报告》时的讲话中提出：要"善于发现问题，发挥震慑力。要增强对党负责的政治意识、发现问题的责任意识、敢于提出问题的党性意识"②。同年 7 月，习近平在河北省调研指导党的群众路线教育实践活动时，针对集中整治形式主义、官僚主义、享乐主义和奢靡之风再次提出，"首先要发现问题，有问题发现不了、认识不到，就没有办法去解决"③。2015 年 1 月，他在第十八届中央纪律检查委员会第五次全体会议上强调要"瞪大眼睛，发现问题"④。可以说，不论是哪个领域，敏于发现问题都是基础性的，有时甚至是关键性的，因为任何问题只有被意识到并且提出来，才可能引起人们的思索并得到合理的解决。只有这样，"一些过去没有看清的问题可能就看清了，一些过去认为只是小事一桩的问题就可以看到其严重性并引起重视了"⑤。

问题无处不在、无时不有，关键在于善不善于发现问题，而要高效灵敏地发现问题，就要求我们有一双洞察问题的眼睛，拓宽视野看中国、看世界、看历史、看未来，从实践中寻找问题，掌握解决问题的主动权。而如何敏于发现问题？具体言之有两点很重要。

第一，培养在实践中结合实际发现问题的敏锐眼光。只有时刻关注现实生活实践的人，才能敏锐地发现问题所在，从而树立问题意识。

毛泽东于 20 世纪 50 年代初期，在社会主义早期建设中告诫党员干部，正确处理好民族关系一定要"认真调查研究，帮助当地党政组织发现问题

---

① 中共中央文献研究室编：《邓小平年谱（1975—1997）》（上），中央文献出版社 2004 年版，第 381 页。

② 中共中央纪律检查委员会、中共中央文献研究室编：《习近平关于党风廉政建设和反腐败斗争论述摘编》，中央文献出版社 2015 年版，第 107 页。

③ 中共中央文献研究室、中央党的群众路线教育实践活动领导小组办公室编：《习近平关于党的群众路线教育实践活动论述摘编》，中央文献出版社 2014 年版，第 36 页。

④ 中共中央文献研究室编：《习近平关于全面从严治党论述摘编》，中央文献出版社 2016 年版，第 203 页。

⑤ 中共中央文献研究室、中央党的群众路线教育实践活动领导小组办公室编：《习近平关于党的群众路线教育实践活动论述摘编》，中央文献出版社 2014 年版，第 36 页。

和解决问题，而不是走马看花的访问"①。1964 年 6 月，董必武在给张体学的信中，针对植树造林的工作要求，指出"有了计划，就要下去摸清情况，发现问题，解决问题"②。所谓下去就是要深入到日常生活实践当中，关注人民群众生产生活、经济社会发展的实际去发现问题。后来刘少奇在这方面进行了深刻总结，强调"在实践中间调查研究，在实践中间认识客观世界，在实践中间发现我们的错误，在实践中间发现新的问题"③。邓小平在开启中国特色社会主义建设征程中，明确提醒人们，"如果不根据现在的条件思考问题、下决心，很多问题就提不出来、解决不了"④。脱离了具体实践和客观实际，既发现不了真正的问题，也解决不了问题。江泽民在中国共产党第十四届中央委员会第三次全体会议上，对这一点更为明确地要求党员干部"要深入改革和建设第一线，认真进行调查研究，及时发现问题，从实际出发，创造性地开展工作"⑤。

新时代，习近平也多次强调，问题来自我们的实际工作和生活，来自人们的实践，脱离实际工作、社会实践，就难以找到真正的问题。

第二，要到人民群众中发现问题，和人民群众密切联系去发现问题。从社会问题的本质来看，问题是人的问题，问题归根结底是在人的实践中产生的。因此，我们在人民群众的呼声和反映中发现问题，无疑最有效率，往往也最有价值。

针对全面深化改革，习近平强调："老百姓关心什么、期盼什么，改革就要抓住什么、推进什么。"⑥这就是坚持问题导向的典型表现，"老百姓关心什么、期盼什么"背后就是社会发展的重大问题所在。这表明，能否善于发现实质问题，关键就在于心里是否装着人民群众，是否想群众之所想、急群众之所急、解群众之所困。真问题、实问题、重要问题必然是与老百姓息息相关的问题。因此，习近平新时代中国特色社会主义思想坚持并贯穿以人民为中心的发展思想，这也使得坚持问题导向构成其世界观和方法论的重要内容之一。党的二十大报告为此强调，"要增强问题意识"，就应该聚焦"实践遇到的新问题""人民群众急难愁

---

①《毛泽东文集》第 6 卷，人民出版社 1999 年版，第 269 页。

②《董必武选集》，人民出版社 1985 年版，第 524 页。

③《刘少奇选集》下卷，人民出版社 1985 年版，第 458 页。

④《邓小平文选》第 3 卷，人民出版社 1993 年版，第 373 页。

⑤ 江泽民：《论党的建设》，中央文献出版社 2001 年版，第 123 页。

⑥《习近平谈治国理政》第二卷，外文出版社 2017 年版，第 103 页。

盼问题"。

综上可见，新时代下的敏于发现问题，在于我们要把问题找准，必须把握实践和群众两大关键要素。正如有学者总结的："深入人民群众、深入基层一线，老老实实做调研，做到走进去、沉下去、融进去，尤其要多到问题突出、条件艰苦、群众反映强烈的地方去，及时发现带有苗头性、倾向性的问题，望闻问切对症施治把准'脉'，以人为本深入群众找到'根'，'关起门来''坐在会议室里'是找不出问题的。"①因此，我们要立足新时代背景，利用好互联网平台，优化治理现代化的信息联系，畅通社情民意反映渠道，对舆情民意、群众来访认真筛查，从而灵敏地发现问题、找准问题，为正视问题、分析问题及解决问题找到突破口。

二、敢于正视问题

敏于发现问题只是问题意识的基础环节，但如果发现问题、明知有问题，故意"视而不见"地隐瞒问题，有畏难情绪而躲避问题，不愿不敢担责而夸大或缩小问题，问题就难以发挥作用。敢于正视问题、直面问题，成为问题意识的核心环节。在中国历史上，凡是社会动荡，都源于对重大社会问题视而不见、听而不闻，致使矛盾不断激化，最终导致政权更迭；凡是太平盛世，都源于对问题的敏感和重视，能够直面问题、防患于未然，维护国家和谐安定。

敢于正视问题是中国共产党人的优良传统，也是党不断取得伟大胜利的重要保障。习近平在"不忘初心、牢记使命"主题教育总结大会上对此有过明确的总结："敢于直面问题、勇于修正错误，是我们党的显著特点和优势。回顾党的历史，我们党总是在推动社会革命的同时，勇于推动自我革命，始终坚持真理、修正错误，敢于正视问题、克服缺点，勇于刮骨疗毒、去腐生肌。正因为我们党始终坚持这样做，才能够在危难之际绝处逢生、失误之后拨乱反正，成为永远打不倒、压不垮的马克思主义政党。"②这不仅在革命时期表现得很明显，在社会主义建设时期也同样表现得较为明显。

1957年，周恩来在全国人民代表大会民族委员会召开的民族工作座谈

---

① 中央党校（国家行政学院）习近平新时代中国特色社会主义思想研究中心：《增强问题意识 推动改革发展》，《光明日报》2019年4月15日。

② 中共中央党史和文献研究院编：《十九大以来重要文献选编》（中），中央文献出版社2021年版，第379页。

会上，针对我国当时存在的民族歧视和民族分裂问题，明确提出"要从团结的愿望出发进行批判……应该把这个问题提到新的认识上来，不要避讳这种批判，而是要从正面指出这个问题"①。他在 1961 年召开的文艺工作座谈会和故事片创作会议上，再次强调"对别人的成绩，应当加以肯定。对问题，要做出恰当的估计，实事求是"②，突出了正视问题的重要性。邓小平在 1962 年召开的中央工作扩大会议上，也明确指出"问题在于我们是不是严肃认真地正视问题，是不是实事求是地对待问题。"③到 1975 年为国务院作汇报时，他在撰写提纲中还是强调："在学习中要严肃地、认真地开展批评和自我批评，正视问题，揭露矛盾。"④

党的十八大以来，我国进入新时代的发展阶段，党的建设特别是党风廉政建设和反腐败斗争面临不少顽固性、多发性问题，进入战略机遇和风险挑战并存、不确定和难预料因素增多的时期，许多问题躲不开绕不过，面临的新矛盾、新问题层出不穷、错综复杂。在这种形势下，敢不敢正视问题显得尤为关键。

2014 年，习近平在听取中央巡视组首轮巡视情况汇报时，郑重地强调："我们必须正视问题，不能视而不见，高举轻放，看到问题不处理，否则就会积重难返，病入膏肓。"⑤全面从严治党就是敢于正视问题而采取的战略行动，并在正视问题中不断取得成绩，牢记"有问题并不可怕，怕的是对问题麻木不仁，要对症下药，亡羊补牢，未为晚矣"⑥。

由此可见，面对时代问题的挑战，关键在于能不能正视问题，能否具有直面问题的魄力和勇气。习近平为此把它提升到关乎自我革命成败的高度进行强调，他在《党必须勇于自我革命》一文中提出："坚持自我革命精神，关键要有正视问题的自觉和刀刃向内的勇气。'天下之患，莫大于不知其然而然'，自我革命本身就是对着问题去的，讳疾忌医是自我革命的天敌。无论什么时候，问题总是客观存在的，怕就怕对问题熟视无睹、

<hr>

①《周恩来选集》下卷，人民出版社 1984 年版，第 253 页。

②《周恩来选集》下卷，人民出版社 1984 年版，第 346 页。

③《邓小平文选》第 1 卷，人民出版社 1994 年版，第 298 页。

④《胡乔木传》编写组编：《邓小平的二十四次谈话》，人民出版社 2004 年版，第 176 页。

⑤ 中共中央纪律检查委员会、中共中央文献研究室编：《习近平关于党风廉政建设和反腐败斗争论述摘编》，中央文献出版社 2015 年版，第 21 页。

⑥ 中共中央纪律检查委员会、中共中央文献研究室编：《习近平关于党风廉政建设和反腐败斗争论述摘编》，中央文献出版社 2015 年版，第 20—21 页。

视而不见，结果小问题变成大问题，小管涌演变为大塌方。"①任何视而不见甚至回避躲闪的"鸵鸟态度"，不仅于事无补，反而还会让矛盾积累发酵、问题积重难返，错过解决问题的最佳"窗口期"，导致更为严重的后果。因此，发现问题，要勇于回应，对问题遮遮掩掩，放任自流，很有可能会养痈成患、适得其反。

三、善于分析问题

既敏于发现问题又敢于直面问题，这只是为解决问题打好了基础、奠定了前提，但这还远不是解决问题，因为还必须认真分析进而深入把握问题。如果对问题缺乏分析和正确理解，对于解决问题来说，既可能"离题万里"，也可能"南辕北辙"，危害非常大。显然，善于分析问题在解决问题过程中具有突出重要性。

早在 1935 年，毛泽东就提醒人们说："有许多同志喜欢作总结，而不喜欢分析问题。综合是分析的结果，分析是综合的手段。统一的东西必须经过分析，发现问题，暴露问题，分析问题，才能有正确的结论。"②对问题进行深入分析，对找到解决问题的方法和手段是具有决定性的。为此，他还明确强调："大略的调查和研究可以发现问题，提出问题，但还是不能解决问题。要解决问题，还须作系统的周密的调查工作和研究工作，这就是分析的过程。"③所以，分析问题很重要，但正确和深入地分析更重要；如果只是关注问题的表象，而缺乏深入分析，就会浮于表面、陷入形式主义的怪圈。改革开放后，邓小平也有针对性地强调："不能只在眼前的事务里面打圈子，要用宏观战略的眼光分析问题，拿出具体措施。"④站在正确立场、运用科学眼光分析问题，进而科学决策、解决问题对于推动中国特色社会主义发展至关重要。

进入新世纪，国内外形势都发生了重大变化，不熟悉、不了解的事情日趋增多，习近平用"细"和"准"二字明确强调了深入分析问题与掌握全面情况的重要性。不仅要全面深入细致地了解实际情况，更要善于分析矛盾、发现问题，透过现象看本质，把握规律性的东西。⑤新时代"两个大

---

① 习近平：《论坚持全面深化改革》，中央文献出版社 2018 年版，第 328 页。
②《毛泽东思想年编：1921—1975》，中央文献出版社 2011 年版，第 366 页。
③《毛泽东选集》第 3 卷，人民出版社 1991 年版，第 839 页。
④《邓小平文选》第 3 卷，人民出版社 1993 年版，第 355 页。
⑤ 习近平：《之江新语》，浙江人民出版社 2007 年版，第 1 页。

局"历史性交汇,新问题、难问题更多。鉴于此,习近平在 2016 年召开的中央经济工作会议上,明确要求领导干部"要深入调研、加强分析、加强学习、提高本领……要善于解剖麻雀……要自觉补充知识,增强分析问题、解决问题能力"①,不断解决我国在发展中所面临的问题,突出强调了分析问题在问题导向中的重要性。他在 2020 年秋季学期中央党校中青年干部培训班开班式上的讲话中再次强调:领导干部要"敢于和善于分析回答现实生活中和群众思想上迫切需要解决的问题,不断深化改革开放,不断有所发现、有所创造、有所前进,不断推进理论创新、实践创新、制度创新"②。

在善于分析问题上,马克思主义作为科学世界观和方法论的特质和优势就彰显出来了。在 20 世纪 40 年代前后,以毛泽东为代表的中国共产党人就已经认识到,正确对待马克思主义就是要运用马克思恩格斯"他们的立场、观点和方法,来具体地研究中国的现状和中国的历史,具体地分析中国革命问题和解决中国革命问题"③,而这就是马克思主义中国化的真谛。邓小平 1978 年在全军政治工作会议上也明确要求"要用马克思主义的立场、观点、方法来分析问题,解决问题"④。新时代,习近平在很多场合也反复强调运用辩证唯物主义和历史唯物主义的科学方法,来不断分析和解决中国的实际问题,这是正确对待和发展马克思主义的基本途径。善于分析问题,实质上就是善于坚持和运用马克思主义科学方法来深入分析中国实际问题。具体言之如下。

首先,坚持具体问题具体分析的方法。马克思主义的精髓是对具体的问题作具体的分析,由于问题背后的矛盾具有特殊性,不同事物的矛盾具有不同特点,同一事物的矛盾在发展的不同阶段也各不相同,因此,面对问题时不能一概而论,"要善于具体问题具体分析,弄清楚哪些是体制机制弊端造成的问题,哪些是工作责任不落实造成的问题,哪些是条件不具备一时难以解决的问题"⑤。

1945 年 5 月,毛泽东在中国共产党第七次全国代表大会上明确提出:

---

① 中共中央文献研究室编:《习近平关于社会主义经济建设论述摘编》,中央文献出版社 2017 年版,第 333 页。

②《习近平谈治国理政》第一卷,外文出版社 2018 年版,第 21 页。

③《毛泽东选集》第 3 卷,人民出版社 1991 年版,第 797 页。

④《邓小平文选》第 2 卷,人民出版社 1994 年版,第 118 页。

⑤ 中共中央宣传部编:《习近平新时代中国特色社会主义思想学习纲要》,人民出版社 2019 年版,第 248 页。

"我们的同志们还要善于分析问题。我们党内过去有一个习惯,就是有一个固定的框子,无论做文章、讲话,都用这个框子去套。这个框子就是所谓党八股。我们要打破这个框子。"①这样做就搞不好对问题的分析,真正善于分析问题要求"对每一问题要根据详细的材料加以具体的分析,然后引出理论性的结论来"②,比如要对问题产生的历史、经济、政治、文化背景进行认真研究,搞清楚它的来龙去脉、具体表现以及和其他问题的具体关系等。后来邓小平对此进一步解释说:"在分析任何一个问题的时候,注意当时当地的具体条件很重要。当然,根据当时当地的具体条件进行分析,并不是说对所有的问题都要加以原谅,而是说要根据当时当地的情况来进行研究,是大问题就是大问题,是小问题就是小问题,不应当犯的错误就不应当犯。"③2003 年 2 月,习近平发表《调研工作务求"深、实、细、准、效"》一文,强调"认真听取各方面的意见,深入分析问题,掌握全面情况",最好做到"深细实"的统一④,进而把具体问题具体分析更为形象生动而又全面地表达了出来。它表明,具体问题具体分析,就是要明确问题的大小多少、轻重缓急和难易程度,实事求是地推出结论。同时,对于思想认识问题、政治原则问题、群众正当的利益诉求问题分门别类,具体应对。对于问题的发生机制要分类应对,明晰哪些是体制机制的原因,哪些是工作失责的原因,哪些是缺少条件的原因。通过对症下药,有的放矢,防止对问题视而不见、麻痹大意、以偏概全、任意夸大等行为。

其次,坚持透过现象看本质的方法。任何事物都有现象和本质两个方面,许多问题并不是一眼就能看穿识透的,而是需要见微知著、由表及里,透过现象看本质、撇开枝节抓根本。要做到在分析问题时,"善于透过现象看本质……从繁杂问题中把握事物的规律性,从苗头问题中发现事物的倾向性,从偶然问题中揭示事物的必然性"⑤。也就是党的二十大报告中提出的"要善于通过历史看现实、透过现象看本质"⑥。要想不迷失在问题的表象中,就要运用辩证唯物主义的方法,清晰地判断出问题的本质。

---

① 《毛泽东文集》第 3 卷,人民出版社 1996 年版,第 398 页。

② 《毛泽东选集》第 3 卷,人民出版社 1991 年版,第 814—815 页。

③ 中共中央文献研究室编:《邓小平文集(1949—1974)》(中卷),人民出版社 2014 年版,第 141 页。

④ 习近平:《之江新语》,浙江人民出版社 2007 年版,第 1 页。

⑤ 刘云山:《增强问题意识　坚持问题导向》,《学习时报》,2014 年 5 月 19 日。

⑥ 习近平:《高举中国特色社会主义伟大旗帜　为全面建设社会主义现代化国家而团结奋斗——在中国共产党第二十次全国代表大会上的报告》,人民出版社 2022 年版,第 21 页。

当下，国内外形势正发生深刻复杂变化，内外部环境的复杂性、严峻性、不确定性上升，使我国经济面临的风险挑战增多，国际上鼓吹"中国衰退论"的论调屡见不鲜，但我们必须透过表象看到这些风险挑战不会改变中国经济稳中向好、长期向好的基本面，不会阻挡中国经济稳健前行的步伐。正如有评论员指出的："我国发展仍具有诸多战略性的有利条件，阐明了我国经济稳中向好、长期向好基本面不会改变的科学依据。"①

在《调研工作务求"深、实、细、准、效"》一文中，习近平用"准"字来生动地表达这一要求，强调它"就是不仅要全面深入细致地了解实际情况，更要善于分析矛盾、发现问题，透过现象看本质，把握规律性的东西"②。2018 年，他在主持十九届中共中央政治局第六次集体学习时，形象地指出各级领导干部要练就和具备一双"政治慧眼"，"善于从政治上分析问题、解决问题。只有从政治上分析问题才能看清本质，只有从政治上解决问题才能抓住根本"。③在分析问题时，如果只观一隅、只察一面，就可能会一叶障目、盲人摸象，难以得出正确的结论。而要坚持用全面、辩证、长远的眼光，"研机析理、察形见势，从繁杂问题中把握事物的规律性，从苗头问题中发现事物的倾向性，从偶然问题中揭示事物的必然性，努力实现从感性认识到理性认识的飞跃"④。

最后，坚持重点论分析方法，抓住问题的主要矛盾及其矛盾的主要方面。毛泽东在《矛盾论》中，明确指出事物的发展，是由不同矛盾推动的，其中主要矛盾无疑起着主导作用，"捉住了这个主要矛盾，一切问题就迎刃而解"⑤。党的二十大报告也将把握好主要矛盾视为推进党和国家各项事业的科学思想方法。⑥分析和解决问题，关键往往在于抓住主要矛盾和矛盾的主要方面。具体来说，就是要运用马克思主义的立场、观点、方法，在对问题进行系统分析和全面解剖的基础上，挖得深、剥得细、辩得明，由浅到深、由点及面、由此及彼，指出问题的实质和根源，充分剖析依附于问题表象背后的深层次矛盾和内在机理，找准问题产生的主要原因和根本症结，紧紧抓住

---

① 本刊评论员：《中国经济向好基本面不会改变》，《求是》2022 年第 10 期。

② 习近平：《之江新语》，浙江人民出版社 2007 年版，第 1 页。

③《习近平谈治国理政》第三卷，外文出版社 2020 年版，第 98 页。

④ 刘云山：《增强问题意识 坚持问题导向》，《学习时报》2014 年 5 月 19 日。

⑤《毛泽东选集》第 1 卷，人民出版社 1991 年版，第 322 页。

⑥ 习近平：《高举中国特色社会主义伟大旗帜 为全面建设社会主义现代化国家而团结奋斗——在中国共产党第二十次全国代表大会上的报告》，人民出版社 2022 年版，第 21 页。

主要矛盾和矛盾的主要方面。唯有这样，才能增强工作的预见性和科学性，也才能对症下药。习近平指出："党的百年奋斗历程告诉我们，党和人民事业能不能沿着正确方向前进，取决于我们能否准确认识和把握社会主要矛盾、确定中心任务。"①这是坚持重点论分析法的典型论述。

新时代，随着改革开放和中国特色社会主义不断推进，我们将会遇到更多的问题和风险。要克服前进道路上的困难、战胜各种风险挑战，必须"善于抓主要矛盾和矛盾的主要方面，明确有效破解问题的主攻方向，带动全局工作，推进事业全面发展"②。只有在分析问题时抓大放小、把握大势、着眼大事，注重抓事关全局、事关长远发展、事关人民福祉的紧要问题，才能明确有效破解问题的主攻方向，找到解决各种复杂问题的重点，才能牵住"牛鼻子"，起到纲举目张的作用。

四、强于解决问题

强化问题意识、坚持问题导向的归宿和落脚点是解决问题，敏于发现问题、敢于正视问题、善于分析问题最终都是为有效解决问题服务的，解决问题处于最终阶段，往往也是最高阶段，强于解决问题自然而然也是问题意识的重要的核心环节。解决不了问题，往往只能证明前述三个环节本身出现了问题。习近平多次强调，中国共产党人干革命、搞建设、抓改革，从来都是为了有效解决中国的现实问题，我们党正是在不断解决问题中取得了一个又一个伟大胜利，找到了实现中华民族伟大复兴的正确道路——中国特色社会主义道路。

新时代，强于解决问题无疑有着更重要的地位，因为新时代问题更多更复杂，既等不起也拖不起。习近平在世界经济论坛 2017 年年会开幕式上，明确提出："我们既要有分析问题的智慧，更要有采取行动的勇气。"③他要求党员干部能够"提出治本之策，努力在切实解决问题上下工夫，在真正化解矛盾上做文章"④，针对一些重大难题、人民群众反映强烈的问题"尽

---

① 《习近平谈治国理政》第四卷，外文出版社 2022 年版，第 30 页。

② 中共中央宣传部编：《习近平新时代中国特色社会主义思想学习纲要》，人民出版社 2019 年版，第 248—249 页。

③ 习近平：《习近平主席在出席世界经济论坛 2017 年年会和访问联合国日内瓦总部时的演讲》，人民出版社 2017 年版，第 7 页。

④ 习近平：《之江新语》，浙江人民出版社 2007 年版，第 79 页。

快实事求是地解决，干脆利落地解决，不要拖泥带水"①，要始终重视"真刀真枪解决问题"②。这样才能经得起历史的检验，才能得到人民的认可。

马克思主义的科学立场和方法之所以重要，我们之所以前赴后继、一代又一代地去推动马克思主义中国化，是因为马克思主义不仅能够指导我们发现、分析和认识问题，同时也能指导我们去有效解决问题。党的二十大报告中为此再次鲜明指出："坚持运用辩证唯物主义和历史唯物主义，才能正确回答时代和实践提出的重大问题……坚持以马克思主义为指导，是要运用其科学的世界观和方法论解决中国的问题……坚持解放思想、实事求是、与时俱进、求真务实，一切从实际出发，着眼解决新时代改革开放和社会主义现代化建设的实际问题，不断回答中国之问、世界之问、人民之问"③，进而不断获得正确回答时代问题而又符合事物发展客观规律的科学认知，推动理论创新，并用这种创新理论指导中国的实践。马克思主义为我们提供了捕捉问题、发现问题和解决问题的基本理论和方法。与分析问题一样，马克思主义的观点和方法是解决问题的重要原则。具体而言，强于解决问题应该努力做到以下几点。

第一，强于解决问题要深入实践，注重实效。社会发展问题产生于社会实践，它是客观存在的，只有深入实践才能把握问题、找到解决问题的正确方法，进而有效解决问题。所以，受马克思主义影响，毛泽东于 1930 年在《反对本本主义》中就强调，对于解决问题，"冥思苦索地'想办法'，'打主意'"是没有用的，问题的解决方案只能存在于实践之中，只有通过深入实践进行调查，从实际出发、实事求是，根据不同的现实情况，寻找不同的解决问题的办法。毛泽东在《反对本本主义》中还号召："迈开你的两脚，到你的工作范围的各部分各地方去走走，学个孔夫子的'每事问'，任凭什么才力小也能解决问题，因为你未出门时脑子是空的，归来时脑子已经不是空的了，已经载来了解决问题的各种必要材料，问题就是这样子解决了"。正所谓"调查就像'十月怀胎'，解决问题就像'一朝分娩'。调查就是解决问题"。④

1978 年 6 月，邓小平在全军政治工作会议上指出："我们开会，作报

① 《邓小平文选》第 2 卷，人民出版社 1994 年版，第 147 页。

② 中共中央党史和文献研究院、中央"不忘初心、牢记使命"主题教育领导小组办公室编：《习近平关于"不忘初心、牢记使命"论述摘编》，党建读物出版社、中央文献出版社 2019 年版，第 181 页。

③ 习近平：《高举中国特色社会主义伟大旗帜 为全面建设社会主义现代化国家而团结奋斗——在中国共产党第二十次全国代表大会上的报告》，人民出版社 2022 年版，第 17 页。

④ 《毛泽东选集》第 1 卷，人民出版社 1991 年版，第 110—111 页。

告，作决议，以及做任何工作，都为的是解决问题。我们说的做的究竟能不能解决问题，问题解决得是不是正确，关键在于我们是否能够理论联系实际，是否善于总结经验，针对客观现实，采取实事求是的态度，一切从实际出发。"必须深入实践，搞清楚问题的客观实际，才能找到正确的解决办法，"如果我们不这样做，那我们就一定什么问题也不可能解决，或者不可能正确地解决"①。

进入新世纪，2003 年 2 月习近平在《调研工作务求"深、实、细、准、效"》一文中进一步提出，解决问题的关键就在于"深"，即要深入群众，深入基层，善于与工人、农民、知识分子和社会各界人士交朋友，到田间、厂矿、群众和社会各层面中去解决问题，也就是要深入社会各种实践活动，这样才能对问题有"实"和"细"的了解、把握，客观而又深入地掌握问题，最终做到"准"和"效"，即找到解决问题的准确办法，提出解决问题的办法切实可行，制定的政策措施有较强操作性，做到出实招，见实效②。这既把问题意识的核心环节串联为有机整体，也把强于解决问题的基本要求很好地表达出来。新时代，习近平在此基础上明确要求，真正强于解决问题，"要教育引导广大党员干部了解民情、掌握实情，搞清楚问题是什么、症结在哪里，拿出破解难题的实招、硬招。调查研究要注重实效，使调研的过程成为加深对党的创新理论领悟的过程，成为保持同人民群众血肉联系的过程，成为推动事业发展的过程"③。

第二，强于解决问题要坚持人民群众的基本立场。2013 年 3 月，习近平在中央党校春季学期开学典礼上提出："立场，是人们观察、认识和处理问题的立足点。"④对于马克思主义政党来说，必须坚持站稳人民立场来分析问题、解决问题。这首先是有科学依据的，因为社会历史中的问题，都源于人民群众的实践。人民群众对社会中的各种问题处于直接感受、了解的第一线，往往对问题是怎么来的、究竟怎么回事，前因后果、核心要素、要害关键等最有发言权。为此，毛泽东专门提醒我们："我们的同志不要以为自己还不了解的东西，群众也一概不了解。许多时候，广大群众跑到

---

①《邓小平文选》第 2 卷，人民出版社 1994 年版，第 113—114 页。

② 参见习近平：《之江新语》，浙江人民出版社 2007 年版，第 1 页。

③ 中共中央党史和文献研究院、中央"不忘初心、牢记使命"主题教育领导小组办公室编：《习近平关于"不忘初心、牢记使命"论述摘编》，党建读物出版社、中央文献出版社 2019 年版，第 226 页。

④ 习近平：《学习和掌握马克思主义立场观点方法是深入学习中国特色社会主义理论的根本要求》，《学习时报》2013 年 4 月 28 日。

我们的前头去了。"①其次是有价值依据的，很多社会问题都与人民群众的利益息息相关，有些问题就是人民最关心、最直接、最现实的利益问题，也因此最能激发人民群众的积极性、主动性，也能激发群众智慧。中国共产党依据马克思主义政党性质，不仅确定了全心全意为人民服务的宗旨、以人民为中心的发展思想，而且将其创造性地转化为群众路线这一解决问题的基本方法。2019 年 2 月通过的《中共中央关于加强党的政治建设的意见》，明确要求新时代"要坚持群众路线这一基本领导方法，不断增强群众工作本领"②。改革开放以来，历届党和国家领导人都反复强调，在分析和解决问题的过程中，一定要注意激发群众能动性、发挥群众智慧，问政于民、问计于民、问需于民、问策于民。新时代，习近平除了反复强调这一点外，还明确提出党员干部在实际工作中"要自觉拜师人民、尊重人民、依靠人民"。最后，问题解决与否、解决效果好不好，人民群众是裁判，是"阅卷人"。对此，习近平于 2020 年在"不忘初心、牢记使命"主题教育总结大会上，要求"紧盯问题、精准整改。突出问题导向，从一开始就改起来，奔着问题去、盯着问题改，对标整改、源头整改、系统整改、联动整改、开门整改……做到问题不解决不松劲、解决不彻底不放手、群众不认可不罢休，一锤接着一锤敲，确保取得的成果经得起实践、人民、历史检验"③。实践、历史检验，最终也是取决于人民群众的认可。

第三，强于解决问题要坚持重点论，善于抓住和化解主要矛盾，解决主要问题。矛盾和问题处处存在、时时发生。唯物辩证法告诉我们，事物的主要矛盾决定事物的性质和发展方向，只有抓住了主要矛盾和矛盾的主要方面，才能找到解决各种复杂问题的重点，才能牵住"牛鼻子"，起到纲举目张的作用。习近平为此特意强调："面对复杂形势和繁重任务，首先要有全局观，对各种矛盾做到心中有数，同时又要优先解决主要矛盾和矛盾的主要方面，以此带动其他矛盾的解决。"④通过正确区分主要矛盾与次要矛盾、矛盾的主要方面与次要方面，明确化解问题的根本方向，以此进一步区分重大问题与一般问题、深层问题与表面问题，对性质不同、种类不同因而地位和作用不

---

① 《毛泽东选集》第 3 卷，人民出版社 1991 年版，第 1095—1096 页。

② 中共中央党史和文献研究院编：《十九大以来重要文献选编》（上），中央文献出版社 2019 年版，第 799 页。

③ 中共中央党史和文献研究院编：《十九大以来重要文献选编》（中），中央文献出版社 2021 年版，第 374 页。

④ 参见董振华：《治国理政方法十讲》，人民出版社 2017 年版，第 11 页。

同的问题，采取不同的处理方式。例如，"对突出短板弱项要扭住不放、持续用力，一个问题一个问题解决，确保取得成效"①，对影响长远发展的重大全局性问题，要集思广益，群策群力，花大力气解决；对棘手疑难问题，要不推不拖，千方百计，下大决心解决；对损害群众利益的问题，要紧盯严查、决不手软，优先加以解决；对思想作风方面的问题，要常抓不懈，防患未然，下大力气解决。如此才能事半功倍，掌握主动权，有效推动问题的解决。

第四，强于解决问题特别需要责任担当意识和韧劲精神。2014年3月，习近平在调研指导兰考县党的群众路线教育实践活动时指出，好的党员干部，"实实在在做人做事"，"堂堂正正、光明磊落，敢于担当责任，勇于直面矛盾，善于解决问题，不搞'假大空'"②。2020年，习近平在中央党校（国家行政学院）中青年干部培训班开班式上，强调好的党员干部"想干事、能干事、干成事"，而这表现为能够"不断解决问题、破解难题"③，当然离不开责任意识和担当精神。习近平一方面从客体角度——问题本身的特点强调"问题绕不开躲不过，应当有敢于触及矛盾、解决问题的责任担当"④，另一方面又从主体角度强调，"看一个领导干部是否合格，很重要的是看有没有责任感，有没有担当精神"⑤，缺乏责任和担当，就不可能成为好干部，不想干事、也干不了事。遇到问题就"躲怕推"进而行"庸懒散"之举，怀有"等领导坐镇、靠老本吃饭、要我行我素"的思想，只会加重问题的复杂性和严重程度，这样的党员干部就是从严治理的对象。要教育党员干部牢固树立"守土有责、守土负责、守土尽责"意识，进而"碰到难题敢于触及，遇到矛盾主动解决，想方设法把问题化解在萌芽状态，解决在职责范围之内，决不能敷衍了事、上交矛盾"⑥。要敢于直面困难，主动承担急难险重任务，积极化解各种复杂矛盾，不避难，敢担当，坚决摒弃瞻前顾后、怕担风险、见事迟缓、反应迟钝的现象。根据各自的工作职责，主动作为，研究谋划、思考部署，积极主动，扎扎实实地推动工作，积极协调

---

① 全国干部培训教材编审指导委员会编：《全面推进国防和军队现代化》，人民出版社2019年版，第58页。

② 中共中央文献研究室、中央党的群众路线教育实践活动领导小组办公室编：《习近平关于党的群众路线教育实践活动论述摘编》，中央文献出版社2014年版，第44页。

③ 习近平：《年轻干部要提高解决实际问题能力　想干事能干事干成事》，《人民日报》2020年10月11日。

④ 刘云山：《增强问题意识　坚持问题导向》，《学习时报》2014年5月19日。

⑤ 习近平：《推进党的建设新的伟大工程要一以贯之》，《求是》2020年第19期。

⑥ 刘云山：《增强问题意识　坚持问题导向》，《学习时报》2014年5月19日。

解决推进工作中的困难和问题。

问题的解决往往需要一个过程，很少"一蹴而就"，特别是重大疑难问题，解决起来颇有难度，相当耗时耗力耗神。强于解决问题，还需具有韧劲精神。党的十八大以来，习近平多次强调钉钉子精神，并将钉钉子精神作为一以贯之的工作作风和本领方法。他形象地指出："钉钉子往往不是一锤子就能钉好的，而是要一锤一锤接着敲，直到把钉子钉实钉牢，钉牢一颗再钉下一颗，不断钉下去，必然大有成效。如果东一榔头西一棒子，结果很可能是一颗钉子都钉不上、钉不牢。"[①]在谈及如何解决我国脱贫攻坚这个重大难题时，他明确说："这件事我要以钉钉子精神反反复复地去抓。"[②]在解决问题时，要在有明确目标、掌握科学方法基础上，因地制宜，久久为功，"要发扬钉钉子的精神，有咬定青山不放松的耐心和恒心，在攻克一个又一个问题堡垒中不断创造新的业绩"[③]。

第五，强于解决问题，要不断学习本领，提高解决问题的能力。强于解决问题归根结底取决于主体的能力。习近平指出，无论是新问题还是老问题，综合性问题还是单一性问题，专业性问题还是政策性问题，"要认识好、解决好，唯一的途径就是增强我们自己的本领"。新时代的社会发展变化很快，不熟悉、不了解的东西越来越多，面临问题的复杂程度、解决问题的艰难程度远远超过以往，很多党员干部就会出现"新办法不会用，老办法不管用，硬办法不敢用，软办法不顶用"的情况，解决问题时出现"本领恐慌"[④]。所以，新时代我们一定要有增强本领、提高能力的紧迫感，才能不负时代、不负人民。能力不是固有的，本领也不是天生的，增强本领、提高能力就要加强学习。既要认真学习马克思主义理论、习近平新时代中国特色社会主义思想，自觉地将其中的理论、方法运用到解决当下的现实问题当中，又要学习各种专业知识提高专业能力、学习岗位知识提高岗位能力，来解决当下的各种具体实际问题。要带着问题学，遇到问题要找知识上的不足和技能上的差距，补齐短板，提高解决问题的能力。带着问题思考，对碰到的问题要举一反三，把知识理论转化为解决实际问题的成效。带着问题调研，深入到基层一线中总结经验和规律，寻找解决问题的钥匙。

---

① 《习近平谈治国理政》第一卷，外文出版社 2018 年版，第 400 页。

② 杜尚泽、张晓松：《"这件事我要以钉钉子精神反反复复地去抓"——记习近平总书记在重庆专题调研脱贫攻坚》，《人民日报》2019 年 4 月 19 日。

③ 刘云山：《增强问题意识 坚持问题导向》，《学习时报》2014 年 5 月 19 日。

④ 《习近平谈治国理政》第一卷，外文出版社 2018 年版，第 402—403 页。

五、自觉养成科学思维方式

问题意识，一般而言主要包括发现问题、正视问题、分析问题、解决问题四大环节。而这四大环节，严格来说都需要科学的思维方式，进而促进科学方法的生成。在这个意义上，自觉养成科学思维方式可以视为问题意识的渗透性环节，也是一个重要的核心环节。习近平新时代中国特色社会主义思想对之高度重视，多有论述。

当然，这里所谓的"科学思维方式"，不过是马克思主义科学世界观和方法论在主体上的转化和内化，表现为主体自觉的理论思维方式和思维意识。习近平明确指出："面对着十分复杂的国内外环境，肩负着繁重的执政使命，如果缺乏理论思维的有力支撑，是难以战胜各种风险和困难的，也是难以不断前进的。"[①]问题意识、坚持问题导向离不开这些理论思维的支撑。党的二十大报告对此有明确指认，强调"不断提高战略思维、历史思维、辩证思维、系统思维、创新思维、法治思维、底线思维能力，为前瞻性思考、全局性谋划、整体性推进党和国家各项事业提供科学思想方法"[②]。它们同时也为破解我国发展中的各种难题提供了科学指南。我们要学会运用这些思维方式来分析问题、解决问题。

第一，历史思维。所谓历史思维，是一种有效研究历史事实、总结历史经验、把握历史规律，最终能转化成为现实服务的理论思维。2018 年 1月，习近平在学习贯彻党的十九大精神研讨班开班式上的讲话中提出："历史和现实都告诉我们，一场社会革命要取得最终胜利，往往需要一个漫长的历史过程。只有回看走过的路、比较别人的路、远眺前行的路，弄清楚我们从哪儿来、往哪儿去，很多问题才能看得深、把得准。"[③]党的二十大报告为此强调，我们要"善于通过历史看现实"[④]。这就是历史思维的精髓。解决问题时要有历史眼光，以史为鉴、知古鉴今。能够从以往的历史中汲取经验和智慧，自觉按照历史规律和历史发展的辩证法办事，并且最终目的是要将其转化为解决我国发展中面临的具体问题的智慧。建设好我们这

① 中共中央文献研究室编：《习近平关于社会主义文化建设论述摘编》，中央文献出版社 2017 年版，第 63 页。

② 习近平：《高举中国特色社会主义伟大旗帜　为全面建设社会主义现代化国家而团结奋斗——在中国共产党第二十次全国代表大会上的报告》，人民出版社 2022 年版，第 20 页。

③《习近平谈治国理政》第三卷，外文出版社 2020 年版，第 70 页。

④ 习近平：《高举中国特色社会主义伟大旗帜　为全面建设社会主义现代化国家而团结奋斗——在中国共产党第二十次全国代表大会上的报告》，人民出版社 2022 年版，第 21 页。

样的大党，领导好我们这样的大国，要在历史思维指导下顺应历史大势，从历史中汲取力量。习近平多次强调领导干部要多学历史，强调历史是最好的教科书，中国革命历史是最好的营养剂。

第二，战略思维。所谓战略思维，就是用长远的眼光、全局的视角来看问题，意味着时间维度上的长远考虑、空间维度上的全局谋划、系统维度上的整体布局。

党的十八大以来，我国面临各领域的问题更加纷繁复杂，习近平进一步指出："对这些时代问题，首先要从时代的高度、大局的高度去看待、去研究，科学分析当前在和谐社会建设中所面临的问题和矛盾，分析成因，寻找对策，科学解决。"①只要"战略上判断得准确，战略上谋划得科学，战略上赢得主动，党和人民事业就大有希望"②，这要求我们在面对问题时，讲政治、谋全局、顾长远、抓根本，正所谓"不谋全局者不足以谋一域"。我国前进道路上会遇到来自经济、政治、文化以及社会各领域的问题和挑战，这些问题的形成原因错综复杂，紧密关联，往往是牵一发而动全身，对此，要提高解决复杂问题的能力，必然需要不断提高战略思维能力，"既立足当前又着眼长远，通过对未来趋势的判断、对事物本质的把握、对深层次问题的思考，做到深谋远虑，从而在把握战略全局中推进各项工作，在解决突出问题中实现战略突破"③。要自觉在大局观下行动，以想大事、谋大事、抓大事为己任，善于以广阔的视野来洞察全局、谋划全局、配合全局，从全局的高度去观察和处理问题。不能只见树木、不见森林，更不能闭目塞听，要联系现实和历史，局部与整体，国内与国际，正确把握事物发展的总体趋势和方向，真正向前展望、超前思维、提前谋局，才能因势而谋、应势而动、顺势而为，才能化解各种风险挑战。

第三，系统思维。"唯物辩证法认为，事物是普遍联系的，事物及事物各要素相互影响、相互制约，整个世界是相互联系的整体，也是相互作用的系统。……从客观事物的内在联系去把握事物，去认识问题、处理问题。"④在分析问题、解决问题时必须具有系统的观点，运用系统的方法。毛泽东早在 1945 年中国共产党第七次全国代表大会上就已经强调："系统地解决问题才叫做科学，不是系统的而是零碎的，就是正确的也不是科学

---

① 习近平：《之江新语》，浙江人民出版社 2007 年版，第 235 页。
②《习近平谈治国理政》第四卷，外文出版社 2022 年版，第 31 页。
③《善于从战略上看问题想问题》，《人民日报》2022 年 7 月 12 日。
④《习近平谈治国理政》第二卷，外文出版社 2017 年版，第 204 页。

的。"①新时代，经历广泛而深刻的社会变革，事物之间的关系更为错综复杂，任何改革和调整，"都是牵一发而动全身的，更需要全面考量、协调推进。不能畸轻畸重，也难以单刀突进"②。党的二十大报告为此强调："必须坚持系统观念。万事万物是相互联系、相互依存的。只有用普遍联系的、全面系统的、发展变化的观点观察事物，才能把握事物发展规律。"③

第四，底线思维。底线思维是以底线为导向的一种思维方法，要求我们在面对问题时，凡事从坏处准备，努力争取最好的结果，不回避矛盾，不掩盖问题，客观分析每个可能出现的问题，并妥善解决问题。早在党的七大闭幕会前，毛泽东就明确提出："不论任何工作，我们都要从最坏的可能性来想、来部署。"④这一表述把底线思维的核心要义简洁清楚地表达出来了。改革开放后，邓小平也明确要求："我们要把工作的基点放在出现较大的风险上，准备好对策。"⑤这是底线思维的典型运用。

党的十八大以来，面对波谲云诡的国际形势、复杂敏感的周边环境、艰巨繁重的改革发展稳定任务，防患于未然、化解风险的重要性愈益凸显，习近平为此多次强调："要善于运用'底线思维'的方法，凡事从坏处准备，努力争取最好的结果，这样才能有备无患、遇事不慌，牢牢把握主动权。"⑥2019年1月，我们党还专门召开了省部级主要领导干部坚持底线思维着力防范化解重大风险专题研讨班，习近平在开班式上强调，"深刻认识和准确把握外部环境的深刻变化和我国改革发展稳定面临的新情况新问题新挑战，坚持底线思维，增强忧患意识，提高防控能力，着力防范化解重大风险，保持经济持续健康发展和社会大局稳定"⑦。这是新时代必须特别重视的，党的二十大报告为此也明确要求，必须增强忧患意识，坚持底线思维，提高防范和化解风险的能力，保持居安思危的精神状态，努力做到未雨绸缪。

善于运用底线思维来化解问题，在当下有很多具体要求。例如，经济问题上我们要求守住不发生金融风险的底线，社会发展问题上要求守住社

① 《毛泽东文集》第 3 卷，人民出版社 1996 年版，第 402 页。

② 中共中央文献研究室编：《习近平关于全面深化改革论述摘编》，中央文献出版社 2014 年版，第 33 页。

③ 习近平：《高举中国特色社会主义伟大旗帜 为全面建设社会主义现代化国家而团结奋斗——在中国共产党第二十次全国代表大会上的报告》，人民出版社 2022 年版，第 20 页。

④ 《毛泽东文集》第 6 卷，人民出版社 1999 年版，第 404 页。

⑤ 《邓小平文选》第 3 卷，人民出版社 1993 年版，第 267 页。

⑥ 中共中央宣传部编：《习近平总书记系列重要讲话读本》，人民出版社 2016 年版，第 288 页。

⑦ 《习近平谈治国理政》第三卷，外文出版社 2020 年版，第 219 页。

会稳定的底线，民生问题上要求做好"三农"、扶贫等底线工作，国家安全问题上要求用好军事保底手段等。可见，善于运用底线思维意味着在面对问题时要宁可把形势想得更复杂一点，把挑战看得更严峻一些，做最坏的打算，但做最充分、最周详的努力，努力争取最好的结果。

第五，辩证思维。辩证思维始终贯穿问题意识的所有环节。其核心就在于坚持辩证唯物主义的立场和观点，既唯物又辩证地看待问题、寻找解决问题的办法，坚持"两点论"和"重点论"的统一，客观地、发展地和联系地、全面地、系统地而非主观地、孤立静止地、片面地、零散地观察事物、分析问题、解决问题。它和形而上学的思维方式是根本对立的。江泽民为此指出："我们学习理论，关键是要学会运用马克思主义的立场、观点、方法来观察和解决问题，提高辩证思维的能力，防止形而上学和片面性。"①

当今世界正经历百年未有之大变局，国内发展环境也经历着深刻变化，习近平多次强调："我们要辩证地认识和把握国内外大势……深刻认识我国社会主要矛盾发展变化带来的新特征新要求，深刻认识错综复杂的国际环境带来的新矛盾新挑战。"②这表明首先要以辩证思维方式来全面把握新时代的发展形势、面临的问题。在处理我国不同领域的重大问题时，同样要坚持辩证思维。习近平在 2021 年中央经济工作会议上，针对经济发展明确要求，"干事业做工作大方向要正确，重点要明确，战略要得当，同时要把控好细节，把政治经济、宏观微观、战略战术有机结合起来，做到谋划时统揽大局、操作中细致精当"③。针对社会治理，我们党提出"社会治理是一门科学，管得太死，一潭死水不行；管得太松，波涛汹涌也不行。要讲究辩证法，处理好活力和秩序的关系，全面看待社会稳定形势，准确把握维护社会稳定工作"④。

第六，创新思维。新时代，我国处于全面深化改革、适应经济新常态，贯彻新发展理念的战略格局之下，面临着不同于以往的新情况新问题，凭经验翻旧历，循旧历找教科书已不能更好地解决和应对，需要我们努力想新办法，并且掌握创新的内在规律和诀窍，不断运用创新思维去应对、解决前进路上的新情况、新问题。

①《江泽民文选》第 2 卷，人民出版社 2006 年版，第 286 页。

② 习近平：《正确认识和把握中长期经济社会发展重大问题》，《求是》2021 年第 2 期。

③《运筹帷幄定基调，步调一致向前进——2021 年中央经济工作会议侧记》，《人民日报》2021 年 12 月 12 日。

④ 中共中央党史和文献研究院编：《习近平关于防范风险挑战、应对突发事件论述摘编》，中央文献出版社 2020 年版，第 84 页。

　　面对新时代如何突破自身发展瓶颈、不断解决深层次的矛盾和问题的历史重任，习近平明确指出"根本出路就在于创新"①。新时代下，我们面临着诸如如何缩小贫富差距、扎实有效推进共同富裕、怎样构建新发展格局、如何防范化解重大风险等一系列重大且棘手的经济社会发展问题亟待解决。然而，越是重大、复杂的问题，就越需要我们善用创新思维打破常规、闯出新路。不仅如此，广大党员干部特别是领导干部，以及各行各业的从业者都需要敢于解放思想、打破思维定式、勇于突破试错、主动求新求变，加强与外部的交流互动，不断提出新思路、开辟新领域、探索新路径，为重大发展问题的解决贡献力量。

　　第七，法治思维。党的十八大以来，以习近平同志为核心的党中央高度重视法治能力建设，特别强调运用法治思维和法治方式化解矛盾。所谓法治思维，就是以法治理念和法律精神为导向，运用法律的原则和规则思考和处理问题的观念和意识，而法治方式则是运用法治思维来解决和处理问题的方式。

　　当前，我国改革进入攻坚期和深水区，经济发展进入新常态。随之而来的环境保护、食品药品安全、生产安全、社会治安等问题引发的社会矛盾和问题日渐增多。同时，在数字时代的互联网和新媒体的推动下，网络的推波助澜给社会问题的化解带来了更复杂的挑战。因此，单纯以价值理念为主的道德约束已不足以彻底化解社会的暴力问题和冲突，必须严格依据法律来规范个人行为，设置底线，把利益冲突控制在法律制度的范围内，在社会范围内树立法律的权威，形成法治共识，才能使问题得到真正解决。2015 年 2 月，习近平在省部级主要领导干部学习贯彻十八届四中全会精神全面推进依法治国专题研讨班开班式上明确要求："谋划工作要运用法治思维，处理问题要运用法治方式，说话做事要先考虑一下是不是合法。"②习近平在纪念现行宪法公布实施30 周年大会上同样强调，"各级领导干部要提高运用法治思维和法治方式深化改革、推动发展、化解矛盾、维护稳定能力，努力推动形成依法办事、遇事找法、解决问题用法、化解矛盾靠法的良好法治环境，在法治轨道上推动各项工作"③。新时代，无论是党政领导干部，还是广大群众，都应当加强法律学习，培养和强化法治素养，提高运用法治思维和法治方式解决问题的能力。

---

　　①《坚定不移深化改革开放加大创新驱动发展力度》，《人民日报》2013 年 3 月 6 日。

　　② 中共中央文献研究室编：《习近平关于全面深化改革论述摘编》，中央文献出版社 2014 年版，第 124 页。

　　③ 中共中央文献研究室编：《习近平关于全面深化改革论述摘编》，中央文献出版社 2014 年版，第 70 页。

第二节　新时代强化和深化问题意识的基本要求

在分析当代中国马克思主义问题意识生成独特的时代境遇时，我们就已经分析过新时代在中国特色社会主义发展、实现中华民族伟大复兴进程中独特的历史方位特征，如它是中华民族从富起来走向强起来的时代，是根本制度、基本制度和重要制度逐渐定型的时代，是中国日益走近世界舞台中央的时代等。这些独特的"历史方位"属性，使得社会问题具有独特的时代特征，如总体上是"发展起来以后的问题"却同时又是发展中的问题；人民日益增长的美好生活需要和不平衡不充分的发展之间的矛盾已经成为当前社会发展的"总问题"，很多社会问题都与"总问题"息息相关，"总问题"的解决离不开各种具体问题的解决，很多具体问题的解决离不开对"总问题"的求解；实现中华民族伟大复兴的战略全局和世界百年未有之大变局历史性交汇、相互激荡，造成新时代社会问题中国内国际因素深度关联、高度互动。

习近平新时代中国特色社会主义思想对以上新时代与社会问题的关联性以及新时代社会问题独有的时代特征都有清晰的认识，也正因此，它既对问题意识的一般性内容、普遍性要求，诸如敏于发现问题、敢于正视问题、善于分析问题、强于解决问题、重视主要问题和长远问题等有相应的论述，也对新时代如何真正践行问题导向、更好地秉持问题意识的特殊要求有清晰的认识。

一、社会问题与社会成就辩证统一起来分析

中国特色社会主义新时代，无疑是中国特色社会主义发展进程、中华民族伟大复兴历史进程中颇为独特的历史阶段。相较于改革开放前已具有一定发展基础和发展水平的发展阶段；相较于早期的改革共识度高、改革难度低，它属于改革步入攻坚期、深水区，难度日益加大的发展阶段。我们正是在不断解决社会问题中走到今天的，也为解决新问题提供了更好的基础、条件和保障，再难再复杂的问题都是发展中的问题，可以通过发展去不断解决。这也就决定了我们看待问题、分析问题时有必要把社会问题与社会成就辩证统一起来，对解决当前的问题充满信心和决心。这是当代

中国马克思主义问题意识突出的具有时代色彩的要求之一。

具体说来，新时代的社会问题具有如下独特性。

第一，新时代属于"发展起来"以后的历史时期，问题更多更复杂。习近平在中央党校建校 80 周年庆祝大会暨 2013 年春季学期开学典礼上明确指出，"当前，全党面临的一个重要课题，就是如何正确认识和妥善处理我国发展起来后不断出现的新情况新问题"[①]。这种"发展起来"的突出表现是，"我们已经拥有开启新征程、实现新的更高目标的雄厚物质基础。经过新中国成立以来特别是改革开放 40 多年的不懈奋斗，到'十三五'规划收官之时，我国经济实力、科技实力、综合国力和人民生活水平跃上了新的大台阶，成为世界第二大经济体、第一大工业国、第一大货物贸易国、第一大外汇储备国，国内生产总值超过 100 万亿元，人均国内生产总值超过 1 万美元，城镇化率超过 60%，中等收入群体超过 4 亿人。特别是全面建成小康社会取得伟大历史成果，解决困扰中华民族几千年的绝对贫困问题取得历史性成就"[②]。以往的发展取得了全方位的巨大成就，为未来走向更高水平、更高阶段的发展打下了坚实的基础，人民对美好生活的需要已经成为社会生活中极为重要的主题，这也同时对社会发展提出了更高的要求。

第二，中国特色社会主义已经进入发展关键期、改革攻坚期、矛盾凸显期，同时也是战略机遇期，"四期叠加"也使得当前我国同时正处于如习近平指出的实现中华民族伟大复兴的关键时期，问题一方面更复杂、解题难度大，另一方面一些问题越来越重要。早在 2013 年 10 月初举行的亚太经合组织工商领导人峰会上，习近平就强调"中国改革已进入攻坚期和深水区。这是因为，当前改革需要解决的问题格外艰巨，都是难啃的硬骨头"，所以"中国经济已经进入新的发展阶段，正在进行深刻的方式转变和结构调整。这就要不断爬坡过坎、攻坚克难"。[③]习近平在 2015 年 1 月 23 日主持十八届中共中央政治局第二十次集体学习时进一步明确指出，当前我国已经进入发展关键期、改革攻坚期、矛盾凸显期，我们面临的矛盾更加复杂。[④]习近平还经常强调新时代同时是中国特色社会主义发展的战略机遇期，是实现中华民族伟大复兴的关键时期。

①《习近平谈治国理政》第一卷，外文出版社 2018 年版，第 401 页。
②《习近平谈治国理政》第四卷，外文出版社 2022 年版，第 163 页。
③《习近平谈治国理政》第一卷，外文出版社 2018 年版，第 348、346 页。
④ 习近平：《论党的宣传思想工作》，中央文献出版社 2020 年版，第 128 页。

第三，新时代的经济发展步入特殊时期，对解决经济发展中的问题提出了更多要求。习近平指出："2013 年 7 月 25 日，在中央政治局常委会会议上，我强调我国经济正处于增长速度换挡期、结构调整阵痛期、前期刺激政策消化期叠加的阶段，加上世界经济也在深度调整，发展环境十分复杂，要准确认识我国经济发展阶段性特征，实事求是进行改革调整。"[①]习近平在2013 年 12 月召开的中央经济工作会议上首次明确提出经济发展"新常态"之说。在 2014 年 11 月亚太经合组织工商领导人峰会开幕式上，习近平对"新常态"作了系统阐释，强调它是经济从高速增长转为中高速增长，是经济结构不断优化升级——比如第三产业、消费需求逐步成为主体，城乡区域差距逐步缩小，居民收入占比上升，发展成果惠及更广大人民等，是从要素驱动、投资驱动转向创新驱动的经济发展状态；但与此同时要认识到中国经济增速虽然放缓，实际增量依然可观；中国经济增长更趋平稳，增长动力更为多元；中国经济结构优化升级，发展前景更加稳定；中国政府大力简政放权，市场活力进一步释放，这也是它的内在特质和要求。[②]

不管是"发展起来以后"的阶段，还是发展关键期、改革攻坚期、矛盾凸显期、战略机遇期的"四期叠加"，以及经济发展"增长速度换挡期、结构调整阵痛期、前期刺激政策消化期"的"三期叠加"和新常态，它们都使新时代的社会问题呈现以下特点。

第一，社会发展中面临的问题越来越多，其一是历史遗留的问题，拖而未决、拖而难决；其二更多的是新形势、新环境、新情况、新变化带来的新矛盾新问题，这些新矛盾新问题有的是老矛盾有了新表现，有的则是未曾出现过的全新的问题和挑战；其三是一些原来潜在的或隐性的问题转变为现实的或明显的问题，或者是不同领域、不同方面相互交织造成的交叉性、连带性问题明显增多。习近平在诸如主持十八届中共中央政治局第二十次集体学习、2013 年中央经济工作会议、中央党校建校 80 周年庆祝大会暨 2013 年春季学期开学典礼等很多场合都强调了这一点。

第二，社会发展中的一些问题越来越复杂。这种复杂性其一是因为有些问题是长期难以解决的问题遗留至今，其中不乏积重难返的问题，之所以积重难返很重要的一个原因是牵扯的利益面太广，往往牵一发而动全身，

---

①《习近平谈治国理政》第四卷，外文出版社 2022 年版，第 169 页。

② 参见习近平：《谋求持久发展 共筑亚太梦想——在亚太经合组织工商领导人峰会开幕式上的演讲》，《人民日报》2014 年 11 月 10 日。

加之新老因素叠加就更为复杂；其二是因为有些问题涉及到深层次的矛盾，单靠某一方面、某一层次的力量无从下手解决；其三是一些问题涉及国内国际因素的高度联动，有些问题是复合型、交叉性问题，有些问题是"问题背后的问题""次生性问题"等。

第三，新时代同时也是科技革命、信息技术革命的时代，人们的生产生活交流以前所未有的快节奏方式进行，信息传播以前所未有的快捷、迅猛的方式进入人们的日常生活，新时代同时是世界范围内面临"百年未有之大变局"的时代，"世界多极化、经济全球化、社会信息化、文化多样化"都在拓深拓宽，"世界正处于大发展大变革大调整时期……世界面临的不稳定性不确定性突出"①，"国际经济、科技、文化、安全、政治等格局都在发生深刻调整，世界进入动荡变革期"②，在两者的交互作用下，社会快速的变化成了常态，一是出现了很多新的社会现象和从未遇到的新问题，习近平对此有过形象的说明，他在庆祝海南建省办经济特区 30 周年大会上指出："新形势下，坚持和发展中国特色社会主义仍然有许多重大课题需要探索实践，有许多新的领域需要开拓创新。当前，改革在很多领域突入了'无人区'"，"无人区"的说法形象地表达了一些社会问题的全新性及其挑战的独特性，习近平为此要求我们还要"坚持摸着石头过河"，"在实践中求真知，在探索中找规律，不断形成新经验、深化新认识、贡献新方案"③。二是很多社会问题变化很快，不可预知、难以确定的因素越来越多，这一则造成问题很难解决，二则造成"灰犀牛""黑天鹅"等风险事件不断。所谓"灰犀牛"事件，一般指大概率会发生，即发生可能性很大却又经常被人轻视，最终造成重大恶果的事件，它主要源于在发生之前不被重视以至错过了最佳控制或解决的时机；所谓"黑天鹅"事件，一般指小概率、发生可能性较小但最终引起很大风险的突发事件、突发问题。两者很大程度上都是事物变化或者发生快速变化引起的。2019 年 1 月，习近平在省部级主要领导干部坚持底线思维着力防范化解重大风险专题研讨班开班式上发表重要讲话，专门强调："面对波谲云诡的国际形势、复杂敏感的周边环境、艰巨繁重的改革发展稳定任务，我们必须始终保持高度警惕，既要高度警惕'黑天鹅'事件，也要防范'灰犀牛'事件。"④党的二十大

①《习近平谈治国理政》第三卷，外文出版社 2020 年版，第 45 页。
② 习近平：《在深圳经济特区建立 40 周年庆祝大会上的讲话》，《人民日报》2020 年 10 月 15 日。
③ 习近平：《在庆祝海南建省办经济特区 30 周年大会上的讲话》，《人民日报》2018 年 4 月 14 日。
④《习近平谈治国理政》第三卷，外文出版社 2020 年版，第 219—220 页。

报告也强调:"我国发展进入战略机遇和风险挑战并存、不确定难预料因素增多的时期,各种'黑天鹅'、'灰犀牛'事件随时可能发生。"①

我们党作为世界上最大的马克思主义执政党,要始终赢得人民拥护、巩固长期执政地位,必须时刻保持解决大党独有难题的清醒和坚定②。新时代,中国共产党作为执政党,拥有 9600 多万名党员、490 多万个基层党组织,如何在整体上保持党的先进性和纯洁性是个巨大的挑战,如何真正实现全面领导、长期执政,如何践行初心,无疑是"独有难题"的重要内容。"大党独有难题"在新时代始终存在,而且会越来越凸显。所以,习近平为此强调:"我们党全面领导、长期执政,面临的最大挑战是对权力的监督","我们党作为执政党,面临的最大威胁就是腐败"。③"必须探索出一条党长期执政条件下实现自我净化的有效路径,这关乎党和国家事业成败,关乎我们能不能跳出历史周期率"④。

总而言之,新时代社会问题可谓多而杂、多而新、多而变,从问题解决角度而言,就是多而难。实践中,面对新时代社会问题多而难的境况,不少党员干部同样存在本领恐慌症、麻木不仁症、畏难逃避症、悲观牢骚症,它们都是影响正确贯彻问题意识重要的负面因素。

如何化解和克服这些负面因素,就成为了新时代坚持问题导向、发挥好问题意识作用所必须解决的课题。把社会问题与社会成就辩证统一起来分析,无疑是很重要的选项,这有助于我们从根本上、长远上看问题,进而端正对待问题的态度,找到解决问题之道。为此,习近平一方面多次指出,有问题并不可怕,怕的是对问题麻木不仁;领导干部要勇于直面问题、敢于正视问题。另一方面他也多次强调,我们中国共产党人干革命、搞建设、抓改革,从来都是为了解决中国的现实问题。这意味着,中国共产党百年的伟大成就是在解决问题中取得的;多次强调改革是由问题倒逼而产生,又在不断解决问题中得以深化,改革开放伟大征程,是在不断发现问题、解决问题中推进和深化的,四十多年改革开放取得的伟大成就,也是

---

① 习近平:《高举中国特色社会主义伟大旗帜 为全面建设社会主义现代化国家而团结奋斗——在中国共产党第二十次全国代表大会上的报告》,人民出版社 2022 年版,第 26 页。

② 习近平:《高举中国特色社会主义伟大旗帜 为全面建设社会主义现代化国家而团结奋斗——在中国共产党第二十次全国代表大会上的报告》,人民出版社 2022 年版,第 63 页。

③ 中共中央党史和文献研究院编:《十九大以来重要文献选编》(上),中央文献出版社 2019 年版,第 191 页。

④ 中共中央党史和文献研究院编:《十九大以来重要文献选编》(上),中央文献出版社 2019 年版,第 191 页。

通过不断解决问题取得的；多次强调中国特色社会主义新时代我们坚持问题导向，聚焦于全面深化改革所面临的重点难点问题、人民群众普遍关心的热点问题以及重大疑难问题，制定新的发展战略、宣传新的发展理念、推出新的发展举措来解决这些问题，也因之"攻克了许多长期没有解决的难题，办成了许多事关长远的大事要事，推动党和国家事业取得举世瞩目的重大成就"，"党和国家事业取得历史性成就、发生历史性变革，推动我国迈上全面建设社会主义现代化国家新征程"①。也正因此，党的二十大报告把"坚持问题导向"作为习近平新时代中国特色社会主义思想世界观和方法论的基本内容之一，并要求我们还要"聚焦实践遇到的新问题、改革发展稳定存在的深层次问题、人民群众急难愁盼问题、国际变局中的重大问题、党的建设面临的突出问题"②来不断推进中国特色社会主义建设。

而且，习近平在更为宏观的层面上明确强调整个人类社会就是在不断解决问题中发展和前进，如前文已经分析过的，他在 2020 年秋季学期中央党校（国家行政学院）中青年干部培训班开班式上的讲话中明确强调历史总是在不断解决问题中前进的。此外，他在 2018 年 6 月中央外事工作会议上，也明确指出"纵观人类历史，世界发展从来都是各种矛盾相互交织、相互作用的综合结果"③，且在更为微观层面上强调我们就是在解决具体问题、具体矛盾的过程中推动具体事物不断发展的。社会问题和社会成就、社会发展无论在何种意义上都是辩证统一的，中国共产党在每一个历史阶段的重大成就都离不开勇于直面问题、善于解决问题；我们未来要取得更大成就，只有不断解决前进中的问题。

与此同时，习近平一方面强调，新时代的社会问题虽然多而复杂、多而难解，但它们毕竟都是"发展中的问题"，绝不是不可解决、不能解决、无解的问题，有的问题是顽固性、反复性、常发性问题，解决难度大，很多时候也不可能一下子解决，但终归是可以用发展的办法来解决的。另一方面，针对新时代的社会问题，习近平也多次强调它们是"发展中的问题"，作为"发展中的问题"，它们是在发展中形成的，而社会发展又为解决它们提供了一定的条件和现实性，一则具有可解决性，有些问题解决起来确

① 习近平：《高举中国特色社会主义伟大旗帜　为全面建设社会主义现代化国家而团结奋斗——在中国共产党第二十次全国代表大会上的报告》，人民出版社 2022 年版，第 4、6 页。

② 习近平：《高举中国特色社会主义伟大旗帜　为全面建设社会主义现代化国家而团结奋斗——在中国共产党第二十次全国代表大会上的报告》，人民出版社 2022 年版，第 20 页。

③《习近平谈治国理政》第三卷，外文出版社 2020 年版，第 428 页。

实有很大难度，但不是不可解决的，对此我们要有足够的自信，这是新时代谋求进一步发展的思想前提；二则对社会发展具有重要性，必须通过解决当下的现实问题推动社会发展、推动中国特色社会主义建设前行，总是回避、躲避或采用鸵鸟政策视而不见是不可能获得发展的，而一些重大问题的解决可以助推社会进步，在具体工作中就是要善于把认识和解决问题作为打开局面的突破口。

由此，把当下复杂而繁多的社会问题与社会成就联系起来分析，把社会问题及其求解视为社会发展、社会进步不可或缺的核心要素、关键环节，进而在更高层次上更为全面、更为辩证地看待新时代的问题，强化解决问题的信心、勇气和毅力。习近平为此多次强调，新时代面临的问题越多、难度越大，我们就越要有"明知山有虎，偏向虎山行"的志气和勇气，有知难而进、攻坚克难的信心和决心，有谋定后动、攻无不克的智慧和信念。正是基于历史唯物主义对历史的辩证法以及主体能动性的深刻认知，邓小平早在改革开放初就提醒我们，"在实现四个现代化的进程中，必然会出现许多我们不熟悉的、预想不到的新情况和新问题"，改革"一定会出现各种各样的复杂情况和问题，一定会遇到重重障碍"，但"只要我们信任群众，走群众路线，把情况和问题向群众讲明白，任何问题都可以解决，任何障碍都可以排除"[1]。

二、社会问题与发展机遇联系统合起来探究

在一定意义上说，中国共产党就是在高度重视历史机遇、不断捕捉历史机遇、善于利用历史机遇中成长和发展起来的。邓小平早在改革开放初期就提醒人们，"要善于把握时机来解决我们的发展问题"，"抓住机遇，加快发展"构成邓小平理论中一个重要的发展战略思想，他还明确指出："我们可利用的矛盾存在着，对我们有利的条件存在着，机遇存在着，问题是要善于把握。"[2]所谓机遇，一般指特定时空范围内、一定条件下对事物发展有利、能促进或推动事物发展的现实可能性。早在 20 世纪 80 年代，针对我们想通过改革开放谋求发展，邓小平就强调"我们正在做的改革这件事是够大胆的"，它肯定"是有风险的事"，而"我们在确定做这件事

①《邓小平文选》第 2 卷，人民出版社 1994 年版，第 152 页。
②《邓小平文选》第 3 卷，人民出版社 1993 年版，第 365、354 页。

的时候，就意识到会有这样的风险"。①他后来还进一步明确说："实行开放政策必然会带来一些坏的东西，影响我们的人民。要说有风险，这是最大的风险。"②这也是后来我们一方面加大反对资产阶级自由化思潮、强化意识形态安全建设来反对"和平演变"，另一方面明确提出"三个有利于"（其中最后一个为是否有利于提高人民的生活水平）的重要原因。邓小平也明确提出，"即使出现了大的风险，天也不会塌下来"，相反，如果我们能够做到"冷静观察""稳住阵脚""沉着应付"，谋定后动进而化险为夷，就"一定能够战胜各种困难，把先辈开创的事业一代代发扬光大"③，推动改革开放和社会主义建设向前发展。

世纪之交，江泽民多次强调要抓住历史机遇，争取过几年发展能迈上一个新台阶，并在党的十六大报告中正式提出了一个重要论断——中国特色社会主义已经步入可以大有作为的重要战略机遇期。这一时期，我们非常重视在实践中通过防范风险、抵御风险、化解危机来促进发展。面对1997年的亚洲金融危机，我们实施了积极的财政政策和稳健的货币政策，扩大内需，把加强金融监管作为金融工作的重中之重，纳入规范化、法治化的轨道，建立权威的中央银行宏观调控机制，成功地克服了金融危机所带来的冲击，使国民经济继续行驶在健康发展的快车道上。

步入新世纪，胡锦涛多次强调尽管国际国内形势都发生了重大变化，但我国发展仍处于可以大有作为的重要战略机遇期，能否清醒地认识机遇、牢牢把握机遇对中国特色社会主义的发展非常重要。但与此同时，"我们在推进改革开放和社会主义现代化建设中所肩负任务的艰巨性和繁重性世所罕见，我们在改革发展稳定中所面临矛盾和问题的规模和复杂性世所罕见，我们在前进中所面对的困难和风险也世所罕见"④，改革开放、中国特色社会主义建设只有在不断化解矛盾求解问题中深化发展，更多的发展机遇只有在科学地把握、有效地应对风险挑战中才能生成。我们在实际工作中，很好地践行了这一要求。

从历史机遇这个角度看，社会越是发展，所面临的问题、矛盾和风险就越多，而且一般也越来越复杂，但随之解决问题、把握和化解风险的条件越坚实、能力越强大、可能性越高，这也是历史的辩证法。风险越大就

---

① 《邓小平文选》第 3 卷，人民出版社 1993 年版，第 113 页。
② 《邓小平文选》第 3 卷，人民出版社 1993 年版，第 156 页。
③ 《邓小平文选》第 3 卷，人民出版社 1993 年版，第 267、323 页。
④ 《胡锦涛文选》第 3 卷，人民出版社 2016 年版，第 170 页。

越可能趋向更为严重的危险，但发展的机遇、成功的机会也可能随之而来。中国人民深谙此理，用"危机"这个概念，形象而又生动地表达了这个历史辩证法。

这一点非常适合中国特色社会主义新时代，因为它是典型的"发展起来以后的"历史阶段。所以，早在 2012 年 11 月 15 日党的十八届一中全会上，习近平就强调："面对复杂多变的国际形势和艰巨繁重的国内改革发展稳定任务，我们一定要居安思危，增强忧患意识、风险意识、责任意识……着力解决经济社会发展中的突出矛盾和问题，有效防范各种潜在风险。"[①]在 2013 年全国两会期间，习近平更为明确地指出："中华民族伟大复兴绝不是轻轻松松、顺顺当当就能实现的，我们越发展壮大，遇到的阻力和压力就会越大，面临的外部风险就会越多。这是我国由大向强发展进程中无法回避的挑战，是实现中华民族伟大复兴绕不过的门槛。"[②]在新时代这个特定历史方位，我们要始终对此有清醒的自觉。

2015 年 10 月 29 日，党的十八届五中全会第二次全体会议召开，结合全面深化改革以来取得的成绩和出现的一些重大问题，习近平在会上更为具体地指出："今后 5 年，可能是我国发展面临的各方面风险不断积累甚至集中显露的时期。……如果发生重大风险又扛不住，国家安全就可能面临重大威胁，全面建成小康社会进程就可能被迫中断。"[③]"我们必须把防风险摆在突出位置，'图之于未萌，虑之于未有'。"[④]他还特意强调："需要注意的是，各种风险往往不是孤立出现的，很可能是相互交织并形成一个风险综合体。对可能发生的各种风险，各级党委和政府要增强责任感和自觉性"[⑤]。在 2016 年 12 月召开的中央经济工作会议上，习近平再次强调："在前进道路上，我们必然面对诸多矛盾叠加、各种风险隐患交汇的挑战"[⑥]，他还针对经济工作中的金融风险进行了专门的举例说明，强调"当前，金

① 转引自《下好先手棋 打好主动仗——习近平总书记关于防范化解重大风险重要论述综述》，《人民日报》2021 年 4 月 15 日。

② 转引自《下好先手棋 打好主动仗——习近平总书记关于防范化解重大风险重要论述综述》，《人民日报》2021 年 4 月 15 日。

③《习近平谈治国理政》第二卷，外文出版社 2017 年版，第 81 页。

④《习近平谈治国理政》第二卷，外文出版社 2017 年版，第 81 页。

⑤ 中共中央文献研究室编：《十八大以来重要文献选编》（中），中央文献出版社 2016 年版，第 833、834 页。

⑥ 中共中央党史和文献研究院编：《十八大以来重要文献选编》（下），中央文献出版社 2018 年版，第 519 页。

融风险易发高发，虽然系统性风险总体可控，但不良资产风险、流动性风险、债券违约风险、影子银行风险、外部冲击风险、房地产泡沫风险、政府债务风险、互联网金融风险等正在累积，金融市场上也乱象丛生。金融风险有的是长期潜伏的病灶，隐藏得很深，但可能爆发在一瞬之间。美国次贷危机爆发就是一夜之间的事情。如果我们将来出大问题，很可能就会在这个领域出问题，这一点要高度警惕"①。

从历史机遇这个角度看，除了社会越发展，社会矛盾、社会风险越多越复杂外，社会变动、社会转型的剧烈期以及社会发展所面对的国际大变革时期，诱发社会矛盾、社会风险的因素明显增多，也是社会矛盾、社会风险、社会问题趋向多发的复杂时期。中国特色社会主义新时代，同样也是这样的时期。党的十九大召开后不久，习近平在新进中央委员会的委员、候补委员和省部级主要领导干部学习贯彻习近平新时代中国特色社会主义思想和党的十九大精神研讨班上，明确指出"面对波谲云诡的国际形势、复杂敏感的周边环境、艰巨繁重的改革发展稳定任务，我们既要有防范风险的先手，也要有应对和化解风险挑战的高招；既要打好防范和抵御风险的有准备之战，也要打好化险为夷、转危为机的战略主动战"②，他还专门列举了十六个涉及八个方面的当前需要高度重视的风险。2018 年 6 月，在中央外事工作会议上，习近平明确指出："当前，我国处于近代以来最好的发展时期，世界处于百年未有之大变局，两者同步交织、相互激荡。"③"世界百年未有之大变局"充分说明了世界处于重大变革期，这是新时代最基本的国际环境，而这同时又是中华民族伟大复兴的关键期、最好时期（也是发展起来的时期），两个大局相互交汇、彼此激荡，决定了新时代的社会问题、社会风险和矛盾只会更多更复杂。在 2018 年 12 月召开的庆祝改革开放 40 周年大会上，习近平提醒人们："我们现在所处的，是一个船到中流浪更急、人到半山路更陡的时候，是一个愈进愈难、愈进愈险而又不进则退、非进不可的时候。"④当下时期，既是发展有很好基础又是风险很

---

① 中共中央文献研究室编：《习近平关于社会主义经济建设论述摘编》，中央文献出版社 2017 年版，第 332 页。

② 中共中央党史和文献研究院编：《习近平关于总体国家安全观论述摘编》，中央文献出版社 2018 年版，第 15 页。

③《习近平谈治国理政》第三卷，外文出版社 2020 年版，第 428 页。

④ 中共中央党史和文献研究院编：《十九大以来重要文献选编》（上），中央文献出版社 2019 年版，第 738—739 页。

多、问题很复杂的时期，我们对此一定要有清醒的认识，他为此多次反复强调，领导干部一定要胸怀两个大局。

但这样的时期同时是发展机遇更多的时期，是如果能够化解风险和矛盾就可能迎来更大发展、获得更大成就的时期，是"危中有机"的时期。这也是我们党反复强调新时代仍然是我国经济社会发展重要战略机遇期的重要因由。在2018年中央经济工作会议上，习近平对后者进行了明确说明，世界正处于百年未有之大变局，变局中危和机同生并存，这给中华民族伟大复兴带来重大机遇。要善于化危为机、转危为安，紧扣重要战略机遇新内涵，加快经济结构优化升级，提升科技创新能力，深化改革开放，加快绿色发展，参与全球经济治理体系变革，变压力为加快推动经济高质量发展的动力①。2019年岁首，中共中央在中央党校就以"坚持底线思维，着力防范化解重大风险"为主题举办了省部级主要领导干部专题研讨班，习近平在开班式上指出"当前，世界大变局加速深刻演变，全球动荡源和风险点增多，我国外部环境复杂严峻"，要求党员干部"深刻认识和准确把握外部环境的深刻变化和我国改革发展稳定面临的新情况新问题新挑战，坚持底线思维，增强忧患意识，提高防控能力，着力防范化解重大风险"，进而来"保持经济持续健康发展和社会大局稳定"。②

在新时代这个特定历史时期，社会问题、社会风险、社会矛盾和社会发展机遇之间存在更为广泛、更为深层亦更为内在的联系，必须更加重视社会问题和社会发展机遇之间的辩证统一关系。由此，我们必须更为强调发挥党同人民群众的社会主体性，发扬历史主动、形成历史自觉，更为积极自觉地面对风险、迎接挑战、化危为机。也正因此，习近平于2021年7月在庆祝中国共产党成立一百周年大会上要求全党，在新的征程上，"必须增强忧患意识，做到居安思危"，发扬伟大斗争精神，"敢于斗争，善于斗争，逢山开道、遇水架桥，勇于战胜一切风险挑战"来推动中国特色社会主义健康发展、深入推进中华民族伟大复兴。在同年底召开的中共中央政治局党史学习教育专题民主生活会上，习近平进一步强调，全党要"坚持底线思维，增强忧患意识，发扬斗争精神"，"保持越是艰险越向前的大无畏气概"，与此同时还要"掌握斗争策略，练就斗争本领"，进而"有效应对前进道路上各种可以预料和难以预料的风险挑战，推动中国特色社

---

① 参见《中央经济工作会议在北京举行》，《人民日报》2018年12月22日。
②《习近平谈治国理政》第三卷，外文出版社2020年版，第222、219页。

会主义事业航船劈波斩浪、一往无前"。①在 2022 年 7 月下旬举行的省部级主要领导干部"学习习近平总书记重要讲话精神，迎接党的二十大"专题研讨班上，他再次强调了这一点，并希望能面对风险和危机"应变局、育新机、开新局"，"打开事业发展新天地"。②

党员干部和人民群众勇于面对问题、敢于和善于迎接风险进而"化险为夷""化危为机"的历史自觉、历史主动，离不开强大的信心和强烈的信念的支撑，而这些信心和信念与客观的有利基础和条件息息相关。习近平在其系列重要讲话中，对我们在新时代迎接挑战、"应变局、育新机、开新局"作了深入的阐析和说明。比如，他多次分析了我国拥有稳中向好、长期向好的经济基本面；拥有从容应对各种复杂局面和风险挑战的最可靠主心骨——中国共产党的领导；拥有抵御风险挑战、不断化危为机的根本制度保障；拥有在历史洪流中屹立不倒、挺立潮头的强大精神支撑；等等③。2022 年全国两会期间，习近平将之概括为"五个战略性有利条件"。

显然，习近平特别重视新时代社会问题与社会发展机遇的辩证法，强调在解决社会问题、防范和化解风险中寻找、建构和创造发展机遇，牢牢把握这种历史机遇并将其转变为发展成就；为此还深入分析了新时代我们如何去通过防范和化解重大风险、求解重大问题来创造发展机遇，这也构成当代中国马克思主义问题意识很突出的内容；强调把社会问题和社会发展机遇辩证统一起来思考，构成该问题意识的突出特征。

三、发现问题与解决互动关联起来思考

爱因斯坦曾经说过，解决问题不过是数学或实验的技巧罢了，发现问题才更具有实质意义；科学的大发展往往始于对新问题的发现。诺贝尔物理学奖得主邓肯·霍尔丹也曾站在科学研究的立场上强调，科学研究最重要的是发现问题，而不能简单地将其视为仅仅是解决问题；对科研的思维而言，发现问题比解决问题更重要。在管理学史上，美国通用汽车公司管理顾问查尔斯·吉德林也曾说过，在日常的生产和管理中，发现问题往往比解决问题更加重要，把问题清楚地写下来，搞明白，就已经意味着解决

---

① 《习近平谈治国理政》第四卷，外文出版社 2022 年版，第 12—13、547 页。
② 参见《高举中国特色社会主义伟大旗帜 奋力谱写全面建设社会主义现代化国家崭新篇章》，《人民日报》2022 年 7 月 28 日。
③ 参见《在危机中育新机 于变局中开新局》，《人民日报》2020 年 10 月 12 日。

了一半，因为只有清晰地知道产生问题的成因和来源，才能有的放矢地解决问题。这就是管理学上著名的"吉德林法则"。应该说，以上这些说法的确都有一定道理。但我们不能将之绝对化，不能进行简单化地理解，进而认为在所有场合发现问题都比解决问题重要。上述说法有两点值得注意，首先是特定的语境和特定的用意。在科学研究和管理中，在问题很多很繁杂或者找不到突破口时，发现合适的或关键的问题显得很重要，它既可以使整个研究或管理"柳暗花明又一村"，找到新的突破口进而获得突破性进展，也可以带动其他问题或整个问题群的解决，这个特定情况下，"发现问题"无疑处于极为重要的位置。但这不是事物发展的常态，更不是社会发展的全部。其次，这种意义上的"发现问题"之所以非常重要，最终还是因为它有助于解决问题，即使是在前述的科学研究上，也是因为它能带来科学的突破和创新，解决了旧理论停滞不前的问题；在前述的管理学中，是因为它能带动整个问题群的解决。质言之，"发现问题"在特定情况下之所以特别重要，还是因为它最终极大助益了问题的解决。

显然，正常或一般绝大多数情况下，发现、研究和分析问题就是为解决问题服务的，能不能解决问题往往成为最终的评定标准。这也是我们前面已经阐明过的，马克思主义之所以能中国化，能不断在促进"两个结合"中深化发展，就是因为它的科学世界观和方法论能指导我们更科学地把握中国问题，能提供"望远镜和显微镜"来解决中国问题。毛泽东在中国共产党成立初期就知道运用阶级分析法来把握中国现实和用革命的方法解决当时中国的根本问题。习近平也多次强调，我们中国共产党人干革命、搞建设、抓改革，从来都是为了解决中国的现实问题，解决问题是我们坚持问题导向、强调问题意识的最终归宿。这构成了中国共产党百年来问题意识的一个基本特点。

改革开放伟大进程的开启和不断深化，中国特色社会主义的开辟和不断推进在一定意义上就是这种问题意识的产物。早在1978年6月的全军政治工作会议上，邓小平发表重要讲话，有力声援了"实践是检验真理的唯一标准"的大讨论，为党的十一届三中全会的顺利召开做了重要的思想准备，在一定意义上是改革开放的"先声"。在讲话中，邓小平明确指出："我们开会，作报告，作决议，以及做任何工作，都为的是解决问题"，当然，"能不能解决问题，问题解决得是不是正确"，离不开"实事求是的态度，一切从实际出发"。①但不管怎么说，解决问题是最根本最重要的，解决不了实际问题，我们所做的工作意义就打折扣，社会就发展不了。邓小平为此在推动改革开放的进程中，多次强调学习马克思主义、学习西方先进经验就是要解决中国的实际问题。

中国特色社会主义在世纪之交和 21 世纪初的发展，也始终重视问题导向中解决问题的根本地位，强调把发现问题、分析和研究问题与解决问题联动起来。江泽民在 2000 年 1 月初召开的中央政治局会议上明确说："形势发展很快，我们需要研究和解决的问题相当不少。所有的问题，都要通过改革加以解决，在创新中寻找更好的办法。"②针对不同类的问题，他还分别提出具体的解决要求，"对能够立即解决的问题，要抓紧制定政策措施予以解决。对必须解决但目前条件还不成熟的问题，要继续深入实际，调查研究，群策群力，尽快找到解决的方案"③对那些"涉及党和国家事业长远发展的事项"和问题，不能以"以后的事情以后再说"的敷衍态度推卸责任，相反，要"协调各方面力量加紧研究，拿出战略思路来"，"同时要善于在现有条件下通过新的思路去解决问题"；即使"有些问题是长期积累起来的，解决起来确实很难，但我们要敢于迎难而上，下决心解决棘手的问题"。④胡锦涛对此也有相关的论述。比如，他强调"加强理论武装"更重要的目的在于希望党员干部"自觉运用理论研究解决改革开放和现代化建设中的新情况新问题，特别是一些关系全局的重大问题，提高解决实际问题能力"⑤；强调党员干部要"树立正确政绩观"，其核心在于"按照客观规律办事，讲实话、出实招、办实事、求实效，埋头苦干，真抓实干"，但切记"把工作着力点真正放到研究解决改革发展稳定中的重大问题上，放到研究解决群众生产生活中的紧迫问题上，放到研究解决党的建设中的突出问题上"⑥，能够真正有效解决各种重大问题、紧迫问题、突出问题，这是衡量政绩的重要标准。实际上，这也是衡量领导干部水平、能力的重要标准。所以，胡锦涛还强调指出："衡量领导干部理论水平高低，不仅要看掌握了多少理论知识，更要看能不能把所掌握的理论运用到实践

---

① 《邓小平文选》第 2 卷，人民出版社 1994 年版，第 113—114 页。
② 《江泽民文选》第 2 卷，人民出版社 2006 年版，第 578 页。
③ 《江泽民文选》第 2 卷，人民出版社 2006 年版，第 580 页。
④ 《江泽民文选》第 2 卷，人民出版社 2006 年版，第 578、580 页。
⑤ 《胡锦涛文选》第 1 卷，人民出版社 2016 年版，第 277 页。
⑥ 《胡锦涛文选》第 3 卷，人民出版社 2016 年版，第 16 页。

中去，有效解决改革发展稳定中的实际问题。"①那些真正能够运用马克思主义科学方法、中国特色社会主义理论体系去"解决影响改革发展稳定的深层次矛盾和问题、影响群众生产生活的突出矛盾和问题"②的领导干部，无疑是更有能力、水平更高的；相反，"如果只是纸上谈兵、夸夸其谈，不仅什么实际问题也解决不了，还会误党误国"③，这样的领导干部是党和人民事业的对立面。

中国特色社会主义新时代，我们更深刻认识到强化问题意识、坚持问题导向中解决问题的重要性，更为强调发现、分析和研究、解决问题的联动性以及解决问题的目标导向性地位。在这个问题上，以下几点表现得尤为突出。

第一，我们对此有清醒的认识自觉和理论自觉。党的十八大以来，习近平在该方面有很多明确的表述。比如，针对学习马克思主义理论、坚持马克思主义，他强调"坚持以马克思主义为指导，必须落到研究我国发展和我们党执政面临的重大理论和实践问题上来，落到提出解决问题的正确思路和有效办法上来"④。针对脱贫攻坚，2019 年 3 月 10 日在参加十三届全国人大二次会议福建代表团审议时，他强调各级领导干部要有不怕疲劳、连续作战的顽强作风，及时解决脱贫攻坚中的难点问题，确保各项目标任务如期完成。针对年轻干部学习，他在 2020 年秋季学期中央党校（国家行政学院）中青年干部培训班开班式上明确指出，提高解决实际问题的能力是应对当前复杂形势、完成艰巨任务的迫切需要，也是年轻干部成长的必然要求。⑤针对全面深化改革，他在诸如党的十八届三中全会、在庆祝中国人民政治协商会议成立 65 周年大会，以及 2017 年 7 月召开的省部级主要领导干部"学习习近平总书记重要讲话精神、迎接党的十九大"专题研讨班开班式等重要场合，都强调要着力解决推动科学发展的重大问题，以及人民群众反映最强烈、对党的执政基础威胁最大的突出问题。他在 2017 年 4 月主持召开的中央全面深化改革领导小组第三十四次会议上明确要求，为了提高发现问题解决问题的实效，要拓展改革督察工作的广度和深度⑥；

---

①《胡锦涛文选》第 3 卷，人民出版社 2016 年版，第 199 页。

②《胡锦涛文选》第 3 卷，人民出版社 2016 年版，第 200 页。

③《胡锦涛文选》第 3 卷，人民出版社 2016 年版，第 199 页。

④ 习近平：《论党的宣传思想工作》，中央文献出版社 2020 年版，第 225 页。

⑤ 习近平：《年轻干部要提高解决实际问题能力 想干事能干事干成事》，《人民日报》2020 年10 月 11 日。

⑥《拓展改革督察工作广度深度 提高发现问题解决问题实效》，《人民日报》2017 年 4 月 19 日。

在 2019 年 1 月召开的中央全面深化改革委员会第六次会议上，他强调全面深化改革工作重点要更多放到解决实际问题上，发现问题要准，解决问题要实。①

习近平在提到社会风险和矛盾时，多次强调化解风险、化解矛盾的重要性，这实际上同样是在强调解决问题的重要性。2020 年 3 月 30 日他在浙江考察调研时，强调解决问题的宗旨，就是为人民服务，把解决问题上升到为人民服务的高度来认识，足见解决问题在问题意识中的重要地位。《人民日报》发表评论员文章强调，不解决实际问题，再响亮的口号也只是空话，不解决问题就是形式主义；真正解决问题，才是硬道理。②

第二，我们对如何解决问题，与解决问题相关的话题也有很多明确的论述，既彰显了解决问题在问题导向、问题意识的重要地位，同时也强调了问题和解题的联动性。比如，习近平多次强调，要以重大问题为导向，抓住关键问题进一步研究思考，着力推动解决我国发展所面临的一系列突出矛盾和问题。这种强调的背后，蕴含着对解决更多社会问题的看重和思考。重大、关键问题往往处在"问题群""问题系"的核心和枢纽地位，居于"牵一发而动全身"的地位，它们的解决，往往可以带动一大批问题的顺利解决。为此，习近平也多次强调，要把问题作为研究制定政策的起点，把工作的着力点放在最突出的矛盾和问题上，将之作为打开工作局面的突破口。2019 年 4 月，他在主持召开解决"两不愁三保障"突出问题座谈会上，针对如何有效求解问题明确指示说："对这些问题，要分清轻重缓急、妥善解决，必须解决且有能力解决的要抓紧解决，不能影响脱贫攻坚目标任务完成；有的问题是长期性的，攻坚期内不能毕其功于一役，但要有总体安排，创造条件分阶段逐步解决。"③

习近平多次强调，坚持问题导向需要坚持辩证唯物主义和历史唯物主义的方法论，因为马克思主义科学方法论可以帮助我们透过现象把握问题的实质、把握问题的成因和关键、把握问题与其他问题的普遍联系、把握问题内部不同要素不同部分之间的内在关系，有助于我们搞清楚问题的关键、难点、堵点以及"问题系""问题群"中的关键问题、重点问题，把

①《习近平主持召开中央全面深化改革委员会第六次会议强调对标重要领域和关键环节改革继续啃硬骨头确保干一件成一件》，《人民日报》2019 年 1 月 24 日。

②《人民日报》评论员：《解决问题才是硬道理——四论再接再厉搞好第二批教育实践活动》，《人民日报》2014 年 5 月 29 日。

③ 习近平：《在解决"两不愁三保障"突出问题座谈会上的讲话》，《求是》2019 年第 16 期。

两点论和重点论、系统性和侧重性统一起来，进而有的放矢、量体裁衣、对症下药，所有这些都是为有效解决问题、通过解决问题促进发展服务的。强调深入学习并弄通悟透马克思主义基本原理、科学方法论就是强调真正解决问题。

习近平明确指出，问题是创新的起点，也是创新的动力源，但他同时也明确强调，只有在不断解决问题中，才能最终促成和实现重大理论创新和实践创新。他多次讲过，党的十八大以来，我们党提出了诸如"五位一体"总体布局和"四个全面"战略布局、五大发展理念等一系列新理念、新思想、新战略，实现了重大理论创新和实践创新的良性互动，而其背后则是因为我们解决了许多长期想解决而没有解决的重大难题，是通过解决难题倒逼我们不断创新的结果。为此，党的二十大报告明确要求，我们要增强问题意识，聚焦各种新问题、大问题、难问题和重要问题、突出问题，"不断提出真正解决问题的新理念新思路新办法"[①]，进而实现新的理论创新和实践创新。

党的十八大以来，针对一些党员干部"新办法不会用，老办法不管用，硬办法不敢用，软办法不顶用"的困境，习近平强调全党要发扬我们历来重视学习、善于学习的优良传统和优势，在新时代要强化学习，"依靠学习走向未来"、立于不败之地，但他同时强调，学习的根本目的是克服"本领恐慌"，"增强工作本领、提高解决实际问题的水平"[②]；习近平特别重视党员干部在学习中务必掌握诸如辩证思维、系统思维、战略思维、底线思维、精准思维、历史思维等科学的思维方式，以及"提高政治能力、调查研究能力、科学决策能力、改革攻坚能力、应急处突能力、群众工作能力、抓落实能力"，而目的都是希望党员干部能够"勇于直面问题，想干事、能干事、干成事，不断解决问题、破解难题"[③]。

第三节　新时代成功践履问题意识的重要吁求

党的二十大报告深刻阐述了习近平新时代中国特色社会主义思想的世

---

① 习近平：《高举中国特色社会主义伟大旗帜 为全面建设社会主义现代化国家而团结奋斗——在中国共产党第二十次全国代表大会上的报告》，人民出版社 2022 年版，第 20 页。

②《习近平谈治国理政》第一卷，外文出版社 2018 年版，第 403、402、407、406 页。

③ 习近平：《年轻干部要提高解决实际问题能力 想干事能干事干成事》，《人民日报》2020 年10 月 11 日。

界观和方法论，并总结为"六个坚持"，其中第四个就是"必须坚持问题导向"①。"坚持问题导向"是问题意识的凝练化表达，问题意识是坚持问题导向的核心和灵魂。当前我们所面临的问题的复杂程度、解决问题的艰巨程度明显增加，改革发展稳定任务之重、矛盾风险挑战之多、治国理政考验之大都前所未有，有许多亟待回答的理论问题和实践课题，必须坚持问题导向来想方设法求解；如果没有强烈的问题意识，坚持问题导向就成为无源之水，就不能有效破解具体实践过程中的各种难题。

　　新时代，现实中问题意识的成功践履就变得非常重要和迫切，综合问题意识本身的特点和新时代历史方位的现实特性，做到以下三个方面尤为重要。首先，要从认识、态度、意志和能力的统一层面将问题意识的四个主要环节牢牢紧扣，内在地形成一种"合力"，真正做到问题意识在实践过程中的"知行合一"。其次，要从过程性思维和全程性思维的统一层面，将问题意识贯穿于"学、想、做、改、评"五个阶段全过程，从而不断发现、正视、分析、解答中国之问、世界之问、人民之问、时代之问。最后，要从理论指导、价值引领和方法创新的统一层面，来践履问题意识、推动问题导向。

一、注重认识、态度、意志、能力的统一

　　发现问题、正视问题、分析问题和解决问题是问题意识的四大核心环节。然而，发现问题的关键在于促进正确认识问题，正视问题的关键是态度上要承认问题，分析和解决问题在于不仅要具有解决问题的意志精神，还要具备正确解决问题的行为能力。大致上可以说，认识问题是前提，正视问题是态度，分析和解决问题强调意志和能力。

　　问题意识本质上是主体的主观意识。"'问题意识'是指人们在认识活动中，对实践中遇到的一些疑难、困惑的现实或理论问题进行深入思考、积极探究的心理活动。"②因而，问题意识中所需要的认识、态度、精神、能力，就与心理学中个体心理结构的认知、情感、意志、行为"四因素论"在一定程度上具有一致性。我们既要有认识问题的认知，也要有正视问题的态度，更要有分析和解决问题的精神意志和能力。只有在四者的统一之

　　① 习近平：《高举中国特色社会主义伟大旗帜　为全面建设社会主义现代化国家而团结奋斗——在中国共产党第二十次全国代表大会上的报告》，人民出版社 2022 年版，第 20 页。
　　② 孙兰英：《问题意识：解决中国问题的钥匙》，《中国社会科学报》2021 年 5 月 18 日。

下，才能真正在现实中实现对问题意识的成功践履。因此，立足新时代，我们有必要从认识、态度、意志、能力四重向度将问题意识中敏于认识发现问题、敢于积极正视问题、善于理性分析问题进行细化和重新理解，对应主体心理结构的知、情、意、行四种维度，来推进问题意识在实践中的成功践履。具体阐析如下。

首先，认识问题是成功践履问题意识的前提，发现问题、分析问题就是深化对问题的"知"。

认识，或者说认知，是指人们获得知识、应用知识的过程，或信息加工的过程，这是人最基本的心理过程，它包括感觉、知觉、记忆、思维、想象和语言等。"人接收外界输入的信息，并将这些信息经过神经系统的加工处理，转换成内在的心理活动，进而支配人的行为，这个过程就是信息加工的过程，也叫认知过程"。而认知能力则是指人脑加工、存储和提取信息的能力，即我们一般所讲的智力，如观察力、记忆力、想象力等。[①]

因此，认识问题的目的就是在于解决问题"是什么"。问题是客观存在的，但问题很多时候不会自动显露出来，甚至可能以假象的形式呈现出来，这就要求我们要能注意到客观存在的矛盾。有些问题直接暴露于事物表面之上，人们可以通过认知层面的感觉、知觉等来发现。而有些问题则隐藏于表象之下，有时无法通过感官直接认识，必须要进行思维和想象，以及头脑对信息的加工处理等进一步更为复杂的认知过程，进而发现问题，把问题找准。这便是心理层面的认知过程在发现问题环节的典型表现。如果我们无法在认知层面上察觉、认识到问题本身，那么问题意识的其他环节便无从展开。也正因此，习近平反复强调正确"认识"的重要性。比如，他在 2021 年 7 月庆祝中国共产党成立 100 周年大会上强调，要"深刻认识我国社会主要矛盾变化带来的新特征新要求，深刻认识错综复杂的国际环境带来的新矛盾新挑战"[②]，只有这样才能战胜一切风险挑战。其中对"深刻认识"的强调正是体现了认识问题的重要性。同年 12 月 8 日，他在中央经济工作会议上同样明确指出："进入新发展阶段，我国发展内外环境发生深刻变化，面临许多新的重大问题，需要正确认识和把握。"[③]

据此可以看出，只有先认识到问题是什么，才可能对症下药去理解；

---

① 彭聃龄：《普通心理学》，北京师范大学出版社 2023 年版，第 67 页。

② 《习近平谈治国理政》第四卷，外文出版社 2022 年版，第 12 页。

③ 习近平：《正确认识和把握我国发展重大理论和实践问题》，《求是》2022 年第 10 期。

而且认知往往对主体关注问题的态度也会产生很大影响，有些人之所以会对问题产生畏难情绪，很大程度上与他们认为问题过于繁难有关。可以说，这种对问题的深刻认知是问题意识两大环节——发现问题、分析问题——的主体心理状态，相反，最终得以发现问题是内在心理层面感知、感觉、认识到问题的一种外在表现形式。

其次，正视问题是态度，正视问题的关键就在于主观态度上要积极承认、敢于面对矛盾和问题，不回避、不推诿、不畏难。

态度作为一种主观体验，是一个心理学名词。态度包括认知、情感和行为意向三部分，并与心理学中个体心理结构中的"情绪、情感"具有一致性，是指个体对特定事物和对象所持有的稳定的心理倾向，蕴含着个体人类对客观事物的主观感受和评价，以及由此产生的行为倾向性。

因此，如果说发现问题主要涉及认知水平问题，那么正视问题则主要事关态度问题。由于人的情绪有正面和负面之分，因此，态度作为一种个体对客观事物的主观感受和评价，在面对问题和风险时，人们的态度也会有消极态度和积极态度、懒散态度和进取态度等之分。积极的态度意味着我们积极面对、承认问题、肯定矛盾存在的客观性，实事求是地面对问题，进一步寻求解决问题的办法；而消极态度则意味着逃避、否定问题，或者缩小问题的重要性。

早在解放战争时期，毛泽东就坚决反对面对困难、问题时的"不承认主义"，指出问题或者"困难是事实，有多少就得承认多少，不能采取'不承认主义'"。[1]在领导中国革命、建设、改革一个多世纪的奋斗历程中，我们党能够始终走在时代前列，成为中国人民和中华民族的主心骨，一个十分重要的原因就在于我们党始终保持着对社会问题敢于直面和承认的积极态度。有问题不可怕，但如何面对问题的态度很重要，正视问题来寻求解决的办法，才是面对问题的正确态度。

党的十八大以来，以习近平为代表的中国共产党人，高度重视面对问题的正确态度。在2015年1月下旬举行的十八届中共中央政治局第二十次集体学习时，习近平明确强调："对待矛盾的正确态度，应该是直面矛盾，并运用矛盾相辅相成的特性，在解决矛盾的过程中推动事物发展。"[2]我们在发展过程中所出现的问题，作为事物矛盾的表现形式，同样躲不开绕不

---

[1]《毛泽东选集》第4卷，人民出版社1991年版，第1163页。

[2] 习近平：《论党的宣传思想工作》，中央文献出版社2020年版，第128页。

过，正确的态度就是直面问题、正视问题。他还说："如果对矛盾熟视无睹，甚至回避、掩饰矛盾，在矛盾面前畏缩不前，坐看矛盾恶性转化，那就会积重难返，最后势必造成无法弥补的损失。"①对待问题同样如此。2016年3月初，刘云山在与内蒙古代表团审议政府工作报告时，发表讲话强调经济发展进入新常态，领导干部应有新的状态，要坚持解放思想、与时俱进，树立问题意识，勇于直面和解决新常态下的新矛盾新问题，以求实务实的作风抓好各项工作的落实。②

2022年，南非外交部副总司长同时兼任南非金砖国家事务协调人阿尼尔·苏克拉尔高度称赞说："习近平主席在与其他国家领导人会谈时从不回避问题，总是以积极的态度去面对问题。"③而这正是新时代中国共产党人面对我国社会经济发展所出现的各种问题和挑战时总是采取直面、正视态度的真实写照。

针对我国党风廉政建设和反腐败斗争面临的多发性、顽固性问题，我们明确提出，"坚持以零容忍态度惩治腐败。对腐败分子，发现一个就要坚决查处一个。要抓早抓小，有病就马上治，发现问题就及时处理，不能养痈遗患"，而且，要始终保持"以猛药去疴、重典治乱的决心，以刮骨疗毒、壮士断腕的勇气，坚决把党风廉政建设和反腐败斗争进行到底"。④针对坚定不移全面从严治党、深入推进新时代党的建设伟大新的工程，我们强调全党要有"勇于直面问题，敢于刮骨疗毒"的态度，才能"消除一切损害党的先进性和纯洁性的因素，清除一切侵蚀党的健康肌体的病毒"⑤。敢于承认矛盾、直面问题的积极态度才是我们党一以贯之的选择。

再其次，分析和解决问题，需要有精神意志的强力支撑。

意志，在《心理学大辞典》中的释义为"个体自觉地确定目的，并根据目的调节支配自身的行动，克服困难，实现预定目标的心理过程"⑥。当我们在面临和处理不同的问题特别是难题时，需要不同程度和类型的意志参与其中。这种意志一般指常态性的，即常常有某种精神力量支撑的意志，

---

① 习近平：《论党的宣传思想工作》，中央文献出版社2020年版，第128页。

② 参见《坚持解放思想 强化问题导向 更好用新发展理念引领发展实践》，《人民日报》2016年3月6日。

③《总是以积极的态度去面对问题》，《人民日报》2022年5月6日。

④《习近平谈治国理政》第一卷，外文出版社2018年版，第394—395页。

⑤ 习近平：《论中国共产党历史》，中央文献出版社2021年版，第182页。

⑥ 林崇德：《心理学大辞典》（下），上海教育出版社2003年版，第1555页。

所以，"精神意志"在汉语表达中经常放在一起。李大钊曾经说过："历史的道路，不全是坦平的，有时走到艰难险阻的境界，这是全靠雄健的精神才能够冲过去的。"①这种"雄健的精神"同时就是一种顽强奋斗、努力拼搏的意志。人之可贵，很大程度上就在于有这样的精神意志支撑去发挥主体能动性，进而远远超越其他动物。习近平在这种意义上强调："人无精神则不立，国无精神则不强。"②

2022年10月，党的二十大报告明确要求："全党同志务必不忘初心、牢记使命，务必谦虚谨慎、艰苦奋斗，务必敢于斗争、善于斗争，坚定历史自信，增强历史主动，谱写新时代中国特色社会主义更加绚丽的华章。"③伟大斗争精神和建立在历史自信基础上的历史主动精神，它们蕴含的精神意志，对于新时代成功践履问题意识，无疑极为重要。

第一，新时代要发扬我们党长期形成的伟大斗争精神、坚定斗争意志，扭住问题不放松，积极投身于解决问题的实践之中。

习近平多次强调，中国共产党和中国特色社会主义伟大事业，都是源于斗争而诞生、通过斗争不断发展和不断壮大的，而历史经验也告诉我们，一个政党，一个国家，一支队伍，如果失去了斗争意志，是非常可怕的，离危亡也就不远了④。新时代，我们面临着更为复杂的国际国内环境，更为艰巨的风险挑战，更为繁多的深层次问题，必须进行具有许多新时代特征的新的伟大斗争。党的十九大报告将斗争的具体方向总结为"五个坚决"，而其中第五个就是"坚决战胜一切在政治、经济、文化、社会等领域和自然界出现的困难和挑战"⑤。随后在庆祝中国共产党成立100周年大会上，习近平明确强调："敢于斗争，善于斗争，逢山开道、遇水架桥，勇于战胜一切风险挑战。"⑥党的二十大报告再次强调："增强全党全国各族人民的志气、骨气、底气，不信邪、不怕鬼、不怕压，知难而进、迎难而上，统筹发展和安全，全力战胜前进道路上各种困难和挑战，依靠顽强斗争打

---

① 《李大钊选集》，人民出版社1959年版，第497页。

② 习近平：《论中国共产党历史》，中央文献出版社2021年版，第41页。

③ 习近平：《高举中国特色社会主义伟大旗帜 为全面建设社会主义现代化国家而团结奋斗——在中国共产党第二十次全国代表大会上的报告》，人民出版社2022年版，第1—2页。

④ 参见中共中央宣传部编：《习近平新时代中国特色社会主义思想学习问答》，人民出版社2021年版，第458—459页。

⑤ 《习近平谈治国理政》第三卷，外文出版社2020年版，第13页。

⑥ 习近平：《在庆祝中国共产党成立100周年大会上的讲话》，人民出版社2021年版，第18页。

开事业发展新天地。"①

　　当然，我们讲伟大斗争的"斗争"，是有方向的，是有原则有针对性的，绝不能将其庸俗化地理解为日常中的你争我斗。习近平明确指出："我们共产党人的斗争，从来都是奔着矛盾问题、风险挑战去的。"②其核心是解决问题与矛盾、化解风险和挑战、应对困难和危机的，在这个意义上，它是为成功践履问题意识提供精神意志支撑的，并内化在问题意识中。所以，习近平明确强调新时代"增强斗争本领，有效应对重大挑战、抵御重大风险、克服重大阻力、解决重大矛盾"③。我们强调弘扬伟大斗争精神，很重要的目的就是鼓励大家敢于同各种风险挑战作斗争，在复杂问题和困难挑战面前做到头脑清醒、勇于发声，从而抵御消极懈怠、回避矛盾的思想和行为，为解决问题、战胜困难提供精神动力、意志支撑。这实质上要求我们"决不能碰到一点挫折就畏缩不前，遇到一点困难就打退堂鼓，而要不屈不挠、一往无前，知难而进、迎难而上"，关键是形成"'踏平坎坷成大道，斗罢艰险又出发'"的"斗争意志"，进而敢于、善于并坚持不懈地"与一切风险挑战进行斗争，在斗争中化解矛盾、破解难题"④。一言以蔽之，发扬斗争精神，需要"深入查找自身与伟大斗争不相适应的地方"，将其转化为问题意识中的坚强意志，进而"瞄准问题靶心，奔着问题去，揪着问题改，做到问题不解决就不松手"。⑤

　　第二，新时代需要发扬和彰显历史主动精神，坚定历史自信和必胜意志，勇于和善于分析问题、解决问题。

　　历史主动精神的核心在于在历史发展机遇、问题面前，有坚定的历史自信和历史定力，进而以强烈的历史自觉、坚定的自强意志，坚持打好主动仗、掌握发展的主动权，在解决问题、化解危机中不断走向成功。党的十九届六中全会审议通过的《中共中央关于党的百年奋斗重大成就和历史经验的决议》指出："以习近平同志为核心的党中央，以伟大的历史主动、巨大的政治勇气、强烈的责任担当，统筹国内国际两个大局……解决了许多长期想解决而没有解决的难题，办成了许多过去想办而没有办成的大事，

　　① 习近平：《高举中国特色社会主义伟大旗帜 为全面建设社会主义现代化国家而团结奋斗——在中国共产党第二十次全国代表大会上的报告》，人民出版社 2022 年版，第 27 页。
　　②《习近平谈治国理政》第三卷，外文出版社 2020 年版，第 226 页。
　　③ 习近平：《以史为鉴、开创未来、埋头苦干、勇毅前行》，《求是》2022 年第 1 期。
　　④ 程晓宇：《务必敢于斗争、善于斗争》，《人民日报》2022 年 11 月 14 日。
　　⑤《有的放矢：夯实敢于并善于斗争的根基》，《人民日报》2019 年 10 月 15 日。

推动党和国家事业取得历史性成就、发生历史性变革。"①没有这种历史主动精神，我们既不可能在新时代解决那么多重大繁难的问题，也不可能在新时代化解和有效应对如此众多的风险和挑战，不可能取得以脱贫攻坚为典型代表的伟大胜利。

2022年3月，习近平在春季学期中央党校（国家行政学院）中青年干部培训班开班式上提出："党员干部特别是领导干部要发扬历史主动精神，在机遇面前主动出击，不犹豫、不观望；在困难面前迎难而上，不推诿、不逃避；在风险面前积极应对，不畏缩、不躲闪。"②显然，历史主动精神与伟大斗争精神，与历史担当意识、责任意识等是有很多相通和一致的地方，它们共同为问题意识提供精神动力和意志支撑。但历史主动精神又有自己的特质，更为重视通过以下几方面来为问题意识提供意志支撑。

第一，发挥历史主动精神，尊重历史规律、历史大势，强调顺势而为、抓住历史机遇，乘势而上、赢得解决问题的主动权。2021年2月，习近平在党史学习教育动员大会上指出："树立大历史观，从历史长河、时代大潮、全球风云中分析演变机理、探究历史规律，提出因应的战略策略，增强工作的系统性、预见性、创造性"，"把握历史发展规律和大势，始终掌握党和国家事业发展的历史主动"。③违背历史规律、历史发展大势的"主动"只能沦为"盲动"，继而变为"瞎搞胡来"，不但解决不了问题，反而会在错误的征程上越走越远。

第二，历史主动精神往往体现为高度的历史自觉。"以史为镜、以史明志，了解党团结带领人民为中华民族作出的伟大贡献和根本成就，认清当代中国所处的历史方位，增强历史自觉。"④历史自觉当然要遵循历史规律、明晓历史大势，但同时还要掌握历史的经验教训、形成深刻的历史智慧，进而对历史发展的复杂性和多样性有更为通透的理解，对发展中的各种问题有更为宽广的视野、更为辩证的视角、更为全面的分析，对历史机遇和风险有更为科学透彻的认识，强化对问题的必然信念和解决问题的斗志，进而作出更为合理的选择、更具成效的行动。

第三，历史主动精神通常和历史耐心、历史定力密不可分。2019年7

①《中共中央关于党的百年奋斗重大成就和历史经验的决议》，人民出版社2021年版，第27页。

②《筑牢理想信念根基树立践行正确政绩观 在新时代新征程上留下无悔的奋斗足迹》，《人民日报》2022年3月2日。

③《习近平谈治国理政》第四卷，外文出版社2022年版，第510页。

④ 习近平：《在党史学习教育动员大会上的讲话》，人民出版社2021年版，第7页。

月，习近平在中央和国家机关党的建设工作会议上指出："中华民族伟大复兴绝不是轻轻松松、敲锣打鼓就能实现的。"①绝不能寄希望于"毕其功于一役"，绝不能梦想"一蹴而就"。历史主动既不是情绪化的"历史躁动"，也不是太多主观化和充满机会主义的"随意机动"，它意味着我们必须培养历史耐心、生成历史定力，发扬钉钉子精神，稳扎稳打发现问题、分析问题直至解决问题，面对问题要有急切意识但要避免急躁心理，要主动出击但要避免"好大喜功"的"盲动"，保持定力有所为有所不为而不是"为所欲为"；面对困难既要知难而进，又要讲策略讲方法。

在增量风险与存量难题彼此交织的新时代，我们必须永葆斗争精神，同时保持历史主动性，把握历史机遇，形成敢于直面问题、勇于攻坚克难而又善于解决问题的精神意志，使中国人民的前进动力更强大、斗争精神更昂扬，必胜信念更坚定。

最后，解决问题、破解难题，问题意识成功践履归根结底取决于主体的能力。

如果说对问题视而不见是态度问题，那么对问题束手无策就是能力问题；从解决问题角度讲，无力解决问题导致"功亏一篑"，能力是"知情意行"统一、"知行合一"的关键，能力也是问题意识的核心要素，它贯穿于发现、分析和解决问题的全过程，但最终往往体现为解决问题的能力。解决问题的能力是问题意识成功践履的决定性要素。

2020 年 10 月，习近平在秋季学期中央党校（国家行政学院）中青年干部培训班开班式的讲话中，提出"提高解决实际问题能力是应对当前复杂形势、完成艰巨任务的迫切需要，也是年轻干部成长的必然要求"，当然这实际上也是提高应对重大挑战、抵御重大风险、克服重大阻力、解决重大矛盾的能力。他还具体提出了七方面的要求，即提高"政治能力、调查研究能力、科学决策能力、改革攻坚能力、应急处突能力、群众工作能力、抓落实能力"，呼吁党员干部牢记只有拥有这些能力，才能"勇于直面问题"，胜任"不断解决问题、破解难题"的时代重任。②可以说，这七大能力紧密相连、缺一不可。它们在整体上构成新时代真研究问题、研究真问题，不断提高解决实际问题的能力，也是新时代问题意识成功践履的

---

① 《习近平谈治国理政》第三卷，外文出版社 2020 年版，第 101 页。

② 习近平：《年轻干部要提高解决实际问题能力 想干事能干事干成事》，《人民日报》2022 年10 月 11 日。

重要要求和坚实支撑。

第一，培养过硬的政治能力，把握正确的政治方向，才能"不断提高政治敏锐性和政治鉴别力……特别是要能够透过现象看本质，做到眼睛亮、见事早、行动快"①，从而及时敏锐地发现问题，并且在分析和解决问题的过程中防范政治风险，牢牢把握和坚守正确的方向。与此同时，政治能力也内在要求我们要具备解决问题的理论知识储备，用马克思主义立场观点方法来分析和解决问题。2015 年，习近平在十八届中共中央政治局第二十次集体学习时强调："更加自觉地坚持和运用辩证唯物主义世界观和方法论"，不断"提高驾驭复杂局面、处理复杂问题的本领。"②因此，无论是分析问题、思考问题、解决问题，都要从政治上着眼，全面贯彻党的理论、方针、路线和方略。2020 年 12 月，习近平在中共中央政治局民主生活会上，对"政治能力"给予进一步说明，提出要"善于从政治上看问题，善于把握政治大局，不断提高政治判断力、政治领悟力、政治执行力"，就是要"找准坐标、选准方位、瞄准靶心，善于从政治上观察和处理问题，使讲政治的要求从外部要求转化为内在主动"③。善于从一般问题中敏锐地发现政治问题，从倾向性问题中察觉出政治端倪，从复杂的矛盾关系中坚定正确的政治立场，使过硬的政治能力成为我们应对挑战、化解风险的有力武器。

第二，提高调查研究能力。调查研究不仅贯穿问题意识的全部环节，更是分析和解决问题过程中的基本功。2013 年 7 月，习近平在武汉主持召开部分省市负责人座谈会上，明确提出，"调查研究是谋事之基、成事之道"④。我们只有通过深入实际调查研究，对一手材料和情况进行由此及彼、由表及里的分析，才能找到解决问题的具体措施。

第三，提升科学决策能力，就要求我们在"想问题、作决策……多打大算盘、算大账，少打小算盘、算小账……要深入研究、综合分析，看事情是否值得做、是否符合实际等，全面权衡，科学决断"⑤。善于从大局观

---

① 习近平：《年轻干部要提高解决实际问题能力 想干事能干事干成事》，《人民日报》2022 年10 月 11 日。

② 习近平：《辩证唯物主义是中国共产党人的世界观和方法论》，《求是》2019 年第 1 期。

③《加强政治建设提高政治能力坚守人民情怀 不断提高政治判断力政治领悟力政治执行力》，《人民日报》2020 年 12 月 26 日。

④《加强对改革重大问题调查研究 提高全面深化改革决策科学性》，《人民日报》2013 年 7 月 25 日。

⑤《习近平谈治国理政》第四卷，外文出版社 2022 年版，第 40 页。

察和认识问题，具备战略眼光。在对问题深入研究时，要坚持实事求是，以科学、精准、专业的方法助力问题的解决。

第四，提升改革攻坚能力。当前我国处于改革攻坚期和深水区，面临的问题、挑战和风险的复杂程度之高前所未有，因此，我们必须"坚持创新思维，跟着问题走、奔着问题去，准确识变、科学应变、主动求变，在把握规律的基础上实现变革创新"①。有闯劲、有干劲、有创新，迎难而上，攻坚克难。

第五，提升应急处突能力，强化底线思维来预防和对抗风险。风险就是问题的另一种表现形式。在新时代我国经济社会发展过程中，风险挑战无处不在，我们必须要在深刻认识内外部所面临的新情况新问题新挑战的前提下，增强风险意识，"对可能发生的各种风险挑战，要做到心中有数、分类施策、精准拆弹，有效掌控局势、化解危机"②，防止小风险演化为大风险，小问题演化为大问题。

第六，提高群众工作能力。这一般要求"真正把群众面临的问题发现出来，把群众的意见反映上来。想问题、作决策、办事情都要想一想是不是站在人民的立场上，是不是有助于解决群众的难题"③，深入群众发现问题，切实解决人民群众急难愁盼的问题，用群众接受的方法来解决问题，进而调动群众的积极性主动性，把他们组织动员起来，形成解决问题的合力。

第七，狠抓落实能力。习近平多次强调，制度的生命力在于执行，也就是具体落实，实际上政策、决策的生命力也在于执行和落实。如果我们对问题有深刻的认识，也有解决的意志，找到了解决问题的正确思路和方法并形成了决策，但最终不能落实、难以落地，那么前面的功夫实际上就是白费力。因此，习近平明确要求党员干部"必须脚踏实地，抓工作落实要以上率下、真抓实干"，进而"不断通过化解难题开创工作新局面"。④

综上所述，新时代问题意识的成功践履，在某种意义上近似于心理学上强调的"知情意行"，要注重认识、态度、意志、能力的统一，既要

---

① 习近平：《年轻干部要提高解决实际问题能力 想干事能干事干成事》，《人民日报》2022 年10 月 11 日。

② 习近平：《年轻干部要提高解决实际问题能力 想干事能干事干成事》，《人民日报》2022 年10 月 11 日。

③《在常学常新中加强理论修养 在知行合一中主动担当作为》，《人民日报》2019 年 3 月 2 日。

④ 习近平：《年轻干部要提高解决实际问题能力 想干事能干事干成事》，《人民日报》2022 年10 月 11 日。

有对问题的科学认知、深刻理解，也要有面对问题的端正态度，敢于直面问题、正视问题，还要有分析和解决问题的意志，没有坚强意志、没有斗争精神和历史主动精神的支撑，我们对疑难复杂问题的分析要不畏难、不浅尝辄止、不在表面上做花哨功夫，要有分析和解决问题的一系列能力和各方面的本领，否则在解决问题上仍可能"功亏一篑、前功尽弃"。通过前述分析可以看出，习近平很多讲话强调了每一个环节、每一个方面的重要性和各自诉求，但这实际上也就意味着它们都是缺一不可的，它们必须形成牢固的整体、有机地统一起来。比如坚强意志，前述分析主要是将其放在分析和解决问题上来阐述的，实际上面对问题的态度，同样需要坚强意志。因此，新时代问题意识的成功践履，必须将针对问题的认识、态度、意志、能力有机统一起来。

二、重视过程性思维、全程性思维的统一

毛泽东在《矛盾论》中就依据马克思主义唯物辩证法指出："矛盾存在于一切事物发展的过程中，矛盾贯串于每一事物发展过程的始终。"[①]同时，"不但事物发展的全过程中的矛盾运动，在其相互联结上，在其各方情况上，我们必须注意其特点，而且在过程发展的各个阶段中，也有特点，也必须注意。……如果人们不去注意事物发展过程中的阶段性，人们就不能适当地处理事物的矛盾"[②]。事物发展和矛盾生成、演变既具有过程性，又具有全程性。这种事物发展的客观状态，要求人们为正确把握事物及其矛盾，相应地形成过程性思维和全程性思维。

全程性思维和过程性思维，主张将自然、社会乃至整个宇宙都视为一种处于永恒的创造和进化过程之中的有机整体，认为"每一种实际存在物本身只能被描述为一种有机过程。……它是从一种状态到另一种状态的过程，每一种状态都是其后继者向有关事物的完成继续前进的实在基础"[③]。提倡一切事物都是动态、变化的创造性运动过程。马克思主义也曾明确强调："世界不是既成事物的集合体，而是过程的集合体"[④]，这是唯物辩证法思想的重要表达。其深刻意义在于，人们必须重视事物发展演变的每一

①《毛泽东选集》第 1 卷，人民出版社 1991 年版，第 308 页。

②《毛泽东选集》第 1 卷，人民出版社 1991 年版，第 314 页。

③〔英〕阿尔弗雷德·诺思·怀特海：《过程与实在》，杨富斌译，中国城市出版社 2003 年版，第 392 页。

④《马克思恩格斯文集》第 4 卷，人民出版社 2009 年版，第 298 页。

过程、阶段的不同表现，但又要注重从整体和全过程考察局部事物的存在状态和存在方式，在两者的结合中进一步正确地认识和把握事物的性质、状态和发展趋势。两者的统一，有助于人们"科学预见事物的发展过程和发展阶段、发展规律和发展趋势，使自己的思想和行动随着事物的发展变化而变化，既立足当前又放眼长远，既要采取与当下阶段相适应的恰当的战略策略、措施办法，又要不失时机地将事物发展推向更高的阶段，使事物朝着有利的方向发展"①。这种思维方式的典型运用和表现就是在"事前事中事后"划分基础上的"三合一"法，注重"事前"阶段的周密谋划，理清思路；"事中"阶段持续改进，逐步提升；"事后"阶段的固化成果，健全机制，在三者统一中顺利实现管理事物的目标。

而问题作为矛盾的表现形式，贯穿于事物发展的每一个过程和全程，既具有阶段性又具有全程性；更重要的是，很多问题本身的形成、发展同样既是分不同阶段、不同过程的，又是具有整体性、全程性的。从以上两种意义上讲，问题意识要得到成功践履，既需要树立过程性思维，又要树立全程性思维，并将两者有机统一起来。新时代，我们所面临的问题更复杂更艰巨，很多深层次的问题既不是一下子暴露出来，也不是一下子能解决的，需要把握其形成演变的规律。在这种情况下，把过程性思维和全程性思维统一于问题意识中，显得更为必要和重要。

过程性和全程性思维的统一，在新时代成功践履问题意识这一点上，有两种情况。

首先，问题意识贯穿人们知、情、意、行的心理和行为的每一阶段，进而也贯穿于全过程，即在认知上善于发现问题、在态度上积极正视问题、在意志上具有顽强解决问题的精神、在行为上具备正确解决问题的能力，涉及前述四大核心环节。可以说，从心理层面的认知认识、态度情感、意志精神，到行为层面的表现与能力，这一逐步上升逐步整合、从思考到行动的全过程都贯穿着问题意识。同时，这四大环节并非静止、孤立地存在，而是相互包含、相互联结的有机过程。

其次，从完成工作角度讲，以问题意识统领"学、想、做、改、评"每一阶段，然后通过问题意识把五大步骤和阶段整合成有机的全过程，促进和推动"总问题"的最终解决。

一般而言，在中国特色社会主义建设中，完成各项具体工作和任务，

---

① 杨信礼：《重读〈论持久战〉》，人民出版社 2018 年版，第 24 页。

需要五大步骤和环节，即学、想、做、改、评，大致可以将它们分属于事前阶段、事中阶段、事后阶段。2016年2月，习近平对开展"两学一做"学习教育作出的指示中提出："要突出问题导向，学要带着问题学，做要针对问题改。"①这里只提到了学和做，而且是针对学习活动而言，但它无疑为坚持以问题为中心贯穿"学、想、做、改、评"全过程提供了依据、指明了方向。在具体工作和任务中，坚持以问题为轴心，就是要努力做到学要带着问题学、想要聚焦问题想、做要针对问题做、改要对着问题改、评要以解决问题的实效来评。每一阶段都要"瞄着问题去、追着问题走，以解决问题为发展突破口"②，最后整个过程能不断解决各自环节的具体问题，也使事关任务和工作目标的"总问题"得到有效解决。具体分析如下。

第一，在"学"的阶段要带着问题学。常言道，"学然后知不足"。搞好工作、查找缺陷和问题，学习无疑是重要阶段之一。如果在学习中缺乏问题意识，只是浮于表面、流于形式、缺乏思考，那就没有解决实际问题的效用自觉。所以，带着问题学就是要"真学"，避免形式主义，杜绝假学习、真糊弄。2009年9月18日，胡锦涛提出建设学习型政党，提高学习实效，就要"把组织学习同推动工作结合起来，引导党员带着问题学习、围绕工作钻研，使工作过程成为努力学习、增长才干的过程"③。例如，要紧密联系人民最关心最直接最现实的利益问题、本地区本部门改革发展稳定的重大问题、党的建设突出问题开展学习。④

新时代新问题层出不穷，更要求我们要带着问题学、边干边学。党的十八大以来，习近平多次强调在"学"的阶段要带着问题学，具备强烈的问题意识，把解决问题作为这一阶段的中心。只有带着问题学，才能找到解决问题的钥匙。2013年3月1日，习近平在中央党校建校80周年庆祝大会暨2013年春季学期开学典礼上，强调解决问题必须增强本领、提高能力，而后者唯一的途径就是不断学习。但是，学习并非形式主义地照本宣科、应付差事，习近平明确强调："你脑子里装着问题了，想解决问题了，想把问题解决好了，就会去学习，就会自觉去学习。"⑤在2017年9

①《习近平谈治国理政》第二卷，外文出版社2017年版，第173页。

② 参见《坚持问题导向要见实效》，《人民日报》2019年12月19日。

③《胡锦涛文选》第3卷，人民出版社2016年版，第256页。

④ 参见本书编写组编：《胡锦涛〈在全党深入学习实践科学发展观活动总结大会上的讲话〉学习读本》，人民出版社2010年版，第139—140页。

⑤《习近平谈治国理政》第一卷，外文出版社2018年版，第407页。

月 29 日进行的十八届中共中央政治局第四十三次集体学习时，他把"带着问题学、联系实际学"作为"领导干部特别是高级干部要带头学习"的基本要求。[①]

带着问题学，就是不仅要从问题入手，将学习与我们当下正在面临的问题、困惑相结合，将思考问题贯穿于学习过程的始终，边学边化解矛盾，解决难题；还要"处理好全面学习和重点学习的关系，普遍问题要全面学，典型问题要重点学、反复学"[②]。以此学以致用，用以促学，学用相长。通过对问题进行梳理、分析，弄清实质、找准症结，为下一步改正错误、解决问题打下坚实的思想根基。

第二，在"想"的阶段要聚焦问题想，才能有的放矢，精准发力。

问题意识本身作为一种"意识"，与"想"息息相关。党的十八大以来，习近平在很多场合强调强化问题意识、坚持问题导向，其核心就在于"聚焦"问题。所谓"聚焦"，就是指所观所看、所思所想、所作所为、所言所行，都要围绕针对性的问题进行，其中当然含有所思所想的向度。在"想"的阶段要聚焦问题想。

当然，新时代要成功践履问题意识，在"想的阶段"特别要重视两点。第一，新时代问题多而杂，"不搞面面俱到，打到了七寸"[③]，注意"主动跟进、精心选择、有所为有所不为的方针"[④]，要有所偏重和取舍，重点放在一些重大、关键问题上发力。习近平为此多次强调新时代"要有强烈的问题意识"，而这需要"以重大问题为导向，抓住关键问题"，聚焦于它们来"进一步研究思考"[⑤]。"抓住重大问题、关键问题进一步研究思考"是新时代"想要聚焦问题想"的突出要求。第二，"聚焦问题想"要有目标和针对性，具体言之，就是要冲着解决问题的新观念、新思路、新办法去"想"，否则"想"在问题意识中就没有很大价值。习近平于 2018 年 4 月在十九届中共中央政治局第五次集体学习时强调："要坚持问题导向，聚焦我国改革开放和社会主义现代化建设面临的重大现实问题、全局性战略问题、人民群众关心关注的热点难点问题，为解决问题提供新理念、新

① 《习近平谈治国理政》第二卷，外文出版社 2017 年版，第 68 页。

② 石平：《学要带着问题学 做要针对问题改》，《求是》2016 年 8 月 25 日。

③ 中共中央文献研究室编：《十八大以来重要文献选编》（中），人民出版社 2016 年版，第 89 页。

④ 中共中央文献研究室编：《习近平关于科技创新论述摘编》，中央文献出版社 2016 年版，第 48 页。

⑤ 中共中央文献研究室编：《十八大以来重要文献选编》（上），中央文献出版社 2014 年版，第 497 页。

思路、新办法。"①"为解决问题提供新理念、新思路、新办法"是我们"想要聚焦问题想"的目的，是检验是否真正在聚焦问题"想"的根本标准。党的二十大报告对此给予了进一步强调，提出"我们要增强问题意识"，除了要"聚焦实践遇到的新问题"外，还要聚焦于"改革发展稳定存在的深层次问题、人民群众急难愁盼问题、国际变局中的重大问题、党的建设面临的突出问题"，这些都是新时代的重大问题、关键问题甚至是战略性问题，但聚焦于这些问题的关键在于"不断提出真正解决问题的新理念新思路新办法"②。这既是观察问题、正视问题、分析问题的目的，也是"想要聚焦问题想"的根本目的。

第三，在"做"的阶段要针对问题做，瞄着问题干，才能真正见实效。

学是做的开始，做是学的完成，提出问题是认识之始，而解决问题是实践之归。既然问题在实践中产生，自然也要在实践中解决。这就需要我们在"做"中要针对问题做，将问题意识贯穿"做"的全过程，从而使各方面的工作有所创造。

新时代，坚持问题导向的原则和思想方法在全面深化改革的实践中得到了很好贯彻和充分体现。针对问题去"做"，在我国新时代全面深化改革中就表现为"改革要奔着问题去"。2016 年 12 月，习近平在主持中央全面深化改革领导小组召开的会议时提出，改革要坚持问题导向，奔着问题去，跟着问题走，哪里出现新问题，改革就跟进到哪里③，而且，改革的具体举措一定要有问题针对性，尽可能解决改革所要解决的问题。新时代，为了在"做"的阶段使得坚持问题导向、问题意识更有实效、更富成效。我们一是强调要针对"真问题"。2021 年 9 月，习近平在秋季学期中央党校（国家行政学院）中青年干部培训班开班式上指出，年轻干部要"真研究问题、研究真问题"④，想方设法听到真声音、看到真情况，发现真问题、掌握真信息、找到真药方、确定真办法，不能做虚功、搞花架子，要扎扎实实地以解决现实存在的客观问题为导向去做，落实为见得到实效的实际行动。二是强调面对新时代繁杂而多的问题，还是要有所为有所不为，要针对重点问题、关键问题、战略问题、疑难问题等着重发力去做，或者说

---

① 习近平：《论党的宣传思想工作》，中央文献出版社 2020 年版，第 315 页。

② 习近平：《高举中国特色社会主义伟大旗帜　为全面建设社会主义现代化国家而团结奋斗——在中国共产党第二十次全国代表大会上的报告》，人民出版社 2022 年版，第 20 页。

③《投入更大精力抓好改革落实　压实责任提实要求抓实考核》，《人民日报》2016 年 12 月 31 日。

④《习近平谈治国理政》第四卷，外文出版社 2022 年版，第 526 页。

抓住问题的核心、关键去发力。针对问题做，并不是针对所有问题，眉毛胡子一把抓，而是要突出重点，针对关键问题有所突破；必须抓住问题的要害，牵住"牛鼻子"，以主要矛盾的解决带动其他矛盾的解决，带动全局工作。

因此，新时代新征程，我们要继续瞄着问题去、迎着问题上，逢山开路、遇水架桥，在不断解决问题中开创事业发展新局面。"只有坚持问题导向去做，才能针对各自的偏差整改提高，扎实把中央要求落实到位，在行动实践上同党中央保持高度一致。"①这也是"针对问题做"的要求和体现。

第四，在"改"的阶段要对着问题改。

"改"当然是"做"的一种，但它是一种特殊的"做"，有自己特殊的针对性和目的性，一般偏重在已有基础上去改正、完善、提高，它因此也是经济社会发展中普遍存在的工作或实践活动。我们非常重视的"改革"，很多就是"改"。鉴于其普遍存在而又有特殊属性，一般也可以将之视为问题意识成功践履很重要的环节或阶段。习近平针对"改"也有很多相关的专门性的论说。

2019 年 7 月，习近平在中央和国家机关党的建设工作会议上，强调"要以问题为着力点，在补短板、强弱项上持续用力……要瞄着问题去、对着问题改，精确制导、精准发力，直到问题彻底解决为止"②。在 2020 年 1 月的"不忘初心、牢记使命"主题教育总结大会上，他更为集中地说："紧盯问题、精准整改。突出问题导向，从一开始就改起来，奔着问题去、盯着问题改，对标整改、源头整改、系统整改、联动整改、开门整改。"③可以看出，"改"是现实工作很重要的表现形式，而在所有领域"改"的过程中，"问题"贯穿始终。

在实际工作中，存在的问题清单列出来了，就要对照问题认真改，逐个突破。通过明确重点整治问题、群众反映强烈的热点难点问题，做到立查立改、重点突破。例如，能够马上改的，要在规定时限和要求内按期整改到位；一时难以整改的，问题要盯住，认真研究持续整改；对于复杂问

---

① 程晨：《带着问题学，针对问题改》，《人民日报》2016 年 4 月 26 日。
② 中共中央党史和文献研究院编：《十九大以来重要文献选编》（中），中央文献出版社 2021 年版，第 147 页。
③ 习近平：《在"不忘初心、牢记使命"主题教育总结大会上的讲话》，人民出版社 2020 年版，第 7 页。

题，要长期作战、高效整改、彻底整改，最终实现事情发展的螺旋式上升。2015 年 4 月，刘云山在"三严三实"专题教育工作座谈会上，对此也有专门的论述，提出"要边学边查边改，对查找梳理出的'不严不实'问题，列出清单，即知即改、立行立改，坚持思想问题和实际问题一起改，大问题和小问题都不放过"①。各级领导干部都要带着问题把自己摆进去，做全方位、立体式的透析检查，把问题找准、找实，使"改"的过程更具有精准性、针对性和有效性。

第五，在"评"的阶段要以解决问题的实际成效来评。

问题解决得好不好、准不准、实不实，要以解决问题的实际成效来衡量和评判。2015 年 4 月，刘云山在"三严三实"专题教育工作座谈会上提出，"以解决问题的成果来检验专题教育的成效"②。也就是说，在评价反馈阶段，也要将问题贯穿这一过程的始终，就是要看解决问题的结果是否经得起检验。即是否真正得到了解决，是否解决了深层次、根源性的问题，是否符合事业长远发展的需要，是否回应了群众的呼声，更要看群众是否真正满意③。后者背后也就是是否有效解决了人民群众关心的问题、事关人民群众切身利益的主要问题。"评"的阶段对于践履问题意识而言，不是可有可无的，一则它具有检验功能，问题意识是否成功践履、问题是否得到真正解决，需要"评"来判断和认定；二则具有校准功能，即通过"评"来确定问题的解决是否按照预期目标实现了，是完全实现还是部分实现，是基本实现还是相差甚远，是否出现偏差；三则具有"查漏补缺"功能，通过"评"可以发现本次问题解决的过程还存在哪些缺陷和不足，进而确定未来进一步优化和完善的思路对策；四则具有全面总结功能，可以立足于成败得失进行全面总结，找出有益经验和失败的教训。显然，在"评"的阶段要以解决问题的实际成效来评，不仅对于本次问题意识的成功践履、本次问题的解决很有价值，也为与本问题相关问题的解决创造了良好的基础和条件，对以后更大更复杂问题的解决也很有价值，它无疑也是过程性思维和全程性思维统一的重要内容。

可见，带着问题学、聚焦问题想、针对问题做、对着问题改、以解决

---

① 中共中央文献研究室编：《十八大以来重要文献选编》（中），中央文献出版社 2016 年版，第 480 页。

② 中共中央文献研究室编：《十八大以来重要文献选编》（中），中央文献出版社 2016 年版，第 476 页。

③ 参见林武：《树立问题意识 强化问题导向》，《人民日报》2016 年 5 月 23 日。

问题的实效来评，在"学、想、做、改、评"五个阶段始终贯穿着"问题"二字，问题意识不仅是每一个阶段过程中的着力点，还是全过程中的主线，把过程性思维和全程性思维统一起来；做到这个统一，必然会在实际中成功践履问题意识，使坚持问题导向、以问题为中心这些核心诉求真正实现。

三、注重理论指导、价值引领、方法创新的统一

新时代践履问题意识，除了要注重认识、态度、意志、能力的统一，要重视过程性思维、全程性思维的统一外，深层次上还需要科学理论指导、正确的价值引领和有效管用的方法。

（一）新时代践履问题意识更要重视科学理论指导

党的二十大报告指出："问题是时代的声音，回答并指导解决问题是理论的根本任务。"[①]这对于像马克思主义及其中国化最新理论成果——习近平新时代中国特色社会主义思想这些致力于"改变世界"、具有鲜明实践特质的科学理论而言，不仅是在不断解决问题中产生和形成的，也是在不断解决现实问题中丰富和发展的，融入实践、指导解决实践中出现的各种问题，就是它们的根本任务。但这反过来也意味着，新时代中国特色社会主义建设，要更为自觉地促进两者的良性互动，一方面要自觉地坚持用马克思主义、习近平新时代中国特色社会主义思想来指导解决现实问题；另一方面要在不断解决问题中促进实践创新和理论创新，推动它们的丰富发展。

党的二十大报告明确指出："拥有马克思主义科学理论指导是我们党坚定信仰信念、把握历史主动的根本所在。"[②]马克思主义理论不是僵死的教条，而是我们解决问题的行动指南。习近平明确指出，马克思主义理论深刻洞见和揭示了事物的内在本质、联系和普遍发展规律，不仅是"伟大的认识工具"，而且是"人们观察世界、分析问题的有力思想武器"。因此，"坚持以马克思主义为指导，必须落到研究我国发展和我们党执政面临的重大理论和实践问题上来，落到提出解决问题的正确思路和有效办法

---

① 习近平：《高举中国特色社会主义伟大旗帜　为全面建设社会主义现代化国家而团结奋斗——在中国共产党第二十次全国代表大会上的报告》，人民出版社 2022 年版，第 20 页。

② 习近平：《高举中国特色社会主义伟大旗帜　为全面建设社会主义现代化国家而团结奋斗——在中国共产党第二十次全国代表大会上的报告》，人民出版社 2022 年版，第 16 页。

上来"①。当然，其中的核心和关键在于坚持和运用其中的基本原理，实现"两个结合"来解决中国问题，这正是中国共产党百年征程不断取得伟大胜利的成功密码，我们"在革命、建设、改革各个历史时期"，不断推进"两个结合"，"运用马克思主义立场、观点、方法研究解决各种重大理论和实践问题"。②

当然，马克思主义也必须在不断指导解决问题中获得持久的生命力。2018 年 4 月，习近平在十九届中共中央政治局第五次集体学习时强调"与时代同步伐，与人民共命运，关注和回答时代和实践提出的重大课题，是马克思主义永葆生机活力的奥妙所在"③。马克思主义本身就是以问题为导向的理论，离开了对现实问题的关注，它就会失去生命力，维持并不断激发其生命活力，才是真正"以科学的态度对待科学"，才是对马克思主义的真正坚持。所以，党的二十大报告明确指出："我们坚持以马克思主义为指导，是要运用其科学的世界观和方法论解决中国的问题，而不是要背诵和重复其具体结论和词句，更不能把马克思主义当成一成不变的教条"，要在不断发现问题、分析问题和解决问题中，"形成与时俱进的理论成果，更好指导中国实践"④，这才是真正坚持马克思主义，才是坚持马克思主义的科学态度，才是彻底的马克思主义者。

党的十九大报告指出，习近平新时代中国特色社会主义思想是马克思主义中国化最新成果，是中国特色社会主义理论体系的重要组成部分，是新时代"党和人民实践经验和集体智慧的结晶"，是新时代"全党全国人民为实现中华民族伟大复兴而奋斗的行动指南，必须长期坚持并不断发展"⑤。而且，其中蕴含的"十个明确"，指出了新时代推进中国特色社会主义建设、实现中华民族伟大复兴的基本方略、重大举措和重要措施，需要准确及时地贯彻落实，是更为具体的"行动指南"。

习近平新时代中国特色社会主义思想也蕴含着一般性的行动指南，那就是它在坚持和发展马克思主义世界观和方法论的同时，形成自己的世界观和方法论。这是深入理解把握正确运用它的"金钥匙"。党的二十大报

---

① 习近平：《论党的宣传思想工作》，中央文献出版社 2020 年版，第 225 页。

② 习近平：《论党的宣传思想工作》，中央文献出版社 2020 年版，第 220 页。

③ 习近平：《论党的宣传思想工作》，中央文献出版社 2020 年版，第 315 页。

④ 习近平：《高举中国特色社会主义伟大旗帜　为全面建设社会主义现代化国家而团结奋斗——在中国共产党第二十次全国代表大会上的报告》，人民出版社 2022 年版，第 17、18 页。

⑤《习近平谈治国理政》第三卷，外文出版社 2020 年版，第 16 页。

告强调："首先要把握好新时代中国特色社会主义思想的世界观和方法论，坚持好、运用好贯穿其中的立场观点方法。"①这些世界观和方法论，为新时代科学地认识、勇敢地正视、准确地分析、正确地解决我国的现实问题，提供了更具普遍意义的科学立场、科学方法论指导。而且，坚持问题导向、具有强烈的问题意识是习近平新时代中国特色社会主义思想的重要特质，习近平围绕如何坚持问题导向、践履问题意识有很多论述，如他早在2003年浙江工作时就提出发现问题、分析问题、解决问题的"深、实、细、准、效"五字方针，要深入群众、基层中去解决问题；细致分析问题，掌握全面情况；准确地发现问题，透过现象看本质，把握规律性的东西；解决问题的办法要切实有效②，这些为新时代更好地践履问题意识提供了更有针对性、更为具体的行动指导。

显然，要用马克思主义理论和习近平新时代中国特色社会主义思想之"矢"去射新时代中国所面临的问题之"的"，才能在新时代不断回答好人民之问、时代之问、中国之问、世界之问。

（二）新时代践履问题意识更要重视正确的价值引领，自觉将其转化为责任意识

所谓"正确的价值引领"，就是党的十八大以来，我们提出的以人民为中心、社会主义核心价值观、全人类共同价值三个维度，它们实际上相互交织，构成了有机整体，共同为新时代人们的实践行为提供正确的价值引领。从践履问题意识角度来说，我们更为重视将这些价值引领转化为聚焦于问题的责任意识、担当精神和使命引领。2018年1月，习近平明确提出全面从严治党要"坚持使命引领和问题导向相统一"，即"既要立足当前、直面问题，在解决人民群众最不满意的问题上下功夫；又要着眼未来、登高望远，在加强统筹谋划、强化顶层设计上着力"③。有学者分析说："使命引领为党员、干部解决问题提供不竭的精神动力、坚定的意志品质。崇高的使命感让党员、干部时刻谨记党和人民的重托，是各级党组织和全体党员干事创业的原动力。使命感越强，发现问题就越敏锐，直面问题就越

---

① 习近平：《高举中国特色社会主义伟大旗帜 为全面建设社会主义现代化国家而团结奋斗——在中国共产党第二十次全国代表大会上的报告》，人民出版社2022年版，第18—19页。

② 参见习近平：《之江新语》，浙江人民出版社2007年版，第11页。

③ 中共中央党史和文献研究院编：《十九大以来重要文献选编》（上），中央文献出版社2019年版，第189页。

勇敢，解决问题就越高效。"①"使命引领"既是促进问题导向、强化问题意识的重要方式，也是我们落实价值引领的重要途径，是践履问题意识融合价值引领的典例。

显然，习近平新时代中国特色社会主义思想践履问题意识不单单是科学的问题，也是事关价值关怀、价值引领的问题。这种价值引领往往具体化为责任、担当的使命感。具体言之，以下价值责任更为突出。

第一，新时代践履问题意识要始终坚持对人民负责，不断践行以人民为中心的发展思想。民之所盼，政之所向，"以人民为中心的发展思想"是我们党的根本立场，也是最大的价值诉求，是做好一切工作的出发点和落脚点。而人民群众生活中遇到的问题，往往情况比较复杂，甚至有些矛盾还比较尖锐，但关键要注意决策好不好，群众说了算；政策实不实，人民说了算。2014年1月，习近平在党的群众路线教育实践活动第一批总结暨第二批部署会议上，明确要求"要更加强化问题导向，盯住作风问题不放，从小事做起，从具体事情抓起，让群众看到实实在在的成效，有利于百姓的事再小也要做，危害百姓的事再小也要除"②。2020年3月，他在浙江考察调研时强调，解决问题的宗旨，就是为人民服务。老百姓都能够顺心满意，我们这个国家才能越来越好。③

问题导向归根结底是人民导向。对人民负责是贯穿我国改革发展的大问题，是坚持问题导向的根本价值引领，而我国的改革发展也始终是为了解决民族生存发展、人民生活幸福的问题。因此，这就要求我们在处理问题时，要始终坚定地站在人民群众的立场上分析和解决问题，精准解决群众关心的问题，提升群众百姓满意度，切实维护好、实现好人民群众的根本利益，真正对人民负责。判断在树立问题意识过程中的使命感有多强，绝不能只看喊的口号有多响，而是要看为人民群众办了多少实事、解了多少难题。

第二，新时代践履问题意识要始终坚持对党和国家负责，高扬社会主义核心价值观。

党的十八大提出要积极培育和践行社会主义核心价值观，后来我们党

---

① 杜治洲：《坚持使命引领和问题导向相统一》，《人民日报》2018年11月13日。

② 习近平：《在党的群众路线教育实践活动第一批总结暨第二批部署会议上的讲话》，《人民日报》2014年1月21日。

③《统筹推进疫情防控和经济社会发展工作 奋力实现今年经济社会发展目标任务》，《人民日报》2020年4月2日。

将此作为新时代精神文明建设的重要内容和任务，它包含三个层面即国家层面彰显富强、民主、文明、和谐价值，社会层面弘扬自由、平等、公正、法治价值，个人层面倡导爱国、敬业、诚信、友善价值。不管怎么说，"在社会主义核心价值观中，最深层、最根本、最永恒的是爱国主义"①。爱国无疑在社会主义核心价值观中占据着主导和核心地位。"让爱国主义成为每一个中国人的坚定信念和精神依靠"②是新时代精神文明建设的重要目标，党员干部尤应如此。

新时代爱国主义不是抽象的而是具体的，即爱社会主义中国，新时代爱国、爱党、爱社会主义是高度融合的，"当代中国，爱国主义的本质就是坚持爱国和爱党、爱社会主义高度统一"③。所以，新时代践履问题意识遵循社会主义核心价值观的引领，首要的就是要将之转化为对党和国家负责的责任意识。

在践履问题意识的过程中，要始终心系"国之大者"，铭记国之大局、国之大要、国之大事、国之大计来不断发现问题、分析问题、解决问题；要增强"四个意识"、坚定"四个自信"，坚定拥护"两个确立"、坚决做到"两个维护"。总而言之，立足中国实际，始终着眼于党和国家事业发展全局，牢牢坚持立党为公、执政为民的初心使命，不回避问题，紧贴中央决策需求，针对所面临的问题提出具有前瞻性、战略性、全局性、储备性的解决办法。

第三，新时代践履问题意识要始终坚持对世界负责，彰显全人类共同价值。

中国共产党作为马克思主义政党，实现人类解放是其终极旨归，把为人类发展不断作出贡献作为自己义不容辞的责任和使命，坚持胸怀天下构成其百年征程的基本经验之一，也是习近平新时代中国特色社会主义思想世界观和方法论的基本内容之一。

新时代背景下，我国的发展不仅需要团结和谐的内部环境，也需要稳定和平的外部环境。然而，当前世界正处于大发展大变革大调整时期，世界面临的挑战和不确定性加剧，全球问题愈演愈烈，因此，当我们在面对和处理问题时，必须要有对世界负责的使命感和胸怀天下的格局。为此，

① 中共中央文献研究室编：《十八大以来重要文献选编》（中），中央文献出版社 2016 年版，第 134 页。

②《关于深化群众性精神文明创建活动的指导意见》，《人民日报》2017 年 4 月 6 日。

③《习近平谈治国理政》第三卷，外文出版社 2020 年版，第 334 页。

我们在新时代明确提出"全人类共同价值"即主张和平、发展、公平、正义、民主、自由，并明确提出"构建人类命运共同体"进而将人类共同价值落实为具体的全球性活动。党的二十大报告为此指出，我们"必须坚持胸怀天下"，新时代"要拓展世界眼光，深刻洞察人类发展进步潮流，积极回应各国人民普遍关切，为解决人类面临的共同问题作出贡献"①。一方面，把弘扬全人类共同价值、坚持胸怀天下和为人类作出更大贡献具体化为自觉地解决全人类共同问题、全球发展共同难题，不断推动构建人类命运共同体，如针对全球发展问题，提出"一带一路"倡议，谋求与世界各国共同发展，为世界的共同繁荣作出重要贡献；针对全球生态问题，积极参与全球气候治理，为推动全球绿色发展，为构建清洁美丽的世界作出重要贡献。另一方面，在聚焦问题进行分析和谋求解决之道时，理应有对世界负责的意识和立场，始终坚持为人类谋和平发展、为世界谋大同的价值取向，彰显负责任的大国担当。

（三）新时代践履问题意识时要注重方法创新

正确的立场、观点、方法对于发现、分析和解决问题，具有直接的重要性，其中方法尤为重要，在某种意义上可以说问题的发现、分析和解决就在于是否有、是否选择了正确的方法。鉴于前述新时代中国特色社会主义建设问题的独特时代境遇和时代特质，践履问题意识不仅在一般意义上要重视方法，更要注重结合具体实际问题进行方法创新。关于这种意义上的方法创新，以下两方面尤其需要注意。

第一，要注重对马克思主义方法论的"活学活用"。

党的二十大报告指出，在不断谱写马克思主义中国化时代化新篇章过程中，"必须坚持问题导向"，要特别注意"坚持运用辩证唯物主义和历史唯物主义，才能正确回答时代和实践提出的重大问题"②。这里很重要的一点就是运用辩证唯物主义和历史唯物主义蕴含的方法论，当运用马克思主义一贯坚持的基本方法去认识、分析和解决新时代我们所面临的现实难题时，一定要注意结合具体实际问题"活学活用"，而不是机械地模仿和套用，甚至盲目地照搬照用，要注重结合实际创造出能有效解决具体问题

---

① 习近平：《高举中国特色社会主义伟大旗帜　为全面建设社会主义现代化国家而团结奋斗——在中国共产党第二十次全国代表大会上的报告》，人民出版社2022年版，第21页。

② 习近平：《高举中国特色社会主义伟大旗帜　为全面建设社会主义现代化国家而团结奋斗——在中国共产党第二十次全国代表大会上的报告》，人民出版社2022年版，第20、17页。

的新方法。换句话说，就是"结合具体问题不断依据马克思主义科学方法论生成、创造出新的解决问题的具体方法"，这是我们党长期取得成功的"基本经验，也成为改革开放以来中国共产党坚持和继承的优良传统"①。

实际上，新时代我们同样在将这个优良传统发扬光大。新时代的中国共产党人十分注重运用诸如实事求是、调查研究、唯物辩证法、矛盾分析法、历史分析法等马克思主义基本方法论破解中国特色社会主义发展过程中遇到的实践难题。比如，习近平多次强调要以实事求是的方法作为践履问题意识的精髓要义。不仅要实事求是地发现问题，"下功夫查找突出问题和现实困难"②，而且要实事求是地对待问题，"直面矛盾，并运用矛盾相辅相成的特性，在解决矛盾过程中推动事物发展"③，同时还要在分析问题时坚持具体问题具体分析的方法，"认真听取各方面的意见，深入分析问题，掌握全面情况"④，这里"实事求是"的关键是结合具体实际灵活运用、综合运用唯物辩证法。再比如，历史唯物主义作为马克思主义在社会历史发展问题上的总方法，是我们观察、解决一切社会历史问题的方法论武器。站在新起点新阶段，新时代中国共产党人深刻思考当代中国和当今世界的重大理论和实践问题，系统地、具体地、历史地分析和解决中国当代社会发展的一系列重大问题，得出了一系列创新性的重大结论，指导中国特色社会主义建设不断进行实践创新。

在新时代下，在践履问题意识过程中始终注重对马克思主义方法论的活学活用，我们才能更加具体地、全面地、辩证地认识和分析问题，行之有效地落实和解决问题。

第二，要注重对具体社会科学方法的学习借鉴。

面对当今时代背景下新矛盾新问题新挑战不断涌现，解决问题的方法也应当全面而多样。2016 年 5 月，习近平在哲学社会科学工作座谈会上指出："哲学社会科学研究范畴很广，不同学科有自己的知识体系和研究方法。对一切有益的知识体系和研究方法，我们都要研究借鉴，不能采取不

---

① 参见关锋：《习近平新时代中国特色社会主义思想对"问题"的科学理解和求解》，《福建师范大学学报（哲学社会科学版）》2022 年第 3 期，第 1—12，169 页。

②《严把改革方案质量关 督察关 确保改革改有所进改有所成》，《人民日报》2014 年 9 月 30 日。

③ 中共中央文献研究室编：《习近平关于协调推进"四个全面"战略布局论述摘编》，中央文献出版社 2015 年版，第 87 页。

④ 习近平：《之江新语》，浙江人民出版社 2007 年版，第 1 页。

加分析、一概排斥的态度。"①正所谓"工欲善其事，必先利其器"，当我们在面对不同类型的问题时，除了以马克思主义方法论为指导之外，诸如社会学、经济学、管理学等其他社会科学方法也是我们应对矛盾、解决问题的"利器"，有助于促使解决问题的方法更有效且更具针对性。

首先，要善于借鉴社会科学调查研究法来解决问题。调查研究方法，广泛运用于人们的各种工作和实践活动中。重视调查研究，是中国共产党的优良传统，调查研究法是唯物辩证法的具体运用和展开，在革命、建设和改革开放的伟大征程中，我们不断运用和丰富调查研究法来分析和解决问题，取得了一个又一个伟大成就。但调查研究法也是经常、广泛用于社会科学领域中的一种科学研究方法，如有社会学学者就明确强调，它是"系统地、直接地从一个取自某种社会群体的样本那里收集资料，并通过对资料的统计分析来认识社会现象及其规律的社会研究方式"②，社会学通过深入社会各层面来了解实际情况，有目的、有计划、有系统地搜集第一手材料，借以发现问题、探索规律、开展研究。这也意味着，新时代践履问题意识可以大量借鉴不同社会科学关于调查研究的规定和实用经验，来丰富调查研究法的内容和使用方式。

2005 年 11 月，习近平在浙江省委政策研究室调研时就强调："我们还必须适应经济社会发展变化的新情况，善于运用科学的调查方法，综合运用经济学、社会学、信息论、系统论、控制论等多学科理论，为正确决策提供全面、翔实、可靠的信息和数据。"③他在 2011 年 11 月中央党校秋季学期第二批入学学员开学典礼上，作了后来以《谈谈调查研究》为题全文发表的讲话，强调"调查研究的根本目的是解决问题"，一定要注意借鉴社会科学的一些合理做法，"调查结束后一定要进行深入细致的思考，进行一番交换、比较、反复的工作"，运用反思法、比较法、重复试验法等社会科学常见的方法，来"把零散的认识系统化，把粗浅的认识深刻化，直至找到事物的本质规律，找到解决问题的正确办法"④。在这个讲话中，习近平还提出，调查研究方法一定要吸收现代科技知识来丰富和发展自己。在现实生活中，有必要"进一步拓展调研渠道、丰富调研手段、创新调研

---

① 《习近平谈治国理政》第二卷，外文出版社 2017 年版，第 341 页。

② 风笑天：《社会学研究方法》，中国人民大学出版社 2001 年版，第 153 页。

③ 习近平：《干在实处　走在前列——推进浙江新发展的思考与实践》，中共中央党校出版社 2006 年版，第 537 页。

④ 习近平：《谈谈调查研究》，《学习时报》2011 年 11 月 21 日。

方式，学习、掌握和运用现代科学技术的调查方法"，他具体指出诸如通过现代信息技术来进行的问卷调查、统计调查、抽样调查、专家调查、网络调查等方式、手段，以此不断适应新形势下对于解决新问题的需要。①党的十八大以来，习近平多次强调调查研究法是我们"谋事之基、成事之道"，在党的历史上它是"传家宝"，在今天仍然是谋事成事的"基本功"，并对调查研究提出了更高的要求，新时代要运用它来发现、分析和解决问题，必须不断借鉴社会科学对调查研究的发展，不断运用现代科技手段来提高它的实效性。

其次，要注重借鉴社会科学中定量和定性相结合的方法来解决问题。

随着科学技术的不断发展，社会生产生活的网络化、大数据化、信息化已成为主要趋势。诸多社会性问题已经与科技问题难以分割，甚至一些科技问题已经演变为社会问题。在此背景下，一方面，需要我们借助公式、模型、数据分析等手段，揭示问题内在相互关系以及外部条件的影响，从而形成更精确的认识和分析，严密和可靠的逻辑，摸清其"短板"和底数，为解决方案的制订提供精确的量化依据，即定量研究法，是经济学、统计学等领域常用的研究方法。另一方面，由于任何事物都是质与量的统一，也必须要结合以逻辑学、哲学及历史学等为基础的定性研究法。依据大量历史事实和生活经验材料，通过思辨阐述、现象分析归纳、逻辑推理和历史比较等方式，从而把握问题本质的特征和规律。

2016年5月，习近平在哲学社会科学工作座谈会上明确强调："对现代社会科学积累的有益知识体系，运用的模型推演、数量分析等有效手段，我们也可以用，而且应该好好用。需要注意的是，在采用这些知识和方法时不要忘了老祖宗，不要失去了科学判断力。"②这为我们在新时代下运用定量和定性相结合的方法来研究和解决问题提供了根本遵循。

新时代所面对的不同的问题，单纯依靠定量研究法容易使问题呈现模型化，导致对问题本身价值理性认识的缺失；而过度依靠定性研究法，又造成对问题的分析较为空泛，对问题的精准度把握不够。因此，在践履问题意识时，我们应当将定量和定性研究法有机结合，避免孤立、片面和静止地分析和研究问题。例如，习近平将定量与定性相结合的研究方法作为分析我国全面建成小康社会问题的重要方法之一，他提出"衡量全

---

① 习近平：《谈谈调查研究》，《学习时报》2011年11月21日。

② 《习近平谈治国理政》第二卷，外文出版社2017年版，第341页。

面小康社会建成与否,既要看量化指标,也要充分考虑人民群众的实际生活状态和现实获得感"①。通过将全面建成小康社会这一过程量化成多个具体的指标,划分成不同的时间节点,以此更加精确地考量和反映我国全面建成小康社会的进程,同时也注重对全面建成小康社会的核心价值意义的分析。

最后,要强化借鉴社会科学目标导向法来解决问题。

目标导向法是一种对于目标与行为之间关系的现代西方管理学研究方法,它强调用一种反向思维,通过用完成目标的强烈动机来激励主体实现目标的行为,即"行为不是直接去完成目标,而是引导行为去完成目标"②,并且某种意义上对行为主体的意志能力、行为目标的吸引力,以及相应的行为环境等要素具有一定要求。

基于此,2018 年 12 月,习近平在庆祝改革开放 40 周年大会上明确将"坚持问题导向和目标导向相统一"③总结为改革开放 40 周年的宝贵经验和财富。2019 年 7 月,他在中央和国家机关党的建设工作会议上再次强调:"处理好目标引领和问题导向的关系。"④足见目标导向法对于我们解决问题具有促进作用。因为"目标是问题的集中体现,问题要在完成目标进程中予以解决。解决问题的过程就是达成目标的过程,达成目标的过程也是解决问题的过程"⑤。只要有问题的出现,就意味着同时形成解决问题的目标。

因此,在践履问题意识的过程中结合目标导向法,就是要善于将解决问题的目标转化为具体行动,"坚持中长期目标和短期目标相贯通……。对实现既定目标制定明确的时间表、路线图,稳扎稳打,分步推进。既从既定目标倒推,厘清到时间节点必须完成的任务,又从迫切需要解决的问题顺推,明确破解难题的途径和办法"⑥。习近平针对全面建成小康社会这一重大历史重任,就强调"既从实现全面建成小康社会目标倒推,厘清到

① 习近平:《关于全面建成小康社会补短板问题》,《求是》2020 年第 1 期。

② 李国杰:《现代企业管理辞典》,甘肃人民出版社 1991 年版,第 61 页。

③《习近平谈治国理政》第三卷,外文出版社 2020 年版,第 189 页。

④ 中共中央党史和文献研究院编:《十九大以来重要文献选编》(中),中央文献出版社 2021 年版,第 147 页。

⑤ 中共中央党校(国家行政学院):《习近平新时代中国特色社会主义思想基本问题》,人民出版社 2020 年版,第 193 页。

⑥ 中共中央宣传部、国家改革和发展委员会:《习近平经济思想学习纲要》,人民出版社、学习出版社 2022 年版,第 166 页。

时间节点必须完成的任务，又从迫切需要解决的问题顺推，明确破解难题的途径和办法"①。将问题最终的解决划分为一个个符合实际和人民需求的阶段性目标，通过阶段性目标的依次实现，从而实现问题的最终解决。这可以说是目标导向法在当代实践中的生动呈现。

综上可见，中国特色社会主义新时代，我们所面临的问题涵盖政治、经济、文化、社会、生态等不同领域，牵涉国内外不同区域、地区，问题的种类复杂而庞多，有些问题还触及深层次的东西，有些问题牵扯面很大。缺少科学方法论的有力支撑，很难解决。因此，无论是对马克思主义方法论的活学活用，抑或对其他社会科学方法的灵活运用，都需要我们更好地结合中国实际；而且，更需要在结合实际过程中，不断在方法上创新推进，敢于打破思维定式、主动求新求变，不断提出新思路、开辟新领域、探索新路径，兼容并蓄，推动马克思主义科学方法论的中国化时代化，形成富有中国特色、富有时代气息的科学方法论。

---

① 中共中央文献研究室编：《十八大以来重要文献选编》（中），中央文献出版社 2016 年版，第775 页。

第四章　当代中国马克思主义问题意识的
重大指向和成功践履

如前文所述，当代中国马克思主义问题意识含有言和行两个维度，二者实则是一个有机整体。所谓"行"，一般指它在现实中的具体践履、实际呈现。将这种维度进行深入梳理并相对全景地呈现出来，对我们更好地理解和把握当代中国马克思主义问题意识无疑既是必要的，也是非常重要的，它可以提供更具明证性、说服力的理据。

这种"行"的维度，内容极为丰富，在理论上难以穷尽。鉴于此，很有必要以新时代社会发展中的一些重大突出问题为典型代表，来阐析当代中国马克思主义问题意识的在场和运用，亦即重大指向和成功践履。具体言之，新时代中国社会发展动力问题、新时代中国社会发展精神力量问题、新时代中国社会稳定国家安全问题、新时代生态环境问题、新时代为世界发展作出更大贡献问题、新时代党长期执政问题等，都无疑是公认的重大突出问题，事关它们的问题意识较具有代表性，能够很好地呈现当代中国马克思主义问题意识的基质和特质。

第一节　新时代发展动力问题与全面深化改革、
创新驱动、人才强国

社会发展动力问题，是一种社会形态、一个民族国家存续和发展的根本性问题。若丧失了发展动力，也就意味着一种社会形态、一个民族国家离退出历史舞台不远了。任何一个民族国家为了谋取生存和发展，都需要不断确立、激发、建构社会发展动力。

马克思主义作为重点关注人类社会发展历史进程、追求人类解放的科学理论，它的一个重要的理论任务就是从不同维度把握社会发展动力，揭示社会发展的根本动力——社会基本矛盾，阶级社会发展的直接动力——阶级斗争，社会发展的主体动力——人民群众，进而建构科学的、系统的社会发展动力理论。对于后世的马克思主义者来说，就是要把马克思主义的社会发展动力理论同本国具体实际结合起来，最大可能地激发和建构符合本国实际的发展动力。

俄国十月革命的胜利，给中国送来了马克思列宁主义，早期中国共产党人在接受、理解和传播马克思主义的同时，就关注到其中的社会发展动力理论，力图据之实现救亡图存、民族复兴的历史重任，由此提出"阶级斗争""经济革命""政治革命""社会革命"等解决途径。从陈独秀在《〈科学与人生观〉序》中明确指出的"客观的物质原因"，对于社会、对于"人生观"的"支配作用"[①]，到毛泽东在《矛盾论》中强调"生产力和生产关系的矛盾，生产力是主要的"，强调生产力、经济基础"一般地表现为主要的决定的作用"[②]，中国共产党人在革命实践中总结经验，不断深化对社会发展动力的理解。中华人民共和国成立后，为了让社会发展有健康充沛的动力，我们既有在生产关系方面培育动力机制的探索，又有在文化方面培育主体精神动力的探索。党的十一届三中全会吹响改革开放的号角，力图重新探索社会健康持续发展的动力。党的十一届六中全会通过的《关于建国以来党的若干历史问题的决议》指出，社会主义改造已基本完成，目前我国要解决人民日益增长的物质文化需要同落后的社会生产之间的矛盾，我们以这个科学判断为依据，逐步提出"改革是中国发展生产力的必由之路""科学技术是第一生产力"[③]等马克思主义中国化的重要新论断，其实质就是为中国特色社会主义持续前进建构和夯实社会发展动力。

进入新时代，中国"社会主要矛盾已经转化为人民日益增长的美好生活需要和不平衡不充分的发展之间的矛盾"[④]，这种变化是事关全局的根本性变化，我们必须在社会发展动力问题上有新的思路、新的谋划、新的推进。党的二十大报告在总结新时代十年伟大成就、展望未来时，强调要"不断塑造发展新动能新优势"，要不断"激发人民创造活力"，要"不断增

---

① 仁建树主编：《陈独秀著作选编》第3卷，上海人民出版社2009年版，第146页。
②《毛泽东选集》第1卷，人民出版社1991年版，第325页。
③《邓小平文选》第3卷，人民出版社1994年版，第136、274页。
④《习近平谈治国理政》第三卷，外文出版社2020年版，第9页。

强社会主义现代化建设的动力和活力"①,把社会发展动力问题高度凸显出来,并指出了基本的努力方向。

习近平在总结我国科技事业取得举世瞩目的成就时谈道,"最重要的经验有三条",具体来说,"一是发挥社会主义制度优越性,集中力量办大事,抓重大、抓尖端、抓基本。二是坚持以提升创新能力为主线,把其作为科技事业发展的根本和关键。三是坚持人才为本,充分调动人才的积极性、主动性、创造性,出成果和出人才并举、科学研究和人才培养相结合"②。这三条经验揭示了我国科技事业发展的背后有健康持续的前进动力做保障,在很大意义上也可以说,它们体现了新时代我们解决社会发展动力问题,不断保持既有动力、开掘新动力、激发各方面活力的具体路径。大体上可以这样说,通过"全面深化改革"破除体制机制障碍,不断巩固和发挥社会主义制度的优越性,进而不断筑牢根本动力;通过"创新驱动"求解"大而不强"的发展问题,进而开掘转型升级、高质量发展的动力;通过"人才强国"战略打造"共建共治共享"的发展共同体,解决新时代健康发展可持续、动力不竭的问题,进而建构和保障社会发展动力的"源头活水"。它们构成当代中国马克思主义问题意识在社会发展动力问题上的突出表现。

一、破除体制机制障碍与"全面深化改革"筑牢根本动力

历史唯物主义主张,"社会的物质生产力发展到一定阶段,便同它们一直在其中运动的现存生产关系……发生矛盾。于是这些关系便由生产力的发展形式变成生产力的桎梏。那时社会革命的时代就到来了。随着经济基础的变更,全部庞大的上层建筑也或慢或快地发生变革"。由此,生产力和生产关系、经济基础和上层建筑这两对社会基本矛盾,成为影响生产力发展的根本因素,它们也因之构成社会发展的根本动力。

如何缓解或解决社会基本矛盾,如何促进生产力的发展,就成为巩固、提升社会发展根本动力的基本着力点。这也是改革开放以来,我们党解放思想、解决社会发展根本动力问题的根本思路。1985年3月,邓小平在同

---

① 习近平:《高举中国特色社会主义伟大旗帜　为全面建设社会主义现代化国家而团结奋斗——在中国共产党第二十次全国代表大会上的报告》,人民出版社2022年版,第33、37、15、27页。

② 中共中央文献研究室编:《习近平关于科技创新论述摘编》,中央文献出版社2016年版,第38页。

日本自由民主党副总裁二阶堂进会谈时，明确提出"改革是中国的第二次革命"，这是因为，首先，"改革的性质同过去的革命一样，也是为了扫除发展社会生产力的障碍，使中国摆脱贫穷落后的状态。从这个意义上说，改革也可以叫革命性的变革"；其次，改革"扫除发展社会生产力的障碍，使中国摆脱贫穷落后的状态"，带来"经济生活、社会生活、工作方式和精神状态的一系列深刻变化"，使整个社会形成"某种程度的革命性变革"。①邓小平在 1992 年南方谈话中对此进行了更为充分的阐释，强调"革命是解放生产力，改革也是解放生产力"②。我们党主要以改革的方式，解决社会基本矛盾，不断建构和提升社会发展的根本动力，进而解放生产力、发展生产力，构成中国特色社会主义谋取社会发展的基本思路。

习近平总结说，改革开放多年来，"我国经济社会发展取得了重大成就，根本原因就是我们通过不断调整生产关系激发了社会生产力发展活力，通过不断完善上层建筑适应了经济基础发展要求"③。由此，社会主要矛盾也发生了变化，党的十八大以来，中国特色社会主义进入新时代，但同时也有新的社会发展问题呈现出来。"当前，国内外环境都在发生极为广泛而深刻的变化，我国发展面临一系列突出矛盾和挑战，前进道路上还有不少困难和问题。比如：发展中不平衡、不协调、不可持续问题依然突出，科技创新能力不强，产业结构不合理，发展方式依然粗放，城乡区域发展差距和居民收入分配差距依然较大，社会矛盾明显增多"，在关系群众切身利益方面，问题多而明显，如人民安居乐业涉及教育、就业、社会保障、医疗、住房以及各方面安全问题、社会公正问题等，在党的建设方面，"形式主义、官僚主义、享乐主义和奢靡之风问题突出，一些领域消极腐败现象易发多发，反腐败斗争形势依然严峻，等等"。④党深刻认识到，"面对新形势新任务，我们必须通过全面深化改革，着力解决我国发展面临的一系列突出矛盾和问题，不断推进中国特色社会主义制度自我完善和发展"⑤。这是全面深化改革之所以发生的很重要的现实起因，在这个意义上，它也是问题倒逼的。全面深化改革就是要更加"自觉通过调整生产关系激发社

---

①《邓小平文选》第 3 卷，人民出版社 1993 年版，第 135、142 页。

②《邓小平文选》第 3 卷，人民出版社 1993 年版，第 370 页。

③ 习近平：《论党的宣传思想工作》，中央文献出版社 2020 年版，第 34 页。

④《习近平谈治国理政》第一卷，外文出版社 2018 年版，第 71—72 页。

⑤《习近平谈治国理政》第一卷，外文出版社 2018 年版，第 71 页。

会生产力发展活力，自觉通过完善上层建筑适应经济基础发展要求"①。在其中，不断改革、调整生产关系来适应、促进生产力，改革、调整上层建筑来适应经济基础，使生产力和生产关系、经济基础和上层建筑良性互动，不断巩固和强化社会发展的根本动力，在推动社会发展的同时，也推动全面深化改革本身不断深入②。习近平为此强调："改革只有进行时，没有结束时。新时代坚持和发展中国特色社会主义，根本动力仍然是全面深化改革。"③为筑牢新时代社会发展根本动力，我们党把全面深化改革作为"四个全面"战略布局的主要内容之一，放在战略布局的高度来谋划，全面深化改革也因之体现出以下特质。

第一，聚焦于体制机制，打破对生产力、社会发展的约束和障碍。

新时代作为"发展起来以后"的时代，问题多而复杂，很多问题之所以复杂而难以解决，是因为牵涉深层次的矛盾，即国家管理及其基本制度、重要制度运作的体制机制。这些体制机制的弊端同时是影响社会发展根本动力发挥作用和提升的主要障碍，是生产力发展、社会进步的深层次的障碍。党的二十大报告在回顾当时情况时指出，新时代面临着"经济结构性体制性矛盾突出，发展不平衡、不协调、不可持续，传统发展模式难以为继，一些深层次体制机制问题和利益固化藩篱日益显现"④。全面深化改革，既讲"全面"又讲"深化"，所谓"深化"主要指解决深层次矛盾、破解和革除体制机制的弊端，进而逐渐缓和或解决社会基本矛盾，来筑牢社会发展根本动力、最终不断解放和发展生产力；所谓"全面"，内容指向很丰富，但涉及社会发展各方面的体制机制改革协同进行，无疑是其中的重要指向。

习近平明确指出，完成全面建成小康社会的历史重任，实现社会主义现代化和中华民族伟大复兴，"最根本最紧迫的任务还是进一步解放和发展社会生产力"，"我们要通过深化改革，让一切劳动、知识、技术、管理、资本等要素的活力竞相迸发，让一切创造社会财富的源泉充分涌流"。⑤最

① 习近平：《论党的宣传思想工作》，中央文献出版社 2020 年版，第 329 页。
② 参见关锋：《发生、驱动和统摄：全面深化改革的三大逻辑解读》，《湖湘论坛》2020 年第 3 期，第 55—69 页。
③ 习近平：《在党的十九届一中全会上的讲话》，《求是》2018 年第 1 期。
④ 习近平：《高举中国特色社会主义伟大旗帜　为全面建设社会主义现代化国家而团结奋斗——在中国共产党第二十次全国代表大会上的报告》，人民出版社 2022 年版，第 5 页。
⑤《习近平谈治国理政》第一卷，外文出版社 2018 年版，第 92—93 页。

终就是为了解放和发展生产力。而全面深化改革就是要"统筹推进各领域各方面改革……坚决破除一切不合时宜的思想观念和体制机制弊端，突破利益固化的藩篱"①，这要求必须同时重视不同领域体制机制之间改革的关联性和协同性。所以，党的十八大以来，习近平在很多场合都强调不同领域体制机制的改革创新对解决各自领域的重大问题、根本问题的重要性，如2016年4月在主持召开中央全面深化改革领导小组第二十三次会议上，强调从体制机制创新上推进供给侧结构性改革，对于解决经济新常态面临问题的重要性；2022年9月在主持召开中央全面深化改革委员会第二十七次会议上，强调健全关键核心技术攻关新型举国体制对于解决核心技术受制于人、抢占科技竞争和未来发展制高点的重要性；另外，还多次强调不同领域体制机制改革的衔接配套、统筹规划、协同推进的重要性。2013年，党的十八届三中全会通过的关于全面深化改革的纲领性文件即《中共中央关于全面深化改革若干重大问题的决定》，立足于改革的关联性、系统性、协同性考虑，同时对经济体制、政治体制、文化体制、社会体制、生态文明体制和党的建设制度改革作出统筹部署，把全面深化改革真正落到实处。而且，每一大的领域的体制改革，都有相应的系列体制机制改革来配套和落实。比如，就经济体制改革而言，我们党提出了深化国资国企管理运营机制改革，完善政府宏观管理体制机制改革，推进收入分配体制改革，完善社会主义市场经济体制改革，改革科技创新体制机制，构建更高水平开放型经济新体制等。

可以说，新时代"改革全面发力、多点突破、纵深推进"，我们党先后推出1600多项改革方案，包括国资国企改革、财税体制改革、行政管理体制改革、涉外经济体制改革、人口和户籍制度改革、金融体系改革、土地制度和城乡管理体制改革、司法体制改革、文化教育卫生管理体制改革等。中国国内生产总值不但稳居世界第二，开放型经济体制得到逐步健全，而且对世界经济增长贡献率超过百分之三十，居世界第一位，社会生产力同激发社会活力、创新驱动很好地结合起来，经济社会发展取得重大进展。②

习近平还深刻地总结说，全面深化改革，"增强各项改革的关联性、系统性、协同性。只有既解决好生产关系中不适应的问题，又解决好上层

---

① 习近平：《在党的十九届一中全会上的讲话》，《求是》2018年第1期。
② 参见关锋：《科学社会主义在中国的践行与发展——以重大难题求解为中心的阐释》，《探索》2020年第3期，第5—20页。

建筑中不适应的问题，这样才能产生综合效应"①。全面深化改革就是要筑牢社会发展根本动力，最终目的就是为生产力发展创造综合效应、形成最大合力。

第二，更加注重制度建设，形成制度性合力与系统性动力，来筑牢社会发展的根本动力。

新时代，改革日益涉及深层次的矛盾，我们必须全面深化改革，聚焦于深层次的体制机制来谋划改革，才能解决发展的动力问题；改革不能是单打独斗、搞"片面化、单一化"，改革越深入，需要涵盖的领域越广泛、涉及调整的利益格局越深刻，如果各领域改革不增加系统性、协同性、整体性，很难形成足够力量突破愈加复杂的体制机制的障碍，甚至可能相互掣肘，造成"1+1<2"的负面效果。而这一则需要构建新的体制机制来强化不同体制机制的系统性、协同性和联动性，二则需要有总目标及其基本制度做支撑，后者具体来说就是要有根本制度、基本制度、重要制度等管长远、管根本的制度来对不同体制机制进行规范、约束和引导，保障它们的协同性和联动性。为避免各部门、各领域改革调整产生不必要的摩擦和内耗，要形成相互协调的制度性合力，发挥部门间、领域间的联动作用。这就要求我们在进行制度改革和调整设计时必须加强顶层设计，做好制度之间的统筹谋划、整体协调与系统配套，使各部门的制度科学化、完善化、规范化，使各领域的改革相互支撑、协同推进。两者相较而言，第二方面更为重要。所以，"全面深化改革，全面者，就是要统筹推进各领域改革，就需要有管总的目标，也要回答推进各领域改革最终是为了什么、要取得什么样的整体结果这个问题"②。《中共中央关于全面深化改革若干重大问题的决定》在全面系统部署了深化改革主要对象的同时，明确提出全面深化改革的总目标是完善和发展中国特色社会主义制度、推进国家治理体系和治理能力现代化。我们知道，国家治理体系和治理能力现代化的核心，在很大程度上就是制度及其效能的现代化。习近平为此明确指出，新时代的改革开放之所以具有许多新的内涵和特点，"其中很重要的一点就是制度建设分量更重……对改革顶层设计的要求更高，对改革的系统性、整体性、协同性要求更强，相应地建章立制、构建体系的任务更重"，进而不

---

① 习近平：《论党的宣传思想工作》，中央文献出版社 2020 年版，第 36 页。
② 中共中央文献研究室编：《习近平关于全面深化改革论述摘编》，中央文献出版社 2014 年版，第 26 页。

断"推动各方面制度更加成熟更加定型，推进国家治理体系和治理能力现代化"①。这既是中国共产党人对共产党执政规律、社会主义建设规律、人类社会发展规律的认识深化的体现，也是改革开放进入"深水区"必须"啃硬骨头"的客观规律的要求，还是适应我国现代化建设、推进中国式现代化的必然选择。

在这种意义上，新时代就是制度定型的时代，"摆在我们面前的一项重大历史任务，就是推动中国特色社会主义制度更加成熟更加定型，为党和国家事业发展、为人民幸福安康、为社会和谐稳定、为国家长治久安提供一整套更完备、更稳定、更管用的制度体系"②。这当然也是全面深化改革、推进国家治理现代化的重要使命。"更完备、更稳定、更管用的制度体系"背后就是希望通过全面深化改革、国家治理现代化来形成制度优势，最终转化为经济社会发展的制度性合力与系统性动力，将制度优势转化为治理效能，从"中国之制"走向"中国之治"。党的二十大报告更为明确地指出："坚持深化改革开放。深入推进改革创新，坚定不移扩大开放，着力破解深层次体制机制障碍，不断彰显中国特色社会主义制度优势，不断增强社会主义现代化建设的动力和活力，把我国制度优势更好转化为国家治理效能。"③

制度管根本管长远，党的十九届四中全会通过的《中共中央关于坚持和完善中国特色社会主义制度　推进国家治理体系和治理能力现代化若干重大问题的决定》提出的"根本制度、基本制度、重要制度"以及与之相适应的体制和机制，实则是中国特色社会主义经济基础、上层建筑的制度化，全面深化改革推动中国特色社会主义制度完善和定型，不断建构经济社会发展的制度性合力与系统性动力，从深层次上说，就是从制度完善和定型层面来不断回应社会基本矛盾，进而不断筑牢和优化社会发展的根本动力。

第三，更加重视效率与公平的统一，促进发展的协调性均衡性，来拓深社会发展的根本动力。

改革开放初，鉴于对"不改革死路一条"的共识，以及对与西方发达国家发展差距的体认，我们党反复强调加快发展的重要性，"时间就是金

---

① 《习近平谈治国理政》第三卷，外文出版社 2020 年版，第 112 页。

② 《习近平谈治国理政》第一卷，外文出版社 2018 年版，第 104—105 页。

③ 习近平：《高举中国特色社会主义伟大旗帜　为全面建设社会主义现代化国家而团结奋斗——在中国共产党第二十次全国代表大会上的报告》，人民出版社 2022 年版，第 27 页。

钱，效率就是生命"这样的思想观念和发展理念，深刻影响和形塑着改革开放，"深圳速度"一时间成为最激动人心的口号。从农村改革到城市改革，从经济体制改革到各领域改革，都强调效率优先。重视效率的确在一定时期大大激发了中国社会发展的动力，创造了世人瞩目的"中国速度"。但是，城乡、区域和不同领域之间发展的不协调，贫富差距拉大，医疗、教育等公共资源分配不平衡等一系列发展不平衡的矛盾不断累积并日益凸显。

社会发展的不平衡不充分，无疑是进一步发展的严重阻碍，明显影响着社会发展动力的持续性和充沛性。社会主要矛盾在新时代我国社会发展中具有"总问题"的性质，其他问题都与它密切相关，很多问题不过是新社会主要矛盾在某一领域、某个方面的具体表现，因此，党的二十大报告要求紧紧围绕社会主要矛盾来谋划各项工作。全面深化改革的中心任务就是要理顺各种社会体制机制之间的关系，不断建构新的协调机制、联动机制、整合和统筹机制，来解决经济社会发展的不平衡不充分问题。

党的十八届五中全会提出，为了破解发展难题，要确立并贯彻五大新发展理念，即创新、协调、绿色、开放、共享的发展理念，协调居于第二位。关于协调，具体说，"从当前我国发展中不平衡、不协调、不可持续的突出问题出发，我们要着力推动区域协调发展、城乡协调发展、物质文明和精神文明协调发展，推动经济建设和国防建设融合发展"[1]。协调发展注重的是解决发展不平衡问题，但其最终考虑的是整体性有机性合力，协调平衡往往就可以形成"1+1＞2"的效果，在根本上就是对社会基本矛盾的缓解，从这个意义上讲，它既有助于增加动力，又有助于拓深社会发展的根本动力。而且，"协调发展，就要找出短板，在补齐短板上多用力，通过补齐短板挖掘发展潜力、增强发展后劲"[2]。协调发展还可以挖掘发展潜力、新增发展动力。

另外，习近平还特别强调，协调发展就是要"更注重发展机会公平、更注重资源配置均衡"[3]，让所有地区、所有部门、所有群体都能更为平等地享有发展机会，创造更为公平的发展条件。他还明确提出："协调增进全体人民的经济、政治、社会、文化、环境权利，努力维护社会公平正义，

---

① 《习近平谈治国理政》第二卷，外文出版社 2017 年版，第 206 页。
② 《习近平谈治国理政》第二卷，外文出版社 2017 年版，第 206 页。
③ 《习近平谈治国理政》第二卷，外文出版社 2017 年版，第 206 页。

促进人的全面发展。"①在五大新发展理念刚提出时，习近平就指出"共享发展注重的是解决社会公平正义问题"，他后来进一步明确，强调共享理念涉及全民共享、全面共享、共建共享和渐进共享四者的有机统一，而其"实质就是坚持以人民为中心的发展思想，体现的是逐步实现共同富裕的要求"，共同富裕在一定意义上就是更高水平的公平正义，也因之是马克思主义的奋斗目标。②而社会公平正义、促进人的全面发展和坚持以人民为中心，就是"要充分发扬民主，广泛汇聚民智，最大激发民力，形成人人参与、人人尽力、人人都有成就感的生动局面"，最终"充分调动人民群众的积极性、主动性、创造性，举全民之力推进中国特色社会主义事业"③，进而为中国特色社会主义发展提供主体动力。

　　当然，这不是要放弃经济发展的效率，而是要实现效率与质量和公平、速度规模与协调均衡的有机统一。党的二十大报告要求推动经济实现质的有效提升和量的合理增长。而这需要全面深化改革，特别是通过经济体制改革来优化政府和市场的关系，其中心任务就是为实现协调发展、平衡发展、公平和共享发展打破体制机制障碍，建构新的促进协调均衡发展、公平共享发展的体制机制，在不断解决社会基本矛盾中，筑牢根本动力、释放新的发展动力和活力。习近平针对供给侧结构性改革明确指出："着力加强供给侧结构性改革，着力提高供给体系质量和效率，增强经济持续增长动力，推动我国社会生产力水平实现整体跃升。"④这一表述就把通过全面深化改革筑牢发展根本动力，最终不断构筑新的发展动力的意图明确表达出来了。

二、求解"大而不强"转型难题与"创新驱动"开掘高质量发展动力

　　中国特色社会主义进入"发展起来以后"的历史阶段，一方面发展取得了巨大成就，另一方面发展的困境也很明显，这在经济层面很典型，如面临中等收入陷阱，形成"新常态"。其中，制造业最为典型。2010 年，我国制造业总值首次超过美国，成为制造业第一大国，此后制造业规模不

---

① 《习近平谈治国理政》第三卷，外文出版社 2020 年版，第 288 页。
② 《习近平谈治国理政》第二卷，外文出版社 2017 年版，第 199、214 页。
③ 《习近平谈治国理政》第二卷，外文出版社 2017 年版，第 215—216 页。
④ 中共中央文献研究室编：《习近平关于全面深化改革论述摘编》，中央文献出版社 2016 年版，第 44 页。

断壮大，在制造业规模上牢牢占据着世界第一的位置，是无可置疑的制造大国。然而，与日本、美国等发达国家相比，我国通过生产、制造业拉动经济发展的短板仍然明显。我们一般形象地称此为"大而不强"。习近平于 2016 年 9 月初在 G20 杭州峰会开幕式发表主旨演讲时，也明确说中国经济发展不少领域大而不强、大而不优。制造业"大而不强"，具体体现在如下几个方面。

第一，产业规模庞大，效益不强。中华人民共和国成立七十余年来，尤其是改革开放以来，我国工业体系完整度、工业门类齐全度突飞猛进，生产规模不断扩大，已经占据世界第一。2013 年我国制造业产品占世界市场份额已达到 19.8%，是名副其实的"世界工厂"，这固然是令人骄傲的发展成绩。但是，我们必须清醒地认识到，规模大并不等于效益强，在现代经济中，生产效益对于经济发展的拉动，尤其是对现代化国家经济发展的拉动，起着至关重要的作用。从我国制造业发展历史来看，我国在生产规模方面大踏步前进的同时，自主创新能力并没有很好地跟上步伐，造成了生产制造在国内、关键技术在海外的矛盾局面，使我国供给侧主要以技术含量低、利润薄的低端产品供给为主，处于价值链低端。另外，随着人民生活水平的不断提高，人民的消费需求不断向多层次、多样化、个性化发展，不仅要"有"，更要"好"、要"优"，这无疑与低端供给的生产现状相矛盾。因此，无论是从世界市场利润分配角度还是从国内市场需求实际角度，单纯靠低端生产规模扩大、生产数量堆积推动社会发展已明显动力不足。

第二，劳动力队伍庞大，素质不强。过去几十年，"源源不断的新生劳动力和农业富余劳动力"[①]是我国经济快速腾飞的重要动力。在很长一段时间里，由于我国劳动力队伍庞大、资源充足，劳动力成本较低，许多国家的知名企业都乐意将生产线、制造线布局中国，与中国企业进行合作，这也确确实实壮大了我国的经济实力，推动了社会的快速发展。这一时期，劳动力队伍数量庞大的优势显著，素质不强的弊端并不十分明显。但是，随着全球科技革命的步伐不断加快，互联网、机器人技术、人工智能等科技成果不断涌现，旧有的、依靠低素质劳动力进行简单重复工作的生产线已有被机器取代之势，科技变革的时代呼唤着一批具备更高素质的劳动者大军，推动我国从以"资源密集型""劳动密集型"企业为主的产业结构，

---

① 《习近平谈治国理政》第二卷，外文出版社 2017 年版，第 231 页。

向"技术密集型"和"服务密集型"企业为主的现代化产业结构调整、升级。另外，"人口老龄化""劳动年龄人口总量下降""农业富余劳动力减少"等多方面人口结构的现实变化也使我们必须警醒："人口红利"绝非永久红利，在新的发展阶段，必须挖掘新的发展动能，解决劳动力队伍"大而不强"的现实问题。

第三，企业数量庞大，竞争力不强。改革开放以来，随着我国社会主义市场经济体制的建立和完善，一批又一批企业在神州大地上发展、壮大起来，为我国经济发展注入了强劲活力。而随着我国在全球市场体系中的参与度不断提高，在经济全球化浪潮中的融合度不断提升，我国企业存在的问题也日益凸显。2013 年世界企业 500 强榜单显示，我国进入世界 500 强的企业以能源、钢铁等资源密集型企业为主，极度缺少富有竞争力的高新技术企业，且进入世界 500 强的我国企业总数仅有 25 家，与美国的 239 家相比数量差距巨大，企业竞争力不足的问题可见一斑。企业核心竞争力不足，究其原因在于核心技术不足，虽然许多企业与外资合作，但那些"能够拉动经济上水平的关键技术人家不给"[1]，这就使得我国企业虽然数量庞大，但真正拥有自主知识产权的不足百分之二十。我国企业出口产品占国际市场份额不小而品牌占有率在全球市场却微乎其微，企业总体数量与竞争力严重失衡，限制了企业作用的进一步释放。

习近平指出，"大而不强"存在于经济发展的很多方面，不仅制造业如此，外贸业也如此。"大而不强"的发展难题实际上折射了整个发展方式转型的难题，是发展动力提升和持续更新的问题。习近平在 G20 杭州峰会开幕式发表主旨演讲时，就已明确指出这一点，"我们清醒认识到，中国经济发展不少领域大而不强、大而不优，长期以来主要依靠资源、资本、劳动力等要素投入支撑经济增长和规模扩张的方式已不可持续，中国发展正面临着动力转换、方式转变、结构调整的繁重任务"[2]。我们党为此提出了新发展理念。党的十九届五中全会通过的《中共中央关于制定国民经济和社会发展第十四个五年规划和二〇三五年远景目标的建议》对此有更为明确的说法，强调"把新发展理念贯穿发展全过程和各领域，构建新发展格局，切实转变发展方式，推动质量变革、效率变革、动力变革，实

---

① 《习近平谈治国理政》第二卷，外文出版社 2017 年版，第 231 页。
② 《习近平谈"一带一路"》，中央文献出版社 2018 年版，第 121 页。

现更高质量、更有效率、更加公平、更可持续、更为安全的发展"①。"转变发展方式"实际上就是发展的转型升级问题,而这有赖于经济增长和社会发展的"质量变革、效率变革、动力变革",其中动力变革无疑是最根本的。换言之,解决发展"大而不强"和发展的转型升级问题,必须建构强大而又可持续的发展动力。

党的十八大召开不久,习近平在广东考察时就明确指出:"我们要大力实施创新驱动发展战略,加快完善创新机制,全方位推进科技创新、企业创新、产品创新、市场创新、品牌创新,加快科技成果向现实生产力转化,推动科技和经济紧密结合。"②创新驱动发展战略就是新时代我们党对上述难题的应对思路。其中,科技创新居于核心地位,"必须及早转入创新驱动发展轨道,把科技创新潜力更好释放出来"③。

在党的十八届五中全会第二次全体会议上,习近平进一步明确指出,"创新发展注重的是解决发展动力问题",我国发展"大而不强"的问题背后就是动力不足的问题,归根结底是因为"我国创新能力不强,科技发展水平总体不高,科技对经济社会发展的支撑能力不足,科技对经济增长的贡献率远低于发达国家水平……新一轮科技革命带来的是更加激烈的科技竞争,如果科技创新搞不上去,发展动力就不可能实现转换"④。确切地说,"适应和引领我国经济发展新常态,关键是要依靠科技创新转换发展动力"⑤。

之所以重视科技创新,是因为它和生产力发展关系密切。实施创新驱动发展战略,在很大程度上就是"最大限度解放和激发科技作为第一生产力所蕴藏的巨大潜能"⑥。习近平还更为明确地指出:"不断推进科技创新,不断解放和发展社会生产力,不断提高劳动生产率,才能实现经济社会持续健康发展。"⑦科技创新最终就是解放和发展社会生产力,为社会发展筑牢和提升根本动力。不过,我们同时也明确提出,科技创新是核心但不是

①《中共中央关于制定国民经济和社会发展第十四个五年规划和二〇三五年远景目标的建议》,人民出版社 2020 年版,第 7 页。

② 中共中央文献研究室编:《习近平关于科技创新论述摘编》,中央文献出版社 2016 年版,第 13 页。

③ 中共中央文献研究室编:《习近平关于科技创新论述摘编》,中央文献出版社 2016 年版,第 3 页。

④《习近平谈治国理政》第二卷,外文出版社 2017 年版,第 198 页。

⑤ 中共中央文献研究室编:《习近平关于科技创新论述摘编》,中央文献出版社 2016 年版,第 7 页。

⑥ 习近平:《在中国科学院第十七次院士大会、中国工程院第十二次院士大会上的讲话》,人民出版社 2014 年版,第 8 页。

⑦ 中共中央文献研究室编:《习近平关于科技创新论述摘编》,中央文献出版社 2016 年版,第 30 页。

唯一。"纵观人类发展历史，创新始终是推动一个国家、一个民族向前发展的重要力量，也是推动整个人类社会向前发展的重要力量。"①创新很重要，但不要忘了，"创新是多方面的，包括理论创新、体制创新、制度创新、人才创新等"②。所以，"实施创新驱动发展战略，就是要推动以科技创新为核心的全面创新"，进而不断"形成新的增长动力源泉"③。为此，习近平在解释创新发展理念时，还是不忘强调，"我们必须把创新作为引领发展的第一动力"，"把创新摆在国家发展全局的核心位置……让创新贯穿党和国家一切工作，让创新在全社会蔚然成风"。④创新作为引领发展的第一动力，不仅在于科技创新彰显"第一生产力"，更在于通过全面创新"贯穿党和国家一切工作""在全社会蔚然成风"来不断解除发展的障碍，在各方面创造新的发展动力，改变"大而不强"的困境，促进发展转型升级，形成新的发展方式。

三、建构发展活力之源与"以人民为中心""人才强国"激活主体力量

唯物史观认为，人民群众是历史发展的主体力量，是历史的创造者。所谓社会基本矛盾实则都源于主体的实践活动，生产力和生产关系不过是物质生产劳动的两个基本规定。无论是以"创新驱动发展"破解"大而不强"的现实问题，还是以"全面深化改革"突破体制机制的矛盾阻碍，最终都要落实到人民主体力量的充分发挥上。当然，这种落实，在现实实践中一般体现为两个重要层面，一是全体人民主体，二是特定社会主体，即人才。

社会发展的活力之源来自人民主体的实践创造、来自社会主体的主体性发挥，推进全面深化改革、解决"大而不强"的发展困境，最终取决于能否"充分调动人民群众的积极性、主动性、创造性"即人民群众的主体性，"举全民之力推进中国特色社会主义事业"⑤。党的十八届五中全会提出创新、协调、绿色、开放、共享的新发展理念，同时提出"以人民为中心的发展思想"，明确强调它"体现了我们党全心全意为人民服务的根本

---

① 中共中央文献研究室编：《习近平关于科技创新论述摘编》，中央文献出版社2016年版，第4页。
② 中共中央文献研究室编：《习近平关于科技创新论述摘编》，中央文献出版社2016年版，第4页。
③ 中共中央文献研究室编：《习近平关于科技创新论述摘编》，中央文献出版社2016年版，第17页。
④《习近平谈治国理政》第二卷，外文出版社2017年版，第198页。
⑤《习近平谈治国理政》第二卷，外文出版社2017年版，第216页。

宗旨，体现了人民是推动发展的根本力量的唯物史观"，而且，我们党还明确要求要把它"体现在经济社会发展各个环节"，真正做到"发展为了人民、发展依靠人民、发展成果由人民共享"，进而"全面调动人的积极性、主动性、创造性，为各行业各方面的劳动者、企业家、创新人才、各级干部创造发挥作用的舞台和环境"。①

为此，我们党强调创新驱动最终落实为以科技创新为核心的"全面创新"，而全面创新最终有赖于"全民创新"，引导人民群众广泛参与到创新中来并成为创新主体。为了使全民创新更好地推进，2014年9月夏季达沃斯论坛上，李克强提出"双创"即"大众创业、万众创新"的要求。2015年《政府工作报告》将之作为国家发展战略来推动，先后出台了诸如《国务院办公厅关于发展众创空间推进大众创新创业的指导意见》《国务院关于大力推进大众创业万众创新若干政策措施的意见》《国务院关于推动创新创业高质量发展打造"双创"升级版的意见》等一系列专门文件来落实。

我们党强调共享理念的实质就是以人民为中心，它的落实离不开共建共治，共建共治共享是有机的整体，意在激发广大人民群众的主体性、创造力。为了落实共建共治共享、使人民主体地位真正得到全面彰显，我们一是强调它和全过程人民民主的内在关联，它是全过程人民民主的重要体现，全过程人民民主"坚持人民主体地位，充分体现人民意志、保障人民权益、激发人民创造活力"，"发挥人民群众积极性、主动性、创造性，巩固和发展生动活泼、安定团结的政治局面"②，就是要充分发挥人民主体作为社会发展活力之源的作用。二是强调它和国家治理现代化的内在关联，具体言之就是推动构建社会治理共同体，而全过程人民民主也离不开社会治理共同体的支撑。党的十九届四中全会提出，"完善党委领导、政府负责、民主协商、社会协同、公众参与、法治保障、科技支撑的社会治理体系"，"建设人人有责、人人尽责、人人享有的社会治理共同体"③。这个概括将"共建共治共享"的内在要求更为充分细致地凸显出来。党的二十大报告还专门新增"民主协商"这个要点，把"构建社会治理共同体"和全过程人民民主之间的关系明确表述出来。而最终的目的就是在充分发扬

①《习近平谈治国理政》第二卷，外文出版社2017年版，第213—214页。

② 习近平：《高举中国特色社会主义伟大旗帜　为全面建设社会主义现代化国家而团结奋斗——在中国共产党第二十次全国代表大会上的报告》，人民出版社2022年版，第37页。

③《中共中央关于坚持和完善中国特色社会主义制度　推进国家治理体系和治理能力现代化若干重大问题的决定》，《人民日报》2019年11月6日。

民主的基础上，广泛地汇聚人民群众的才智，最大限度地激发人民群众的活力和力量，不断为新时代建构社会发展动力的活力之源。

我们党在深入推进以人民为中心的发展时，强调最终为各种劳动者、企业家、创新人才、各级干部提供施展本领的舞台，其实后三者在很大程度上都是"人才"。人才是人民群众主体中特殊的主体，发挥他们作为社会主体的积极性主动性创造性对于现代社会发展非常重要，这也是我们构建新时代发展动力之源非常重视的内容。我们党在倡导实施创新驱动发展战略时，明确提出"必须紧紧抓住科技创新这个核心和培养造就创新型人才这个关键，瞄准世界科技前沿领域，不断提高企业自主创新能力和竞争力"①，创新最终需要靠人才来落实，创新之间的竞争最终是人才的竞争。发挥人才这个特殊社会主体的作用，对于新时代构建社会发展动力而言很重要。我们党对此有充分的认识。早在十八届中共中央政治局第九次集体学习时，习近平就明确指出："人才资源是第一资源，也是创新活动中最为活跃、最为积极的因素。要把科技创新搞上去，就必须建设一支规模宏大、结构合理、素质优良的创新人才队伍。"②整个国家的发展和强大，归根到底离不开人才的强有力支撑。新时代在这方面面临的问题是，"我国一方面科技人才总量不少，另一方面又面临人才结构性不足的突出矛盾，特别是在重大科研项目、重大工程、重点学科等领域领军人才严重不足"③。

为了解决这些问题，进而建构新时代发展动力的"源泉活水"，我们党提出深入实施人才强国战略，把建成人才强国作为重大战略部署来抓。党的十九届五中全会审议通过的《中共中央关于制定国民经济和社会发展第十四个五年规划和二〇三五年远景目标的建议》、党的十九届六中全会通过的《中共中央关于党的百年奋斗重大成就和历史经验的决议》都明确强调了这一点。新时代，为确保人才强国战略的顺利实施，我国先后出台了诸如《关于深化人才发展体制机制改革的意见》《关于分类推进人才评价机制改革的指导意见》《关于加强新时代高技能人才队伍建设的意见》等多个文件，并于2021年9月第一次召开以中央人才工作会议命名的会议。在工作会上，习近平明确提出："深入实施新时代人才强国战略，全方位

① 中共中央文献研究室编：《习近平关于科技创新论述摘编》，中央文献出版社2016年版，第13页。
② 中共中央文献研究室编：《习近平关于科技创新论述摘编》，中央文献出版社2016年版，第110—111页。
③ 中共中央文献研究室编：《习近平关于科技创新论述摘编》，中央文献出版社2016年版，第111页。

培养、引进、用好人才，加快建设世界重要人才中心和创新高地。"①党的二十大报告再次强调要深入实施人才强国战略。

依据习近平的上述重要讲话，可以看出新时代人才强国战略，基础在"育"，重点在"聚"，要害在"用"。

第一，"人才强国战略"，基础在"育"。习近平曾深刻指出人才培育在人才强国战略中的基础性地位："中国这么多人，教育上去了，将来人才就会像井喷一样涌现出来。这是最有竞争力的。"②

首先，要坚持立德树人。人无德不立，这是公认的道理。过去一段时间，马克思主义在我国教育中的指导地位存在虚化、弱化现象，这当中既有物质生活水平提高带来的价值观念多元化的客观原因，也有着国际共产主义运动陷入低潮、西方一些势力试图通过"和平演变"我国的外部因素，还有着高校自身制度不健全的内部因素。针对这一系列问题，习近平在多个重大场合强调立德树人的重要性。必须明确社会主义教育培养的是德智体美劳全面发展的社会主义建设者和接班人，而不是旁观者，更不是反对派。"要坚持把立德树人作为中心环节，把思想政治工作贯穿教育教学全过程，实现全程育人、全方位育人，努力开创我国高等教育事业发展新局面。"③

其次，必须按照人才成长规律培养人才。随着世界百年未有之大变局加速演进，世界各国间的人才竞争愈益激烈，国内外环境的深刻变化要求我们党必须不断探索、创新人才培育机制，不断深化对人才成长规律的认识。习近平曾多次对育人机制、育人环境作出重要指示，强调"要按照人才成长规律改进人才培养机制"④。具体而言，"要深化教育改革，推进素质教育，创新教育方法，提高人才培养质量，努力形成有利于创新人才成长的育人环境"⑤。

最后，必须注重高素质劳动者大军和尖端科技人才培养的"两手抓"。我国的人才结构性不足主要体现在两方面：一方面是缺乏创新型人才，在

---

① 习近平：《深入实施新时代人才强国战略　加快建设世界重要人才中心和创新高地》，《求是》2021年第24期。

② 中共中央文献研究室编：《习近平关于科技创新论述摘编》，中央文献出版社2016年版，第107页。

③《习近平谈治国理政》第二卷，外文出版社2017年版，第376页。

④ 习近平：《在中国科学院第十七次院士大会、中国工程院第十二次院士大会上的讲话》，人民出版社2014年版，第18页。

⑤ 中共中央文献研究室编：《习近平关于科技创新论述摘编》，中央文献出版社2016年版，第111页。

世界科研前沿领域攻关相对乏力；另一方面是高素质的技能型人才也并不丰富，建设一支规模宏大的高素质劳动者队伍也迫在眉睫。习近平多次强调人才培育必须注重这两个方面。他一方面强调"要大力培育支撑中国制造、中国创造的高技能人才队伍"，另一方面强调"要大力造就世界水平的科学家、科技领军人才、卓越工程师、高水平创新团队"，总而言之，"统筹加强高层次创新人才、青年科技人才、实用技术人才等方面人才队伍建设"。①

第二，"人才强国战略"，重点在"聚"。集聚创新人才、打造人才高地既有助于我国现阶段在世界科学技术前沿有所突破，又有利于营造良好的创新氛围，为我国后续的人才培育创造有利条件，集聚人才可以说是培育人才和用好人才的"连通器"环节。习近平曾多次指出，要"敞开大门，招四方之才，招国际上的人才，择天下英才而用之"②。针对如何做好吸引人才、集聚人才的工作，他指出："各级党委和政府要积极探索集聚人才、发挥人才作用的体制机制，完善相关政策，进一步创造人尽其才的政策环境，充分发挥优秀人才的主观能动性"，与此同时，还要注意"广纳人才，开发利用好国际国内两种人才资源，完善人才引进政策体系"。③

第三，"人才强国战略"，要害在"用"。2013 年，习近平在中国科学院视察工作时就指出"我国科技队伍规模是世界上最大的"④，但是如何用好现有人才、为他们提供更广阔的施展才华的舞台、更充分地释放他们的创造力和生产力就是必须回应的现实问题了。习近平主要强调了四个方面。首先，"用好人才，首先要用好科学家"，但"要想让科学家多出成果，必须给他们创造条件。……允许科学家自由畅想、大胆假设、认真求证"，强调对科学家创新思想的保护和尊重，努力为科学家创造良好的创新环境和平台。⑤其次，"用好人才，重点是科技人员"，因为"科学家毕

---

① 中共中央文献研究室编：《习近平关于科技创新论述摘编》，中央文献出版社 2016 年版，第 93、111 页。

② 中共中央文献研究室编：《习近平关于科技创新论述摘编》，中央文献出版社 2016 年版，第 107 页。

③ 中共中央文献研究室编：《习近平关于科技创新论述摘编》，中央文献出版社 2016 年版，第 107 页。

④ 中共中央文献研究室编：《习近平关于科技创新论述摘编》，中央文献出版社 2016 年版，第 117 页。

⑤ 中共中央文献研究室编：《习近平关于科技创新论述摘编》，中央文献出版社 2016 年版，第 120 页。

竟是少数，数量庞大的科研人员是创新的主力军"，用好科研人员、发挥他们的主力军作用，必须从物质和精神两方面鼓励科研人员，"既要用事业激发其创新勇气和毅力，也要重视必要的物质激励，使他们'名利双收'。名就是荣誉，利就是现实的物质利益回报"，既要在物质待遇、日常生活方面解决他们的后顾之忧，又要给他们相应的社会地位、社会名誉。①再其次，"用好人才，还要用好企业家"，因为"企业家是推动创新的重要动力"，为此要想方设法"推动企业家积极投身创新事业，依法保护企业家的财产权和创新收益，消除他们的后顾之忧，激发他们的创新激情"，党员干部必学会和企业家打交道，构建新型政商关系、政企关系。②最后，"要重视发挥技术工人队伍作用"，他们是重大创新真正落到实处的重要主体，而且在其中还可以做出新的发明和创造，所以要"让他们参与工艺改进和产品设计，使他们的创新才智充分涌流"③。

十多年来，在"人才强国战略"的指导下，我国人才工作取得历史性突破。在基础教育领域，各级教育普及程度达到或超过中高收入国家平均水平；在高等教育领域，正在形成覆盖全部学科门类的具有中国特色、世界水平的一流本科专业集群，高等教育规模位居世界第一位；在成果产出上，从 2012 年到 2021 年，中国的全球创新指数排名从第 34 位上升到第 12 位，科学研究整体水平取得极大提高，产生了一大批具有国际影响力的原创科研成果，大大推动了我国社会发展。党的二十大报告指出，要"坚持教育优先发展、科技自立自强、人才引领驱动，加快建设教育强国、科技强国、人才强国，坚持为党育人、为国育才，全面提高人才自主培养质量，着力造就拔尖创新人才，聚天下英才而用之"④，随着中国逐步建成世界重要人才中心和创新高地，中国人民的主体力量将更加充分彰显，中国社会发展动力将进一步释放，为新时代我国经济社会发展提供更为持久的动力。

---

① 中共中央文献研究室编：《习近平关于科技创新论述摘编》，中央文献出版社 2016 年版，第 121 页。
② 中共中央文献研究室编：《习近平关于科技创新论述摘编》，中央文献出版社 2016 年版，第 121 页。
③ 中共中央文献研究室编：《习近平关于科技创新论述摘编》，中央文献出版社 2016 年版，第 121—122 页。
④ 习近平：《高举中国特色社会主义伟大旗帜 为全面建设社会主义现代化国家而团结奋斗——在中国共产党第二十次全国代表大会上的报告》，人民出版社 2022 年版，第 33—34 页。

第二节　新时代发展精神力量问题与"中国梦" "四个自信""四个伟大"

　　人类社会发展的历史归根结底是社会主体在实践中创造的，而主体之所以成为主体，最根本的在于他们有主体能动性，有思想观念和精神力量，这是其具有创造性和能动性的根源。社会主体的思想观念、精神状况同样是推动社会发展的重要力量。社会发展的根本动力固然是客观的社会基本矛盾，但社会基本矛盾本身源于主体的社会实践，社会基本矛盾的形成和解决都与诸如社会主体的思想文化、精神密切相关，马克思主义强调上层建筑具有能动的反作用，思想文化往往构成社会发展深隐的动力。中国共产党在革命实践中，日益认识到这一点，形成思想建党、理论强党的优良传统。中华人民共和国成立以后，我们党非常重视社会主义文化建设，不断构筑推动国家发展、民族复兴的精神力量。改革开放以来，很快提出社会主义物质文明和精神文明"两手抓、两手都要硬"的发展思想，后者成为中国特色社会主义建设和发展的重要标志和有力的思想保障，为社会主义现代化建设提供了源源不断的强大精神动力。

　　新时代面临"两个大局"的历史性交汇，一方面是对构筑社会发展精神力量、精神文明建设提出的新要求，另一方面是在精神力量、文化建设方面出现的新问题，两者的交织则使一些重大问题凸显出来。例如，信念缺失和精神"缺钙"问题、价值多元化对思想共识造成冲击问题、网络信息时代的意识形态安全问题等。针对这些问题，党的十八大以来，我们党高度重视社会主义精神文明建设、文化建设，提出一系列重要战略举措来有效应对风险挑战。这构成当代中国马克思主义问题意识成功践履的重要表现。

一、中国特色社会主义精神文明建设、文化建设的新时代语境

　　党的十八大以来，社会主义精神文明建设在这种新的历史方位下，有了新的发展要求，也有了新的时代因素，社会发展的精神力量也随之出现了新的问题。

　　世界百年未有之大变局带来新的风险和挑战，精神力量必须适应新的风险、把握新的发展机遇。2020 年 1 月，习近平结合党的十八大以来的形势变化指出："当今世界正经历百年未有之大变局，我国正处于实现中华

民族伟大复兴关键时期……矛盾风险挑战之多、对我们党治国理政考验之大前所未有。"①可以说，这是对国际格局和国际秩序现实考量后的理性判断。随着我国综合实力的崛起，一些西方国家企图在霸权思维的指导下推行其价值观，在某些具体事务上奉行"双重标准、例外原则"，从来没有放弃"和平演变"的图谋。"和平演变"背后的意识形态之争、核心价值观之争，既加大了意识形态风险，也必然会波及人们的思想观念，进而会影响新时代中国特色社会主义的健康发展。习近平指出："当今世界正处于大发展大变革大调整时期，……既要有风险忧患意识，又要有历史机遇意识，努力在这场百年未有之大变局中把握航向。"②挑战和风险往往不是单面的，而是复杂的，同时蕴含着发展的机遇。新时代对经济社会发展提出了更高要求，也带来了新的挑战。择其要者，以下两点尤为突出。

首先，新时代社会主要矛盾的变化，使人民对美好生活的追求对社会主义精神文明建设提出了更高的要求。党的十九大报告明确提出，新时代社会主要矛盾发生变化，而且"人民美好生活需要日益广泛，不仅对物质文化生活提出了更高要求，而且在民主、法治、公平、正义、安全、环境等方面的要求日益增长"③。美好生活与新时代精神文明建设过程是双向互动的关系。它不仅意味着在物质方面的充盈，而且意味着社会整体道德、法治水平等的提升，以及人们的精神风貌、精神状态的改变。一方面是对美好生活的需要成为人们日益增长的普遍需要，另一方面是精神文明建设、文化建设还停留在原有轨道上，还不能适应和满足这种需要，进而影响经济社会发展持续的精神动力。这是新时代中国特色社会主义建设必须解决的矛盾。

其次，新时代"两个大局"交汇，中国一方面逐渐走近世界舞台中央，理应为世界发展作出更大贡献；另一方面，中国处在世界竞争更为激烈的国际环境中，要在激烈竞争中从大国走向强国，文化软实力的重要性更为凸显，同样需要构筑强大的精神力量。习近平在讲话中多次强调"软实力"对国家发展的重要性。2013 年 12 月，他在主持十八届中共中央政治局第十二次集体学习时指出："提高国家文化软实力，关系'两个一百年'奋

---

① 《习近平谈治国理政》第三卷，外文出版社 2020 年版，第 537 页。
② 《"一带一路"承载和平发展共同心愿》，《人民日报》2018 年 8 月 30 日。
③ 中共中央党史和文献研究院编：《十九大以来重要文献选编》（上），中央文献出版社 2019 年版，第 8 页。

斗目标和中华民族伟大复兴中国梦的实现。"①

正因如此，党的十八大以来，我们党非常重视对社会发展精神力量的新构筑，就与之密切相关的社会主义精神文明建设、社会主义文化建设提出了一系列新观点新理念、新要求新任务、新方略新方法。2013年"五一"国际劳动节前夕，习近平在同全国劳动模范代表座谈时指出："实现我们的发展目标，不仅要在物质上强大起来，而且要在精神上强大起来。"②在随后的五四青年节讲话中，习近平明确指出："一个没有精神力量的民族难以自立自强，一项没有文化支撑的事业难以持续长久。"③2015年，他在会见第四届全国文明城市、文明村镇、文明单位和未成年人思想道德建设工作先进代表时指出，"实现中华民族伟大复兴的中国梦"，不仅要创造出极大丰富的物质财富，"精神财富也要极大丰富"，为此要"一以贯之抓好社会主义精神文明建设，为全国各族人民不断前进提供坚强的思想保证、强大的精神力量、丰润的道德滋养"，始终坚持"两手抓、两手都要硬"。④而且，我们不但需要思想观念、文化的精神力量，而且需要通过精神来凝聚各种力量，后者属于广义上的精神之力量。一个国家、一个民族的凝聚力究竟怎样，取决于它是否打下牢固的思想道德基础。习近平为此强调："实现'两个一百年'奋斗目标，需要全社会方方面面同心干，需要全国各族人民心往一处想、劲往一处使。如果一个社会没有共同理想，没有共同目标，没有共同价值观，整天乱哄哄的，那就什么事也办不成。"⑤新时代更需要凝心聚力，必须搞好精神文明建设、文化建设。

2022年，党的二十大报告提出以中国式现代化全面推进中华民族伟大复兴，并着重强调："中国式现代化是物质文明和精神文明相协调的现代化。物质富足、精神富有是社会主义现代化的根本要求。物质贫困不是社会主义，精神贫乏也不是社会主义。"⑥所以，要"大力发展社会主义先进文化，加强理想信念教育，传承中华文明，促进物的全面丰富和人的全面发展"⑦。

---

①《习近平谈治国理政》第一卷，外文出版社2018年版，第160页。

②《习近平谈治国理政》第一卷，外文出版社2018年版，第46页。

③《习近平谈治国理政》第一卷，外文出版社2018年版，第52页。

④《习近平谈治国理政》第二卷，外文出版社2017年版，第323页。

⑤《习近平谈治国理政》第二卷，外文出版社2017年版，第335页。

⑥习近平：《高举中国特色社会主义伟大旗帜　为全面建设社会主义现代化国家而团结奋斗——在中国共产党第二十次全国代表大会上的报告》，人民出版社2022年版，第22—23页。

⑦习近平：《高举中国特色社会主义伟大旗帜　为全面建设社会主义现代化国家而团结奋斗——在中国共产党第二十次全国代表大会上的报告》，人民出版社2022年版，第23页。

"丰富人民精神世界"被规定为中国式现代化的本质要求之一。[①]新时代中国特色社会主义精神文明建设的根本目标是实现人的全面发展，而直接的重要目标就是不断满足人民的精神生活需要，进而构筑社会发展的精神力量。

与此同时，新时代还特别彰显了文化建设在精神文明建设中的独特性和重要性。习近平在很多重要场合都强调，要通过推动"两创"，即中华优秀传统文化的创造性转化、创新性发展，推动继承革命文化和不断发展社会主义先进文化，来搞好新时代中国特色社会主义文化建设，为人民群众提供正确的精神指引，更好构筑中国精神、中国力量。为新时代社会发展巩固和构筑精神力量，是其基本目的。为此，他同样反复强调："要增强文化自信，在传承中华优秀传统文化基础上发展社会主义先进文化，加快建设社会主义文化强国。"[②]在 2019 年 11 月召开的党的十九届四中全会上，习近平还特别强调社会主义文化建设要顺应新时代发展的需要，要重视管长远、管根本的问题即制度定型，明确指出："坚持和完善繁荣发展社会主义先进文化的制度，巩固全体人民团结奋斗的共同思想基础。发展社会主义先进文化、广泛凝聚人民精神力量，是国家治理体系和治理能力现代化的深厚支撑。……更好构筑中国精神、中国价值、中国力量。"[③]

二、新时代构筑社会发展精神力量面临的主要挑战和问题

新时代对构筑社会发展精神力量既提出新要求，也带来新的风险，它们共同作用，形成新时代构筑社会发展精神力量必须解决的问题。也正是基于对这些问题的敏锐察觉和清晰认识，新时代我们党采取了一系列战略举措和具体措施，积极推动新时代精神文明建设、文化建设走向深入。新时代面临的挑战和问题的具体表现如下。

首先是信念缺失和精神"缺钙"问题。"对马克思主义的信仰，对社会主义和共产主义的信念，是共产党人的政治灵魂"[④]，在此基础上把我国建设成为富强、民主、文明、和谐、美丽的社会主义现代化国家，是全体

① 习近平：《高举中国特色社会主义伟大旗帜 为全面建设社会主义现代化国家而团结奋斗——在中国共产党第二十次全国代表大会上的报告》，人民出版社 2022 年版，第 23 页。

②《扎实推动经济社会持续健康发展 以优异成绩迎接党的十九大胜利召开》，《人民日报》2017年 4 月 22 日。

③《中共中央关于坚持和完善中国特色社会主义制度 推进国家治理体系和治理能力现代化若干重大问题的决定》，《人民日报》2019 年 11 月 6 日。

④《习近平谈治国理政》第一卷，外文出版社 2018 年版，第 15 页。

中国人民的共同理想和信念。"理想信念是共产党人精神上的'钙',理想信念坚定,骨头就硬,没有理想信念,或理想信念不坚定,精神上就会'缺钙',就会得'软骨病'。"①共产党人如此,人民群众也是如此;如果说共产主义远大理想信念是共产党人的"精神之钙",那么将这个远大理想具体化而形成的共同理想信念则是人民群众的"精神之钙",习近平明确指出,"中国特色社会主义是我们党带领人民历经千辛万苦找到的实现中国梦的正确道路",也是每个人应该"牢固确立的人生信念"②。在当今中国,共产主义远大理想信念和中国特色社会主义共同理想信念在本质上是一致的。一个社会之所以能够形成一个有机体,能够凝心聚力谋求共同的发展,共同的理想信念不可或缺,它是社会发展的精神动力中最重要的元素,特别是在发展的关键期、风险和矛盾的多发期,它更为珍贵。

新时代,国内外经济社会发展环境发生深刻变化,贸易保护主义抬头,逆全球化甚至反全球化思潮"甚嚣尘上",孤立主义、民粹主义在西方资本主义社会的影响日益扩大,世界部分地区冲突时有发生甚至演变为大的流血战争。中国进入社会主义发展的新阶段,一方面成绩很大,另一方面问题、难题不少,传统的发展模式、经济增长方式都难以为继,社会公平问题日益凸显,社会风险、不安全不稳定因素日益增多。对于个体而言,信念的迷失意味着个人安身立命的精神之本会受到影响。这种迷失体现在面对多元多样多变的客观实际时,个人无法抵制利己主义、拜金主义的影响,在遭遇困难和挫折时,会感到茫然不知所措,也难以抗拒错误思潮的蛊惑。对于整体社会而言,理想信念缺失意味着社会感召力会下降,发展共识面临侵袭,社会发展会缺乏共同的精神动力。

其次,价值多元化问题。共同的理想信念若受到侵蚀,必然会在思想文化方面引起广泛的反映。中国特色社会主义进入新时代,我国发展取得了巨大成就,社会结构也发生了深层次的变革,社会生产方式呈现结构性变化,而其背后则是利益的分化、多元化。这也是共同的理想信念、发展共识受到侵蚀和冲击的深层次的客观原因。与此同时,中国进入社会主义现代化建设新阶段,遇到了世界范围深度的现代化,全球化给人们的价值观和其他思想观念都带来大量的冲击,很多所谓"亚文化""后文化"思潮纷纷粉墨登场,不断冲撞主流文化。而且,随着全球化进程的纵深展开,

①《习近平谈治国理政》第一卷,外文出版社 2018 年版,第 414 页。
②《习近平谈治国理政》第一卷,外文出版社 2018 年版,第 50 页。

国外新媒体、互联网等新媒介传入中国并得到广泛的运用和发展，很快成为各种社会思潮扩散的有力工具，这些社会思潮蕴含的政治立场各异、价值观念多元，给主流意识形态同样带来了巨大的负面影响。以上这四者的共同作用进一步弱化了人们的思想共识。"没有共同目标，没有共同价值观"是发展共识、思想共识弱化的另一种突出表现。

人类社会历史发展的经验证明，一个国家如果失去共同的价值目标，就会分散人民群众对于共同理想、共同价值的追求，会大大弱化思想共识，会削弱这个民族的总体精神凝聚力。全球化进程的纵深展开则进一步加剧了价值多元化，甚至演变出多方面的价值冲突，如本土价值与外来价值、现代价值与传统价值、先进价值与落后价值、不同领域价值、不同主体价值的交锋等。这种多元价值状态，会进一步影响到人们的日常生活和行为习惯[①]。"改革开放以来，我国经济发展很快，人民生活水平提高也很快。同时，我国社会正处在思想大活跃、观念大碰撞、文化大交融的时代，出现了不少问题。其中比较突出的一个问题就是一些人价值观缺失，观念没有善恶，行为没有底线"，"现在社会上出现的种种问题病根都在这里"。[②]缺乏核心价值观支撑的价值共识，必然会进一步消解共同的理想信念，甚至会削弱社会发展的精神力量。

再次，文明失衡与文化软实力不彰问题。习近平形象地指出："要跟上时代前进步伐，就不能身体已进入21世纪，而脑袋还停留在过去。"[③]其背后主要指物质层面的发展与精神层面的发展不协调不平衡问题。这也是新时代面临的突出问题。尽管我们党很早就强调，物质文明和精神文明"两手抓、两手都要硬"，但在中国特色社会主义建设中，"一手硬一手软"的现象仍然存在，一方面是诸如经济、科技等物质文明的突飞猛进，另一方面则是思想观念、行为准则、文明素养等的相对滞后。

这种精神文明建设的相对滞后，既表现在不能适应经济社会发展的需要，难以提供充足的智力支撑，也表现在不能满足人民日益增长的美好生活需要，尤其是不能满足人民对美好精神生活的需要，还表现在不能满足国家治理现代化的需要，精神指引和精神动力都不充分。与此同时，还表现在国际层面，国际话语权、国际形象塑造，与国家经济社会发展的客观

---

① 参见关锋：《新时代精神文明建设过程论》，社会科学文献出版社2022年版，第22、26页。

② 中共中央文献研究室编：《十八大以来重要文献选编》（中），中央文献出版社2016年版，第133—134页。

③《习近平谈治国理政》第一卷，外文出版社2018年版，第273页。

实际难以相称相符。这种文明发展失衡造成的精神文明建设相对滞后，必然会在文化上表现出来。"文化的力量"总是会融入经济、政治、社会力量之中，成为经济发展的"助推器"、政治文明的"导航灯"、社会和谐的"黏合剂"，成为"润物细无声"的力量，亦即"构成综合竞争力的文化软实力"①。我们知道，软实力是由美国政治学者约瑟夫•奈作为学术性概念提出来的，指一个国家通过文化共通性来维护和实现国家利益，进行国际治理的基本能力，主要关涉基于国家文化综合力量产生的亲和力、吸引力、凝聚力和影响力②。相对于经济、科技、军事等物质文明力量，精神文明力量一般就表现为文化的软实力。我国物质文明和精神文明发展的不协调不平衡，最终表现为文化软实力不彰问题。这在国际交往中表现得非常明显，也是影响我国国家形象建构的重要因素。

最后，网络时代日益凸显的意识形态安全问题。"当今世界，信息技术革命日新月异……信息化和经济全球化相互促进，互联网已经融入社会生活方方面面，深刻改变了人们的生产和生活方式"③，人们也因此称当今世界进入了"网络时代"，突出表现为互联网在信息交流中的普及和在网络空间的迅猛扩张。但网络空间作为一个公共领域的自发性、自动性缺陷逐渐显现，兼之本身是一个新兴事物，不但有很多诸如传播迅捷、主体匿身、手段多样、发展演变迭代快速等新特点，还有划定责任、追究责任等权利义务边界模糊造成的特殊困难，也由之造成新时代意识形态安全问题有新的表现形式。

比如，网络空间舆论多元化、信息质量参差不齐，造成网络意识形态安全问题突出。网络空间匿名化的特征，必然会把现实中利益多元化、思想意识多元化和价值观念分殊化进一步放大，各种声音不断出现，夹杂大量杂音，谣言很容易生成和传播，造成"网络空间乌烟瘴气、生态恶化，不符合人民利益"④，一些黄赌毒因素借助网络获得"新生"，严重消解主流价值观，成为影响中国特色社会主义健康发展的负面力量。而且，还有人"利用网络鼓吹推翻国家政权，煽动宗教极端主义，宣扬民族分裂思想，

①　习近平：《之江新语》，浙江人民出版社 2007 年版，第 149 页。

②　Nye J S. *Bound to Lead: The Changing Nature of American Power*. New York: Basic Books. 1990. pp. 32-33.

③《总体布局统筹各方创新发展努力把我国建设成为网络强国》，《人民日报》2014 年 2 月 28 日。

④　习近平：《在网络安全和信息化工作座谈会上的讲话》，《人民日报》2016 年 4 月 26 日。

教唆暴力恐怖活动等"①，直接冲击我国意识形态安全、妄图颠覆社会主义政权。需要指出的是，这种网络行为经常是里应外合、内外勾结。近年来，境外敌对势力将互联网作为对我国进行渗透破坏的工具与重要渠道，以"网络自由"等名目对我国攻击污蔑、造谣生事，试图以网络为切入点破坏我国的国家安全。国内各种阴暗势力以种种理由，在网络上炒作、制造舆论事端，企图将国外势力引入国内，配合一些西方国家利用网络技术传播的优势地位，丑化我国形象。这是我国新时代意识形态风险重要的源发地。

三、新时代战略举措："中国梦""四个自信""四个伟大"

党的十八大以来，以习近平同志为核心的党中央，基于对这些构筑社会发展精神力量所面临问题的自觉警醒和清晰认识，顺应时代潮流和新时代社会发展的新需要，大力推动新时代社会主义精神文明建设、社会主义文化建设，推出一系列新的战略规划、实践举措。其中，与新时代构筑社会发展精神力量具有直接相关性且具有典型代表性的，一是提出"中国梦"的战略理念，"画出最大同心圆"，来建构新时代全体人民的发展共识；二是提出"四个自信"的战略谋划，"举旗帜、定方向"，来凝心聚力、培根铸魂；三是提出"四个伟大"的战略抓手，来铸造新的精神状态，焕发新的精神动力。

第一，"中国梦"："画出最大同心圆"，建构新时代全体人民的发展共识。

2012 年 11 月底，习近平在参观中国国家博物馆《复兴之路》展览现场时提出要实现中华民族伟大复兴的中国梦，并在 2014 年明确提出："实现中国梦，是物质文明和精神文明均衡发展、相互促进的结果。……所以，实现中国梦，是物质文明和精神文明比翼双飞的发展过程。"②把"中国梦"这个新的战略理念和社会主义精神文明建设之间的内在关联明确标示出来。在党的十八大以来的十年时间，习近平在很多重要场合都反复强调"中国梦"的理念，在 2022 年 10 月党的二十大之后不久举行的新当选的中共中央政治局常委同中外记者见面会上，习近平明确指出："我们要埋头苦

---

① 中共中央党史和文献研究院编：《习近平关于社会主义精神文明建设论述摘编》，中央文献出版社 2022 年版，第 78 页。
② 中共中央党史和文献研究院编：《习近平关于社会主义精神文明建设论述摘编》，中央文献出版社 2022 年版，第 19 页。

干、担当作为，以更加强烈的历史主动精神推进马克思主义中国化时代化，不断谱写新时代中国特色社会主义新篇章，奋力实现中华民族伟大复兴的中国梦。"①

实现中华民族伟大复兴的中国梦，其核心意指就是要实现国家富强、民族振兴和人民幸福的有机统一。为了实现中国梦，我们一是强调"实现中国梦必须弘扬中国精神，这就是以爱国主义为核心的民族精神和以改革创新为核心的时代精神。这种精神是凝心聚力的兴国之魂、强国之魂"，明确实现"中国梦"就是要不断增强我国团结一心的精神纽带、自强不息的精神动力。二是强调实现中华民族伟大复兴的中国梦，就是要汇聚"中国各族人民大团结的力量"，因为"只要我们紧密团结，万众一心，为实现共同梦想而奋斗，实现梦想的力量就无比强大"②。三是强调"中国梦"是家国梦，是中华民族伟大复兴之梦，但也是人民的梦，是每一个人的梦，是让"人民有信仰，民族有希望，国家有力量"的梦，是把国家、民族、人民、每个人都有机串联起来的梦。归根结底，"中国梦"就是要凝心聚力"画出最大同心圆"，在新时代形成新的发展共识，更好地彰显共同理想、信念。

第二，"四个自信"："举旗帜、定方向"来固本强基，在精神力量上培根铸魂。

2016 年 7 月在庆祝中国共产党成立 95 周年大会上，习近平明确提出中国共产党人"坚持不忘初心、继续前进"，就要坚持"中国特色社会主义道路自信、理论自信、制度自信、文化自信"，进而完整地提出了"四个自信"战略思路。坚定"四个自信"成为新时代社会主义精神文明建设、文化建设的标志性战略重任。

所谓道路自信就是要坚定走中国特色社会主义道路的信念信心，理论自信就是坚持以马克思主义理论为指导思想的信念信心，特别是对中国特色社会主义理论体系的科学性、真理性要坚信，制度自信就是要坚信中国特色社会主义制度具有制度优势并不断将其转化为现实，文化自信就是对中国特色社会主义文化先进性的坚信，并将其不断转化为文化软实力。"四个自信"的核心和本质是高举中国特色社会主义这个发展旗帜、更为确定这个发展方向，就是要举旗帜定方向而毫不动摇，中国特色社会主义道路、

---

① 习近平：《在二十届中央政治局常委同中外记者见面时的讲话》，《求是》2022 年第 22 期。
②《习近平谈治国理政》第一卷，外文出版社 2018 年版，第 40 页。

理论、制度、文化的"四位一体"，"四个自信"构成坚持和发展中国特色社会主义的"四根支柱"。也正因此，2017 年党的十九大强调，中国特色社会主义是改革开放以来党的全部理论和实践的主题。

之所以反复强调"四个自信"，是因为其是"固本培元"、为新时代健康发展构筑根本的精神力量的需要。习近平明确指出，要固本培元，把加强思想政治建设摆在首位，引导党员特别是领导干部筑牢信仰之基、补足精神之钙、把稳思想之舵，坚定中国特色社会主义道路自信、理论自信、制度自信、文化自信[①]；还明确指出，不断增强道路、理论和制度自信，就是要"让理想信念的明灯永远在全国各族人民心中闪亮"[②]。

其中，我们特别强调了文化自信的重要性，提出"文化强国"的发展战略。党的十九大明确指出："文化是一个国家、一个民族的灵魂。文化兴国运兴，文化强民族强。没有高度的文化自信，没有文化的繁荣兴盛，就没有中华民族伟大复兴。"[③]文化自信和文化自强是有机统一的，文化自信不仅是中国特色社会主义的"四根支柱"之一，其他三个自信亦离不开文化自信的支撑，而且是解决文化软实力不彰问题的很重要的战略选择。党的二十大报告明确指出，要深入"推进文化自信自强，铸就社会主义文化新辉煌"，具体言之就是要"以社会主义核心价值观为引领，发展社会主义先进文化，弘扬革命文化，传承中华优秀传统文化，满足人民日益增长的精神文化需求，巩固全党全国各族人民团结奋斗的共同思想基础，不断提升国家文化软实力和中华文化影响力"[④]。这把文化自信的两种根本意图——既固本培元、巩固共同思想基础又提升文化软实力，都明确地表达了出来。

第三，"四个伟大"：铸造新的精神状态，焕发新的精神动力。

2017 年 7 月，习近平在著名的"7·26 讲话"中明确强调，在新的时代条件下，我们要进行伟大斗争、建设伟大工程、推进伟大事业、实现伟大梦想，首次明确提出"四个伟大"。随后党的十九大报告进一步强调，

①《严肃党内政治生活 净化党内政治生态 为全面从严治党打下重要政治基础》，《人民日报》2016年6月30日。

②《习近平谈治国理政》第二卷，外文出版社 2017 年版，第 323 页。

③ 中共中央党史和文献研究院编：《十九大以来重要文献选编》（上），中央文献出版社 2019 年版，第 29 页。

④ 习近平：《高举中国特色社会主义伟大旗帜 为全面建设社会主义现代化国家而团结奋斗——在中国共产党第二十次全国代表大会上的报告》，人民出版社 2022 年版，第 43 页。

要统揽伟大斗争、伟大工程、伟大事业、伟大梦想。实现伟大梦想，必须进行伟大斗争，建设伟大工程，推进伟大事业，四者紧密联系、相互贯通、相互作用。其中，伟大梦想就是前述的"中国梦"，伟大事业就是前述道路、理论、制度、文化"四位一体"的中国特色社会主义，伟大工程就是以党的自我革命、全面从严治党为核心进而凸显新时代特征的"党的建设新的伟大工程"。有学者指出，"四个伟大"明确了我们党在新时代治国理政的总方略、全局工作的总框架、谋划事业的总坐标、推进工作的总抓手；"四个伟大"中，排在第一位的是伟大斗争，它是统揽"四个伟大"的前提①。

　　显然，"伟大斗争"无疑具有特殊的重要性。为什么要进行伟大斗争？因为"社会是在矛盾运动中前进的，有矛盾就会有斗争。我们党要团结带领人民有效应对重大挑战、抵御重大风险、克服重大阻力、解决重大矛盾，必须进行具有许多新的历史特点的伟大斗争"，如要"坚决反对一切削弱、歪曲、否定党的领导和我国社会主义制度的言行"，"坚决反对一切损害人民利益、脱离群众的行为"，"坚决破除一切顽瘴痼疾"，"坚决反对一切分裂祖国、破坏民族团结和社会和谐稳定的行为"。而这首先要求充分认识到"任何贪图享受、消极懈怠、回避矛盾的思想和行为都是错误的"，"伟大斗争"就是要铸造新的精神状态，焕发新的奋斗动力；其次，强调伟大斗争不是为了斗争而斗争，斗争不是目的，相反，"要根据形势需要，把握时、度、效，及时调整斗争策略。要团结一切可以团结的力量，调动一切积极因素，在斗争中争取团结，在斗争中谋求合作，在斗争中争取共赢"②。斗争是为了团结，是为了激浊扬清、凝聚新的共识，伟大斗争是为了团结一切可以团结的力量、生成新的共同奋斗的精神力量。

　　显然，"四个伟大"作为我们党在新时代治国理政的总方略、推动工作的总框架和总抓手，很重要的目的就是在新时代为社会发展铸造新的主体精神状态，进而激发新的发展动能。而为了实现这个任务，同时使新时代精神文明建设、文化强国建设落到实处，新时代我们党又推出了一系列的具体创新举措、建设工程。

　　为使中国梦、文化自信有更好的价值观支撑，我们党提出"弘扬和践

---

　　① 曲青山：《"四个伟大"的由来及其相互关系》，《福建党史月刊》2017 年第 11 期，第 1—4、6 页。

　　②《习近平谈治国理政》第三卷，外文出版社 2020 年版，第 12—13、227 页。

行社会主义核心价值观"。习近平强调:"培育和弘扬核心价值观,有效整合社会意识,是社会系统得以正常运转、社会秩序得以有效维护的重要途径,也是国家治理体系和治理能力的重要方面。历史和现实都表明,构建具有强大感召力的核心价值观,关系社会和谐稳定,关系国家长治久安。"①为了使其凝魂聚力的功能最大限度地发挥,一是"要切实把社会主义核心价值观贯穿于社会生活方方面面。要通过教育引导、舆论宣传、文化熏陶、实践养成、制度保障等,使社会主义核心价值观内化为人们的精神追求,外化为人们的自觉行动"②;二是"要按照社会主义核心价值观的基本要求,健全各行各业规章制度"③,把它渗透和贯彻到建章立制上;三是"广大文艺工作者要把培育和弘扬社会主义核心价值观作为根本任务,坚定不移用中国人独特的思想、情感、审美去创作属于这个时代、又有鲜明中国风格的优秀作品",进而充分彰显它作为"当代中国精神的集中体现"和"凝聚中国力量的思想道德基础"的地位和作用。④

为了坚定文化自信,弘扬伟大斗争精神,我们强化意识形态安全,在坚决反对"和平演变"、反击错误思潮中巩固意识形态安全。党的十八大以来,习近平多次强调,意识形态是一项极端重要的工作,意识形态安全是总体国家安全观中非常重要的内容,苏联解体很重要的教训就是意识形态失守,"在这方面,我们有过深刻教训。一个政权的瓦解往往是从思想领域开始的,政治动荡、政权更迭可能在一夜之间发生,但思想演化是个长期过程。思想防线被攻破了,其他防线就很难守住"⑤。党的二十大报告明确指出,要"建设具有强大凝聚力和引领力的社会主义意识形态。意识形态工作是为国家立心、为民族立魂的工作"⑥。无论是从正反哪方面而言,它都极端重要。所以,要"牢牢掌握党对意识形态工作领导权,全面落实意识形态工作责任制,巩固壮大奋进新时代的主流思想舆论"⑦。全面落实

①《习近平谈治国理政》第一卷,外文出版社 2018 年版,第 163 页。

②《习近平谈治国理政》第一卷,外文出版社 2018 年版,第 164 页。

③ 中共中央党史和文献研究院编:《十九大以来重要文献选编》(中),中央文献出版社 2021 年版,第 239 页。

④《习近平谈治国理政》第二卷,外文出版社 2017 年版,第 351 页。

⑤ 中共中央文献研究室编:《习近平关于社会主义文化建设论述摘编》,中央文献出版社 2017 年版,第 21 页。

⑥ 习近平:《高举中国特色社会主义伟大旗帜 为全面建设社会主义现代化国家而团结奋斗——在中国共产党第二十次全国代表大会上的报告》,人民出版社 2022 年版,第 43 页。

⑦ 习近平:《高举中国特色社会主义伟大旗帜 为全面建设社会主义现代化国家而团结奋斗——在中国共产党第二十次全国代表大会上的报告》,人民出版社 2022 年版,第 43 页。

意识形态工作责任制，就是要"巩固马克思主义在意识形态领域的指导地位，巩固全党全国人民团结奋斗的共同思想基础"①，为此，第一，要"加快构建中国特色哲学社会科学学科体系、学术体系、话语体系，培育壮大哲学社会科学人才队伍"②。第二，要"加强全媒体传播体系建设，塑造主流舆论新格局"③，多管齐下，确保意识形态安全。

　　为了深化社会主义精神文明建设、先进文化建设的微观践行和群众基础，我们推出"公民道德建设工程"，强化群众性精神文明创建活动。2019年10月出台的《新时代公民道德建设实施纲要》明确提出新时代要"加强公民道德建设"，强调"要把社会公德、职业道德、家庭美德、个人品德建设作为着力点。推动践行以文明礼貌、助人为乐、爱护公物、保护环境、遵纪守法为主要内容的社会公德，鼓励人们在社会上做一个好公民"④，把社会主义核心价值观、先进文化的要求转化为每一个公民的素养和行为。2017年中央精神文明建设指导委员会印发《关于深化群众性精神文明创建活动的指导意见》，要求精神文明建设要充分彰显人民群众的主体地位。精神文明创建活动理应是接地气、惠民生的文明引导行动，是全民参与的、展现人民主体地位的涵养社会主义文明的社会实践活动。新时代，从文明城市、文明村镇，到文明单位、文明家庭、文明校园，五大精神文明创建活动在人民群众的广泛参与、积极推动下，都取得了突出的成效，为新时代构筑社会发展的精神动力奠定了坚实的群众基础。

第三节　新时代稳定安全问题和"国家治理现代化" "总体国家安全观"

　　党的十九届四中全会提出，"新中国成立七十年来，我们党领导人民创造了世所罕见的经济快速发展奇迹和社会长期稳定奇迹"⑤。正是因为有

---

　　①《习近平谈治国理政》第一卷，外文出版社2018年版，第153页。

　　② 习近平：《高举中国特色社会主义伟大旗帜 为全面建设社会主义现代化国家而团结奋斗——在中国共产党第二十次全国代表大会上的报告》，人民出版社2022年版，第43—44页。

　　③ 习近平：《高举中国特色社会主义伟大旗帜 为全面建设社会主义现代化国家而团结奋斗——在中国共产党第二十次全国代表大会上的报告》，人民出版社2022年版，第44页。

　　④《新时代公民道德建设实施纲要》，《人民日报》2019年10月28日。

　　⑤《中共中央关于坚持和完善中国特色社会主义制度 推进国家治理体系和治理能力现代化若干重大问题的决定》，人民出版社2019年版，第3页。

这两个奇迹，我们才得以成为世界公认的重要大国，中华民族伟大复兴进入了不可逆转的历史进程。习近平也强调："我们完全有信心、有底气、有能力谱写'两大奇迹'新篇章。"①谱写"两大奇迹"新篇章无疑是新时代的重要历史任务，也是中国特色社会主义继续健康发展的基本要求和重要保障。

客观地说，对谱写"两大奇迹"新篇章，我们固然有信心、有底气、有能力，但不能否认新时代也面临着诸多困难和挑战，无论是经济快速发展，还是社会长期稳定，都面临着很多难题。经济发展方面的问题，核心在于发展动力的开掘和提升上，进而实现发展方式的转型升级、走高质量发展之路，这点前面已经分析过。社会长期稳定方面，有两方面的因素，一是内忧，二是外患，当前都面临着严峻的挑战。对它们的清醒认知和自觉有效应对，也构成当代中国马克思主义问题意识的重大指向和成功践履的重要表现。

一、新时代社会发展稳定和安全问题的总体表征

上述两大奇迹，与我们对发展与稳定辩证关系的深刻洞察、深刻理解密不可分。邓小平在改革开放进程中多次强调，稳定压倒一切，没有稳定就不可能凝心聚力地搞发展搞建设。所谓社会稳定，一般主要指国内秩序安宁有序、安全无虞，和国内安全大体上是同义的。邓小平在改革开放进程中还多次强调，要努力争取和平稳定的国际环境，一般称此为国际安全或外部安全。前者如果出现风险、挑战和问题，一般称之为"内忧"，后者一般称之为"外患"。改革开放四十多年的高歌猛进，与我们妥善处理好上述内忧外患进而创造两大奇迹存在根本性关联。习近平为此总结说："改革开放以来，我们党始终高度重视正确处理改革发展稳定关系，始终把维护国家安全和社会安定作为党和国家的一项基础性工作。我们保持了我国社会大局稳定，为改革开放和社会主义现代化建设营造了良好环境。"②

中国特色社会主义新时代作为发展起来以后的历史阶段，又适逢两种"三期叠加"，以及国际社会进入"大发展大调整大变革时期"，社会问题多而复杂，各类风险、挑战层出不穷。我们党对此是有清醒认知的。在党

---

① 中共中央党史和文献研究院编：《十九大以来重要文献选编》（中），中央文献出版社2021年版，第778页。

② 《习近平谈治国理政》第一卷，外文出版社2018年版，第202页。

的十八大召开后不久举行的十八届一中全会上，习近平明确提醒说："当前，国际形势继续发生深刻而复杂的变化，世界政治力量对比有利于保持国际形势总体稳定，同时影响世界和周边和平与发展的不稳定不确定因素也在增加。"[1]与此同时，"我们在前进道路上也面临一些亟待解决的突出矛盾和问题"[2]。两者叠加，风险和挑战只会越来越多、越来越复杂。他后来更为明确地分析说："当前，我国已进入全面建成小康社会决胜阶段，中华民族正处于走向伟大复兴的关键时期。改革进入深水区，经济发展进入新常态，各种矛盾叠加，风险隐患集聚。当今世界，国际力量对比发生新的变化，世界经济进入深度调整，我国发展面临的国际环境更加复杂严峻。我们前进的道路上有各种各样的'拦路虎'、'绊脚石'。"[3]关于国际环境，他对此又有过专门的分析："当今世界正处于大发展大变革大调整时期。经济全球化大潮滚滚向前，但保护主义、单边主义为世界经济增长蒙上了阴影。新科技革命和产业变革蓄势待发，但增长新旧动能转换尚未完成。国际格局深刻演变，但发展失衡未有根本改观。全球治理体系加快变革，但治理滞后仍是突出挑战。当今世界的变局百年未有，变革会催生新的机遇，但变革过程往往充满着风险挑战，人类又一次站在了十字路口。"[4]经济增长、全球交往、气候变化等方面的问题不断涌现，不稳定性不确定性日益突出，除保护主义、单边主义抬头外，霸权主义和强权政治依然存在，新干涉主义有所上升，"信任赤字、治理赤字、和平赤字、发展赤字"成为世界性问题，这给世界发展带来很多风险和挑战。鉴于此，"我们一定要居安思危，增强忧患意识、风险意识、责任意识"[5]。

　　在 2013 年初十二届全国人大一次会议解放军代表团全体会议上，习近平结合中华民族伟大复兴的历史进程分析说，伟大复兴"绝不是轻轻松松、顺顺当当就能实现的，我们越发展壮大，遇到的阻力和压力就会越大，面

---

① 中共中央党史和文献研究院编：《习近平关于防范风险挑战、应对突发事件论述摘编》，中央文献出版社 2020 年版，第 3 页。

② 中共中央党史和文献研究院编：《习近平关于防范风险挑战、应对突发事件论述摘编》，中央文献出版社 2020 年版，第 3 页。

③ 中共中央党史和文献研究院编：《习近平关于防范风险挑战、应对突发事件论述摘编》，中央文献出版社 2020 年版，第 10 页。

④ 中共中央党史和文献研究院编：《习近平关于防范风险挑战、应对突发事件论述摘编》，中央文献出版社 2020 年版，第 18 页。

⑤ 中共中央党史和文献研究院编：《习近平关于防范风险挑战、应对突发事件论述摘编》，中央文献出版社 2020 年版，第 3 页。

临的外部风险就会越多。这是我国由大向强发展进程中无法回避的挑战"①。他对新时代这些有碍于健康发展的风险、挑战的一些突出特质，也有深刻的洞见。习近平明确指出，"必须清醒地看到，新形势下我国国家安全和社会安定面临的威胁和挑战增多，特别是各种威胁和挑战联动效应明显"，正是因为这种"联动"，"如果防范不及、应对不力，就会传导、叠加、演变、升级"，这既要求必须科学应对、统筹谋划、精准施策，也要求居安思危、提前防范、高度警惕、下好先手棋，否则"小的矛盾风险挑战发展成大的矛盾风险挑战，局部的矛盾风险挑战发展成系统的矛盾风险挑战，国际上的矛盾风险挑战演变为国内的矛盾风险挑战，经济、社会、文化、生态领域的矛盾风险挑战转化为政治矛盾风险挑战"②，若放任不管，最终必然会威胁党的长期执政地位、破坏国家安全和社会稳定。

为此，早在党的十八届三中全会上，习近平就明确提出，新时代仍然要牢记，"国家安全和社会稳定是改革发展的前提。只有国家安全和社会稳定，改革发展才能不断推进"③。"安全和发展是一体之两翼、驱动之双轮。安全是发展的保障，发展是安全的目的"，"安全是发展的前提，发展是安全的保障，安全和发展要同步推进"④。在邓小平关于改革开放相关名言的基础上强调"发展是硬道理，稳定也是硬道理，抓发展、抓稳定两手都要硬"⑤。2019 年初，习近平在省部级主要领导干部坚持底线思维着力防范化解重大风险专题研讨班开班式上明确强调，当前"世界之变"既在加速也在加深，"我国外部环境复杂严峻。我们要统筹国内国际两个大局、发展安全两件大事，既聚焦重点、又统揽全局，有效防范各类风险连锁联动"⑥。随着认识的深入，党的十九届六中全会建议《中共中央关于党的百年奋斗重大成就和历史经验的决议》设置专章对统筹发展和安全等作出战略部署，党的二十大报告用专章对统筹维护国家安全和社会稳定进行

---

① 中共中央党史和文献研究院编：《习近平关于防范风险挑战、应对突发事件论述摘编》，中央文献出版社 2020 年版，第 4 页。

② 中共中央党史和文献研究院编：《习近平关于防范风险挑战、应对突发事件论述摘编》，中央文献出版社 2020 年版，第 6、8 页。

③ 中共中央党史和文献研究院编：《习近平关于总体国家安全观论述摘编》，中央文献出版社 2018 年版，第 3 页。

④ 中共中央党史和文献研究院编：《习近平关于防范风险挑战、应对突发事件论述摘编》，中央文献出版社 2020 年版，第 7、70 页。

⑤《习近平谈治国理政》第二卷，外文出版社 2017 年版，第 384 页。

⑥《习近平谈治国理政》第三卷，外文出版社 2020 年版，第 222 页。

全面部署，这在党代会历史上是第一次。

二、国家治理现代化：社会稳定问题的重大表现和科学应对

新的社会主要矛盾是我国新时代社会发展的"总问题"。所谓社会稳定、国内安全的隐患、风险、挑战和问题，不过是社会主要矛盾在社会生产、生活不同领域的表现，但也正因此，上述隐患、风险、挑战和问题的内容指向非常丰富（包括政治、经济、文化、社会、生态等各方面）、表现形式多种多样。不过，社会稳定、国内安全就其最本质、最核心的属性而言，最终取决于社会主体对社会的认可和接受。直接与社会稳定、国内安全相关的是社会主体生产、生活、交往方面的问题，一般也习惯于在这个意义上探讨社会稳定、国内安全问题。比如，居民收入分配、就业、社会保障、社会治安等民生问题，就是典型问题，新时代我们也因此强调民生是最大的政治，反复强调要搞好民生、社会治安工作。

当然，新时代我国在这些方面也的确存在一些短板和缺陷，它们构成社会稳定的风险和隐患。比如，收入分配制度不完善欠合理。我国坚持以按劳分配为主体、多种分配方式并存的收入分配制度，在实践层面该制度演进为当前的"初次分配、再分配、三次分配"体系。但就具体社会现实来看，我国社会仍存在显著的城乡、区域、行业收入分配差距，并存在庞大的低收入群体。根据《中国统计年鉴》相关数据，2020 年"20%高收入组家庭人均可支配收入"同比增幅为 5.1%，而"20%低收入组家庭人均可支配收入"同比增幅为 6.6%；"东部居民人均可支配收入"达 41 239.7 元，而"中部地区"、"西部地区"和"东北地区"的居民人均可支配收入都未超过 29 000 元；"城镇居民人均收入"为 43 833.8 元，而"农村居民人均收入"仅为 17 131.5 元。多组数据对比之下，显现出我国当前收入分配制度尚不能充分发挥其制度效能。收入分配结果的不合理在一定程度上影响了基本公共服务供给的相对均衡与人民生活水平的相适应，进而构成了实现"共同富裕"目标的阻力。因此，党的二十大报告指出，收入分配制度需要得到进一步完善，以实现其"规范收入分配秩序，规范财富积累机制，保护合法收入，调节过高收入，取缔非法收入"[①]的功能。

---

① 习近平：《高举中国特色社会主义伟大旗帜　为全面建设社会主义现代化国家而团结奋斗——在中国共产党第二十次全国代表大会上的报告》，人民出版社 2022 年版，第 47 页。

又比如，就业形势严峻。"就业是最大的民生"①，这是因为就业关系到人民的获得感、幸福感、满足感。一方面，就业是人民获得收入、提高生活水平的基本途径，人民若得不到就业，就难以获取维持自身基本生活所需；另一方面，就业是人民参与社会生活的重要方式，也是人民获得社会地位的重要途径，若得不到就业，就难以深度参与到社会之中。同时，就业也是社会稳定的重要保障。作为一个拥有14亿多人口、9亿多劳动力的人口大国，中国在解决就业方面交出了成绩斐然的答卷。但不可忽视的是，为我国提供大多数岗位的行业仍主要为人力密集型产业；大量就业者实际上无法在"对口"岗位上工作，优质岗位供给不足。同我国的产业结构相似，我国的就业情况也需要结构性升级和调整。此外，还有一个突出方面是对劳动者的保障力度不足，一方面体现在基本劳动环境和劳动安全的欠保障，大量劳动者在人身安全不完善的情况下参加劳动；另一方面体现在劳动者的薪资待遇、劳动福利的欠保障，相关法律规定未得到充分彻底落实。总而言之，作为经济社会发展中的关键内容，当前的就业状况亟待改善。

再比如，社会保障与社会救助体系制度不健全。社会保障与社会救助是我国民生福祉保障的"最后一道防线"，为脱贫攻坚战和全面建成小康社会起到了重要的保障兜底作用。进入新时代，我国在社会保障与社会救助事业上取得了非凡成绩，历史性地解决了绝对贫困问题，但与此同时，我国社会日益严峻的相对贫困问题亦随着新时代社会主要矛盾的转变而凸显出来。相对贫困作为一项将长期存在的社会问题，其解决有赖于三次分配体系的构建和共同富裕目标的实现。社会保障与社会救助作为"第二次分配"中的重要一环，在促进分配正义、保障生存需求、维护个人尊严等方面起到了重要作用，亦是解决贫困问题的重要抓手。从制度建设和实际运行的情况来看，当前我国的社会保障与社会救助制度所面临的难题在于，现行制度普遍为针对特定地区和人群施行的暂行性、政策性办法，没有构建起普适的、长效的制度和规范，难以充分满足我国社会救助实践的复杂需求，特别是难以有效应对新生的"城市贫民"问题。同时，当前我国的社会保障与社会救助制度立法还不够完善，相关法律权益还得不到充分保护，相关政策文本和具体实施状况呈现出一定的碎片化、随意化特点。因

---

① 中共中央党史和文献研究院编：《十九大以来重要文献选编》（上），中央文献出版社2019年版，第32页。

此，作为确保民生福祉的重要兜底内容，社会保障与社会救助体系仍须深化改革发展，以适应新的国情和社会需求。

从对社会稳定构成的直接挑战而言，存在以下一些难点问题。第一，社会结构方面发生变化。比如，利益失衡和利益固化相互结合，形成一些既得利益格局，社会两极分化存在强化的风险；职业选择和劳动就业市场化强化，社会流动加快；社区社会化，在原有的熟人街道社区、单位大院社区之外，出现大量商品房陌生人社区，还有城乡接合部的杂居社区；家庭小型化，单亲家庭、空巢家庭等不断增多，家庭的教化功能有所弱化。第二，主体需要方面，人民对美好生活的需要已经成为主导，更需要多样化、个性化、高性价比的消费产品，更加重视与健康有关的食品安全和医疗安全；更加渴望看得见蓝天、呼吸清新的空气、饮用清洁的水，需要生态安全感。社会心理问题愈益凸显，面对快节奏、工作压力大、存在未知风险、由陌生人构成的现代社会，人们的心理孤独、抑郁、压力、焦虑需要疏导和释放的渠道，也更希望有获得感、幸福感、安全感、公平感。而且，随着经济发展和社会进步以及教育文化水平普遍提高，人们的民主意识、法治意识、权利意识、社会参与意识都在日益增强，社会心理需要越来越成为重要的社会问题。社会主体需要的提升和社会心理的多元变动，也给社会稳定、安宁有序带来很多挑战和变数。第三，网络社会兴起给社会稳定带来的问题，特别是以手机为基本平台的网络社会，使人们的生活步入实时、交互、快捷、高频的"微时代"，自主开放的自媒体话语权，隐蔽性的信息源，交互快速的传播方式，碎片化、泛娱乐化、真假难辨的海量信息等，使网络社会与现实社会高度互动，在带来社会交往虚拟化与信息化的同时，也使得社会舆情大众化与多元化，网络犯罪已成为第一大犯罪类型。第四，世界性新风险社会带来的问题，现代风险不同于传统风险的最大特征就是具有不确定性和难以预测性，其迅速而广泛的传播可能造成大范围社会恐慌。比如，恐怖主义袭击带来的普遍社会紧张和社会不安；未知流行病和生态环境危机引发的社会恐慌；股灾、银行倒闭、债务危机等金融风险可能导致的大规模社会恐慌传导等。[①]

鉴于此，党的十八大报告将社会管理和民生视为维护社会稳定和社会建设方面的重要内容。党的十八届三中全会在提出全面深化改革的总目标

---

① 参见关锋、陈文静：《全面深化改革与共同体四种维度的自觉建构》，《华南师范大学学报（社会科学版）》2020年第2期，第14—27，189页。

之一是推进国家治理体系和治理能力现代化的同时，强调"创新社会治理体制"，这是中华人民共和国成立以来在党的正式文件中第一次提出"社会治理"概念，替代了原来长期使用的"社会管理"。社会治理构成国家治理现代化的标志性内容，也是其重要的主体性内容。

我们知道，当代治理理论非常强调充分激发各类治理主体的积极性和创造性，由单向压力传导向多维互动治理转变、由社会（经济）组织和个人被动参与向主动参与转变。习近平为此多次在讲话中强调重视"枫桥经验"，因为它建立了处理协调人民内部矛盾的有效机制，畅通了群众表达诉求的通道，依靠群众实现群策群力、群众自治，通过自治法治德治"三治融合"实现社会聚合、有机整合。显然，国家治理现代化内涵下的社会治理的关键是以平等自治、参与民主的原则，来化解人民内部矛盾、打破分化隔阂，使社会走向和谐平等共享的有机共同体，这无疑是社会稳定的最佳状态和最有力的支撑，因为前述列举和分析的各种危及社会稳定的问题，本质上都是人民内部矛盾。①

2015 年底，党的十八届五中全会提出要加强和创新社会治理，推进社会治理精细化，构建"全民共建共享"的社会治理格局。全民共建共享，不仅仅是为了激发人民群众的积极性，实际上也是把人民群众组合起来，形成有机共同体，自觉维系有机体运作。这当然内含社会稳定。党的十九大报告提出打造"共建共治共享"的社会治理格局，增加了"共治"；它还提出提高社会治理社会化、法治化、智能化、专业化水平，实现政府治理和社会调节、居民自治的良性互动，形成治理同向同行的合力，进而把有机共同体的含义更为完整地容纳在内。2019 年 1 月召开的中央政法工作会议上，习近平强调要"打造人人有责、人人尽责的社会治理共同体"；2019 年 10 月底召开的党的十九届四中全会强调"社会治理是国家治理的重要方面"，其次提出"完善党委领导、政府负责、民主协商、社会协同、公众参与、法治保障、科技支撑的社会治理体系"，再次提出"建设人人有责、人人尽责、人人享有的社会治理共同体"，不但新增"人人享有"，而且是在党的文件中是第一次提出"社会治理共同体"，不但直接点明共同体，而且把共建共治共享从主体角度完整而又充分表达出来。

应该说，新时代我们党在全面深化改革中推出了很多新举措、新建设

① 参见关锋、陈文静：《全面深化改革与共同体四种维度的自觉建构》，《华南师范大学学报（社会科学版）》2020 年第 2 期，第 14—27，189 页。

来努力打造社会治理共同体。例如，打破城乡分割、单位双轨的传统，建立了全国统一的城乡居民基本养老保险制度，实施养老金并轨改革，实行社会统筹与个人账户相结合、养老金待遇与缴费而非职级挂钩，颁布慈善法，统筹推进社会救助。建立现代医疗卫生制度，基本医疗保障制度覆盖全民，完善大病保险和医疗救助制度，实行医疗、医保、医药联动，推进医药分开，实行分级诊疗，推出"健康中国"战略。全面实施"二孩政策"，进行户籍制度改革，建立全国城乡统一的户口登记制度。成立了统一权威的食品安全监管机构，建立了严格的覆盖全过程的监管制度，建立隐患排查治理体系和安全预防控制体系。完善矛盾纠纷多元化解机制，确立人民调解、行政调解、司法调解衔接联动机制。以"全域覆盖、全网共享、全时可用、全程可控"为目标，初步构建了公共安全视频监控建设联网系统。2016 年底，作为第一批脱钩试点的 132 家全国性行业协会商会实现与行政机关脱钩，社会组织的社会性和独立性不断增强。[①]

总而言之，尽管新时代还存在一些危机和冲击社会稳定、内部安全的因素，但我们党通过全面深化改革、推进国家治理现代化，不断打造"共建共治共享"社会治理共同体，将会大大化解社会稳定的挑战和风险，不断续写"社会长期稳定奇迹"的篇章。

三、总体国家安全观：国家安全问题新变化与外部风险防范

社会稳定的实质就是安全有序，社会安宁、人民安康。但正如前文所述，新时代作为发展起来以后的历史阶段，一方面是发展有了很大积累、巨大成就；另一方面是两个大局交相辉映、相互激荡，国内国际都处于"大发展大变革大调整时期"，我国的经济社会发展、中国特色社会主义建设面临的风险和挑战越来越复杂，其中有些因素直接冲击国家安全。国家安全问题越来越重要。为此，2013 年 11 月，党的十八届三中全会决定成立国家安全委员会。2014 年 4 月，中央国家安全委员会第一次会议召开，习近平在主持会议时指出，新时代"保证国家安全是头等大事"，成立国家安全委员会来"建立集中统一、高效权威的国家安全体制，加强对国家安全工作的领导"，"目的就是更好适应我国国家安全面临的新形势新任务"。[②]

<hr/>

① 参见关锋、陈文静：《全面深化改革与共同体四种维度的自觉建构》，《华南师范大学学报（社会科学版）》2020 年第 2 期，第 14—27，189 页。

②《习近平谈治国理政》第一卷，外文出版社 2018 年版，第 200 页。

显然，"新形势新任务"意味着新时代的国家安全问题出现了重大的新变化。对此，习近平明确指出，"当前我国国家安全内涵和外延比历史上任何时候都要丰富，时空领域比历史上任何时候都要宽广，内外因素比历史上任何时候都要复杂"，为此他首创性地提出"必须坚持总体国家安全观"，以此作为基本的应对和发展思路。①总体国家安全观的内在要求是"以人民安全为宗旨，以政治安全为根本，以经济安全为基础，以军事、文化、社会安全为保障"，最终"走出一条中国特色国家安全道路"。②而贯彻落实这种总体国家安全观，"必须既重视外部安全，又重视内部安全，对内求发展、求变革、求稳定、建设平安中国，对外求和平、求合作、求共赢、建设和谐世界"，必须既重视国土安全、传统安全、自身安全，又重视国民安全、非传统安全、共同安全，"构建集政治安全、国土安全、军事安全、经济安全、文化安全、社会安全、科技安全、信息安全、生态安全、资源安全、核安全等于一体的国家安全体系"③。后来又不断补充了诸如生物安全、人工智能安全、网络安全、太空安全、极地安全和深海安全等内容。

党的十九大把总体国家安全观提升为治国理政必须坚持的重大原则。2020 年 12 月十九届中共中央政治局举行第二十六次集体学习，习近平在会上强调，新时代做好国家安全工作，必须贯彻总体国家安全观、构建大安全格局，为此要做到"十个坚持"。为此，我国先后推出一系列文件，如 2015 年 1 月审议通过《国家安全战略纲要》，同年 7 月颁布实施新《中华人民共和国国家安全法》，2018 年 4 月出台《党委（党组）国家安全责任制规定》，2021 年中出台《中国共产党领导国家安全工作条例》，2021年底中央政治局审议《国家安全战略（2021—2025 年）》等。

总体国家安全观的提出和成为治国理政的重大原则，既体现了我国对新时代安全重要性、变化性和复杂性、内容多维性和交织性的深刻认识，更体现了我们党对其中一个新态势的深刻认知，那就是习近平对此强调的两个大局相互激荡背景下内外因素的彼此作用、高度联动。这种联动一方面体现在很多危及安全的因素是两者共同作用的结果。比如说，新时代意识形态之所以极端重要，是因为"我国正处在大发展大变革大调整时期，

---

① 《习近平谈治国理政》第一卷，外文出版社 2018 年版，第 200 页。
② 《习近平谈治国理政》第一卷，外文出版社 2018 年版，第 200—201 页。
③ 《习近平谈治国理政》第一卷，外文出版社 2018 年版，第 201 页。

国际国内形势的深刻变化使我国意识形态领域面临着空前复杂的情况"，具体说，"境外敌对势力加大渗透和西化力度，境内一些组织和个人不断变换手法，制造思想混乱，与我争夺人心。一些单位和党政干部政治敏感性、责任感不强"[1]，归根结底是国内国际因素联动使然。另一方面体现在一些公认的国际问题、风险会影响我国的安全。比如，粮食安全问题、资源短缺、气候变化、网络攻击、人口爆炸、环境污染、疾病流行、跨国犯罪等，它们既是非传统安全问题，又是全球性问题，对国际秩序和整个人类生存、发展都构成了威胁。中国不可能独善其身，它们构成巨大的外部风险。择其要者，以下几方面具有代表性。

第一，全球经济总体下行趋势。近年来，全球经济金融走势波动幅度加大、上行动力不足，经济发展"疲态"日趋明显。特别是 2022 年以来，受到乌克兰危机和美联储加息溢出效应的交织影响，国际金融局势不断受挫，实体制造业也受到严重冲击，使得全球经济发展呈现出明显的下行趋势。当前全球经济总体下行趋势不仅是"次贷危机"以来世界经济格局深刻调整的体现，也是中国经济转型所面临的重大风险挑战。在这一背景下，我国系统性风险发生可能性上升、"黑天鹅"事件出现概率加大，给我国现代化进程带来新风险，对我国社会总体和谐稳定局面造成不利影响。

第二，地区争端、武装冲突加剧。随着世界单极化战略格局日渐解体、多极化世界格局不断形成，部分地区争端日趋频繁、系列武装冲突不断加剧、局部战争爆发风险不断上升。同时，由于国家实力和国际影响力的不断衰退，部分国家单边主义倾向愈发顽固、贸易保护主义政策不断"抬头"，严重阻碍了正常的国家间交流和经济交往。质言之，这一外部环境因素给我国的和平崛起战略带来了负面影响，并对当前我国的经济社会政治发展造成了一定影响。首先，地区争端的加剧破坏了正常的全球化生产和经济交流秩序，不仅造成粮食、石油、矿产等大宗商品价格的频繁剧烈波动，也影响了制造业加工原材料和产品的运输秩序，造成频繁的生产短缺情况，严重影响经济健康发展。其次，武装冲突的加剧使得战争爆发成为蒙在当前国际局势上的一层阴影，并且，这种国际政治上的不稳定也传递作用于我国经济政治社会中，干扰了社会良性发展秩序，给提倡和平共处原则的中国带来不利影响。最后，地区争端下，一些国家仍顽固坚持单边主义、

---

[1] 中共中央党史和文献研究院编：《习近平关于防范风险挑战、应对突发事件论述摘编》，中央文献出版社 2020 年版，第 36—38 页。

保护主义的做法使得冲突激化的可能性增加，进一步加大了局势恶化的风险，给我国国家安全带来了严峻挑战。

第三，新冠疫情长期持续影响。自 2020 年初新冠疫情暴发以来，世界各国社会就始终受其"困扰"，遭到严重损失。新冠疫情在一定程度上深刻改变了近年来的世界格局，更对世界人民的普遍观念造成了一定影响。

我国明确提出总体国家安全观以促进国际安全为依托，并把"统筹传统安全和非传统安全，统筹自身安全和共同安全"作为重要原则，反复呼吁树立共同、合作、综合、可持续的全球安全观来应对化解外部风险和世界性问题对我国安全的影响和冲击，为此我国推出了一个突出性战略举措——不断深化构建人类命运共同体。

构建人类命运共同体既是为了适应经济全球化、世界多极化的需要，形成发展共同体，也是为了应对共同的世界性问题，打造安全共同体。党的十九大报告明确指出："世界面临的不稳定性不确定性突出，世界经济增长动能不足，贫富分化日益严重，地区热点问题此起彼伏，恐怖主义、网络安全、重大传染性疾病、气候变化等非传统安全威胁持续蔓延，人类面临许多共同挑战。"[1]这是我们党提出和不断推进人类命运共同体的基本因由之一。党的十九大报告还强调，构建人类命运共同体就是"建设持久和平、普遍安全、共同繁荣、开放包容、清洁美丽的世界"，"统筹应对传统和非传统安全威胁……推动经济全球化朝着更加开放、包容、普惠、平衡、共赢的方向发展"[2]。后者就是总体国家安全观的重要指向和诉求。党的十九大报告具体指出，构建人类命运共同体，"要坚持环境友好，合作应对气候变化，保护好人类赖以生存的地球家园"[3]。这正是总体国家安全观中的共同生态安全问题。

新时代，我们党自觉推出一系列全面深化改革的举措，积极主动推进构建人类命运共同体。例如，深入展开全方位外交布局，形成全方位、多层次、立体化的外交布局，以共商、共建、共享为原则发起和践行"一带一路"倡议，发起创办亚洲基础设施投资银行，设立丝路基金，举办首届"一带一路"国际合作高峰论坛、亚太经合组织领导人非正式会议、二十国集团领导人杭州峰会、金砖国家领导人厦门会晤、亚信峰会等。推动形成

①《习近平谈治国理政》第三卷，外文出版社 2020 年版，第 45 页。
②《习近平谈治国理政》第三卷，外文出版社 2020 年版，第 46 页。
③《习近平谈治国理政》第三卷，外文出版社 2020 年版，第 46 页。

全面开放新格局，实行高水平的贸易和投资自由化便利化政策，全面实行准入前国民待遇加负面清单管理制度；赋予自由贸易试验区更大改革自主权，探索建设自由贸易港；创新对外投资方式，形成面向全球的贸易、投融资、生产、服务网络。坚定不移推动全球治理体系变革，支持二十国集团、亚太经合组织、上海合作组织、金砖国家等多边机制在全球治理中发挥更大作用，弘扬共商共建共享的全球治理理念，支持提升新兴市场国家和发展中国家的代表性和发言权。努力构建中美新型大国关系，积极打造各种具体命运共同体，如"周边命运共同体""亚洲命运共同体""中非命运共同体"，以"公平、合作、共赢"为内涵的核安全命运共同体，以互联互通、共享共治为基本诉求的"网络空间命运共同体"，奉行有事多商量、有事好商量的"海洋命运共同体"。时至今日，"人类命运共同体"被公认是具有全球影响力、号召力和感染力的重要理念，被联合国和众多国际组织写入章程。①这些努力，在推进构建人类命运共同体的同时，也为我们创造了良好的周边环境、国家交往合作的有益环境，进而为降低、减少外部安全风险作出了突出贡献。也正因此，即使面临着美国的极限施压，大打贸易战、科技战，我们党仍能从容应对，和世界大多数国家地区保持友好往来。

第四节　新时代生态环境问题
与"生态文明""绿色发展"

　　自人类文明产生以来，人与自然的关系问题就成为人类必须面对和思考的问题。人认识世界和改造世界的过程，在很大程度上就是与自然进行双向互动的过程。恩格斯在《自然辩证法》中指出："我们连同我们的肉、血和头脑都是属于自然界和存在于自然界之中的。"②在人类社会发展的不同时期，由于人类对自然的认识程度与改造能力不同，人与自然的关系张力必然有所差异，人与自然的关系问题也具有不同的现实呈现。

　　在工业革命以前，处于原始文明和农业文明的人类对于自然的认识水

---

① 参见关锋、陈文静：《全面深化改革与共同体四种维度的自觉建构》，《华南师范大学学报（社会科学版）》2020年第2期，第14—27，189页。

②《马克思恩格斯选集》第3卷，人民出版社2012年版，第998页。

平相对较低，开发和改造自然的手段也比较有限，人类社会与自然之间的张力总体而言是适度的。工业革命之后，随着西欧资本主义国家的建立，人类社会逐步进入工业文明，人类改造自然的手段大大丰富、能力大大提高。同时，启蒙运动所宣扬的"理性崇拜""天赋人权"思想成为指导西方工业文明发展的意识形态的重要基础，在人与自然关系认识上表现为"人是自然界的主人"，正如康德所宣示的，人的理性为自然界立法。人与自然之间的张力之弦越绷越紧，最终遭到"自然的报复"，生态环境危机逐渐成为工业文明时期人与自然关系问题的主要现实表征。1930年，比利时发生马斯河谷烟雾事件，短短一周时间就造成60余人死亡，震惊世界，这也是20世纪最早记录的大气污染惨案。此后，1943年洛杉矶光化学烟雾事件、1952年日本水俣病事件、1986年切尔诺贝利核泄漏事件等一系列环境污染重大事件的发生，及其给人类带来的重大损失迫使人们重新审视人与自然的关系问题，并回应时代之问：工业文明背景下人类应以何种方式对待自然、如何平衡人类文明发展与生态环境保护之间的关系。中国特色社会主义新时代作为中华民族伟大复兴、中国式现代化进程的重要组成部分，同样也不例外，这也是它必须回答的时代之问。

一、环境问题的新时代凸显与生态文明、绿色发展的提出

改革开放虽取得了巨大成就，但也付出了一定代价，存在一些突出问题。其中较典型的是，有些地方把以经济建设为中心误解为GDP主义，片面追求经济总量的增长，不惜破坏生态环境。特别是20世纪90年代中后期，我们步入重工业和快速城镇化阶段，经济发展和环境资源之间的矛盾愈趋尖锐，环境问题愈演愈烈，基本生态形势从"局部恶化、总体基本稳定"状态转向"局部改善、总体恶化尚未遏制、压力持续增大"状态。1997年党的十五大指出人口增长、经济发展给资源环境带来巨大的压力；2002年党的十六大强调生态环境、自然资源和经济社会发展的矛盾日益突出；2007年党的十七大指出经济增长付出的资源环境代价过大。鉴于此，我国从1994年就提出转变经济增长方式和实施可持续发展战略；党的十六大提出要走"可持续发展能力不断增强，生态环境得到改善，资源利用效率显著提高，促进人与自然的和谐，推动整个社会走上生产发展、生活富裕、生态良好的文明发展道路"[1]；2003年提出科学发展观，其基本要求是全

---

[1]《江泽民文选》第3卷，人民出版社2006年版，第544页。

面协调可持续，根本方法是统筹兼顾，强调"五大统筹"即统筹城乡发展、区域发展、经济社会发展等，其中"统筹人与自然和谐发展"也列入其中；2005 年发布的《关于落实科学发展观加强环境保护的决定》，提出经济社会发展必须与环境保护相协调；《中共中央关于制定国民经济和社会发展第十一个五年规划的建议》提出建设资源节约型、环境友好型社会。一些地方据此进行改革创新，如打造"循环经济"，发展"工业生态园"，推行"全过程无害化控制"和"绿色化学体系"，推出"生态补偿制度"等，来力图缓和、化解生态环境问题。党的十七大首次提出"建设生态文明"，强调要基本形成节约能源资源和保护生态环境的产业结构、增长方式、消费模式；循环经济形成较大规模，可再生能源比重显著上升；主要污染物排放得到有效控制，生态环境质量明显改善。生态文明观念在全社会牢固树立。各地先后出台了发展生态农业、生态工业、生态服务业的举措，循环经济获得一定发展，节能减排取得不少成效。

然而，这并没有从根本上改变我国的生态环境问题。大气污染、水环境污染、垃圾处理、土地荒漠化和沙灾、水土流失、旱灾和水灾、生物多样性破坏、三峡库区的环境问题、持久性有机物污染；等等，被公认是当今中国仍然面临的重大环境问题。中国特色社会主义进入新时代，生态环境压力依然沉重。党的十八大召开不久，习近平在广东考察时明确指出："我们在生态环境方面欠账太多了……特别是有些地方，像重金属污染区，水被污染了，土壤被污染了，到了积重难返的地步。"[1]2013 年 4 月他结合当时的实际说："今年以来，我国雾霾天气、一些地区饮水安全和土壤重金属含量过高等严重污染问题集中暴露，社会反映强烈。经过三十多年快速发展积累下来的环境问题进入了高强度频发阶段。这既是重大经济问题，也是重大社会和政治问题。"[2]2013 年 5 月他又总结说："从目前情况看，资源约束趋紧、环境污染严重、生态系统退化的形势依然十分严峻。"[3]2014 年中央经济工作会议指出，中国资源环境承载力已经达到或接近上限。2015 年党的十八届五中全会指出，生态环境特别是大气、

---

[1] 中共中央文献研究室编：《习近平关于社会主义生态文明建设论述摘编》，中央文献出版社 2017 年版，第 3 页。

[2] 中共中央文献研究室编：《习近平关于社会主义生态文明建设论述摘编》，中央文献出版社 2017 年版，第 4 页。

[3] 中共中央文献研究室编：《习近平关于社会主义生态文明建设论述摘编》，中央文献出版社 2017 年版，第 6 页。

水、土壤污染环境严重，已成为全面建成小康社会的突出短板。它既是全面深化改革的重要障碍，也是全面深化改革要攻坚克难的目标。

的确，生态环境问题在新时代不仅仅是重大经济问题，还是重大的社会和政治问题。经过改革开放40多年的发展，人民的生活水平得到大幅提高，社会主要矛盾已经演变为人民日益增长的美好生活需要和不平衡不充分的发展之间的矛盾，优美生态环境需要则是美好生活需要的重要向度，也是我们明显的短板；人民的主体观念、权利意识大大增强，关系生存、关注现实生活的环保意识前所未有地高涨，当前环境问题最容易引起群众不满，很容易诱发或演变为群体性事件。[①]

有鉴于此，党的十八大提出了"五位一体"的总布局，即经济建设、政治建设、文化建设、社会建设、生态文明建设"五位一体"，既强调了发展的全面性平衡性，又强调发展的可持续性，彰显了生态文明建设的重要性，希望通过发展的全面性、平衡性、可持续性来解决生态环境问题。党的十九大进一步强调总体布局是一个有机整体，其中生态文明建设具有基础性地位，努力把我国建成富强民主文明和谐美丽的社会主义现代化强国，"美丽"作为目标之一，是生态文明建设的标志性诉求。

为了解决生态环境问题，我们党反复强调生态文明的重要性并竭力推进生态文明建设。一是强调生态兴则文明兴、生态衰则文明衰；二是强调建设生态文明是关系人民福祉、关系民族的大计；三是倡导"生命共同体"理念并自觉地建构。2013年11月，习近平在党的十八届三中全会上明确指出："我们要认识到，山水林田湖是一个生命共同体，人的命脉在田，田的命脉在水，水的命脉在山，山的命脉在土，土的命脉在树。"[②]2014年中央财经领导小组会议上他再一次重申了这一点。2017年7月中央全面深化改革领导小组会议，他补充了一个"草"字，强调"山水林田湖草"是一个生命共同体。2018年5月全国生态环境保护大会召开，他再次重申了这一点。四是提出和践行绿色发展理念。党的十八届五中全会提出"五大新发展理念"，"绿色发展"是其中很重要的一项。党的十九大报告将"推进绿色发展"作为"加快生态文明体制改革，建设美丽中国"的第一项要求。五是推出一系列相关文件、改革和建设举措。例如，我们党先后出

---

① 参见关锋、陈文静：《全面深化改革与共同体四种维度的自觉建构》，《华南师范大学学报（社会科学版）》2020年第2期，第14—27，189页。

② 中共中央党史和文献研究院编：《十九大以来重要文献选编》（上），中央文献出版社2019年版，第452页。

台《关于加快推进生态文明建设的意见》和《生态文明体制改革总体方案》，推出一系列的法律与政策，如《大气污染防治行动计划》《水污染防治行动计划》《环境保护法》《环境保护公众参与办法》，制定了诸如《生态文明建设目标评价考核办法》《环境保护督察方案（试行）》《党政领导干部生态环境损害责任追究办法（试行）》等六个生态文明体制改革配套文件；形成环境保护党政同责、中央环境保护督察和环境保护专项督查制度和机制，确立了权责一致、终身追究原则，实行最严格的生态环境保护制度，打造地方党委、政府、人大、政协、司法机关和社会组织、企业、个人环境共治格局；努力打造绿色低碳循环发展的经济体系、绿色技术创新体系、绿色金融体系、清洁低碳和安全高效的能源体系、绿色消费和生活方式；推出一系列行动，如大气、水、土壤污染防治三大行动、"史上最严"环境保护法实施、最严格中央环保督察行动；开展创建节约型机关、绿色家庭、绿色学校、绿色社区和绿色出行等行动。[①]

二、"从源头上解决生态环境问题"与"两山论"

习近平于 2019 年 9 月在河南考察时强调，要高度重视生态保护工作，牢固树立绿水青山就是金山银山的理念，从源头上解决生态环境问题，坚决打赢蓝天、碧水、净土保卫战，提升自然生态系统质量和稳定性。[②]"两山论"不仅仅是新的生态理念的确立，同时蕴含着面对环境问题的发展思路、发展模式的更新，进而有助于从源头上解决生态环境问题。

"两山论"最早是在习近平担任浙江省委书记期间论及的。2005 年，习近平在湖州考察时首次提出"绿水青山就是金山银山"的论断，标定了"两山论"的起点。传统的政绩观"以经济增长论英雄""唯 GDP 论"，最终的后果必然是有了金山银山，毁了绿水青山。2013 年，习近平在参加河北省委常委班子专题民主生活会时曾对这一政绩观转变作出了更加深刻、详细的阐述："要给你们去掉紧箍咒，生产总值即便滑到第七、第八位了，但在绿色发展方面搞上去了，在治理大气污染、解决雾霾方面作出

贡献了，那就可以挂红花、当英雄。反过来……是另一种评价了。"①

"两山论"首先体现的是对马克思主义关于生产力观点的发展和深化，进一步揭示了人类社会生产力与自然之间的内在联系。经济发展与环境保护是否能够统一，生产力发展与自然环境之间的关系到底如何，长期以来许多领导干部并没有清晰、正确的认识，认为发展就是"大刀阔斧"，保护就是"停滞保守"。习近平在参加十二届全国人大二次会议贵州代表团审议时就指出了这个问题："有人说，贵州生态环境基础脆弱，发展不可避免会破坏生态环境，因此发展要宁慢勿快，否则得不偿失；也有人说，贵州为了摆脱贫困必须加快发展，付出一些生态环境代价也是难免的、必须的。这两种观点都把生态环境保护和发展对立起来了，都是不全面的。强调发展不能破坏生态环境是对的，但为了保护生态环境而不敢迈出发展步伐就有点绝对化了。"②习近平认为，经济发展与环境保护是内在统一的，而非二元对立的，他指出："只要把两者关系把握好、处理好了，既可以加快发展，又能够守护好生态"③，他又举贵州近几年发展的事实证明了这一观点。在20世纪欧洲环保运动浪潮汹涌之时，同样有西方学者认为人类的开发行为、人类社会的发展不可避免地是对自然界的破坏，他们高呼"退回荒原"，高举"生态中心主义"的旗帜，要"环境"不要"发展"。"两山论"对于"生态中心主义"与传统发展的"人类中心主义"的超越就在于，看到了"绿水青山"的经济社会效益，看到了生产力归根结底是自然力，人类社会生产力的发展与自然环境的良好具有内在的统一性。习近平曾具体指出，"要通过改革创新，让贫困地区的土地、劳动力、资产、自然风光等要素活起来，让资源变资产、资金变股金、农民变股东，让绿水青山变金山银山，带动贫困人口增收"④。此为"思路一变天地宽"，黑龙江伊春林场就是典型的例子。过去，黑龙江伊春林场砍一棵树卖个几千块，现在发展林下经济，货品供不应求。将自然资源看作生产力、经济发展的源头活水，而不是当作"一次性产品"，这是"两山论"的重要思想。

---

① 中共中央文献研究室编：《习近平关于社会主义生态文明建设论述摘编》，中央文献出版社2017年版，第21页。

② 中共中央文献研究室编：《习近平关于社会主义生态文明建设论述摘编》，中央文献出版社2017年版，第22页。

③ 中共中央文献研究室编：《习近平关于社会主义生态文明建设论述摘编》，中央文献出版社2017年版，第22页。

④ 中共中央文献研究室编：《习近平关于社会主义生态文明建设论述摘编》，中央文献出版社2017年版，第30页。

所以，"绿水青山就是金山银山。绿水青山和金山银山决不是对立的，关键在人，关键在思路。……绿水青山既是自然财富，又是社会财富、经济财富"①。

"两山论"的关键在于贯彻新发展理念，形成绿色生产方式和生活方式。习近平曾指出："保护生态环境，要更加注重促进形成绿色生产方式和消费方式。保住绿水青山要抓源头，形成内生动力机制。要坚定不移走绿色低碳循环发展之路，构建绿色产业体系和空间格局，引导形成绿色生产方式和生活方式。"②形成绿色生产方式和生活方式是贯彻新发展理念的两大抓手，对于二者的"绿化"，习近平都作出了深刻阐释。就生产方式转变问题，习近平曾指出："根本改善生态环境状况，必须改变过多依赖增加物质资源消耗、过多依赖规模粗放扩张、过多依赖高能耗高排放产业的发展模式。"③在这个意义上，"保护生态环境就是保护生产力，改善生态环境就是发展生产力。让绿水青山充分发挥经济社会效益，不是要把它破坏了，而是要把它保护得更好"④。而对于绿色生活方式的形成，重点在于对公民环境意识的强化、对生态文化和绿色价值观的弘扬。习近平强调，"树立勤俭节约的消费观，加快形成能源节约型社会"⑤，"要加强生态文明宣传教育，把珍惜生态、保护资源、爱护环境等内容纳入国民教育和培训体系……在全社会牢固树立生态文明理念"⑥。

"两山论"实现了真理尺度与价值尺度的有机统一，彰显了鲜明的人民立场，是将人民观点融入治国视野的方法论范例。把生态环境摆在更加重要的位置，宁要绿水青山不要金山银山，一方面是传统粗放式发展难以为继的现实必然要求，另一方面更是以人民幸福为价值旨归的应然选择。"两山论"的提出是以人民立场为出发点和落脚点的，以人民幸福为追求是"两山论"的理论价值旨向，也是其理论的价值出发点。也正因将人民观点融

---

① 中共中央文献研究室编：《习近平关于社会主义生态文明建设论述摘编》，中央文献出版社 2017 年版，第 23 页。

② 中共中央文献研究室编：《习近平关于社会主义生态文明建设论述摘编》，中央文献出版社 2017 年版，第 31—32 页。

③ 中共中央文献研究室编：《习近平关于社会主义生态文明建设论述摘编》，中央文献出版社 2017 年版，第 38 页。

④ 中共中央文献研究室编：《习近平关于社会主义生态文明建设论述摘编》，中央文献出版社 2017 年版，第 23 页。

⑤《习近平谈治国理政》第一卷，外文出版社 2018 年版，第 131 页。

⑥ 中共中央文献研究室编：《习近平关于社会主义生态文明建设论述摘编》，中央文献出版社 2017 年版，第 122 页。

入治国视野，"两山论"视角下的生态环境问题不再是单纯的自然问题或经济发展问题，而是上升为重要的社会问题和政治问题。习近平曾多次强调："这既是重大经济问题，也是重大社会和政治问题。"[①]

新时代，我们党不断以"两山论"引领绿色发展、推动美丽中国建设，不断丰富和拓展"两山论"的理论内涵和实践方略，把青山绿水建得更美、把金山银山做得更大，真正验证了习近平所指出的"人不负青山，青山定不负人"。曾经的浙江余村，以石灰石开采为主要产业，不仅造成了极大的环境破坏，而且事故时有发生、给人民生命财产安全带来极大损失。十年来，浙江余村不断调整发展思路和发展方式，以"两山论"为理论指引，将生态优势转换为发展优势，积极发展多种经营，成功走出了一条绿色发展的脱贫致富之路。2020 年，习近平重回余村，一方面肯定了余村的发展道路和发展成就，另一方面再次强调"保护生态就是发展生产力"的辩证统一关系。如今，越来越多的"余村"正在中国大地上开花结果，"两山论"的深刻思想得到了越来越多国家的关注和认可，2018 年联合国副秘书长兼联合国环境规划署执行主任索尔海姆在考察浙江后，对"两山论"等中国发展理念表示高度赞赏，"两山论"正在指引新时代的中国转换发展方式、转变发展动能、打开新的发展突破口，天蓝、地绿、水清的中国正在以高质量发展的姿态向世界提供建设生态文明的中国智慧。

三、发展的可持续问题与"人与自然和谐共生"

传统发展模式把经济发展和生态维护对立起来，看不到生态发展的经济效益、社会效益，漠视生态生产力，最终不惜以破坏生态环境来追求片面的经济效益，而生态文明、绿色发展还有一个更重要的使命——可持续发展。习近平为此也多次强调，绿色发展与科学发展观中的可持续发展理念在本质上是一致的。

2013 年，习近平在主持中共中央政治局第六次集体学习时，就强调"从目前情况看，资源约束趋紧、环境污染严重、生态系统退化的形势依然十分严峻"，全体党员干部"要清醒认识保护生态环境、治理环境污染的紧迫性和艰巨性，清醒认识加强生态文明建设的重要性和必要性"，否则不仅会葬送社会主义的伟大事业，中华民族未来堪忧、中国人民未来堪忧，所

---

① 中共中央文献研究室编：《习近平关于社会主义生态文明建设论述摘编》，中央文献出版社 2017 年版，第 4 页。

以"从现在起就把这项工作紧紧抓起来",追求"人与自然和谐共生",使子子孙孙可持续发展,"生态环境保护是功在当代、利在千秋的事业"。①《吕氏春秋》记载:"竭泽而渔,岂不获得?而明年无鱼;焚薮而田,岂不获得?而明年无兽。"习近平明确指出,这些思想有十分重要的现实意义,它提醒我们,绝不能涸泽而渔、断子孙饭碗,要追求可持续发展。因为"生态环境没有替代品,用之不觉,失之难存",习近平为此强调,"如果不抓紧、不紧抓,任凭破坏生态环境的问题不断产生,我们就难以从根本上扭转我国生态环境恶化的趋势,就是对中华民族和子孙后代不负责任"②。

为了践行"人与自然和谐共生"的理念,我们党一是强调,"在生态环境保护上一定要算大账、算长远账、算整体账、算综合账,不能因小失大、顾此失彼、寅吃卯粮、急功近利"③,要有大局观、长远观,生态文明是国家大计、民族大计。绝不能为了短期的、暂时的利益而人为地破坏了人与自然和谐共生的关系。二是强调树立"生命共同体"理念,要"像保护眼睛一样保护生态环境,像对待生命一样对待生态环境"④。"人与自然和谐共生"是与自然中每一个生态要素的和谐共生,必须尊重这个生态共同体的每一个要素,它们很多是有生命的,我们要像对待生命、珍惜生命那样对待生态环境。

第五节　新时代为世界作出更大贡献问题与"人类命运共同体"

中国共产党作为马克思主义政党,以人类解放为终极旨归,始终坚持胸怀天下,努力推动人类共同发展和进步。实际上,这也是中华优秀传统文化的精髓,天下大同思想源远流长、赓续至今。习近平在回顾中华民族

---

① 中共中央文献研究室编:《习近平关于社会主义生态文明建设论述摘编》,中央文献出版社 2017 年版,第 6、7 页。

② 中共中央文献研究室编:《习近平关于社会主义生态文明建设论述摘编》,中央文献出版社 2017 年版,第 15 页。

③ 中共中央文献研究室编:《习近平关于社会主义生态文明建设论述摘编》,中央文献出版社 2017 年版,第 8 页。

④ 中共中央文献研究室编:《习近平关于社会主义生态文明建设论述摘编》,中央文献出版社 2017 年版,第 8 页。

几千年的历史时指出："中华民族历来讲求'天下一家'，主张民胞物与、协和万邦、天下大同，憧憬'大道之行，天下为公'的美好世界。"①关心世界、促进世界共同发展，也是深受传统文化熏染的中国人民、中华民族的优良传统和品质。

中国保持长期稳定和发展是对人类的贡献。中国是世界上最大的发展中国家。中国共产党领导人民集中力量办好自己的事，让国家更富强、人民更幸福，本身就是对世界和平与发展的贡献。②中国的脱贫攻坚、消除绝对贫困被公认是对世界的重大贡献。但胸怀天下、为世界作贡献理应有更为直观和重要的表现，那就是直接推动解决世界面临的共同难题来促进世界发展和进步。聚焦于当今世界面临的共同难题，贡献中国智慧、中国方案，构成习近平新时代中国特色社会主义思想问题意识成功践履的另一种重大指向。

一、"为人类作出更大贡献"：坚持胸怀天下的历史传承与当下境遇

前面已分析，中国共产党是"为人类进步事业而奋斗的政党"，"始终把为人类作出新的更大的贡献作为自己的使命"③，这是它作为坚定的马克思主义政党的初心和使命赋予的；而且它是在"两个结合"中诞生和成长、发展的，深受中华优秀传统文化的浸润和洗礼，在以上双重要素的影响下，中国共产党从一开始就重视胸怀天下、力求为人类解放和进步作出贡献。习近平为此总结说，中国共产党百年奋斗的一条重要历史经验就是坚持胸怀天下，始终关注人类前途命运。④

中华人民共和国成立后，社会主义三大改造尚未完全完成、社会主义建设刚刚起步的时候，毛泽东就强调"中国应当对于人类有较大的贡献"⑤；改革开放初期，邓小平明确讲中国不能闭关自守，它的发展离不开世界，但反过来它的发展也应该促进世界发展和进步。1985年，邓小平明确指出，我们的改革开放和不断发展，对于世界而言就是"和平力量的发展，是制

---

① 中共中央党史和文献研究院编：《十九大以来重要文献选编》（上），中央文献出版社 2019 年版，第 109 页。
② 中共中央宣传部：《中国共产党的历史使命与行动价值》，人民出版社 2021 年版，第 82 页。
③《习近平谈治国理政》第三卷，外文出版社 2020 年版，第 45 页。
④《习近平向"2021 从都国际论坛"开幕式发表视频致辞》，《人民日报》2021 年 12 月 6 日。
⑤《毛泽东文集》第 7 卷，人民出版社 1999 年版，第 157 页。

约战争力量的发展"①，只要我们做好了，就是对世界发展、人类进步作贡献。到 20 世纪 90 年代末，江泽民进一步提出我们在改革开放中，既要树立"坚定不移地走自己的路、实现社会主义现代化的形象"，"为维护安定团结和实现繁荣富强而不懈奋斗的形象"和"依法治国，建设社会主义法治国家的形象"，不断地把自己的事情做好，也要不断对世界发展作出更多贡献，树立"坚持实行改革开放的形象""反对霸权、维护和平、支持国际正义事业的立场"。②

2008 年世界金融危机爆发，世界主要经济体受到很大冲击，严重影响了世界的经济往来、市场开放，我们在极其困难的情况下做出很多积极的应对措施，如投资 4 万亿元进行基础建设和重点项目建设，模范而又负责地履行大国义务，主动加强和深化与主要贸易伙伴的经贸合作，顶住人民币升值的压力，推动世界经济尽快从危机中走出来，中国作出了巨大贡献，也作出了很大的牺牲。"我国经济多年保持良好发展态势以及我国在应对国际金融危机中发挥的积极作用，使国际社会对我国的发展模式给予较大关注"，世界公认中国作出了卓越的贡献，大大改善了中国的国际形象。③

中国共产党和中国人民总是尽自己所能地促进世界共同发展、共同进步，自己好、大家也要好。"为人类不断作出新的更大的贡献，是中国共产党和中国人民早就作出的庄严承诺"④，这也是我们的集体自觉，这种庄严承诺和集体自觉伴随着改革开放的深入，同样走进了新时代。

经过 40 多年的改革开放，我们经济社会各方面的发展都取得了长足进步，社会发展中最基本的社会生产力得到显著提升。而且，我国发展质量也可圈可点，如人均 GDP 接近中等发达国家水平、出现一大批高科技产业和公司，成为世界公认的制造大国等，总体上逐渐由大国向强国迈进。也正因此，党的十九大报告明确指出，新时代既是"我国日益走近世界舞台中央"，也是"为人类作出更大贡献"⑤的时代。

新时代，中国共产党和中国人民理应为人类发展和进步作出更大贡献，中国特色社会主义发展到今天既有更好的条件亦更有能力，当然也更有责

①《邓小平文选》第 3 卷，人民出版社 1993 年版，第 128 页。
②《站在更高起点上把外宣工作做得更好》，《人民日报》1999 年 2 月 27 日。
③ 王晨：《抓住难得历史机遇 塑造良好国家形象》，《人民日报》2010 年 6 月 1 日。
④《习近平谈治国理政》第二卷，外文出版社 2017 年版，第 41 页。
⑤《习近平谈治国理政》第三卷，外文出版社 2020 年版，第 9 页。

任和义务这样做，这源于党的初心和使命。2013年底，习近平在十八届中央政治局第十二次集体学习时，明确要求新时代中国要努力塑造出文明大国、东方大国、社会主义大国、负责任大国四种大国形象，所谓负责任大国形象，就是"坚持和平发展、促进共同发展、维护国际公平正义、为人类作出贡献"①。他在2016年7月庆祝中国共产党成立95周年大会上，进一步提出中国要做"世界和平的建设者、全球发展的贡献者、国际秩序的维护者"②。后来在党的十九大报告、2017年世界政党高层对话会、2018年博鳌亚洲论坛等重要场合都强调了这个说法。在2021年9月第七十六届联合国大会一般性辩论中，又新增了"公共产品的提供者"。这是新时代我国对"为人类作出更大贡献"的具体定位。

应该说，新时代的十年，我们兑现了承诺。有数据显示，2013年至2021年，中国对世界经济增长平均贡献率高达38.6%，超过G7国家贡献率的总和，是拉动世界经济增长的第一动力；我国提前10年实现《联合国2030年可持续发展议程》减贫目标，为世界减贫事业作出了巨大贡献；截至2021年末，我国已与145个国家、30多个国际组织签署200余份共建"一带一路"合作文件。③习近平为此指出，中国"连续多年对世界经济增长贡献率超过百分之三十，成为世界经济增长的主要稳定器和动力源"④。基于这些成就，党的十九届六中全会再次强调，新时代"是我国不断为人类作出更大贡献的时代"⑤。

还要认识到，新时代"国际力量对比发生新的变化，世界经济进入深度调整，我国发展面临的国际环境更加复杂严峻。我们前进的道路上有各种各样的'拦路虎'、'绊脚石'"⑥。世界局势面临的挑战和不确定性加剧，霸权主义、强权政治在当今世界依然存在，世界风险和挑战不断增多。在这种情况下，中国对世界和平发展仍然能作出更大贡献，弥足珍贵。

---

①《习近平谈治国理政》第一卷，外文出版社2018年版，第162页。

②《习近平谈治国理政》第二卷，外文出版社2017年版，第42页。

③ 刘惟真：《新华全媒+丨一组数据告诉你中国与世界经济关系嬗变》，https://m.gmw.cn/baijia/2022-12/22/36250085.html[2025-01-20].

④ 习近平：《论坚持推动构建人类命运共同体》，中央文献出版社2018年版，第520页。

⑤《中共中央关于党的百年奋斗重大成就和历史经验的决议》，人民出版社2021年版，第23页。

⑥ 中共中央党史和文献研究院编：《十八大以来重要文献选编》（下），中央文献出版社2018年版，第454页。

二、"四大赤字"及其征候：作出更大贡献面临的挑战和难题

新时代，世界正处于百年未有之大变局，同时给世界和平发展带来了很多机遇和挑战。一方面，世界"四化"即世界多极化、经济全球化、社会信息化、文化多样化都在深入拓展，"全球治理体系和国际秩序变革加速推进，各国相互联系和依存日益加深，国际力量对比更趋平衡"，这使得"和平发展大势不可逆转"，这给我国发展带来有利的选择，也为在新时代为人类发展作出更大贡献创造了有利条件；但另一方面，"世界面临的不稳定性不确定性突出，世界经济增长动能不足，贫富分化日益严重，地区热点问题此起彼伏，恐怖主义、网络安全、重大传染性疾病、气候变化等非传统安全威胁持续蔓延，人类面临许多共同挑战"。[①]后来党的二十大报告对以上两方面进行了总结，指出"当前，世界百年未有之大变局加速演进，新一轮科技革命和产业变革深入发展，国际力量对比深刻调整，我国发展面临新的战略机遇"，但与此同时，"世纪疫情影响深远，逆全球化思潮抬头，单边主义、保护主义明显上升，世界经济复苏乏力，局部冲突和动荡频发，全球性问题加剧，世界进入新的动荡变革期。……我国发展进入战略机遇和风险挑战并存、不确定难预料因素增多的时期"[②]，也就是说，各种所谓"灰犀牛""黑天鹅"之类的事件发生的可能性、随机性都在强化。

当今世界，人类发展面临更多更复杂的共同挑战和难题。2018 年 11月，王岐山在应邀出席的 2018 年创新经济论坛开幕式上，明确提出当今世界，我们共同面临着维护世界经济稳定发展、人口变化、气候变化、治理能力落后于科技发展、发展不平衡加剧、全球治理机制滞后、民粹思潮和单边主义抬头等诸多挑战[③]，这是新时代人类发展面临的共同难题，谁也不可能置身其外、独善其身。2020 年 9 月，联合国举行成立 75 周年纪念大会，在 22 日进行的联合国大会一般性辩论中，联合国秘书长古特雷斯指出，当今世界面临五大挑战，分别是地缘紧张局势、全球互不信任、气候危机、数字世界黑暗面及新冠疫情全球大流行。

2017 年 5 月，习近平在"一带一路"国际合作高峰论坛开幕式上，针

---

① 《习近平谈治国理政》第三卷，外文出版社 2020 年版，第 45 页。
② 习近平：《高举中国特色社会主义伟大旗帜　为全面建设社会主义现代化国家而团结奋斗——在中国共产党第二十次全国代表大会上的报告》，人民出版社 2022 年版，第 26 页。
③ 参见《王岐山出席 2018 年创新经济论坛开幕式并致辞》，《人民日报》2018 年 11 月 7 日。

对世界发展、人类进步面临的共同问题进行总结，明确指出："我们正处在一个挑战频发的世界。世界经济增长需要新动力，发展需要更加普惠平衡，贫富差距鸿沟有待弥合。地区热点持续动荡，恐怖主义蔓延肆虐。和平赤字、发展赤字、治理赤字，是摆在全人类面前的严峻挑战。这是我一直思考的问题。"[①]2019 年 3 月，他在中法全球治理论坛闭幕式上，发表题为《为建设更加美好的地球家园贡献智慧和力量》的重要讲话，致辞中新增"信任赤字"的说法，将新时代人类面临的共同挑战和问题概括为"四大赤字"。这实际上也是新时代中国为世界发展作出更大贡献必须努力求解的重大基本问题。

所谓"和平赤字"，主要指世界还不太平，各种危及世界和平的战争和冲突难以消弭，甚至有加大冲突的可能。一是霸权主义强权政治、单边主义和冷战思维仍在持续，新干涉主义有所上升，地缘政治、民族种族矛盾很容易诱发地区冲突。二是"人类今天所处的安全环境仍然堪忧，地区冲突和局部战争持续不断，恐怖主义仍然猖獗，不少国家民众特别是儿童饱受战火摧残"[②]。它们不但破坏世界的和平安宁，而且随时有可能演变成地区性或世界性冲突。

所谓"发展赤字"，主要指"全球发展进程正在遭受严重冲击，南北差距、复苏分化、发展断层、技术鸿沟等问题更加突出"[③]。具体言之，一是当前世界经济依然存在突出的结构性矛盾，广大发展中国家没有改变初级市场、原料供应地的依附性地位，世界经济可持续增长的动能不足，新旧动能的转换还难以顺畅完成；二是世界性的贫富分化不但没有缓解，反而日益严重，南北差距没有缩小，一些发达国家利用自己的强势地位垄断技术优势、数字优势；三是一些国家推行霸权主义，大肆鼓吹和推行贸易保护主义、单边主义，导致世界范围内民粹主义、反全球化甚至是逆全球化思潮沉渣泛起，严重影响经济全球化的健康发展。

所谓"治理赤字"，一般含有两个互相影响的层面。一是世界各国治理能力、水平之间的不平衡，这与世界各国之间发展的不平衡是相对应的。换言之，世界上存在着明显的"治理鸿沟"。大部分国家因为和平赤字、发展赤字因而对参与全球治理的意愿不强、积极性不高，一些国家利用治

---

①《习近平谈治国理政》第二卷，外文出版社 2017 年版，第 508—509 页。

② 中共中央党史和文献研究院编：《习近平关于防范风险挑战、应对突发事件论述摘编》，中央文献出版社 2020 年版，第 122 页。

③《习近平谈治国理政》第四卷，外文出版社 2022 年版，第 485 页。

理优势推行霸权策略和新干涉主义，使全球治理蕴含着一定的主权风险和发展陷阱。二是经济全球化进程的不断深化，使一些世界性问题变得非常复杂，如气候变化、难民问题、传染病播散、人口贩运与毒品走私、网络安全等问题，非常难以在全球层面上进行有效治理，全球治理赤字更为凸显。

所谓"信任赤字"，主要指不同国家地区之间、不同民族种族之间，缺乏相互信任，不能坦诚相待、深度合作，进而影响世界问题的解决，阻碍世界交流与合作共赢。可以看得出，前述和平赤字、发展赤字、治理赤字的背后，很重要的根源就是"信任赤字"，影响世界和平与发展、合作治理的排外主义、单边主义、保护主义，以及诸如"意识形态冲突论""制度抗衡论""文明优越论"，背后都是对别人的不尊重、不信任。所以，习近平明确指出"信任是国际关系中最好的黏合剂"①，是谋求世界共同发展、人类共同进步最基本的支撑。他于 2019 年 3 月在中法全球治理论坛闭幕式上首提"四大赤字"时，就将"信任赤字"置于第二位。

三、"构建人类命运共同体"：作出更大贡献的中国方案

前已述及，新时代我们既有能力、基础和条件，也有更大的义务和责任来为人类发展作出更大的贡献。这意味着我们应该针对以上述"四大赤字"为代表的重大难题和挑战，提出融创新理念和创新实践为一体的战略谋划，推动人类社会持续健康发展。

2017 年 1 月，习近平在联合国日内瓦总部演讲时分析了新时代世界发展的融合趋势，还分析了影响世界和平发展的挑战和问题，然后明确承诺，为了"让和平的薪火代代相传，让发展的动力源源不断，让文明的光芒熠熠生辉"，"中国方案是：构建人类命运共同体，实现共赢共享"。②尽管这个时候他还没有明确提出"四大赤字"，但分析的问题正是"四大赤字"问题，三个"让"也把我们力求有效解决"四大赤字"、推动人类社会持续不断健康发展的抱负和担当明确表达出来了。而且，他还明确指出："理念引领行动，方向决定出路。"③"构建人类命运共同体"是我们为世界和平发展作出更大贡献、融理念和行动为一体的战略性谋划和规划，将会长期进行下去。

---

①《习近平谈治国理政》第三卷，外文出版社 2020 年版，第 461 页。
②《习近平谈治国理政》第二卷，外文出版社 2017 年版，第 539 页。
③《习近平谈治国理政》第二卷，外文出版社 2017 年版，第 539 页。

　　我们首先明确强调，推动构建人类命运共同体具有历史的必然性和合理性。"和平、发展、合作、共赢的历史潮流不可阻挡，人心所向、大势所趋决定了人类前途终归光明。"①我们必须顺势而为。具体说，"人类发展进步大潮滚滚向前，世界经济时有波折起伏，但各国走向开放、走向融合的大趋势没有改变"，在这一趋势推动下，"各国逐渐形成利益共同体、责任共同体、命运共同体"，所以"携手合作、互利共赢是唯一正确选择。这既是经济规律使然，也符合人类社会发展的历史逻辑"。②更为现实的是，人类生活在同一个地球村，这是"命运共同体"提出的自然规律基础，"人类生活在同一个地球村里，生活在历史和现实交汇的同一个时空里，越来越成为你中有我、我中有你的命运共同体"，总而言之，"今天的人类比以往任何时候都更有条件共同朝着和平与发展的目标迈进"③，我们应更为自觉地、更为负责地构建人类命运共同体。

　　其次，我们还明确强调，推动构建人类命运共同体就是为了长期有效解决以"四大赤字"为代表的共同挑战和难题。推行霸权主义只能"反噬自身"，"互联互通、休戚与共的地球村"使得"任何国家都不能从别国的困难中谋取利益，从他国的动荡中收获稳定。如果以邻为壑、隔岸观火，别国的威胁迟早会变成自己的挑战"。④妄自尊大、奉行零和博弈，力图以自身优势"一枝独秀"，只能是虚幻的"迷梦"，因为"国际社会日益成为一个你中有我、我中有你的命运共同体。面对世界经济的复杂形势和全球性问题，任何国家都不可能独善其身、一枝独秀"，真正可行的做法只能是"各国同舟共济、和衷共济，在追求本国利益时兼顾他国合理关切，在谋求本国发展中促进各国共同发展，建立更加平等均衡的新型全球发展伙伴关系，增进人类共同利益"⑤。

　　由此，摆在各国人民面前的务实选择就是"同心协力，构建人类命运共同体，建设持久和平、普遍安全、共同繁荣、开放包容、清洁美丽的世

① 习近平：《高举中国特色社会主义伟大旗帜　为全面建设社会主义现代化国家而团结奋斗——在中国共产党第二十次全国代表大会上的报告》，人民出版社2022年版，第60页。

② 习近平：《在二十国集团领导人第十三次峰会第一阶段会议上的讲话》，《人民日报》2018年12月1日。

③ 中共中央文献研究室编：《十八大以来重要文献选编》（上），中央文献出版社2014年版，第259、260页。

④ 习近平：《在第七十五届联合国大会一般性辩论上的讲话》，《人民日报》2020年9月23日。

⑤ 中共中央党史和文献研究室编：《习近平关于中国特色大国外交论述摘编》，中央文献出版社2020年版，第27页。

界"，中国共产党和中国人民为此以身作则来倡导推动构建人类命运共同体，具体做法如下：其一"要相互尊重、平等协商，坚决摒弃冷战思维和强权政治，走对话而不对抗、结伴而不结盟的国与国交往新路"；其二"要坚持以对话解决争端、以协商化解分歧，统筹应对传统和非传统安全威胁，反对一切形式的恐怖主义"；其三"要同舟共济，促进贸易和投资自由化便利化，推动经济全球化朝着更加开放、包容、普惠、平衡、共赢的方向发展"；其四"要尊重世界文明多样性，以文明交流超越文明隔阂、文明互鉴超越文明冲突、文明共存超越文明优越"；其五"要坚持环境友好，合作应对气候变化，保护好人类赖以生存的地球家园"。[①]显然，这五点要求就是为了克服、解决"四大赤字"而有针对性地提出的。

构建人类命运共同体不仅是解决问题的理念，更是行动指南。为了确保新时代我国对人类社会发展作出更大贡献、以实际行动来求解"四大赤字"，我们围绕构建人类命运共同体推出以下主要举措。

第一，大力弘扬并躬身践行全人类共同价值。2015 年 9 月，习近平在出席第七十届联合国大会时明确提出："和平、发展、公平、正义、民主、自由，是全人类的共同价值，也是联合国的崇高目标。"[②]此后，习近平在许多重要场合，如 2020 年 9 月的第七十五届联合国大会一般性辩论会、2020 年 10 月纪念中国人民志愿军抗美援朝出国作战 70 周年大会、2021 年 7 月庆祝中国共产党成立 100 周年大会、2021 年 7 月中国共产党与世界政党领导人峰会以及 2022 年 10 月党的二十大上，都重点提及并积极倡导和弘扬全人类共同价值，并且大都强调了它与构建人类命运共同体的内在关联。而且，我国以身作则、率先垂范，坚持不同国家不分大小平等地对话协商解决纷争，以和平方式解决争议问题，致力于建设一个持久和平的世界；强烈呼吁"推进国际关系民主化，不能搞'一国独霸'或'几方共治'。世界命运应该由各国共同掌握，国际规则应该由各国共同书写，全球事务应该由各国共同治理，发展成果应该由各国共同分享"[③]。

第二，进一步扩大对外开放，形成对外开放新格局，形成全方位、多层次、立体化的外交布局。推动形成全面开放新格局，实行高水平的贸易和投资自由化便利化政策，全面实行准入前国民待遇加负面清单管理制度；

①《习近平谈治国理政》第三卷，外文出版社 2020 年版，第 46 页。
②《习近平谈治国理政》第二卷，外文出版社 2017 年版，第 522 页。
③《习近平谈治国理政》第二卷，外文出版社 2017 年版，第 540 页。

赋予自由贸易试验区更大改革自主权，探索建设自由贸易港；创新对外投资方式，形成面向全球的贸易、投融资、生产、服务网络。我国以共商、共建、共享为原则发起和践行"一带一路"倡议，发起创办亚洲基础设施投资银行，设立丝路基金，举办首届"一带一路"国际合作高峰论坛、亚太经合组织领导人非正式会议、二十国集团领导人杭州峰会、金砖国家领导人厦门会晤、亚信峰会^①，以身作则，不断推行开放型世界经济体系的构建，推动经济全球化朝着更加开放、包容、普惠、平衡、共赢的方向发展。

第三，坚定不移推动全球治理体系变革，践行共商共建共享的全球治理观，推动全球治理朝着更加公正合理的方向发展。支持世界贸易组织、亚太经合组织、上海合作组织、金砖国家等多边机制在全球治理中发挥更大作用，支持提升新兴市场国家和发展中国家的代表性和发言权，努力使全球治理体制更加平衡地反映大多数国家的意愿和利益。

第四，积极构建各种具体命运共同体，将人类命运共同体这个宏大的设想落实为具体行动。例如，"周边命运共同体""亚洲命运共同体""中非命运共同体"，以"公平、合作、共赢"为内涵的核安全命运共同体，以互联互通、共享共治为基本诉求的"网络空间命运共同体"。

第五，以中国智慧进行务实选择，在绿色低碳、建设一个清洁美丽的世界方面作出模范效应。我们不仅公开强调"保护生态环境，应对气候变化，维护能源资源安全，是全球面临的共同挑战。中国将继续承担应尽的国际义务，同世界各国深入开展生态文明领域的交流合作，推动成果分享，携手共建生态良好的地球美好家园"^②，而且推行了最为严厉的生态保护制度来推动绿色发展、建设生态文明，是公认的"建设一个清洁美丽的世界"模范生和优等生。

时至今日，"人类命运共同体"已经被公认为具有全球影响力、号召力和感染力的重要理念，不仅回答了时代问题，体现了大国担当，更重要的是契合了国际期盼，被多次写入联合国、上海合作组织等国际组织决议或宣言，在国际社会特别是广大发展中国家产生了积极效应和重大影响，在凝聚国际共识方面取得了重大成果，强有力地维护了世界和平与稳定、促进世界共同的发展，不断兑现着中国"为人类发展作出更大贡献"的庄严承诺。

---

① 参见关锋、陈文静：《全面深化改革与共同体四种维度的自觉建构》，《华南师范大学学报（社会科学版）》2020 年第 2 期，第 14—27，189 页。

②《习近平谈治国理政》第一卷，外文出版社 2018 年版，第 212 页。

第六节　新时代长期执政问题与"全面从严治党"

党的十八大以来，中国特色社会主义进入新时代，世界进入百年未有之大变局，这既给我们党带来了新的执政环境，也带来了新的执政考验，使我们党面临新的执政问题。中国共产党作为中国特色社会主义最本质的特征，它的长期执政不仅仅事关其自身的生命力，更重要的是事关中华民族伟大复兴的前途命运、事关中国特色社会主义的持续健康发展。党的二十大报告为此强调，全面建设社会主义现代化国家、全面推进中华民族伟大复兴，关键在党，更确切地说，关键在党能否长期执政。"建设什么样的长期执政的马克思主义政党、怎样建设长期执政的马克思主义政党"就成为新时代的重大时代课题，这也是习近平新时代中国特色社会主义思想生成和不断发展的重要内生要素，当然也是其问题意识成功践履的重大表现。

一、中国共产党抵御长期执政风险的历史探索

新时代，我们对建设什么样的长期执政的马克思主义政党、怎样建设长期执政的马克思主义政党问题的关注和探索，固然有时代特色，但同时是在已有基础上进行的，那就是我们党以马克思主义理论为指导，很早就重视以党的建设来实现长期执政的历史重任。

马克思恩格斯虽然没有系统地提出关于无产阶级政党抵御执政风险的理论，也没有明确提出抵御执政风险的概念，但他们依据科学的世界观以及方法论，却首次相对系统地、全面地建构了无产阶级政党的党建理论。他们指出无产阶级政党是同资产阶级等旧式政党相对立的先进政党，共产党人"为工人阶级的最近的目的和利益而斗争，但是他们在当前的运动中同时代表运动的未来"[1]，因而无产阶级政党在本质上坚决反对资产阶级以权谋私、贪污腐败等行为。随着无产阶级队伍的不断壮大，一些投机分子混入党内，严重侵害党的健康，影响着无产阶级政党的先进性和纯洁性。马克思恩格斯及时为此提醒说，如果"一个政党宁愿容忍任何一个蠢货在党内肆意地作威作福，而不敢公开拒绝承认他，这样的党是没有前途"[2]。

①《马克思恩格斯选集》第4卷，人民出版社2012年版，第434页。
②《马克思恩格斯全集》第34卷，人民出版社1972年版，第90页。

他们还认识到，必须加强对党员干部的监督和批评，防止他们蜕变为脱离人民群众的"官老爷"，要求人民群众"不要再总是过分客气地对待党内的官吏——自己的仆人，不要再总是把他们当做完美无缺的官僚，百依百顺地服从他们，而不进行批评"①，为此还强调必须加强党的纪律建设。列宁结合社会主义革命和建设实践，以上述马克思恩格斯相关论述为指导，建构了更具针对性的党建思想。他明确提出："冒险家和其他危害分子乘机混进执政党里来，这是完全不可避免的。全部问题在于，以健康的强有力的先进阶级作为依靠的执政党，要善于清洗自己的队伍。"②共产党作为马克思主义执政党，必须不断进行自我清洁建设来保持自己的先进性。他还特别提醒说，"共产党员成了官僚主义者"，这是党执政的最大的危险，"如果说有什么东西会把我们毁掉的话，那就是这个"③。必须建立完善的民主和监督制度，来确保党作为执政党的健康发展。

中华人民共和国成立后，中国共产党成为执政党，为更好服务人民提供了条件，却也滋生了享乐主义和奢靡之风，这败坏了党内风气，也给党的执政地位带来了挑战。针对这些情况，毛泽东审时度势地提出必须要坚持"两个务必"，改进党的不良作风。改革开放后，邓小平看到改革中出现的一系列问题，指出风气再坏下去，经济发展好了也没用。他明确强调，我们要一手抓改革，一手抓严惩腐败，这样才能使我们的政策更加明朗，才能使我们的政党更加赢得人心。④通过端正党风，抵御从共产党内部引发的风险，可以稳固党的执政地位。江泽民强调一定要坚持"从严治党"方针，进一步提高党的领导和执政能力，解决好"拒腐防变"和"抵御风险"这"两个能力"⑤；同时，提出"三个代表"重要思想，为加强和改进党的建设提供理论指南，为党的建设指明了前进方向。进入21世纪，胡锦涛面对复杂的国内外形势，多次提醒党员干部要认识到执政风险的广泛性，不断增强忧患意识，增强抵御执政风险的勇气和信心。党的十六届四中全会通过的《中共中央关于加强党的执政能力建设的决定》，专门就党的执政能力建设提出明确的要求，强调领导干部在中国特色社会主义建设新时期要加强和提升驾驭市场经济、建设和谐社会、发展民主政治、应对国际局

---

① 《马克思恩格斯全集》第38卷，人民出版社1972年版，第37页。
② 《列宁选集》第4卷，人民出版社2012年版，第21—22页。
③ 《列宁全集》第52卷，人民出版社2017年版（第2版增订版），第288页。
④ 《邓小平文选》第3卷，人民出版社1993年版，第154、314页。
⑤ 《江泽民文选》第3卷，人民出版社2006年版，第568页。

势和处理国际事务等五大执政能力，不断改革和完善党的领导方式，来确保自身执政地位不受侵扰、不被动摇。

也正因为我们始终重视通过不断推进党的建设来解决长期执政问题，我们党能够带领全国人民克服重重困难，在不同时期、不同形势下总能及时制定正确的政策和策略，在经受了巨大执政考验的同时不断创造辉煌奇迹，也为中国共产党如何应对长期执政风险、解决长期执政问题提供了重要的经验借鉴。

党的十八大以来，基于对中国共产党执政的客观环境和对世界形势变化的敏锐把握，早在 2014 年 10 月，习近平在党的群众路线教育实践活动总结大会上明确提出"全面推进从严治党"，随后在江苏调研时他明确强调为了推动改革开放和中国特色社会主义现代化建设，要推行"四个全面"的战略布局，全面从严治党居于其中，这成为新时代党和国家发展战略的重要组成部分。2016 年 10 月，党的十八届六中全会专题研究部署全面从严治党重要举措，提出从严治党首先应该严抓严管党内政治生活，增强党的"四自"能力；为了更好地经受"四大考验"、克服"四种危险"，会议审议通过了《关于新形势下党内政治生活的若干准则》和《中国共产党党内监督条例》。这次会议充分展现了党中央坚定不移推进全面从严治党的决心和信心。到党的十九大，我们明确强调，新时代"一定要有新气象新作为，打铁必须自身硬。"新时代党的建设的总要求核心在于全面从严治党，"以加强党的长期执政能力建设、先进性和纯洁性建设为主线"，进而"以党的政治建设为统领，以坚定理想信念宗旨为根基，以调动全党积极性、主动性、创造性为着力点"，全方位地推进党在政治、思想、组织、作风、纪律等方面的建设，并将"制度建设贯穿其中"。[①]到了党的二十大，我们进一步指出，新时代"全党必须牢记，全面从严治党永远在路上，党的自我革命永远在路上"，"必须持之以恒推进全面从严治党，深入推进新时代党的建设新的伟大工程，以党的自我革命引领社会革命"[②]，把全面从严治党和党的自我革命之间的内在关联标示出来。

实际上，新时代我们提出全面从严治党，是有明确的问题意识和问题针对性的。党的十九大报告明确指出："坚持问题导向，保持战略定力，

---

①《习近平谈治国理政》第三卷，外文出版社 2020 年版，第 47—48 页。

② 习近平：《高举中国特色社会主义伟大旗帜 为全面建设社会主义现代化国家而团结奋斗——在中国共产党第二十次全国代表大会上的报告》，人民出版社 2022 年版，第 64 页。

推动全面从严治党向纵深发展"①，而党的二十大报告则强调"要始终赢得人民拥护、巩固长期执政地位，必须时刻保持解决大党独有难题的清醒和坚定"②。

二、"四种危险"：新时代长期执政面临的突出问题

新时代，我们推进全面从严治党、推进党的自我革命来巩固长期执政地位，是有明确的问题意识和问题针对性的。例如，党的十九大报告明确指出，新时代党内仍然存在突出的思想、组织、作风"不纯"问题，党面临着复杂而又长期的"四大考验"，党的二十大报告指出，当前，"党内存在不少对坚持党的领导认识模糊、行动乏力问题，存在不少落实党的领导弱化、虚化、淡化问题，有些党员、干部政治信仰发生动摇，一些地方和部门形式主义、官僚主义、享乐主义和奢靡之风屡禁不止，特权思想和特权现象较为严重，一些贪腐问题触目惊心"。③

其中，最为集中而又最为突出的，无疑是党的十八大就已经提炼和概括出的"四种危险"，它们对党的长期执政构成重大挑战，也是新时代必须想方设法去破解的发展难题。

（一）精神懈怠危险

精神懈怠危险源自对初心使命的认识不足，位于"四种危险"之首，是其他各种危险之源，能力不足、脱离群众、消极腐败等危险，无不是从精神懈怠开始生根发芽的。习近平指出："对党员、干部来说，思想上的滑坡是最严重的病变。"④新时代，有一部分党员干部产生了精神懈怠和骄傲自满的情绪。他们在意志上放松了思想警惕，精神"缺钙"，只关注个人利益，经不住"糖衣炮弹"的诱惑，热衷于物质追求，在工作和学习上安于现状，缺乏进取精神，对于工作中出现的问题相互推诿，怕承担责任。总而言之，就是在精神状态上呈现出"骄、懒、怕、浮、奢"的毛病或风

---

① 《习近平谈治国理政》第三卷，外文出版社 2020 年版，第 48 页。

② 习近平：《高举中国特色社会主义伟大旗帜 为全面建设社会主义现代化国家而团结奋斗——在中国共产党第二十次全国代表大会上的报告》，人民出版社 2022 年版，第 63 页。

③ 习近平：《高举中国特色社会主义伟大旗帜 为全面建设社会主义现代化国家而团结奋斗——在中国共产党第二十次全国代表大会上的报告》，人民出版社 2022 年版，第 5 页。

④ 中共中央文献研究室编：《习近平关于全面从严治党论述摘编》，中央文献出版社 2016 年版，第 63 页。

气、习气。党内的精神懈怠损害了国家和人民的利益，动摇党的执政根基，严重影响党长期执政战略目标的实现。

这种精神懈怠危险主要表现在以下几个方面：一是理想信念缺失，精神"缺钙"严重。习近平指出，坚定的理想信念"始终是共产党人安身立命的根本"，具体说"对马克思主义的信仰，对社会主义和共产主义的信念"，乃是"共产党人的政治灵魂"和"精神支柱"[①]，是共产党人保持旺盛精力、长期奋斗的动力源泉。随着经济社会快速发展，各种诱惑日益增多，一些党员干部出现了信仰缺失、意志衰退、精神不振、自我怀疑现象。首先在思想上，"马克思主义过时论""共产主义空想论"等错误言论侵蚀着部分党员干部的思想，他们认为当今社会与马克思所处的时代相比已经发生了翻天覆地的变化，马克思主义理论是否还具有科学性，能否解决当今时代问题需要重新思考；认为共产主义虽然美好崇高，但是距离我们太遥远，对当前的生活没有实质价值。其次在工作中，由于政治立场的动摇和理想信念的不坚定，部分党员干部在重大理论、重大原则上是非不清、立场模糊，对群众反映的问题搪塞敷衍，做表面文章，在贯彻中央精神和上级部署时照本宣科，以"唱功代替做功"，对组织纪律和政治规矩也缺乏基本的敬畏感。最后在社会生活中，部分党员干部在各种利益诱惑下理想信念逐渐崩塌，将人民赋予的权力当作以权谋私的工具。二是工作热情消退，缺乏敬业精神。理想信念的缺失不仅影响着部分党员的精神世界，还影响着他们的工作状态，在工作中如果没有理想信念的支撑，就会对工作本身缺乏持久兴趣，就会缺乏基本的敬业精神，满足于简单地在数量意义上完成任务，对待工作敷衍搪塞。三是党性修养不足，组织生活散漫。有些党员干部党性修养不足，组织生活流于形式，理想信念动摇，形式上入党而思想上未真正入党，在大是大非、原则立场问题上摇摆不定、犹豫不决，经不住考验，抵不住诱惑，耐不住寂寞。一些党员干部甚至为了私利而发生违法乱纪的行为，拜金主义、享乐主义和奢靡之风在党员队伍和干部队伍中有滋长蔓延之势，艰苦奋斗的优良作风在一部分党员干部那里被淡忘。

（二）能力不足危险

随着改革开放不断深化，我国经济快速发展和社会急剧转型，党的领

---

① 习近平：《坚定理想信念 补足精神之钙》，《求是》2021 年第 21 期。

导方式、执政方式相应地也发生了变化和调整，有些党员干部难以适应这种变化和调整，表现出明显的能力不足。这种能力不足往往是多方面的，但从影响党长期执政地位而言，首先是执政能力、治理能力不足，主要表现在以下几个方面：一是政治领导能力不足。新时代"一些党组织和党员干部忽视政治、淡化政治、不讲政治的问题还比较突出"①，部分党员干部政治意识淡漠、政治敏锐性、政治鉴别力不强，导致党组织政治功能弱化、政治能力衰退。有些党员干部在困难面前躲躲闪闪，对损害党的行为视而不见，在处理政治性事件和敏感性问题时立场模糊，甚至纵容不正之风的蔓延，又或者在斗争方向上出现偏差，缺乏政治敏锐性，影响人民群众对党的政治认同感。二是抵御风险能力不强。当前我国正处于重要的战略机遇期，外部环境考验增多，"黑天鹅""灰犀牛"等风险持续增加，党员干部要具备对客观形势进行精准研判的能力，在不确定中察"忧"思"患"，保持战略清醒，提高防范化解风险的能力，当好"晴雨表""传声筒""稳压器"。但有些领导干部既缺乏风险意识和应对经验，还缺失责任心和自觉性；有些领导干部知识陈旧、工作方式落后，风险识别能力弱，也缺乏驾驭风险的有效知识和手段，这随时都可能演变为对党的长期执政地位的冲击。三是形式主义盛行，工作落实不到位。有的党员干部"口号喊得震天响、行动起来轻飘飘……有的地方要求事事留痕，把'痕迹'当'政绩'……有的工作拖沓敷衍，遇事推诿扯皮……看似讲规矩，实则不担当。有的拍脑袋决策，搞家长制、'一言堂'"②。他们对党的政策文件一知半解，在实际工作中存在"慢落实""假落实"的现象，在其位而不干其事，不解决实际问题，一味追求形式，出现"荒政""懒政"现象。这样下去，必然失去人心、民心，影响党的长期执政地位。

（三）脱离群众危险

我们党最大的优势是密切联系群众。习近平明确指出："加强和改进党的作风建设，核心问题是保持党同人民群众的血肉联系；马克思主义执政党的最大危险就是脱离群众。"③当前，我们党所面临的脱离群众危险，

---

① 中共中央党史和文献研究院编：《十九大以来重要文献选编》（上），中央文献出版社2019年版，第794页。

② 中共中央党史和文献研究院编：《习近平关于力戒形式主义官僚主义重要论述选编》，中央文献出版社2020年版，第44—45页。

③《习近平谈治国理政》第一卷，外文出版社2018年版，第366页。

主要表现在以下方面：一是没有树立正确的群众观，思想认识上存在问题。习近平依据马克思主义群众观明确指出："江山就是人民，人民就是江山，人心向背关系党的生死存亡。"①党要长期执政，必须牢固树立、自觉践行这些理念，真正做到"每一个共产党员，不论职位多高，都是人民的勤务员"②，牢记做好群众工作是党员干部的重要职责，党员应铭记人民群众利益高于一切，做人民群众的贴心人，做到"以百姓心为心"。新时代一些党员干部在这方面恰恰极为匮乏，认为这是空洞的道德说教、理论灌输，常常独断专行、主观臆断，不善、不愿、不屑与群众面对面打交道。二是群众工作能力不足，工作落实不到位。习近平指出，领导干部不能仅仅依靠自己手中的权力去获得群众信任，更重要的是要靠工作能力。但新时代部分党员干部依然墨守成规，用老办法套用新情况，不主动根据工作的需要提升自我，在接受新能力、新方法方面存在明显滞后性。在工作中只唯上、只唯书，不唯下、不唯实，不但严重脱离群众，而且无法有效地组织党员群众来把政策落实好、把具体工作做好。三是党群沟通不健全，党群关系不密切。有的党员干部因为认识不到位，既不尊重也不重视群众，不能和群众有效沟通，有的干部讲话理论性太强，没有群众喜闻乐见的语言，枯燥无味；部分党员干部说话"假大空"，不仅沟通没有成效，还影响了党群关系；有的党员干部表面上倾听民意，但从不落实到解民忧解民难上，不顾及人民群众的呼声和感受。有些基层党组织和党员干部甚至出于一己私利的追求，故意对沟通信息进行筛选和截留，导致沟通信息减少或扭曲，群众知情权得不到保障，削弱了人民群众对党和政府的信任。

（四）消极腐败风险

"党的十八大以来，全国纪检监察机关共立案464.8万余件，其中，立案审查调查中管干部553人，处分厅局级干部2.5万多人、县处级干部18.2万多人。反腐败斗争取得压倒性胜利并全面巩固。"③这个分析和总结，同时也恰恰说明新时代党员腐败现象颇为严重。腐败问题依然是我们党长期执政面临的最大威胁，也是制约全面从严治党向纵深发展的最大阻力。

新时代党员消极腐败现象的主要表现如下：一是理想信念不坚定、政

---

① 习近平：《在党史学习教育动员大会上的讲话》，《求是》2021年第7期。
② 习近平：《在纪念刘少奇同志诞辰120周年座谈会上的讲话》，人民出版社2018年版，第16页。
③ 顾一琼、陆益峰：《推动全面从严管理监督干部向纵深发展》，《文汇报》2022年10月18日。

治立场不稳定。有的党员干部入党的初心和动机不纯，目的是"当官走捷径""出人头地""改变命运"等，还有的党员干部对党的历史和党的基本理论学习不够，对党的理想信念宗旨理解不深刻，党性锤炼不足，导致他们在面对市场经济、金钱美色、亲情友情、仕途受挫等考验时失去抵抗力。受拜金主义、享乐主义等错误价值观的影响，走上公权私用、以权谋私、权钱交易、权色交易的腐败之路。二是腐朽政治文化侵蚀，破坏党内政治生态。这主要指以"山头主义"和"圈子文化"为主要特征的宗派主义腐朽政治文化侵蚀着党的健康肌体。它们具有"依附性、投机性、帮派性、贪婪性的特点"①，党内一些沾染上的党员干部容易产生惰性，不思革新、不想作为，把精力和工夫主要用在溜须拍马迎合"山头"上或者构建"圈子"上。一些领导干部带头大搞团伙、结党营私、拉帮结派，或官商勾结、上下勾连，形成利益集团，在政治上成伙作势、经济上贪婪无度，破坏党的集中统一，威胁党和国家的政治安全。三是体制机制存在漏洞，监督监管不力。产生腐败问题的一个重要原因就是体制机制存在漏洞，导致一些党员干部心存侥幸，形成"破窗效应"，有时甚至存在边腐边升、越升越腐的现象。对"一把手"的监督也是一个重点环节。四是腐败更为隐蔽。比如，酒局、饭局、牌局等日常生活化的场合，已经成为腐败分子的新"温床"，腐败的专业化、科技化趋势也更为明显，诸如"期权腐败""高利转贷""公款储蓄""违收电子红包、虚拟货币"等新型腐败手段层出不穷。

三、全面从严治党：新时代破解难题的战略谋划和路径

党的十八大以来，从严整"四风"到"从严治党"，从"全面从严治党"到"持之以恒推进全面从严治党"，我们着力从严从细抓作风建设，进行史无前例的反腐败斗争，贯彻落实管党治党责任制，发挥巡视利剑作用，强化监督执纪"四种形态"，加强党内法规制度建设，形成了比较完善的党内法规体系，有效实现了管党治党从"宽松软"到"严紧硬"的根本性转变。而这背后，正如王岐山指出："把全面从严治党摆上战略布局英明正确，在实现伟大复兴的关键时刻，校正了党和国家事业前进的航向，

---

① 李君如：《"圈子文化"不是共产党人的文化》，《思想政治工作研究》2015 年第 3 期，第 14—16 页。

使党经历了革命性锻造。"①习近平在 2014 年 10 月党的群众路线教育实践活动总结大会上，就提出全面推进从严治党的要求，随后他在江苏调研时明确提出推行"四个全面"战略布局，并将"全面从严治党"列入其中，这意味着我国从战略布局的高度来破解新时代党的长期执政问题，并对其进行战略谋划。

习近平于 2021 年 11 月在十九届六中全会第二次全体会议上，提出"党的十八大以来，我们党以前所未有的勇气和定力全面从严治党，打了一套自我革命的'组合拳'，形成了一整套党自我净化、自我完善、自我革新、自我提高的制度规范体系"②，他在党的二十大报告中提出"必须持之以恒推进全面从严治党，深入推进新时代党的建设新的伟大工程，以党的自我革命引领社会革命"，以上这些论述明确表明了全面从严治党和党的自我革命之间的本质性关联即两者在实质上是一致的；党的二十大报告还强调，"经过不懈努力，党找到了自我革命这一跳出治乱兴衰历史周期率的第二个答案"，"历史周期率"关涉的就是长期执政问题，将其作为"第二个答案"，在某种意义上可以说不断推进"党的自我革命"，也是在"时刻保持解决大党独有难题的清醒和坚定"③的基础上解决我们党长期执政的问题。

为了不断解决党长期执政面临的问题，我们围绕和依据全面从严治党、党的自我革命这些战略理念和战略规划，制定和推出了一些更为具体的实践方式和改革举措。其中，比较具有典型意义的有如下几个方面。

第一，推进学习教育制度化常态化，不断坚定理想信念，补足精神之钙。坚定理想信念是共产党人安身立命的根本。一个具有崇高理想信念、真正为人民服务的政党才能够赢得人民群众的拥护，才能不断增强自己的合法性，巩固自己的执政地位。习近平明确指出："党员干部有了坚定理想信念，才能经得住各种考验，走得稳、走得远；没有理想信念，或者理想信念不坚定，就经不起风吹浪打，关键时刻就会私心杂念丛生，甚至临阵脱逃。"④很多党员干部之所以政治上、思想上不纯洁，存在这样那样的问题，关键是缺少"精神之钙"。打铁还需自身硬，只有理想信念坚定，

① 王岐山：《开启新时代 踏上新征程》，《人民日报》2017 年 11 月 7 日。
② 习近平：《以史为鉴、开创未来，埋头苦干、勇毅前行》，《求是》2022 年第 1 期。
③ 习近平：《高举中国特色社会主义伟大旗帜 为全面建设社会主义现代化国家而团结奋斗——在中国共产党第二十次全国代表大会上的报告》，人民出版社 2022 年版，第 14、63 页。
④ 习近平：《坚定理想信念 补足精神之钙》，《求是》2021 年第 21 期。

才能够明辨正确的方向，才能够始终保持先进性和纯洁性，才能自觉地不断解决人民群众关心的问题、不断为人民群众谋福祉。这也意味着，能否做到这一点，是衡量一名党员是否有理想信念的重要标准。习近平为此强调："衡量一名共产党员、一名领导干部是否具有共产主义远大理想，是有客观标准的，那就要看他能否坚持全心全意为人民服务的根本宗旨，能否吃苦在前、享受在后，能否勤奋工作、廉洁奉公，能否为理想而奋不顾身去拼搏、去奋斗、去献出自己的全部精力乃至生命。"[1]党的十八大以来，我们把坚定理想信念、牢记初心使命作为党员干部的终身课题，为此专门推出系列教育实践活动，先后在党员干部中开展新时代党的群众路线教育实践活动，以"修身用权律己"要严、"谋事创业做人"要实为主要内容的"三严三实"专题教育，以"学党章党规、学系列讲话，做合格党员"为主题的"两学一做"学习教育，还有"不忘初心、牢记使命"主题教育，党史学习教育等，党的二十大强调要坚持不懈地用习近平新时代中国特色社会主义思想来武装全党、凝心铸魂，要不断"推进学习教育制度化常态化，加强意识形态阵地建设和管理，不断去杂质、除病毒、防污染，锤炼共产党人信仰信念的钢筋铁骨"。[2]

第二，坚持以党的政治建设为统领，强化政治责任，全面增强本领。党的十八大以来，我们"坚持把党的政治建设摆在首位，把维护党中央权威和集中统一领导作为最高政治原则"，"严明政治纪律和政治规矩，强化政治监督、深化政治巡视，坚决防止和治理'七个有之'"，不断强化党员干部的政治意识、政治责任感，让"爱惜羽毛的'老好人'、推诿扯皮的'圆滑官'、得过且过的'太平官'失去市场"[3]，不断通过增强党的政治领导力来推动党的思想引领力、社会号召力、群众组织力的转化，进而推动形成解决问题、服务群众的思想自觉、行动自觉，使党员干部自觉提高解决各方面问题的本领和能力。党的十九大报告明确强调，"领导十三亿多人的社会主义大国，我们党既要政治过硬，也要本领高强"[4]，两者缺一不可，合格的党员干部要把政治过硬的要求自觉转化为本领要强的内

---

① 《习近平谈治国理政》第一卷，外文出版社 2018 年版，第 23—24 页。

② 习近平：《全面从严治党探索出依靠党的自我革命跳出历史周期率的成功路径》，《求是》2023 年第 3 期。

③ 习近平：《全面从严治党探索出依靠党的自我革命跳出历史周期率的成功路径》，《求是》2023 年第 3 期。

④ 《习近平谈治国理政》第三卷，外文出版社 2020 年版，第 53 页。

在自律。各级党员领导干部必须坚持正确的政治立场、坚定正确政治方向、坚持党性原则，不断提高政治判断力、政治领悟力、政治执行力；而且，还要自觉提高解决各种问题的本领和能力，否则前述的政治要求、政治能力就有可能"落空"，成为"华而不实"的东西。所以，党的十九大报告对新时代领导班子加强自身建设，提出了八个方面的本领要求，除了增强政治领导本领外，还要同时增强改革创新本领、科学发展本领、依法执政本领、群众工作本领、狠抓落实本领、驾驭风险本领；当然，这些本领的获得，都离不开增强学习本领的支撑。

习近平强调："增强本领就要加强学习，既把学到的知识运用于实践，又在实践中增长解决问题的新本领。"①党员干部不仅要具备政治本领、政治能力，还要具备各种专业本领和能力，以及处理各种具体工作的本领和能力，因此"我们的学习应该是全面的、系统的、富有探索精神的，既要抓住学习重点，也要注意拓展学习领域"，除了要认真学习马克思主义理论、党的路线方针政策和国家法律法规，以及党史国史和优秀传统文化等文史知识外，还要广泛学习诸如经济、政治、文化、社会、科技等很多方面的知识，党的领导干部"要结合工作需要来学习，不断提高自己的知识化、专业化水平"，进而"有针对性地学习掌握做好领导工作、履行岗位职责所必备的各种知识，努力使自己真正成为行家里手、内行领导"。②为此，各级党组织都要注意给党员干部提供实践和锻炼机会、途径，"有针对性地加强对年轻干部的思想淬炼、政治历练、实践锻炼、专业训练"，"帮助他们提高解决实际问题能力"③，使他们更好地做到学思践悟、知行合一。

第三，不断推进党风政风建设，扎实改进作风，整顿党内风气。作为马克思主义执政党，我们党"不但要有强大的真理力量，而且要有强大的人格力量；真理力量集中体现为我们党的正确理论，人格力量集中体现为我们党的优良作风"④。党的作风如何，直接关系党的执政水平、执政形象，影响党群干群关系，进而影响国家的长治久安。党的作风建设是党进行自

①《习近平谈治国理政》第一卷，外文出版社 2018 年版，第 402 页。

②《习近平谈治国理政》第一卷，外文出版社 2018 年版，第 404—405 页。

③ 习近平：《年轻干部要提高解决实际问题能力 想干事能干事干成事》，《人民日报》2020 年 10 月 11 日。

④ 中共中央纪律检查委员会、中共中央文献研究室编：《习近平关于党风廉政建设和反腐败斗争论述摘编》，中央文献出版社 2015 年版，第 78 页。

我革命的重要内容。新时代，习近平深刻指出"四风"即形式主义、官僚主义、享乐主义、奢靡之风"是违背我们党的性质和宗旨的，是当前群众深恶痛绝、反映最强烈的问题，也是损害党群干群关系的重要根源"①，"四风"严重背离我们党关于党风党纪的要求，构成了新时代影响党的长期执政的突出问题。为了解决这些问题，我们推出了一系列针对性的举措来改进作风、整顿党风。新时代"以落实中央八项规定精神破题，党中央率先垂范，弘扬谦虚谨慎、艰苦奋斗等光荣传统，涵养求真务实、清正廉洁的新风正气，把纪律和规矩挺在前面，抓早抓小、防微杜渐，一个毛病一个毛病纠治"，让"党风政风焕然一新，社风民风持续向好，重塑了党在人民心中的形象"②。改进作风首先是要重视思想作风建设，要让党员干部不断解放思想、开拓创新，形成推陈出新、勇于创造的思想作风，把理想信念转化为思想自觉、道德自律，树立正确的事业观、工作观、政绩观，坚持初心和使命，自觉为人民服务、坚持人民至上。我们为此强化了一系列党员学习教育制度，推进学习教育的常态化制度化。其次是要强化工作作风建设，这要求党员干部率先垂范，自上而下地形成脚踏实地的工作作风，摆正工作态度，讲究工作方法，清除官本位、钱本位思想，真正为人民群众做实事。再其次是推进领导作风改善。无论是中央八项规定的出台与落实，还是"三严三实"与"两学一做"学习教育的开展，均要求中央领导干部率先做好示范与榜样，进而形成对各级党员干部的带动作用。党的高级领导干部应带头纠正各种不良风气，反对家长制、一言堂等个人专断倾向，严格遵守党纪党章。最后，要重视革新生活作风，全党上下要厉行勤俭节约，督促党员干部形成廉洁自律的生活作风，守住道德底线，做到慎独慎微，自觉管好自己的生活圈、交往圈、爱好圈，搞好家风家教。当然所有这些建设都要以"人民满意"为衡量标准、以密切党群干群关系为重要目的，因为从本质上来看，作风问题就是党员干部对待人民群众的情感与态度的问题。一些党员领导干部的官僚主义、贪污腐败等不良作风严重背离了党的宗旨要求，严重损害了党和政府的形象，以及国家政治的公信力，让党在群众中的向心力明显下降。只有保证党员干部具有优良作风，才能够密切联系群众，提高党在群众中的号召力与凝聚力，确保党的执政

---

① 中共中央文献研究室、中央党的群众路线教育实践活动领导小组办公室编：《习近平关于党的群众路线教育实践活动论述摘编》，中央文献出版社2014年版，第21页。

② 习近平：《全面从严治党探索出依靠党的自我革命跳出历史周期率的成功路径》，《求是》2023年第3期。

基础的稳固性和持续性。

第四，一体推进不敢腐、不能腐、不想腐的反腐败工作。"腐败是危害党的生命力和战斗力的最大毒瘤，反腐败是最彻底的自我革命"①。腐败无疑是党执政面临的最大挑战，一个腐败严重的政党是不可能长期执政的。习近平为此在新时代明确强调："反腐败斗争关系民心这个最大的政治，是一场输不起也决不能输的重大政治斗争。"②

新时代，我们对此有清醒的认知，并对新时代党的腐败问题的新表现、新特征、新情况有清晰的把握。早在第十八届中央纪律检查委员会第二次全体会议上，我们就提出，"加强对权力运行的制约和监督，把权力关进制度的笼子里，形成不敢腐的惩戒机制、不能腐的防范机制、不易腐的保障机制"③，这表明反腐败要注重源头治理、系统治理、制度化治理。在庆祝全国人民代表大会成立六十周年大会上，我们进一步提出要"形成不想腐、不能腐、不敢腐的有效机制"④；第十八届中央纪律检查委员会第五次全体会议强调要"坚决遏制腐败现象蔓延势头，着力营造不敢腐、不能腐、不想腐的政治氛围"⑤；党的十九大报告有针对性地提出"强化不敢腐的震慑"，要加大反腐严抓共管和惩罚力度；"扎牢不能腐的笼子"，进一步完善规章制度建设，把权力关进制度的笼子里；"增强不想腐的自觉"，强化党员干部的学习教育和思想政治建设。虽然三者针对不同的情况和问题来从不同方面解决腐败问题，但它们存在着深层次的内在联系。在2019年1月第十九届中央纪律检查委员会第三次全体会议上，习近平明确提出"三不"一体推进的构想。他指出："不敢腐、不能腐、不想腐是一个有机整体，不是三个阶段的划分，也不是三个环节的割裂。要打通三者内在联系，在严厉惩治、形成震慑的同时，扎牢制度笼子、规范权力运行，加强党性教育、提高思想觉悟，一体推进不敢腐、不能腐、不想腐。"⑥在

---

① 习近平：《高举中国特色社会主义伟大旗帜　为全面建设社会主义现代化国家而团结奋斗——在中国共产党第二十次全国代表大会上的报告》，人民出版社2022年版，第69页。

② 习近平：《提高一体推进"三不腐"能力和水平　全面打赢反腐败斗争攻坚战持久战》，《人民日报》2022年6月19日。

③《习近平谈治国理政》第一卷，外文出版社2018年版，第388页。

④ 中共中央文献研究室编：《十八大以来重要文献选编》（中），中央文献出版社2016年版，第163页。

⑤ 中共中央文献研究室编：《习近平关于全面从严治党论述摘编》，中央文献出版社2016年版，第185页。

⑥ 转引自苗庆旺：《构建一体推进不敢腐、不能腐、不想腐体制机制》，《求是》2019年第24期。

2020 年 1 月第十九届中央纪律检查委员会第四次全体会议上，习近平进一步强调："一体推进不敢腐、不能腐、不想腐，不仅是反腐败斗争的基本方针，也是新时代全面从严治党的重要方略。"①

党的十八大以来，党中央将反腐败斗争作为全面从严治党的重要抓手，一体推进"三不腐"，以无禁区、全覆盖、零容忍的标准始终保持高压反腐，取得了反腐败斗争压倒性胜利。2022 年 6 月，十九届中共中央政治局就一体推进不敢腐、不能腐、不想腐进行第四十次集体学习，习近平对"三不腐"一体化进行了总结，指出我们系统完成了六方面的重点工作，如构建起党全面领导的反腐败工作格局，从治标入手、把治本寓于治标之中，始终坚持严的主基调不动摇、以零容忍态度惩治腐败，扎紧防治腐败的制度笼子、有效防止"破窗效应"，构筑拒腐防变的思想堤坝、筑牢思想道德防线，加强对权力运行的制约和监督、实现党内监督和对公职人员监察全覆盖②，真正将推进不敢腐、不能腐、不想腐一体化落到实处，取得了反腐败的巨大成绩和成效。

①《习近平谈治国理政》第三卷，外文出版社 2020 年版，第 549 页。
② 习近平：《提高一体推进"三不腐"能力和水平 全面打赢反腐败斗争攻坚战持久战》，《人民日报》2022 年 6 月 19 日。

第五章　当代中国马克思主义问题意识的
深层逻辑和方法论意义

本书前四章内容，概括而言，一是阐析和梳理了当代中国马克思主义问题意识何以产生，二是阐析和梳理了当代中国马克思主义问题意识的核心内容。对当代中国马克思主义问题意识的研究，还有必要再深入一步，即探讨其背后更为深层次、更具有普遍价值和意义的内容，这些内容既是某种意义上对过去历史经验的总结，也是面对未来促进更好发展的指引和启示。这种探讨本身是主观的，但探讨的对象并不是主观随意决定的，而是当代中国马克思主义问题意识本身所固有的。这些内容是我们深入研究当代中国马克思主义问题意识不应忽略的。具体言之，以下两点尤有进行重点阐析的必要，一是当代中国马克思主义问题意识的生成和践履背后更大范围更深层次的逻辑，即当代中国马克思主义问题意识与中国共产党百年征程、马克思主义中国化、中国特色社会主义伟大实践之间的本质性关联；二是当代中国马克思主义问题意识蕴含的更具普遍指导意义的世界观和方法论内涵。

第一节　当代中国马克思主义问题意识背后的深层逻辑

这里强调的"深层逻辑"是有特定指向的。实际上，本书第一章、第二章分析了当代中国马克思主义问题意识何以生成，在很大程度上同时就是阐析它的生成逻辑，如理论逻辑、历史逻辑等。而这里讲的"深层逻辑"，是要把当代中国马克思主义问题意识置于更大的历史视野来分析，在某种意义上要超越影响它的直接生成因素来深入挖掘，深入到诸如中国特色社会主义的形成演进、马克思主义中国化的一些基本特质等方面去分析。具体言之，这种深层逻辑可以从以下维度进行探讨。

一、科学社会主义理论逻辑和中国社会发展历史逻辑的良性互动

2013 年 1 月中旬，习近平在新进中央委员会、候补委员学习贯彻党的十八大精神研讨班上，明确提出"中国特色社会主义，是科学社会主义理论逻辑和中国社会发展历史逻辑的辩证统一，是根植于中国大地、反映中国人民意愿、适应中国和时代发展进步要求的科学社会主义，是全面建成小康社会、加快推进社会主义现代化、实现中华民族伟大复兴的必由之路"①。这把中国特色社会主义的实质和本质特征简洁而又扼要地表达出来了。党的二十大报告将其进一步规定为中国式现代化的本质特征之一。

理解中国特色社会主义首先要明确"中国特色社会主义是社会主义而不是其他什么主义，科学社会主义基本原则不能丢，丢了就不是社会主义"②。它本质上是坚持科学社会主义基本原则的结果，是符合科学社会主义理论逻辑的。科学社会主义理论逻辑，是科学社会主义这一理论体系中各个基本观点的内部联系，揭示了社会主义必然代替资本主义的内在规律，指明了无产阶级和人民群众建设社会主义和共产主义的历史使命③。因而，科学社会主义就是在揭示资本主义产生、发展、灭亡的历史必然性的基础上，对未来社会主义社会的发展方向、发展过程和一般特征作出的科学预测和设想。例如，通过消灭私有制、实行公有制来科学地解决根本性的经济制度问题；通过实行按劳分配来解决经济分配问题；通过消灭剥削阶级来解决阶级对立问题；通过大力发展生产力、创造极为丰富的社会物质财富来解决社会物质短缺或匮乏问题；通过确立无产阶级专政来逐渐消灭剥削，最终国家将逐步自行消亡，变成一个自由人联合体；等等。可以说，科学社会主义的理论逻辑就是通过揭示资本主义社会存在问题背后的内在矛盾，提出如何解决这些矛盾的方案设想，以及未来理想社会的发展逻辑。因此，这一逻辑本身蕴含着一般性、普遍性的理论原则。中国特色社会主义在本质上和这些原则是一致的，如我国通过建立人民民主专政的社会主义国家来确立无产阶级专政，把解放和发展生产力作为社会主义的本质规定，以人民为中心来不断推动人的自由全面发展等。

其次，还要明确它是具有"中国特色"的社会主义，中国特色社会主义"既坚持了科学社会主义基本原则，又根据时代条件赋予其鲜明的中国

①《习近平谈治国理政》第一卷，外文出版社 2018 年版，第 21 页。
②《习近平谈治国理政》第一卷，外文出版社 2018 年版，第 22 页。
③ 参见人民日报社理论部编：《深入学习习近平同志重要论述》，人民出版社 2013 年版，第 166 页。

特色"①。这些"中国特色"从根本上说就是"根植于中国大地、反映中国人民意愿、适应中国和时代发展进步要求",其背后是"中国社会发展历史逻辑"的在场。

科学社会主义充满真理的力量,闪烁着科学的光芒,但它主要是一种理论范畴和体系。虽然科学社会主义参考、借鉴了巴黎公社的一些成功的实践经验,但其在形成过程中并没有经历过社会主义夺取政权后的大规模建设实践。这意味着,科学社会主义从基本原则到具体实践、从抽象理论到鲜活现实、从价值诉求到实际践履的转化,无不蕴含着不少对科学社会主义的重大或基本难题的求索、化解。其间,很有代表性的主要有三种情况。一是一些核心概念如何在社会主义实践中进行正确阐释、不断践行,可谓之"核心概念的实践诠释和创新践行"难题;二是科学社会主义中作为未来社会的一些重要而又基本的要求,如何落到实处,可谓之"社会主义建设普遍、基本难题";三是因落后国家的现实情况与科学社会主义的逻辑基点,如以发达的生产力为基础、以发达的资本主义为历史起点等明显有距离,即科学社会主义如何在落后国家落地生根进而茁壮成长的难题,其实质就是落后国家如何建设和发展社会主义的独特难题。

这三类难题之所以特别重要,是因为它们要么涉及科学社会主义最核心的诉求、最有代表性的主张,要么涉及科学社会主义最基本的特征、最本质的规定,要么涉及现实中具体国家建设社会主义因各自特殊国情所造就的独特难题。若不对这些难题进行求解,或者有意回避、绕避问题,则关系到这些现实的建设是否称得上是"社会主义",是否谈得上坚持科学社会主义。②

科学社会主义基本原则及其理论所蕴含的基本立场、观点,是具有普遍性和一般性的原理,是谋求社会进步、实现社会主义的一般性原则,恩格斯说:"我们对未来非资本主义社会区别于现代社会的特征的看法,是从历史事实和发展过程中得出的确切结论;不结合这些事实和过程去加以阐明,就没有任何理论价值和实际价值。"③马克思也曾强调:"在将来某个既定的时刻应该做些什么,应该马上做些什么,这当然完全取决于人们

---

① 中共中央文献研究室编:《十八大以来重要文献选编》(上),中央文献出版社 2014 年版,第109 页。

② 参见关锋:《科学社会主义在中国的践行与发展——以重大难题求解为中心的阐释》,《探索》2020 年第 3 期,第 5—20 页。

③《马克思恩格斯文集》第 10 卷,人民出版社 2009 年版,第 548 页。

将不得不在其中活动的那个特定的历史环境。"①后来列宁进一步指出,"马克思的理论",包括科学社会主义,"所提供的只是总的指导原理,而这些原理的应用具体地说,在英国不同于法国,在法国不同于德国,在德国又不同于俄国"②。它在具体国家、地区、民族的坚持和运用,一定要结合具体的实际。

科学社会主义基本原则、基本原理同特定国家、地区和民族具体实际相结合的过程,是以解决这些特定国家、地区和民族经济社会发展面临的具体问题为中介的,实质上就是不断解决问题的过程。习近平指出:"一个国家实行什么样的主义,关键要看这个主义能否解决这个国家面临的历史性课题。"③我们之所以选择马克思主义,是因为它能指导我们解决近代以来"国家蒙辱、人民蒙难、文明蒙尘"的重大问题,这就是马克思主义中国化的实质——在"两个结合"的过程中不断解决中国的实际问题。党的十一届三中全会后,邓小平根据科学社会主义基本原则结合中国建设社会主义的历史经验在系统回答"什么是社会主义"的过程中,也思考并初步回答了一个更为现实的问题,即像我国这样一个传统浓厚、经济社会发展基础薄弱、各方面都比较落后的非西方国家"怎样建设社会主义"这个重大问题,创造性地解决了科学社会主义基本原则、基本诉求如何在中国落地生根、开花结果等很多重大疑难问题,创新性地提出诸如改革是中国的第二次革命、社会主义市场经济体制等重大理论和实践命题,使中国特色社会主义道路得到初步确立,也使得"中国社会发展历史逻辑"不断演进。

党的十八大以来,我们进一步深入探究"新时代坚持和发展什么样的中国特色社会主义、怎样坚持和发展中国特色社会主义,建设什么样的社会主义现代化强国、怎样建设社会主义现代化强国,建设什么样的长期执政的马克思主义政党、怎样建设长期执政的马克思主义政党等重大时代课题"④,与此同时,我们也更为清醒地认识到,"中国特色社会主义所面临的内外环境更趋复杂,每前进一步都会遇到新的问题。我们必须直面并及时回答客观实际发展所提出的新课题"⑤,这些重大的时代课题、发展课题

①《马克思恩格斯文集》第10卷,人民出版社2009年版,第458页。

② 中共中央马克思恩格斯列宁斯大林著作编译局编:《列宁专题文集·论马克思主义》,人民出版社2009年版,第95页。

③《习近平谈治国理政》第一卷,外文出版社2018年版,第22页。

④《中共中央关于党的百年奋斗重大成就和历史经验的决议》,人民出版社2021年版,第25—26页。

⑤ 杨胜群:《只有中国特色社会主义才能发展中国》,《人民日报》2013年8月9日。

必然表现为各种各样的经济社会发展难题。我们在回答这些重大时代课题、发展课题的过程中，提出了一系列原创性的促进经济社会发展、推进治国理政现代化的新理念新思想新战略，也创造性地形成了一些创新理论、创新实践。而这同时也坚持了问题导向，有效解决了上述的发展难题。例如，"四个全面"战略布局的提出正是为了解决我国社会发展过程中面临的突出矛盾，带有很强的问题导向。每一个"全面"都面对的是复杂的矛盾和问题，谋求的是解决问题的方法和思路，为中国特色社会主义的发展和中国梦的实现提供了方法论指导。通过全面建成小康社会方略，来解决我国城乡区域发展差距和居民收入分配差距较大，以及教育、就业、社会保障、医疗、住房等与群众切身利益相关的问题；通过全面深化改革方略，来解决我国当下发展所面临的科技创新能力不强、农业基础依然薄弱问题；以全面依法治国方略来解决我国有法不依、执法不严、违法不究的严重现象，以及部分国家工作人员知法犯法、徇私枉法问题；以全面从严治党方略解决我国党内形式主义、官僚主义问题，干部领导科学发展能力不强，基层党组织软弱涣散，少数党员干部理想信念动摇、宗旨意识淡薄等问题。

也正因此，党的十八大以来，中国特色社会主义建设实现了一系列突破性进展，取得了一系列标志性成果，攻克了许多长期没有解决的难题，办成了许多事关长远的大事要事，经受住了来自政治、经济、意识形态、自然界等方面的风险挑战的考验，党和国家的事业取得历史性成就、发生历史性变革。而作为马克思主义中国化最新成果、新时代理论创新之集大成的习近平新时代中国特色社会主义思想也正是因此形成的。这个过程既是在新时代拓展和深化"中国社会发展历史逻辑"的过程，也是进一步推进科学社会主义理论逻辑和中国社会发展历史逻辑良性互动、辩证统一的过程。在一定程度上也可以说这是我们党自觉坚持问题导向、践履问题意识的过程。新时代我们党之所以能有力地推动科学社会主义理论逻辑和中国社会发展历史逻辑的辩证统一，有以下两点需要重视。

第一，通过坚持问题意识，推动科学社会主义关于历史发展的普遍要求和社会主义中国特殊国情的辩证统一。

首先，这种特殊的国情表现为我国仍处于并将长期处于社会主义初级阶段。科学社会主义关于社会主义建设和发展的一般推论和科学设想，是以发达资本主义国家已经拥有了发达的生产力和形成成熟的市场经济为前提的，这显然远远超越了中华人民共和国成立初期以及完成社会主义三大改造时所具备的社会基础。党的十一届三中全会以后，为了更好地进行改革开放，邓小平多次强调，我国现在处于并将长期处于社会主义初级阶段是我们一切工作都要遵循的"最大实际"。

2021 年，党的十九届六中全会通过的《中共中央关于党的百年奋斗重大成就和历史经验的决议》强调"必须清醒认识到，我国仍处于并将长期处于社会主义初级阶段，我国仍然是世界最大的发展中国家"[1]，这仍然是我们的"基本国情和最大实际"。解决任何问题，都要立足于我国处于并将长期处于社会主义初级阶段这个最大实际、最大国情。脱离了这个最大实际，就会对当下的问题失去足够的战略清醒和战略定力，做出不符合客观实际的选择。当前我们所处的历史环境和面对的时代问题已经发生了很大变化，但它们属于社会主义初级阶段的发展问题这个基本属性没有改变，我们必须立足于初级阶段和发展问题的基本属性来谋划发展、寻找解决问题的思路和办法。

其次，这种特殊国情表现为中国特色社会主义新时代这个新的历史阶段。习近平明确提出："我国发展站到了新的历史起点上，中国特色社会主义进入了新的发展阶段。"[2]党的十九大报告对"新时代"进行了详细解释，对提出这个新的历史方位的根本依据、主要内涵、基本特征和重要发展要求作了比较系统的说明。新时代，原有的经济社会发展问题有了新的变化和特质，也出现了很多新的问题和挑战，问题更为复杂和繁多；而且当前世界百年未有之大变局加速演进，各种问题和变数大大增多、情况更为复杂。习近平为此指出，新时代"新的征程上，我们面临的风险考验只会越来越复杂，甚至会遇到难以想象的惊涛骇浪。我们面临的各种斗争不是短期的而是长期的，将伴随实现第二个百年奋斗目标全过程"[3]。为此，我们要发挥伟大斗争精神，更为自觉地坚持问题导向、保持强烈的问题意识，立足于新时代的历史条件和发展要求，聚焦于重大问题、关键问题、战略问题等，在求解问题中推动中国特色社会主义不断前行。新时代，我国提出的"五位一体"总体布局，协调推进"四个全面"战略布局，树立和落实新发展理念，推进国家治理体系和治理能力现代化，推进供给侧结构性改革，落实总体国家安全观，构建人类命运共同体，深化国防和军队改革等，都是瞄准新时代的突出问题而提出和推进的，并取得了巨大成就。

---

①《中共中央关于党的百年奋斗重大成就和历史经验的决议》，人民出版社 2021 年版，第 72 页。
②《习近平谈治国理政》第二卷，外文出版社 2017 年版，第 62 页。
③《习近平谈治国理政》第四卷，外文出版社 2022 年版，第 83 页。

换言之，当代中国马克思主义问题意识在使科学社会主义理论逻辑、基本原则在新时代的中国进一步变为现实的同时，也使得中国社会发展的历史逻辑继续延展和深化。

这也提醒我们，当代中国马克思主义问题意识的深入践履和进一步发展，必须始终重视在解决问题中推动科学社会主义理论逻辑和中国社会发展历史逻辑的辩证统一、良性互动，只有这样，当代中国马克思主义问题意识的践履才能走深走实、更有成效。

第二，通过坚持问题导向，推动马克思主义理论创新与中国特色社会主义实践创新的良性互动、辩证统一。习近平于 2015 年 1 月在十八届中共中央政治局第二十次集体学习时强调："要根据时代变化和实践发展，不断深化认识，不断总结经验，不断进行理论创新，坚持理论指导和实践探索辩证统一，实现理论创新和实践创新良性互动，在这种统一和互动中发展二十一世纪中国的马克思主义。"[①]实现马克思主义理论创新和中国特色社会主义实践创新的辩证统一、良性互动，不仅是"发展二十一世纪中国的马克思主义"的基本途径和基本要求，也是中国特色社会主义健康发展的基本要求。

新时代"理论创新和实践创新良性互动"的背后，是对新时代经济社会发展中不断出现的各种问题、难题、矛盾求解的过程，正是通过聚焦问题、求解问题，我们才能不断地提出新理念新思路，实现实践创新和理论创新。所以，习近平明确指出："理论创新只能从问题开始。从某种意义上说，理论创新的过程就是发现问题、筛选问题、研究问题、解决问题的过程。"[②]不只是理论创新如此，实践创新也不例外，我们正是这样做的。如针对新时代社会发展矛盾问题的分析，我们指出了中国社会主要矛盾已经转化为人民日益增长的美好生活需要和不平衡不充分的发展之间的矛盾，创造性地提出"五位一体"总体布局、"四个全面"战略布局的发展战略，提出五大新发展理念和以人民为中心的发展思想，提出国家治理现代化和构建共建共享共治的社会治理共同体、发展全过程人民民主的发展战略，提出高质量发展战略等，这其中既有理论创新，也有实践创新，也有两者的融合体。

---

① 中共中央党史和文献研究院编：《习近平关于社会主义精神文明建设论述摘编》，中央文献出版社 2022 年版，第 38 页。

② 习近平：《论党的宣传思想工作》，中央文献出版社 2020 年版，第 231 页。

　　在 2013 年 1 月举行的新进中央委员会的委员、候补委员学习贯彻党的十八大精神研讨班上，习近平明确指出："马克思列宁主义、毛泽东思想一定不能丢，丢了就丧失根本。同时，我们一定要以我国改革开放和现代化建设的实际问题、以我们正在做的事情为中心，着眼于马克思主义理论的运用，着眼于对实际问题的理论思考，着眼于新的实践和新的发展。"①马克思主义基本原理、科学社会主义的基本原则同中国具体实际相结合，只能通过解决当下中国改革开放和现代化建设的实际问题来实现，而在坚持和运用它们解决实际问题的过程中，必然要对理论进行不断的创新发展。也正因此，科学社会主义的一般原则固然是统一的，但具体实现方式、实现路径却是多种多样的，不同国家应该结合本国实际进行历史选择和创造，习近平强调："世界上没有放之四海而皆准的发展模式，也没有一成不变的发展道路。"②他还进一步要求，全党同志在坚持和运用马克思主义时，要"敢于和善于分析回答现实生活中和群众思想上迫切需要解决的问题"，进而"不断深化改革开放，不断有所发现、有所创造、有所前进，不断推进理论创新、实践创新、制度创新"③。到了党的二十大，我们党仍然强调："坚持和发展马克思主义，必须同中国具体实际相结合。我们坚持以马克思主义为指导，是要运用其科学的世界观和方法论解决中国的问题，而不是要背诵和重复其具体结论和词句，更不能把马克思主义当成一成不变的教条。"④科学社会主义基本原则不能丢，但其具体实现方式一定要结合中国实际。坚持马克思主义，坚持科学社会主义基本原则"必须坚持解放思想、实事求是、与时俱进、求真务实，一切从实际出发，着眼解决新时代改革开放和社会主义现代化建设的实际问题，不断回答中国之问、世界之问、人民之问、时代之问"，在实践创新的基础上不断总结深化，"形成与时俱进的理论成果"来"更好指导中国实践"。⑤这实际上是对问题导向、问题意识和理论创新与实践创新良性互动之间内在关联的另一种阐析。

　　可以看出，正是这种对新时代"中国之问、世界之问、人民之问、时

　　①《习近平谈治国理政》第一卷，外文出版社 2018 年版，第 9 页。

　　②《习近平谈治国理政》第一卷，外文出版社 2018 年版，第 292 页。

　　③《习近平谈治国理政》第一卷，外文出版社 2018 年版，第 21 页。

　　④ 习近平：《高举中国特色社会主义伟大旗帜　为全面建设社会主义现代化国家而团结奋斗——在中国共产党第二十次全国代表大会上的报告》，人民出版社 2022 年版，第 17 页。

　　⑤ 习近平：《高举中国特色社会主义伟大旗帜　为全面建设社会主义现代化国家而团结奋斗——在中国共产党第二十次全国代表大会上的报告》，人民出版社 2022 年版，第 17—18 页。

代之问"及其表现出的各种独有难题、时代问题不断求解的过程,推动着科学社会主义基本原则在我国不断践行,使马克思主义理论不断得到创新发展,同时又使马克思主义基本原理、科学社会主义基本原则得以和现实紧密结合,推动中国特色社会主义不断发展,进而也不断形塑新时代"中国社会发展历史逻辑"。

习近平新时代中国特色社会主义思想也正是因此形成的,可以说,它的问题意识的形成、践履和深化,也是在不断探索"中国之问、世界之问、人民之问、时代之问"、不断求解新时代重大社会问题、发展难题、深层次矛盾中形成和深化的。质言之,习近平新时代中国特色社会主义思想在聚焦问题、解决问题中实现理论创新和实践创新的良性互动,进而推动科学社会主义理论逻辑与中国社会发展历史逻辑的辩证统一和良性互动。

二、改革开放主题、新时代重大课题、执政周期率命题"三题融合"

前述"科学社会主义理论逻辑与中国社会发展历史逻辑"的辩证统一和良性互动,实际上是以更为具体的实践形式和实践诉求展开的。坚持问题导向、践履问题意识进而使科学社会主义关于历史发展的普遍要求和社会主义中国特殊国情相结合、马克思主义理论创新与中国特色社会主义实践创新良性互动的实现,是由更为具体的实践诉求来推动和引领的。它们是科学社会主义理论逻辑与中国社会发展历史逻辑的辩证统一得以实现的具体着力点。

这些更为具体的实践诉求,突出表现为"三题",即改革开放以来全部理论和实践的主题、新时代重大课题、执政周期率命题,完成"三题"的实践诉求即推动"三题"在实践中走向"融合式完成"。这无疑是新时代坚持问题导向、践履问题意识更为直接具体的着力点,不过,这种"具体"是相对于更为抽象的"科学社会主义理论逻辑与中国社会发展历史逻辑"而言的。

所谓主题,从不同的角度出发就有不一样的认定,如从研究角度讲一般是指要研究的主要问题或者主要研究对象,从完成工作角度讲一般是指最重要的任务、最核心的关切,从谈话和会话角度讲一般是指主要议题、话题。所谓"改革开放以来全部理论和实践的主题"就是指党的十一届三中全会吹响改革开放号角以来最重要最核心的任务和使命。

习近平曾经明确指出:"中国特色社会主义不是从天上掉下来的,而是在改革开放 40 年的伟大实践中得来的，是在中华人民共和国成立近 70 年的持续探索中得来的，是在我们党领导人民进行伟大社会革命 97 年的实践中得来的，是在近代以来中华民族由衰到盛 170 多年的历史进程中得来的，是对中华文明 5000 多年的传承发展中得来的，是党和人民历经千辛万苦、付出各种代价取得的宝贵成果。"①这一论述是运用"大历史观"分析和把握历史的典型，立足于大历史观深刻回答了中国特色社会主义在坚持科学社会主义基本原则的基础上，又是如何不断被赋予民族特色、理论特色、实践特色、时代特色进而形成"中国特色"的。习近平明确指出："我们党领导人民进行社会主义建设，有改革开放前和改革开放后两个历史时期，这是两个相互联系又有重大区别的时期，但本质上都是我们党领导人民进行社会主义建设的实践探索。中国特色社会主义是在改革开放历史新时期开创的，但也是在新中国已经建立起社会主义基本制度、并进行了 20 多年建设的基础上开创的。"②在这个意义上说，中国特色社会主义的形成与发展和改革开放以来的这一段历史时期关系最为直接和密切，可以说，中国特色社会主义主要是在改革开放中逐渐形成和发展起来的，它是坚持和发展中国特色社会主义的"必由之路"。习近平为此也明确强调："中国特色社会主义在改革开放中产生，也必将在改革开放中发展壮大。"③通过改革开放，我们克服了单一的计划经济体制的种种弊端，大胆改革、锐意创新，建立了极具中国特色、极富活力的社会主义市场经济体制，以经济体制改革为中心，带动整个社会主义制度体系的调整和完善，不断使中国特色社会主义制度成为"具有鲜明中国特色、明显制度优势、强大自我完善能力的先进制度"④。

　　党的十九大报告明确指出："中国特色社会主义是改革开放以来党的全部理论和实践的主题，是党和人民历尽千辛万苦、付出巨大代价取得的根本成就。"⑤2018 年 12 月，习近平在庆祝改革开放 40 周年大会上再次明确指出："改革开放 40 年来，我们党全部理论和实践的主题是坚持和发

　　①《习近平谈治国理政》第三卷，外文出版社 2020 年版，第 70 页。

　　②《习近平谈治国理政》第一卷，外文出版社 2018 年版，第 22 页。

　　③ 中共中央文献研究室编：《习近平关于全面深化改革论述摘编》，中央文献出版社 2014 年版，第 1 页。

　　④《习近平谈治国理政》第二卷，外文出版社 2017 年版，第 36 页。

　　⑤《习近平谈治国理政》第三卷，外文出版社 2020 年版，第 13 页。

展中国特色社会主义。"①改革开放以来，"党的全部理论和实践的主题"就是中国特色社会主义。新时代既是改革开放的新阶段，也是中国特色社会主义的新阶段，这决定了必须通过推进改革开放的深入来凸显和践行主题诉求——不断推动和完善中国特色社会主义伟大建设。

新时代，我们一方面反复强调，旗帜决定了现代化前进的方向，道路决定了国家和民族发展的前途命运。中国特色社会主义是道路、理论、制度和文化的有机统一体，其中内涵的"道路是实现社会主义现代化、创造人民美好生活的必由之路"，"理论体系是指导党和人民实现中华民族伟大复兴的正确理论"，"制度是当代中国发展进步的根本制度保障"，"文化是激励全党全国各族人民奋勇前进的强大精神力量"，每一项都至关重要。②由此，"我们必须认识到，这个新时代是中国特色社会主义新时代，而不是别的什么新时代。党要在新的历史方位上实现新时代党的历史使命，最根本的就是要高举中国特色社会主义伟大旗帜"③。另一方面我们反复强调，要将改革开放进行到底，要全面深化改革，强化改革的协同性、整体性、关联性，要构建对外开放新格局，引领打造开放型世界经济体系。这实际上也就是强调新时代全面深化改革必须更好地彰显和推进其理论和实践的主题，使中国特色社会主义建设不断健康前行、不断取得丰硕成果。

不过，要将具有普遍性的"全部理论和实践的主题"不断付诸实践，必须关注更为具体的"时代课题"，不断完成时代课题蕴含的时代任务。所以，党的十九大报告在第二板块"新时代中国共产党的历史使命"后半部分明确强调改革开放以来党的全部理论和实践的主题是中国特色社会主义，第三板块"新时代中国特色社会主义思想和基本方略"强调："十八大以来，国内外形势变化和我国各项事业发展都给我们提出了一个重大时代课题，这就是必须从理论和实践结合上系统回答新时代坚持和发展什么样的中国特色社会主义、怎样坚持和发展中国特色社会主义"，这就是新时代特有的"重大时代课题"，只有不断探索求解才能推进"主题"的彰显和落实。④党的十九大报告进一步指出，这些重大时代课题，"包括新时代坚持和发展中国特色社会主义的总目标、总任务、总体布局、战略布局和发展方向、发展方式、发展动力、战略步骤、外部条件、政治保证等基

---

① 《习近平谈治国理政》第三卷，外文出版社 2020 年版，第 184 页。
② 《习近平谈治国理政》第三卷，外文出版社 2020 年版，第 13 页。
③ 《习近平谈治国理政》第三卷，外文出版社 2020 年版，第 70 页。
④ 《习近平谈治国理政》第三卷，外文出版社 2020 年版，第 14 页。

本问题"①，它是由这些事关新时代中国特色社会主义建设和发展的基本问题组成的。"围绕这个重大时代课题"，党的十八大以来，我们党锐意进取、大胆求索、深化改革，对上述"基本问题"有了基本的解答，如"明确坚持和发展中国特色社会主义，总任务是实现社会主义现代化和中华民族伟大复兴……分两步走在本世纪中叶建成富强民主文明和谐美丽的社会主义现代化强国"，"总体布局是'五位一体'"、"战略布局是'四个全面'"，也因之"取得重大理论创新成果，形成了新时代中国特色社会主义思想"②。这也同时把"主题"与"时代课题"之间的内在联系进一步体现出来。党的十九届六中全会通过的《中共中央关于党的百年奋斗重大成就和历史经验的决议》，在党的十九大报告的基础上，进一步指出新时代的重大课题是"新时代坚持和发展什么样的中国特色社会主义、怎样坚持和发展中国特色社会主义，建设什么样的社会主义现代化强国、怎样建设社会主义现代化强国，建设什么样的长期执政的马克思主义政党、怎样建设长期执政的马克思主义政党"等。③

我们知道，这些"重大时代课题"及其蕴含的"基本问题"，往往会进一步具体化为特定时期经济社会发展面临的重大难题、重要问题。依据新时代"重大时代课题"及其蕴含的"基本问题"，党的十九大报告对新时代发展面临的重大难题有了更为清晰的认识，明确指出了诸如发展不平衡不充分，发展质量、效益不高，实体经济水平和质量有待提高，意识形态领域形势依然复杂，党的建设还存在不少薄弱环节等问题。

"办好中国的事情，关键在党。中国特色社会主义最本质的特征是中国共产党领导，中国特色社会主义制度的最大优势是中国共产党领导。坚持和完善党的领导，是党和国家的根本所在、命脉所在，是全国各族人民的利益所在、幸福所在。"④这是习近平在庆祝中国共产党成立95周年大会上明确提出的，这也就意味着，前述"改革开放以来党的全部理论和实践的主题"，新时代"重大时代课题"及其蕴含的"基本问题"和表现出的各种发展难题，最终都有赖于中国共产党这个"最高政治领导力量"的坚强领导。

---

① 《习近平谈治国理政》第三卷，外文出版社2020年版，第14页。
② 《习近平谈治国理政》第三卷，外文出版社2020年版，第15页。
③ 《中共中央关于党的百年奋斗重大成就和历史经验的决议》，人民出版社2021年版，第25—26页。
④ 《习近平谈治国理政》第二卷，外文出版社2017年版，第43页。

党的十九届六中全会通过的《中共中央关于党的百年奋斗重大成就和历史经验的决议》指出"建设什么样的长期执政的马克思主义政党、怎样建设长期执政的马克思主义政党",这是新时代的"重大时代课题"。这个重大时代课题的背后,是历史上著名的"跳出历史周期率"命题。

1945年,黄炎培在延安向毛泽东同志提出了一个问题,即中国共产党能不能跳出历史上"其兴也勃焉,其亡也忽焉"的历史周期率。"历史周期率"的确是我国历代封建王朝无法摆脱的历史宿命,长则一二百年、短则几十年,这些封建王朝都走向盛极而衰、由治而乱的悲剧,这样的悲剧在历史上周期性地重复上演。毛泽东当时给予了明确回答:"我们已经找到新路,我们能跳出这周期率。这条新路,就是民主。只有让人民来监督政府,政府才不敢松懈。只有人人起来负责,才不会人亡政息。"①

这是摆在新时代面前重大的时代课题。早在2014年10月党的十八届四中全会第二次全体会议上,习近平就提醒说:"从现在的情况看,只要国际国内不发生大的波折,经过努力,全面建成小康社会目标应该可以如期实现。但是,人无远虑,必有近忧。全面建成小康社会之后路该怎么走?如何跳出'历史周期率'、实现长期执政?如何实现党和国家长治久安?这些都是需要我们深入思考的重大问题。"②其后,在诸如2016年10月党的十八届六中全会第二次全体会议、2017年党的十九大、2018年1月学习贯彻习近平新时代中国特色社会主义思想和党的十九大精神研讨班开班式、2018年11月十九届中共中央政治局第十次集体学习、2022年10月党的二十大等重要场合,习近平都强调了新时代重视跳出"历史周期率"命题的重要性。

而且,我们更为清醒地认识到,只要马克思主义执政党不出问题,社会主义国家就出不了大问题,我们就能够跳出"其兴也勃焉,其亡也忽焉"的历史周期率③。为此,我们一方面强化毛泽东早期探索给出的答案——核心就是强化人民民主。新时代我们"坚持国家一切权力属于人民,最大限度保障人民当家作主,把党的领导、人民当家作主、依法治国有机结合起

---

① 黄炎培:《八十年来》,文史资料出版社1982年版,第149页。

② 中共中央文献研究室编:《习近平关于全面依法治国论述摘编》,中央文献出版社2015年版,第11页。

③ 中共中央党史和文献研究院、中央"不忘初心,牢记使命"主题教育领导小组办公室编:《习近平关于"不忘初心,牢记使命"论述摘编》,党建读物出版社、中央文献出版社2019年版,第303—304页。

来，有效保证国家治理跳出治乱兴衰的历史周期率"①。而且，我们一是高度重视党内民主带动社会民主，大力发展党内民主，强化党内民主集中制建设；二是推进人民民主不断走向"全过程人民民主"。党的二十大报告强调："全过程人民民主是社会主义民主政治的本质属性，是最广泛、最真实、最管用的民主。必须坚定不移走中国特色社会主义政治发展道路，坚持党的领导、人民当家作主、依法治国有机统一。"②通过全过程人民民主，能激发人民的创造力，促使经济快速发展和社会长期稳定，也能有力保障党的政治本质特色，有效跳出历史周期率。另一方面，我们认识到："腐败是我们党面临的最大威胁。只有以反腐败永远在路上的坚韧和执着，深化标本兼治，保证干部清正、政府清廉、政治清明，才能跳出历史周期率，确保党和国家长治久安。"③由此，"我们党要始终成为时代先锋、民族脊梁，始终成为马克思主义执政党，自身必须始终过硬"，必须"勇于直面问题，敢于刮骨疗毒，消除一切损害党的先进性和纯洁性的因素，清除一切侵蚀党的健康肌体的病毒"④。新时代把"全面从严治党"作为新的伟大工程、列入"四个全面"战略布局，推出一系列改革举措和制度建设措施，不断推进党的自我革命。2021 年 11 月，习近平在党的十九届六中全会第二次全体会议上明确总结说："我们党历史这么长、规模这么大、执政这么久，如何跳出治乱兴衰的历史周期率？毛泽东同志在延安的窑洞里给出了第一个答案，这就是'只有让人民来监督政府，政府才不会松懈'。经过百年奋斗特别是党的十八大以来新的实践，我们党又给出了第二个答案，这就是自我革命。"⑤党的二十大报告再次指出："经过不懈努力，党找到了自我革命这一跳出治乱兴衰历史周期率的第二个答案。"⑥

由此，通过不断推进社会主义民主建设和党的自我革命，新时代我们以"双轮驱动"的方式，对跳出"历史周期率"这一重大历史命题，给出了完整而又科学的阐释和答案。也正因此，我们才能在新时代不断解决经济社会发展的重大难题、关键问题、深层次矛盾，进而不断正确回答"重

---

① 中华人民共和国国务院新闻办公室：《中国的民主》，人民出版社 2021 年版，第 10 页。

② 习近平：《高举中国特色社会主义伟大旗帜 为全面建设社会主义现代化国家而团结奋斗——在中国共产党第二十次全国代表大会上的报告》，人民出版社 2022 年版，第 37 页。

③《习近平谈治国理政》第三卷，外文出版社 2020 年版，第 52 页。

④《习近平谈治国理政》第三卷，外文出版社 2020 年版，第 13 页。

⑤《习近平谈治国理政》第四卷，外文出版社 2022 年版，第 541 页。

⑥ 习近平：《高举中国特色社会主义伟大旗帜 为全面建设社会主义现代化国家而团结奋斗——在中国共产党第二十次全国代表大会上的报告》，人民出版社 2022 年版，第 14 页。

大时代课题"及其蕴含的"基本问题",推动中国特色社会主义行稳致远,更好彰显"改革开放以来的全部实践和理论的主题"。

三、科学逻辑与价值逻辑、科学立场与政治立场的辩证统一

本书第三章已经分析过,习近平新时代中国特色社会主义思想强调新时代坚持问题导向、践履问题意识既要注意培养科学的思维方式,还需要科学的理论指导、科学的方法运用,这是它对科学性的内在吁求;而且它也注重价值性的吁求,即要求把以人民为中心的价值诉求、社会主义核心价值观、全人类共同价值融贯在对问题的分析和解决中。而这正是继承和发扬了马克思主义融科学性和人民性、科学立场与政治立场为一体的理论优点。

从深层逻辑角度讲,这就是科学逻辑与价值逻辑的统一。这种科学逻辑与价值逻辑的统一应该从如何对待问题、如何践履问题意识这个更为具体和直接的角度来阐析。当代中国马克思主义问题意识背后科学逻辑与价值逻辑的统一,一方面表现为它把唯物辩证法具体化为发现、分析和解决问题的现实主义的切入视角和辩证主义的分析视角,另一方面表现为它始终站在人民至上的政治立场、价值立场来分析问题和解决问题,当然,在具体实践中,这两种逻辑及其诉求是有机融合在一起的。

首先,把唯物辩证法具体化为现实主义的切入视角。

所谓现实主义的切入视角,就是坚持唯物主义的科学立场,实事求是地对待问题。2021 年 9 月,习近平在 2021 年秋季学期中央党校(国家行政学院)中青年干部培训班开班式上强调:"坚持一切从实际出发,是我们想问题、作决策、办事情的出发点和落脚点"[①],这就是对现实主义切入视角的精炼概括。这种现实主义的切入视角,主要有两种相互统一的维度,一是依据问题本身的客观实际来分析和把握问题,二是依据社会客观实际,并结合问题本身的客观实际来确定解决问题的途径和方法,这是彻底的现实主义和唯物主义。从问题意识过程论的视角来看,它有以下三点表现。

第一,从现实中去发现问题、把握问题的客观实际。人类社会问题是在人类实践中产生的,也应在实践中解决,实践塑造了人类的现实生产生活环境,所谓问题在实践中产生,在一定意义上就是问题源于现实环境。经济社会发展中的问题,必须深入现实去发现和了解,脱离实际地苦思冥

---

① 《习近平谈治国理政》第四卷,外文出版社 2022 年版,第 526 页。

想和闭门造车是不可能发现和了解经济社会发展中的问题的。从现实中发现问题、把握问题的各种客观实际，离不开深入实际的调查研究。也正因此，习近平明确强调，调查研究是我们的"谋事之基、成事之道"，它是贯彻唯物主义的基本要求，"闭门造车不行，异想天开更不行，必须进行全面深入的调查研究"①。这种"全面深入的调查研究"既是为了发现客观问题，更是为了把握问题的各种客观实际，进而深入把握问题的实质。习近平为此强调，我们既要到困难较多、情况复杂、矛盾尖锐的基层去发现问题，也要到工作局面好的先进地方去调研、总结经验，要"扑下身子、沉到一线，迈开步子、走出院子，到车间码头，到田间地头，到市场社区，亲自察看、亲身体验"，因为只有这样做，才能对问题的各种客观情况有深入细致的了解，才能"切实把存在的矛盾和问题搞清搞透，把各项工作做实做好"，进而为找到破解难题的办法和路径奠定良好基础。②

第二，实事求是地"真研究问题、研究真问题"。新时代，我们面对的"问题"纷繁复杂，有不少问题存在很多假象，这些假象不是真正的客观实际；有些问题表现为现象层面的东西，但如果仅停留在现象层面去把握和解决，就有可能会造成"头痛医头、脚痛医脚"，或者说"治标不治本"，甚至可能导致问题进一步恶化，这对最终有效解决问题反而是一种阻碍和破坏。所以，习近平明确强调要"听真话、察真情，真研究问题、研究真问题"③，这才是真正的现实主义态度和彻底的唯物主义立场。"真研究问题、研究真问题"就是要做到面对各种关于问题的信息和资料，"去粗取精、去伪存真，由此及彼、由表及里，找到事物的本质和规律，找到解决问题的办法"，这就是我们通常讲的"实事求是"。④所以，习近平也明确强调："只有有实事求是的态度才能重视深入实际、了解实际。"⑤他还强调，只有真正搞好"察实情"，才能"出实招、办实事、求实效"⑥，

① 中共中央党史和文献研究院、中央"不忘初心，牢记使命"主题教育领导小组办公室编：《习近平关于"不忘初心、牢记使命"论述摘编》，党建读物出版社、中央文献出版社 2019 年版，第 211 页。

② 中共中央党史和文献研究院、中央"不忘初心，牢记使命"主题教育领导小组办公室编：《习近平关于"不忘初心、牢记使命"论述摘编》，党建读物出版社、中央文献出版社 2019 年版，第 218、219 页。

③《习近平谈治国理政》第四卷，外文出版社 2022 年版，第 526 页。

④《习近平谈治国理政》第四卷，外文出版社 2022 年版，第 526 页。

⑤《习近平谈治国理政》第四卷，外文出版社 2022 年版，第 526 页。

⑥ 中共中央党史和文献研究院、中央"不忘初心，牢记使命"主题教育领导小组办公室编：《习近平关于"不忘初心、牢记使命"论述摘编》，党建读物出版社、中央文献出版社 2019 年版，第 220 页。

进而把现实主义的切入视角贯彻好、运用好。

第三，立足于实际条件来解决现实问题。党的二十大报告明确要求，新时代我们要坚持"一切从实际出发，着眼解决新时代改革开放和社会主义现代化建设的实际问题"①。这里有两层指向，一是问题本身的客观实际，二是一个国家经济社会发展的客观实际，即它能提供的解决问题的客观条件、客观基础和客观能力，必须在后者基础上谋划和确定解决问题之道。也正因此，习近平多次强调，始终不能忘记社会主义初级阶段这个最基本的国情，这是我国当前最大的实际，这是新时代谋划发展、解决问题的"总依据"。脱离这个最大的客观实际去解决问题，只能适得其反，制造新的发展障碍和问题。习近平针对共同富裕这个社会主义的本质要求明确强调，"我国正处于并将长期处于社会主义初级阶段，我们不能做超越阶段的事情，但也不是说在逐步实现共同富裕方面就无所作为，而是要根据现有条件把能做的事情尽量做起来，积小胜为大胜，不断朝着全体人民共同富裕的目标前进"②；针对新时代民生工作和基本公共服务问题，他多次强调，"要坚持尽力而为、量力而行"③，解决问题不能脱离客观实际，这也是彻底的唯物主义立场要求的。

其次，运用唯物辩证法生成辩证主义的分析视角。

所谓辩证主义分析视角，其实质就是运用辩证唯物主义的立场、观点和方法来观察事物、分析问题、解决问题，它也是唯物辩证法的具体化。习近平在很多讲话中，也明确指出了这一点。2015 年 1 月，他在十八届中共中央政治局第二十次集体学习时强调新时代要"更加自觉地坚持和运用辩证唯物主义世界观和方法论"，"努力提高解决我国改革发展基本问题的本领"，要"学习掌握唯物辩证法的根本方法，不断增强辩证思维能力，提高驾驭复杂局面、处理复杂问题的本领"④。辩证主义分析视角就是这些思维能力和本领的具体内容之一。展开来说，它主要在以下几个方面表现得更为突出。

第一，坚持用矛盾分析法来分析和解决问题。早在延安时期，毛泽

---

① 习近平：《高举中国特色社会主义伟大旗帜 为全面建设社会主义现代化国家而团结奋斗——在中国共产党第二十次全国代表大会上的报告》，人民出版社 2022 年版，第 17 页。

② 中共中央党史和文献研究院编：《十八大以来重要文献选编》（下），中央编译出版社 2018 年版，第 169 页。

③《习近平谈治国理政》第四卷，外文出版社 2022 年版，第 211 页。

④ 习近平：《论党的宣传思想工作》，中央文献出版社 2020 年版，第 125、129 页。

东就把矛盾分析法概括为唯物辩证法的最根本的方法，强调它是科学解决问题的基本而又重要的方法。一般认为矛盾分析法是唯物辩证法的核心和灵魂。习近平指出："在任何工作中，我们既要讲两点论，又要讲重点论，没有主次，不加区别，眉毛胡子一把抓，是做不好工作的。"[①]所谓"两点论"，一般要求一分为二地看问题，对不同性质的矛盾和矛盾的不同方面，既有所区分，又有所统筹；所谓"重点论"，一般要求要识别并聚焦于主要矛盾和矛盾的主要方面来分析和思考问题。两点论和重点论都是矛盾分析法的重点内容，习近平特别强调"任何工作"都要坚持矛盾分析法，足见其重要性，它是辩证主义分析视角最基本的要求。矛盾分析法最基本的要求就是在对立统一中把握矛盾双方的关系。新时代，我们既坚持以经济建设为中心，又全面推进政治建设、文化建设、社会建设、生态文明建设以及其他各方面建设。在全面深化改革中，既要整体推进，又要重点突破；在经济发展与环境保护工作中，既要绿水青山也要金山银山；在处理政府与市场的关系上，既要重视市场在资源配置中的决定性作用，又要更好发挥政府作用等。

第二，用普遍联系的观点看待问题，形成科学的大局观、统筹观和系统观来分析和解决问题。事物本身是相互联系的，只有运用普遍联系的观点，顺应事物发展趋势，才能正确认识和妥善把握党和国家面临的问题和挑战，推动问题顺利解决。事物的普遍联系往往使得事物、问题的不同要素之间互相关联、彼此影响、相互作用，进而使事物、问题呈现出整体性、系统性，并由此决定事物发展的大方向、总趋势，用普遍联系的观点看问题，在实践中需要转化为大局观、统筹观和系统观来分析和解决问题。

2014 年 1 月，习近平在中央全面深化改革领导小组第一次会议上明确要求要"善于观大势、谋大事，站在国内国际两个大局、党和国家工作大局、全面深化改革全局来思考和研究问题"[②]，多次指出系统分析法是新时代基本的工作方法。"五位一体"总体布局，明确规定从政治、经济、文化、社会、生态五个方面整体协同推进中国特色社会主义事业，五个方面相互联系成为有机整体，缺一不可，为此要统筹推进物质文明、政治文明、精神文明、社会文明、生态文明建设。其背后就是辩证主义分析视角中普

---

①《习近平谈治国理政》第二卷，外文出版社 2017 年版，第 23 页。

② 中共中央文献研究室编：《习近平关于全面深化改革论述摘编》，中央文献出版社 2014 年版，第 148 页。

遍联系观点的在场。

第三，用发展的眼光审视问题，善于立足长远和战略的高度分析问题、谋划发展。世界上的一切事物都是不断变化的，而问题、风险、挑战亦如此。如果我们用静止的、孤立的观点去对待问题，那就无法按事物发展本身的要求去解决矛盾，处理问题。相反，必须以动态的思维方式把握问题，尤其有必要将其转化为长远眼光和战略眼光。2020 年 3 月，习近平在浙江考察时指出："要立足当前、着眼长远，加强战略谋划和前瞻布局。"[①]这就要求我们要坚持用发展的眼光审视问题，不仅要看到问题在当下的表现，还要进一步了解问题过去如何形成、当下如何发展、未来如何演变，审视推动问题不断变化发展背后的内外部条件，如此才能准确把握问题发展过程的阶段性表现。

综上可见，习近平新时代中国特色社会主义思想正是通过秉承现实主义的切入视角和辩证主义的分析视角相结合的逻辑来发现和解决问题的。从现实主义切入问题，同时立足辩证主义分析问题，对于掌握我国社会发展规律，破解社会发展中面临的突出矛盾和问题，提高攻坚克难、化解矛盾、驾驭复杂局面的能力，具有十分重要的意义。

所谓价值逻辑、政治立场突出表现为始终坚持人民至上、不断践行以人民为中心的发展思想。"以人民为中心"贯穿当代中国马克思主义问题意识的全过程，具体而言就是在发现问题、分析问题和解决问题中始终回答"为了谁、依靠谁"这个根本问题，始终坚持厚植民生情怀、站稳人民主体立场的深层逻辑。

党的十八大以来，习近平深入基层群众，聚焦人民群众关心的热点、难点问题，提出一系列既符合人民群众利益和需求，又能有效解决问题的新方法新思路，切实做到了人民有所呼、方案有所应。而贯穿其中的一个根本逻辑，就是民生情怀和人民主体立场。2013 年 12 月，习近平在纪念毛泽东同志诞辰 120 周年座谈会上强调："党的一切工作，必须以最广大人民根本利益为最高标准。检验我们一切工作的成效，最终都要看人民是否真正得到了实惠，人民生活是否真正得到了改善，人民权益是否真正得到了保障。"[②]维护人民的根本利益是解决问题的根本宗旨。党的二十大报

---

① 中共中央党史和文献研究院编：《习近平关于防范风险挑战、应对突发事件论述摘编》，中央文献出版社 2020 年版，第 164 页。

②《习近平谈治国理政》第一卷，外文出版社 2018 年版，第 28 页。

告将"坚持人民至上"和"坚持问题导向"同时列入解决新时代所面临的实际问题的重要立场观点方法之中。这表明,这种价值逻辑是当代中国马克思主义问题意识的深层次的遵循。具体言之,可以从以下方面把握。

第一,始终深入人民群众中去发现问题。党员干部要练就从人民群众的需求中发现问题的本领,深入基层,发现矛盾,尤其要主动发现群众急难愁盼的现实问题,要带着问题到群众中去,了解群众的呼声与需求,切实为人民群众解决问题。因为离群众越近,越能精准发现问题,人民群众所需要的、期盼的,就是应当发现的问题,并及时解决。2017 年 7 月,习近平在省部级主要领导干部迎接党的十九大专题研讨班开班式上,指出"人民群众的需要呈现多样化多层次多方面的特点,期盼有更好的教育、更稳定的工作、更满意的收入、更可靠的社会保障、更高水平的医疗卫生服务、更舒适的居住条件、更优美的环境、更丰富的精神文化生活"[①]。之所以有这些期盼,一是因为我们经过几十年的发展积累,人民群众有这样期盼的基础和条件;二是因为现实情况还难以满足人民群众的这些期盼。这意味着,必须深入教育、就业、社会保障、医疗、居住、环境等人民群众平常的生活、工作中去精准发现群众的真实需求及问题,定期整理形成"问题清单",认真研判形成"任务清单",如此"深入基层、深入实际寻找答案,彰显着真挚的人民情怀,体现了强烈的问题意识和鲜明的问题导向"[②]。

第二,始终聚焦于人民群众急难愁盼的问题。真正坚持人民至上、践行以人民为中心的发展思想,必须始终高度重视人民群众最关切的现实利益问题,也就是群众急难愁盼的问题。2016 年 12 月,习近平在中央财经领导小组第十四次会议上强调,以人民为中心,首先要搞清楚人民群众关心的问题是什么,如"食品安不安全、暖气热不热、雾霾能不能少一点、河湖能不能清一点、垃圾焚烧能不能不有损健康、养老服务顺不顺心、能不能租得起或买得起住房",它们就是"人民群众普遍关心的突出问题",因为它们关系到人民群众最基本的需求和最切身的利益;这些问题解决不好,"即使到时候我们宣布全面建成了小康社会,人民群众也不会认同"[③]。显然,

---

① 中共中央文献研究室编:《习近平关于社会主义社会建设论述摘编》,中央文献出版社 2017 年版,第 20 页。

②《不断提出真正解决问题的新理念新思路新办法》,《人民日报》2022 年 11 月 18 日。

③ 中共中央文献研究室编:《习近平关于社会主义社会建设论述摘编》,中央文献出版社 2017 年版,第 19 页。

关注这些问题的背后，就是想群众之所想、急群众之所急、解群众之所困，问题的解决最终落实到病有所医、劳有所得、老有所养、住有所居上等。所以，习近平明确要求，我们践履问题意识，不仅仅要关注重大疑难问题、关键问题，也要注重从广大群众普遍关心的就业、看病、上学、住房、养老等方面的实际问题入手，一件件梳理、一条条研究、一项项落实，力求早解决、早见效。①"人民群众急难愁盼问题"是新时代践履问题意识要重点针对的对象。党的二十大报告进一步明确强调，"我们要实现好、维护好、发展好最广大人民根本利益，紧紧抓住人民最关心最直接最现实的利益问题，坚持尽力而为、量力而行，深入群众、深入基层，采取更多惠民生、暖民心举措，着力解决好人民群众急难愁盼问题"②，不断推进中国特色社会主义稳步前行。

第三，牢记解决问题的宗旨就是以人民为中心。以人民为中心，不仅是马克思主义理论的立场和宗旨，也是我们分析和解决问题的立场和宗旨。2020 年 3 月，习近平在浙江考察调研时明确提出，解决问题的宗旨，就是为人民服务。老百姓都能够顺心满意，我们这个国家才能越来越好。③为了把这个宗旨贯彻好、落实好，必须强化解决问题时坚定以人民为中心的自觉性。必须坚持人民群众对问题解决与否的评价主体地位，"群众认可、人民检验"就是要求我们必须始终站在人民群众的立场上去解决问题，以人民群众的认可、认同作为评价问题是否得到有效解决的基本标尺。要善于将化解民生难题作为工作突破口，党员干部"想群众所想，忧群众所忧，急群众所急，持续推动解决群众身边急难愁盼问题"，进而"不断通过化解民生难题开创工作新局面"④。

新时代，我们正处于实现中华民族伟大复兴的关键时期，越是处于关键时期，就越是需要站稳人民主体立场和厚植民生情怀，用力、用心、用情地解决发展不平衡不充分的问题和人民群众急难愁盼的问题。

需要注意的是，以上的科学逻辑和价值逻辑、科学立场和政治立场，在我们发现、分析和解决问题时，总是有机融合在一起的，它们构成当代

---

① 《注重解决群众最急最忧最盼的紧迫问题》，《人民日报》2019 年 10 月 29 日。

② 习近平：《高举中国特色社会主义伟大旗帜 为全面建设社会主义现代化国家而团结奋斗——在中国共产党第二十次全国代表大会上的报告》，人民出版社 2022 年版，第 46 页。

③ 《统筹推进疫情防控和经济社会发展工作 奋力实现今年经济社会发展目标任务》，《人民日报》2020 年 4 月 2 日。

④ 《持续推动解决群众身边急愁难问题》，《人民日报》2021 年 10 月 12 日。

中国马克思主义问题意识的"一体两面"。我们强调坚持人民至上、以人民为中心，绝不意味着不讲实事求是、不对问题进行科学的辩证分析；反过来，我们对问题的科学分析，是为了更好地、更有效地解决问题，进而更有效地维护人民群众的利益、彰显人民群众的主体地位。当然，这也意味着推动当代中国马克思主义问题意识深入发展和更有成效地践履，要努力推动科学逻辑和价值逻辑的辩证统一和良性互动，不断探索新的路径和方式。

第二节　当代中国马克思主义问题意识的方法论意义

当代中国马克思主义问题意识之所以重要，不仅是因为这是深入把握习近平新时代中国特色社会主义思想的理论内涵、理论本质、理论特色及其在新时代的成功践履不可或缺的基本维度，而且是因为当代中国马克思主义问题意识蕴含着科学的方法论，这种科学方法论是它作为新时代指导中国特色社会主义实践行动指南的根本依据之一。

2022年7月26日至27日，省部级主要领导干部"学习习近平总书记重要讲话精神，迎接党的二十大"专题研讨班在北京举行，习近平在研讨班上发表重要讲话，强调全党要把握好新时代中国特色社会主义思想的世界观和方法论，坚持好、运用好贯穿其中的立场观点方法，在新时代伟大实践中不断开辟马克思主义中国化时代化新境界[①]。习近平在党的二十大上再次强调："不断谱写马克思主义中国化时代化新篇章，是当代中国共产党人的庄严历史责任。继续推进实践基础上的理论创新，首先要把握好新时代中国特色社会主义思想的世界观和方法论，坚持好、运用好贯穿其中的立场观点方法。"[②]这些世界观和方法论非常重要，因为它们"深刻揭示了这一思想根本的政治立场、彻底的理论品格、独有的精神气质、科学的思想方法，为把握好、运用好这一科学理论的思想精髓、进一步提高全党马克思主义水平提供了'金钥匙'，为继续推进党的理论创新解决了

---

① 参见《高举中国特色社会主义伟大旗帜 奋力谱写全面建设社会主义现代化国家崭新篇章》，《人民日报》2022年7月28日。

② 习近平：《高举中国特色社会主义伟大旗帜 为全面建设社会主义现代化国家而团结奋斗——在中国共产党第二十次全国代表大会上的报告》，人民出版社2022年版，第18—19页。

'桥和船'的问题"①。显然，习近平新时代中国特色社会主义思想的世界观和方法论，是它具有科学性、成为指导人们进行正确实践的行动指南的深层依据。

党的二十大报告在进一步分析习近平新时代中国特色社会主义思想世界观和方法论时，重点提出了"六个必须坚持"，即必须坚持人民至上、必须坚持自信自立、必须坚持守正创新、必须坚持问题导向、必须坚持系统观念、必须坚持胸怀天下。这"六个必须坚持"构成习近平新时代中国特色社会主义思想世界观和方法论最基本、最主要的内容。问题意识和坚持问题导向本质上是一致的，坚持问题导向的核心就是问题意识；在某种意义上，全面、全过程践履问题意识，就是坚持问题导向。

"必须坚持问题导向"作为习近平新时代中国特色社会主义思想世界观和方法论的重要内容之一，想要基于它来挖掘问题意识的方法论意义，需要从以下三个维度进行展开。

一、唯物辩证法的凝练化和具体化

"必须坚持问题导向"本质上是唯物辩证法的凝练化和具体化，这就是它的方法论本质。从深层次来说，坚持问题导向是世界观和方法论的统一，"问题"背后内蕴和浓缩着对世界的看法和因应的方法。但总体来看，它偏重方法论，侧重于"如何做、何以行"。习近平对此有明确表述，如他在学习贯彻党的十九届五中全会精神专题研讨班上提出，要"坚持问题导向，更加精准地贯彻新发展理念"②；在 2019 年底中央经济工作会议上，他强调要坚持问题导向、目标导向、结果导向；在 2020 年中央财经委员会第七次会议上，他再次强调要坚持问题导向、目标导向，"三个导向"是辩证统一的有机整体，确定了推进高质量发展的思维导图和方法路径，坚持问题导向本身正是马克思主义最优良的方法论传统和最鲜明的方法论特征③。"必须坚持问题导向"从实质上看就是唯物辩证法的凝练化、具体化，这就是其方法论本质。具体而言，表现在以下几个方面。

第一，"问题总是客观存在的"：坚持问题导向必须从实际出发，坚

①《推动中华民族伟大复兴号巨轮乘风破浪、扬帆远航——党的二十大报告诞生记》，《人民日报》2022 年 10 月 26 日。

②《习近平谈治国理政》第四卷，外文出版社 2022 年版，第 171 页。

③《谈谈坚持问题导向目标导向结果导向》，《学习时报》2019 年 12 月 25 日。

持唯物主义科学立场。

邓小平很早就强调实事求是，即"要从问题堆里找长远的、根本解决问题的东西"①。习近平也曾总结说："坚持实事求是，就是坚持一切从实际出发来研究和解决问题，坚持理论联系实际来制定和形成指导实践发展的正确路线方针政策。"②他还明确指出："坚持一切从实际出发，是我们想问题、作决策、办事情的出发点和落脚点。"③之所以这样强调，是因为"问题总是客观存在的"。在主持十八届中共中央政治局第二十次集体学习时，习近平就强调，问题是事物矛盾的表现形式，坚持问题导向，就是承认矛盾的普遍性、客观性，是躲不开也绕不过去的，不能熟视无睹甚至回避和掩饰。作为矛盾表现形式的问题，同样是客观和普遍的。习近平更为明确地指出，党的自我革命必须坚持问题导向，"无论什么时候，问题总是客观存在的"④。也正因此，坚持问题导向必须尊重问题的客观性，不能视而不见、故意绕避，只有"不回避矛盾，不掩盖问题"，才能在发展问题上"牢牢把握主动权"⑤；而把握和解决问题，必须立足于问题本身的客观实际，如它的客观表现、产生的客观环境和原因、构成的客观因素等，通过科学分析来探索解决之策。

第二，"新问题每时每刻都在出现"：坚持问题导向须以发展的眼光、联系的观点看问题。

习近平指出："客观事物总在不断变化，新矛盾新问题每日每时都在出现"，为此"领导干部必须坚持不懈地进行和加强调查研究"。⑥这实际上要求我们要重视和依据问题的客观变化来把握问题。习近平还强调，"在认识世界和改造世界的过程中，旧的问题解决了，新的问题又会产生"，改革创新要随之不停顿不止步；"新问题每时每刻都在出现"，其中不乏"新的表现形式的老问题"，它们"是由世情、国情、党情的发展变化引起的"⑦，所以问题总是处在变化发展之中的。

---

① 中共中央文献研究室编：《邓小平年谱（1975—1997）》（上），中央文献出版社2004年版，第157—158页。

② 习近平：《坚持实事求是的思想路线》，《学习时报》2012年5月28日。

③《习近平谈治国理政》第四卷，外文出版社2022年版，第526页。

④《习近平谈治国理政》第三卷，外文出版社2020年版，第532页。

⑤《坚定必胜信心 增强忧患意识 坚持稳中求进 推动经济持续健康发展》，《人民日报》2012年12月11日。

⑥ 习近平：《谈谈调查研究》，《学习时报》2011年11月21日。

⑦《习近平谈治国理政》第一卷，外文出版社2018年版，第74、401—402页。

　　这就要求坚持问题导向必须以发展的眼光看问题，问题发生变化了，我们对它的把握和解决就要相应地进行调整；历史上的问题，要以发展的眼光审视和评价，不宜教条化地把握。问题的生成和变化，源自不同事物及其要素的相互影响和制约，坚持问题导向，需要"从客观事物的内在联系去把握事物，去认识问题、处理问题"，而这是"坚持唯物辩证法"的基本要求。因此，准确识变、科学应变、主动求变就成为新时代坚持问题导向的具体要求。

　　第三，"问题是矛盾的表现形式"：坚持问题导向必须"用好辩证法"，活学活用矛盾分析法来分析和解决问题。

　　习近平针对贯彻落实新发展理念，强调要"用好辩证法"，并着重强调要坚持和运用矛盾分析法。比如，"要坚持'两点论'和'重点论'的统一……区分轻重缓急，在兼顾一般的同时紧紧抓住主要矛盾和矛盾的主要方面"，进而"以重点突破带动整体推进，在整体推进中实现重点突破"，而"抓住重点带动面上工作，是唯物辩证法的要求①；"要坚持具体问题具体分析"②，"通过具体分析，弄清楚问题的多与少、大与小、轻与重、缓与急、易与难"，其"哲学基础"就是"不同事物的矛盾具有不同的特点，同一事物的矛盾在不同发展阶段也各不相同"③，矛盾具有特殊性。针对脱贫工作，习近平具体地指出，"对这些问题，要分清轻重缓急、妥善解决，必须解决且有能力解决的要抓紧解决"，"有的问题是长期性的"，应该"创造条件分阶段逐步解决"④。这些都是唯物辩证法的活学活用。"发展地而不是静止地、全面地而不是片面地、系统地而不是零散地、普遍联系地而不是单一孤立地"⑤分析和解决问题，正是唯物辩证法的核心诉求。

　　第四，"用全面、辩证、长远的眼光看待我国发展"和"看待当前的困难、风险、挑战"：坚持问题导向要辩证地看待发展、问题，以及两者的关系。

　　2020年初，习近平指出，越是面临大风险、遭受大冲击，"越要用全面、辩证、长远的眼光看待我国发展"，强调"这是坚持和运用马克思主义唯物辩证法的观点"；在全国政协十三届三次会议经济界委员联组会上，

①《习近平谈治国理政》第二卷，外文出版社2017年版，第204、221、61页。
② 刘云山：《增强问题意识　坚持问题导向》，《学习时报》2014年5月19日。
③ 习近平：《论党的宣传思想工作》，中央文献出版社2020年版，第130页。
④ 习近平：《在解决"两不愁三保障"突出问题座谈会上的讲话》，《求是》2019年第16期。
⑤ 习近平：《论党的宣传思想工作》，中央文献出版社2020年版，第130页。

他在要求"坚持用全面、辩证、长远的眼光分析当前经济形势"的同时，强调要"坚持用全面、辩证、长远的眼光看待当前的困难、风险、挑战"[①]。这些论述意味着新时代坚持问题导向，必须辩证地看待问题和发展的关系。"用全面、辩证、长远的眼光"看待我国发展，看待当前的困难、风险、挑战，实则是要深刻认识到新时代的发展不可能回避问题，"彩虹和风雨共生，机遇和挑战并存"，问题中蕴含着发展的机遇，我们可以通过解决问题来不断推进社会发展。所以，习近平在这两次讲话中都强调，要变压力为动力、善于化危为机，在危机中育新机、于变局中开新局，实现新突破和新发展。[②]

坚持问题导向既是唯物辩证法的具体运用，又是唯物辩证法在特定方式上的浓缩和凝练。这就是坚持问题导向的方法论本质，也是我们分析和把握当代中国马克思主义问题意识方法论意义的重要抓手。

二、问题意识与新时代重大实践方法论相融相通

坚持问题导向和新时代中国特色社会主义建设中的一些重要的实践方法，如全面深化改革方法论、思维方式方法论、学习方法论，两者之间具有内在的密切关联，或者说具有深层次的相通性。"必须坚持问题导向"往往被融化和转化为新时代中国特色社会主义建设的重大实践方法论。

全面深化改革方法论。习近平明确指出："改革开放是前无古人的崭新事业，必须坚持正确的方法论，在不断实践探索中推进。"[③]新时代，我们更加自觉地建构了全面深化改革的方法论，使之成为"新时代中国特色社会主义思想世界观和方法论"的标志性实践内容之一。其核心内涵如下：首先，我们提出"注重系统性、整体性、协同性是全面深化改革的内在要求，也是推进改革的重要方法"[④]，为此要在全面、深入调查研究的基础上进行统筹设计，提出改革的"战略目标"和"总体方案、路线图、时间表"，"努力做到全局和局部相配套、治本和治标相结合、渐进和突破相促进"；同时注意协同推进，"更加注重各项改革的相互促进、良性互动"，把推

---

①《习近平谈治国理政》第四卷，外文出版社 2022 年版，第 93、183 页。

② 参见关锋：《理论寻根、历史追踪和现实指向——"习近平新时代中国特色社会主义思想的世界观和方法论"何以提出的三重维度》，《思想理论教育导刊》2023 年第 2 期，第 33—41 页。

③ 中共中央文献研究室编：《习近平关于全面深化改革论述摘编》，中央文献出版社 2014 年版，第 34 页。

④《习近平谈治国理政》第二卷，外文出版社 2017 年版，第 109 页。

进政治、经济、文化、生态和社会建设等"各方面改革开放"、诸如理论、制度、科技、文化创新等"各方面创新""有机衔接起来,整体推进,重点突破,形成推进改革开放的强大合力。"①其次,我们强调摸着石头过河,是富有中国智慧的改革方法,也是符合马克思主义认识论和实践论的方法,新时代,对"对认识还不深入、但又必须推进的改革",以及涉及深层次的制度因素和复杂利益关系,一时难以在面上推开的改革,还是要坚持试点先行、勇于探索。对于新时代而言,加强顶层设计和摸着石头过河都是推进改革的重要方法,为了实现改革的系统性、整体性、协同性,必须强调摸着石头过河和加强顶层设计是辩证统一的,推进局部的阶段性改革开放要在加强顶层设计的前提下进行,加强顶层设计要在推进局部的阶段性改革开放的基础上来谋划。再其次,新时代"在推进改革中……坚持辩证法"②,全面深化改革务必坚持矛盾分析法、对立统一思维,坚持两点论和重点论的统一,正确处理各种复杂关系,如妥善处理好"局部和全局、当前和长远、重点和非重点的关系",进而"在权衡利弊中趋利避害、作出最为有利的战略抉择"③;"处理好解放思想和实事求是的关系、整体推进和重点突破的关系、全局和局部的关系、顶层设计和摸着石头过河的关系、胆子要大和步子要稳的关系、改革发展稳定的关系",形成"全局和局部相配套、治本和治标相结合、渐进和突破相促进"④的良好发展局面。最后,深化改革与开放的辩证法。习近平明确指出:"以开放促改革、促发展,是我国改革发展的成功实践。改革和开放相辅相成、相互促进,改革必然要求开放,开放也必然要求改革。"⑤这是我国改革开放取得巨大成功的基本经验,也是改革与开放内在的辩证关系。新时代,我们不但要坚持这个基本经验,更要深化和发扬它,要积极主动地推进开放战略、实施对外开放基本国策,以扩大开放促进深化改革,以深化改革促进扩大开放,为经

---

① 中共中央文献研究室编:《习近平关于全面深化改革论述摘编》,中央文献出版社 2014 年版,第 32—36 页。

② 中共中央文献研究室编:《习近平关于全面深化改革论述摘编》,中央文献出版社 2014 年版,第 43、50、43、35、47 页。

③ 习近平:《论党的宣传思想工作》,中央文献出版社 2020 年版,第 130—131 页。

④ 中共中央文献研究室编:《习近平关于全面深化改革论述摘编》,中央文献出版社 2014 年版,第 47、34 页。

⑤ 中共中央文献研究室编:《习近平关于社会主义经济建设论述摘编》,中央文献出版社 2017 年版,第 295—296 页。

济发展注入新动力、增添新活力、拓展新空间[①]，实现两者的良性互动。习近平特别强调，"全面深化改革的总体部署，着力点之一就是以更完善、更具活力的开放型经济体系，全方位、多层次发展国际合作"[②]。

不过，开启中国特色社会主义道路的改革，是由社会问题倒逼而产生，又是在不断解决各种发展问题的过程中得以推进和深化的。四十多年的改革开放之所以取得如此非凡的成就，很大程度上也是坚持问题导向、强化问题意识的结果，坚持问题导向的科学方法，是其基本的内生维度。新时代全面深化改革在实践方面的方法论要求，最终都要在解决发展问题中贯彻和落实。换言之，有必要将坚持问题导向融合、转化到全面深化改革的方法中去。习近平为此强调，新时代推进全面深化改革，"要有强烈的问题意识，以重大问题为导向，抓住重大问题、关键问题进一步研究思考，找出答案，着力推动解决我国发展面临的一系列突出矛盾和问题"[③]。比如，在推进全面从严治党的改革中，"把党风廉政建设作为突破口，着力解决人民群众反映强烈的'四风'问题，着力解决不敢腐、不能腐、不想腐的问题"[④]，新时代的反腐败斗争也因之取得了压倒性胜利。正因如此，新时代坚持问题导向方法有了更为明确的着力点，即聚焦于重大问题、关键问题来推动改革、谋划发展。习近平还专门强调，这些重大、关键问题往往同时是"当前我国经济社会发展中存在的突出问题、改革攻坚和加快转变经济发展方式面临的难点问题、干部群众普遍关注的热点问题"[⑤]，新时代坚持问题导向方法对它们理应有优先的针对性，新时代的全面深化改革方法论务必尊重和贯彻坚持问题导向方法，应以之为基础在实践中运用、丰富和发展。

思维方式方法论。习近平立足于新时代的客观需要，特别强调党员干部要有科学的思维方式，把马克思主义科学的世界观和方法论转化为自觉的思维方法、思维方式，这实际上也意味着有必要将"六个必须坚持"进一

---

① 《坚持以扩大开放促进深化改革　坚定不移提高开放型经济水平》，《人民日报》2015年9月16日。

② 《习近平谈治国理政》第一卷，外文出版社2018年版，第314页。

③ 中共中央文献研究室编：《习近平关于全面深化改革论述摘编》，中央文献出版社2014年版，第38页。

④ 中共中央文献研究室编：《十八大以来重要文献选编》（中），中央文献出版社2016年版，第247页。

⑤ 中共中央文献研究室编：《十八大以来重要文献选编》（上），中央文献出版社2014年版，第79页。

步具体化为党员干部、人民群众的思维方法、思维方式。新时代，习近平关于科学的思维方法、思维方式有很多重要论述，也多次强调它们对于党员干部能干事、干成事的重要性，以及对新时代中国特色社会主义建设的重要性，也因之使"思维方式方法论"成为"新时代中国特色社会主义科学世界观和方法论"颇富特色的具体内容。

新时代，习近平论述和强调比较多的有系统思维、战略思维、辩证思维、历史思维、底线思维、法治思维、创新思维、精准思维等，它们是科学的思维方法、思维方式中最具代表性的。可以说它们是"六个必须坚持"在思维方式、方法方面的具体化和展开。习近平之所以反复强调这些科学的思维方式，归根结底是为了科学有效地分析问题、把握问题和解决问题，它们和坚持问题导向的关系非常密切，在某种意义上也是为了更好地坚持和践行问题导向服务的，坚持问题导向也是它们最终取得实效、成功践行的内在要求。

关于系统思维。党的二十大报告提出的"六个必须坚持"中的第五个就是"必须坚持系统观念"，所谓系统思维本质上不过是它的另一种表述。系统思维也有人称之为整体观、全局观，它要求人们运用系统观点，对对象的互相联系的各个方面及其结构和功能进行系统性认识，整体性原则是其核心。具体而言，认识事物、分析问题和矛盾要注重各种要素与要素的协同性，形成结构优化和功能良好的整体性；注重重点突破与整体推进的张力，注重系统的边界性和开放性，促进系统与环境的协调；注重解决非平衡问题，推进系统走向动态平衡。在一定意义上，就是反对孤立地、片面地和局部地看问题。针对全面依法治国，习近平明确说它"是一个系统工程，要整体谋划，更加注重系统性、整体性、协同性"①。这种"三性"的统一，就是系统思维追求的最佳境界。针对长江经济带的发展，习近平对系统思维给予了进一步解释，强调长江经济带的发展"要坚持整体推进，增强各项措施的关联性和耦合性，防止畸重畸轻、单兵突进、顾此失彼"，进而"努力做到全局和局部相配套、治本和治标相结合、渐进和突破相衔接，实现整体推进和重点突破相统一"②，这是系统思维的内在要求。黄坤明对此有说明，他指出新时代，我们"将面对更加深刻复杂变化的发展环

①《习近平谈治国理政》第四卷，外文出版社 2022 年版，第 293 页。

② 中共中央党史和文献研究院编：《十九大以来重要文献选编》（上），中央文献出版社 2019 年版，第 404—405 页。

境，面对更多两难、多难问题"，为了有效应对、成功求解这些问题，"必须更加自觉地坚持和运用系统观念观察形势、分析问题、推动工作"。①这显然也把系统思维和坚持问题导向之间的内在关系清晰地揭示出来。

关于战略思维。它一般指站在全局的高度，用长远的眼光来看待事物及其发展趋势的思维方式。其核心指向在两个维度上表现最为明显，一是善于抓战略问题进行科学合理的战略谋划，习近平为此强调："战略问题是一个政党、一个国家的根本性问题。战略上判断得准确，战略上谋划得科学，战略上赢得主动，党和人民事业就大有希望。"②二是善于从战略的高度思考问题、把握问题。习近平为此特别强调："全党要提高战略思维能力，不断增强工作的原则性、系统性、预见性、创造性。"③具体而言，它实际上要求我们在新时代做到以下两点：其一，立足于全局的高度，用长远的眼光和整体性的视角看问题、谋划发展，善于观大势、谋大事、知大局，统筹思虑、综合思考，能够因势而谋、应势而动、顺势而为，特别是要善于发现、敏于重视重大问题、核心环节、关键之处。习近平总书记多次强调，对重大问题一定要有战略思维。其二，在大是大非的根本性问题上一定要保持足够的战略定力和战略自信，要有强大的坚守心和坚执力。习近平多次强调："中国是一个大国，决不能在根本性问题上出现颠覆性错误，一旦出现就无法挽回、无法弥补。"④只有这样，中国的发展才能在健康的道路上持续推进、不断突破。显然，战略思维归根结底是要抓好战略性问题、善于从战略的高度上分析和解决问题，在这个意义上，它是坚持问题导向方法在"战略"层面的具体运用和具体要求。

关于辩证思维。辩证思维，是依据、遵循、贯彻唯物辩证法所形成的思维模式。习近平指出，"辩证唯物主义是中国共产党人的世界观和方法论"，要"学习掌握唯物辩证法的根本方法，不断增强辩证思维能力，提高驾驭复杂局面、处理复杂问题的本领。我们的事业越是向纵深发展，就越要不断增强辩证思维能力"⑤。首先，辩证思维要求我们在面临各种问题

---

① 黄坤明：《把握好习近平新时代中国特色社会主义思想的世界观和方法论》，《人民日报》2022年11月16日。

② 中共中央文献研究室编：《十八大以来重要文献选编》（中），中央文献出版社2016年版，第45—46页。

③《习近平谈治国理政》第二卷，外文出版社2017年版，第62页。

④ 中共中央文献研究室编：《十八大以来重要文献选编》（上），中央文献出版社2014年版，第438—439页。

⑤ 习近平：《论党的宣传思想工作》，中央文献出版社2020年版，第129页。

与矛盾时，"首先要有全局观，对各种矛盾做到心中有数，同时又要优先解决主要矛盾和矛盾的主要方面，以此带动其他矛盾的解决"①。"我们想问题、作决策、办事情，不能非此即彼，要用辩证法，要讲两点论，要找平衡点。"②要在一分为二的基础上抓重点、分主次。其次，要反对形而上学，"坚持发展地而不是静止地、全面地而不是片面地、系统地而不是零散地、普遍联系地而不是单一孤立地观察事物，妥善处理各种重大关系"③。在这个意义上，辩证思维需要转化为创新思维，这要求我们要跟着事物和问题的变化，想新法、出新招。最后，辩证思维的核心和关键就是以辩证的视野和态度、运用唯物辩证法来发现问题、分析问题和解决问题，问题意识和坚持问题导向和它具有一定的内在关联。

关于历史思维。它主要指通过熟悉历史，学会总结历史中的经验和教训，明辨历史大势和规律，做到"古为今用"，并学会从历史脉络中澄清事物的因由和实质。习近平曾总结说："我们党在领导革命、建设、改革的进程中，一贯重视历史经验的借鉴和运用，一贯倡导领导干部要读点历史，要善于运用历史知识。……重视对历史的学习和对历史经验的总结与运用，善于从不断认识和把握历史规律中找到前进的正确方向和正确道路。"④他还多次说过"历史是最好的教科书""历史是最好的清醒剂""历史是一面镜子""历史是最好的老师"等。习近平特别强调新时代要"牢记历史经验、牢记历史教训、牢记历史警示，为推进国家治理体系和治理能力现代化提供有益借鉴"。⑤历史思维，一言以蔽之，其核心主要在于分析问题要有历史的厚重感、处理问题要在历史因由上站得住。历史思维与问题和发展的辩证法关系也很密切，因为问题与发展都是在历史中产生和前进的，它实际上要求我们在新时代做到以下几点：其一，要知道问题的来龙去脉、形成和演变的历史，了解中国特色社会主义发展的历史，学会在发展的历史进程中审视问题；其二，要知道中国社会主义建设、改革开放中处理类似或相近问题的历史经验和教训，在历史发展大势中审视重大基本问题；其三，要知道问题和发展所处的具体历史情境，思考问题、谋

① 习近平：《论党的宣传思想工作》，中央文献出版社 2020 年版，第 129 页。
② 习近平：《干在实处 走在前列——推进浙江新发展的思考与实践》，中共中央党校出版社 2006年版，第 550 页。
③ 习近平：《论党的宣传思想工作》，中央文献出版社 2020 年版，第 130 页。
④ 习近平：《领导干部要读点历史》，《党建》2011 年第 10 期。
⑤ 习近平：《论党的宣传思想工作》，中央文献出版社 2020 年版，第 88 页。

划发展和总结评价一定不能脱离特定的客观历史情境。只有这样，我们才能在解决问题上更为高效，在发展上更少犯错误。显然，历史思维归根结底还是为分析和解决问题服务的，既是坚持问题导向在历史维度的运用和发展，也是历史思维在把握问题上的具体运用。

关于底线思维。它是一种通过思虑最坏、最差的情况，谋划最好结果的思维方式，它富有前瞻意识、原则意识、责任意识、忧患意识，在强调不逾边界、不违原则、不踏红线、不触高压线、重视防微杜渐的基础上，通过积极作为来转危为安、化危为机。习近平为此先后指出："在肯定成绩的同时，我们要保持清醒头脑，深刻认识和高度重视经济运行中的突出矛盾和问题，深刻认识和全面把握国际经济形势，坚持底线思维，切实做好工作。""要善于运用底线思维的方法，凡事从坏处准备，努力争取最好的结果，做到有备无患、遇事不慌，牢牢把握主动权。"①底线思维对于中国特色社会主义新时代的各项工作都非常重要。从问题和发展辩证法的角度而言，它实际上就是要求我们在新时代要做到以下几点：首先，在根本问题上要保持定力，如在涉及政治原则和国家利益底线的问题上，决不能犯错；其次，要在问题群中找到最基本的问题并重点关注，对兜住底线的问题要特别重视，尽可能按原则办事；最后，要对问题的困难想得更多一些，对最不利的因素考虑得充分一点，对最坏的结果有一定预判，做到"居安思危，未雨绸缪"，积极发力，追求最好的结局。显然，底线思维既是对特定问题需要特定思维方式的回应，也是有效解决问题的特定思维方式，其背后同样是对问题导向的坚持。

法治思维，顾名思义，主要指出于对法治的敬畏和崇信，自觉运用法治理念来分析问题、理解问题和解决问题的思维方式，一般包括自觉学法、尊法、守法、用法等四个主要环节。"全面依法治国"是"四个全面"的重要内容，中国特色社会主义新时代要实现"四个全面"的战略目标，法治思维不可或缺。习近平为此强调，我们"要把对法治的尊崇、对法律的敬畏转化成思维方式和行为方式，做到在法治之下、而不是法治之外、更不是法治之上想问题、作决策、办事情"②。"要提高运用法治思维和法治方式深化改革、推动发展、化解矛盾、维护稳定能力，努力推动形成办事依法、遇事找法、解决问题用法、化解矛盾靠法的良好法治环境，在法治

---

① 《应对复杂形势的科学方法》，《人民日报》（海外版）2017年2月13日。
② 《习近平谈治国理政》第二卷，外文出版社2017年版，第127页。

轨道上推动各项工作。"①立足于问题和发展的辩证法，法治思维要求我们要做到以下几点：首先，在思考问题和寻找解决问题的办法时，要充分注意到这样做有没有相关的法律规定，符合不符合法律要求，有没有违背法律精神，有明确规定的，则要严格按照法律规定思考和解决问题；没有明确规定的，要尊重法律要求和法律精神；其次，要努力实现合法性与合理性的辩证统一，在法律规定的自由裁量权内，注意合理性的作用；最后，就是要培养规矩意识，思考问题、解决问题要尊重各种规则，因为法律是治国理政最大最重要的规矩②。显然，法治思维的背后，也同样是为认识问题、解决问题服务的，本质上是通过法治思维来贯彻和践履问题意识、坚持问题导向的。

关于创新思维。问题是创新的起点，也是创新的动力源，创新思维的核心就是以或新颖独到或全新独创的视角、方法、手段、技巧来思考、解决问题，提出独到解决方案的思维模式。它往往表现为打破思维常规、走出思维惯性、突破思维定式，形成反思思维、逆向思维、超常思维和解构思维。习近平多次强调，对待全面深化改革、新时代中国特色社会主义的各项建设、各种工作，我们一定要保持锐意创新的勇气、敢为人先的锐气、蓬勃向上的朝气，不断想新法、出新招、献新策、成新效。

关于精准思维。其核心诉求是既精细又准确，切实可行、具体明确、注重细节、严谨高效就是对它的基本描述。因为全面深化改革既需要我们找准问题、瞄准主要成因，也需要我们精细思考、准确应对、周密安排、详细落实，要求在工作中做到精准到位、精准发力，真正做到精准施策、精准推进、精准落地、精准治理，不但要具体有效，而且要不留死角、不留盲区、不留尾巴，扎扎实实地把事情做好，切切实实地把问题处理好。习近平为此多次强调，全面深化改革要求我们学会从细节处着手，养成习惯；对具体问题要一一回应，具体解决；要沉下心来抓落实，明确靶向，量身定做、对症下药。③

显然，无论是创新思维，还是精准思维，和坚持问题导向同样关系极为密切，或者内含着问题导向，或者是坚持问题导向在特定方面的具体化。

---

① 《习近平谈治国理政》第一卷，外文出版社 2018 年版，第 142 页。

② 参见关锋：《全面深化改革与"问题和发展的辩证法"的建构》，《东南大学学报（哲学社会科学版）》2020 年第 3 期，第 50—59，152 页。

③ 参见关锋：《发生、驱动和统摄：全面深化改革的三大逻辑解读》，《湖湘论坛》2020 年第 3 期，第 55—69 页。

学习方法论。推动全党深入学习各种知识、提高领导能力和做事本领，是中国共产党不断取得成功的基本经验之一，我们在中国特色社会主义建设中明确提出"建设马克思主义学习型政党"。新时代，我们结合中国特色社会主义建设新的实际，进一步提出"学习型、服务型、创新型"马克思主义执政党的建设任务，习近平反复强调要"依靠学习走向未来"。我们也据此建构了系统的学习方法论。首先，针对一般性经常性的学习，则要求"学习应该是全面的、系统的、富有探索精神的，既要抓住学习重点，也要注意拓展学习领域"，"有理论知识的学习，也有实践知识的学习"，全党还专门推进了党史学习教育；在学习方式和路径上，"既要向书本学习，也要向实践学习；既要向人民群众学习，向专家学者学习，也要向国外有益经验学习"①。其次，针对理论学习，习近平强调，全党同志"要舍得花精力，全面系统学，及时跟进学，深入思考学，联系实际学"，强调"学习理论最有效的办法是读原著、学原文、悟原理，强读强记，常学常新，往深里走、往实里走、往心里走，把自己摆进去、把职责摆进去、把工作摆进去，做到学、思、用贯通，知、信、行统一"②。最后，学习要有重点，目的是要通过学习最终实现理论创新和实践创新的良性互动。习近平明确强调，"要把学习贯彻党的创新理论作为思想武装的重中之重"，要把这个"重中之重"与学习马克思主义基本原理、学习"四史"有机结合起来，同"四个伟大"的"丰富实践联系起来"③，而这种学习的深层诉求则是"实现理论创新和实践创新良性互动，在这种统一和互动中发展二十一世纪中国的马克思主义"④。

针对新时代的学习方法论，我们还特别强调了如下几点。首先，关于新时代为什么要强化学习，是因为"同过去相比，我们今天学习的任务不是轻了，而是更重了"⑤。而之所以这样，是因为"当前，全党面临的一个重要课题，就是如何正确认识和妥善处理我国发展起来后不断出现的新情况新问题"，"新问题每时每刻都在出现，而且多数又是我们过去不熟悉

①《习近平谈治国理政》第一卷，外文出版社 2018 年版，第 404 页。

② 习近平：《论党的宣传思想工作》，中央文献出版社 2020 年版，第 360 页。

③ 习近平：《在"不忘初心、牢记使命"主题教育总结大会上的讲话》，人民出版社 2020 年版，第 15 页。

④ 习近平：《论党的宣传思想工作》，中央文献出版社 2020 年版，第 131 页。

⑤《习近平谈治国理政》第一卷，外文出版社 2018 年版，第 401 页。

或者不太熟悉的"。^①而这是由客观的党情国情社情世情变化引起的，是不以人的意志为转移的。只有认识好、解决好这些问题，才能推动中国特色社会主义继续前进；这就要求我们必须增强本领、提高能力，而实现这些的唯一途径就是加强学习。这也意味着，"领导干部加强学习，根本目的是增强工作本领、提高解决实际问题的水平"^②。其次，关于怎么学，我们特别强调要"带着问题学"，"做到干中学、学中干，学以致用、用以促学、学用相长"^③。学习必须和问题导向结合起来。显然，新时代学习及其方法论的运用，就是为了解决问题，和坚持问题导向是一致的。^④

三、问题意识和六个"必须坚持"的辩证统一

党的二十大报告阐述习近平新时代中国特色社会主义思想世界观和方法论时，重点分析了"六个必须坚持"，它们构成习近平新时代中国特色社会主义思想世界观和方法论主要而又基本的内容。分析习近平新时代中国特色社会主义思想的方法论意义，既要把握它与"必须坚持问题导向"的一致性，以及"必须坚持问题导向"与新时代重大实践方法论的关系，还要把握"必须坚持问题导向"与其他五个"必须坚持"的关系。可以说，"必须坚持问题导向"在习近平新时代中国特色社会主义思想世界观和方法论中具有基础性的重要地位；其他"五个坚持"离不开坚持问题导向的支撑。这也是"六个坚持"能够成为有机整体的重要原因。

（1）坚持人民至上必须落实到坚持问题导向上。党的二十大报告将坚持人民至上具体阐释为"站稳人民立场、把握人民愿望、尊重人民创造、集中人民智慧"^⑤，它的内容指向是多方面的，但践行以人民为中心的发展思想进而实现好、维护好、发展好最广大人民的根本利益，不断改善人民生活、增进人民福祉，使人民获得感、幸福感、安全感更加充实、更有保障、更可持续，无疑是最基本的要求和具体体现。而这只能通过不断解决问题来实现。新时代，习近平多次强调要聚焦广大人民群众关心的热点、

---

①《习近平谈治国理政》第一卷，外文出版社 2018 年版，第 401 页。

②《习近平谈治国理政》第一卷，外文出版社 2018 年版，第 406 页。

③《习近平谈治国理政》第一卷，外文出版社 2018 年版，第 402、406 页。

④ 参见关锋：《习近平新时代中国特色社会主义思想对"问题"的科学理解和求解》，《福建师范大学学报（哲学社会科学版）》2022 年第 3 期，第 1—12，169 页。

⑤ 习近平：《高举中国特色社会主义伟大旗帜 为全面建设社会主义现代化国家而团结奋斗——在中国共产党第二十次全国代表大会上的报告》，人民出版社 2022 年版，第 19 页。

难点问题谋划改革、推出硬招、实招，强调"扎扎实实解决好群众最关心最直接最现实的利益问题、最困难最忧虑最急迫的实际问题"①是工作的重中之重；党的二十大报告也因之将"人民群众急难愁盼问题"列为坚持问题导向的主要指向之一；而且，只有不断解决社会发展中的问题，才能不断推动发展，让以人民为中心的发展成为现实，在这个意义上，习近平明确强调，"解决问题的宗旨，就是为人民服务"②，这也是坚持问题导向的宗旨。

（2）坚持自信自立是在坚持问题导向中确立和生成的，要在坚持问题导向中深化和强化。坚持自信自立，核心和关键是对独立自主的信心信念和坚持践行。独立自主不仅是"中华民族精神之魂"，而且"是我们立党立国的重要原则"③。关于后者，党的二十大报告明确指出"党的百年奋斗成功道路是党领导人民独立自主探索开辟出来的，马克思主义的中国篇章是中国共产党人依靠自身力量实践出来的"，而新道路、新篇章的背后，"贯穿其中的一个基本点就是中国的问题必须从中国基本国情出发，由中国人自己来解答"，中国共产党的自信自立主要是在坚持和运用马克思主义不断成功解决中国问题进而开辟出中国道路中形成的，不能靠自己成功解决问题、解决不了自己的问题，是无从谈及自信自立的。可以说，"坚持自信自立"是通过"坚持问题导向"来不断确立和生成的。

（3）坚持守正创新，需要更为明确的问题针对性和自觉的问题意识。党的二十大报告指出"守正才能不迷失方向、不犯颠覆性错误"，由此，"守正"最基本最核心的要求就是在事关旗帜、方向、道路等战略性、根本性问题上保持战略清醒、战略定力，不犯颠覆性错误、不误入歧途。党的二十大报告用"三个毫不动摇"即"坚持马克思主义基本原理不动摇，坚持党的全面领导不动摇，坚持中国特色社会主义不动摇"④来诠释"守正"的意涵。具体言之，这些战略性、根本性问题主要有以下几个方面，如道路问题，之所以坚持中国特色社会主义不动摇，是因为中国特色社会主义

---

① 《习近平谈治国理政》第二卷，外文出版社 2017 年版，第 364 页。
② 《统筹推进疫情防控和经济社会发展工作 奋力实现今年经济社会发展目标任务》，《人民日报》2020 年 4 月 2 日。
③ 《中共中央关于党的百年奋斗重大成就和历史经验的决议》，人民出版社 2021 年版，第 67 页。
④ 习近平：《高举中国特色社会主义伟大旗帜 为全面建设社会主义现代化国家而团结奋斗——在中国共产党第二十次全国代表大会上的报告》，人民出版社 2022 年版，第 20 页。

"道路问题是关系党的事业兴衰成败第一位的问题,道路就是党的生命"①;指导思想问题,"在坚持马克思主义指导地位这一根本问题上"②,必须坚定不移、毫不动摇;根本制度问题,"坚持和完善中国特色社会主义制度、推进国家治理体系和治理能力现代化,是关系党和国家事业兴旺发达、国家长治久安、人民幸福安康的重大问题";坚持和完善党的领导问题,党的领导是中国特色社会主义"最本质的特征"和"制度的最大优势","办好中国的事情,关键在党,关键在坚持党要管党、全面从严治党"③。为此,还要不断自觉化解与上述根本性问题有关的隐患、挑战、风险。显然,"守正"需要问题意识、需要解决问题,离不开坚持问题导向的支撑。问题是创新的起点也是动力源,创新一般始于问题的发现、完成于问题的解决,自觉主动地创新与自觉坚持问题导向是高度一致的。坚持守正创新首要的是针对战略性、根本性问题内涵或外现的重大问题,坚持问题导向,通过解决问题不断实现实践创新和理论创新的良性互动。

（4）坚持系统观念和坚持问题导向都根源于唯物辩证法,两者同源共存。关于坚持系统观念,党的二十大报告强调了三点,一是"用普遍联系的、全面系统的、发展变化的观点观察事物";二是"要善于通过历史看现实、透过现象看本质,把握好全局和局部、当前和长远、宏观和微观、主要矛盾和次要矛盾、特殊和一般的关系";三是"不断提高战略思维、历史思维、辩证思维、系统思维、创新思维、法治思维、底线思维能力"④。可以看出,坚持系统观念既是唯物辩证法的内在要求,也"是具有基础性的思想和工作方法"⑤。可以说,坚持系统观念是分析和解决问题的基本要求,是坚持问题导向的基本内容,而坚持问题导向则是坚持系统观念的具体展开,也是其具体运用的重要途径和表现,两者同源共存、互相促成。

（5）坚持胸怀天下,要始终站在人类文明进步的一边,关注和解决人类共同的问题。马克思主义是追求人类解放的科学理论,实现天下大同是中华优秀传统文化的历史基因,中国共产党作为马克思主义政党,既要为中国人民谋幸福、为中华民族谋复兴,又要坚持胸怀天下,为人类谋进步、

① 《习近平谈治国理政》第一卷,外文出版社 2018 年版,第 21 页。
② 《习近平谈治国理政》第二卷,外文出版社 2017 年版,第 33 页。
③ 《习近平谈治国理政》第三卷,外文出版社 2020 年版,第 118、181、188 页。
④ 习近平:《高举中国特色社会主义伟大旗帜 为全面建设社会主义现代化国家而团结奋斗——在中国共产党第二十次全国代表大会上的报告》,人民出版社 2022 年版,第 20—21 页。
⑤ 《习近平谈治国理政》第四卷,外文出版社 2022 年版,第 117 页。

为世界谋大同。而这首先要求"从人类发展大潮流、世界变化大格局、中国发展大历史正确认识和处理同外部世界的关系",进而"始终站在历史正确的一边,站在人类文明进步的一边",问题是时代的声音,这些正确认识和选择只能通过社会主体发挥主观能动性去积极自觉地对客观实际特别是客观问题如人类面临的普遍问题、重大的时代难题、世界共同关注的热点话题等进行正确的理解、分析和判断,这离不开问题意识和问题导向。其次,坚持胸怀天下要求不断为世界和平发展、"人类文明进步贡献智慧和力量"[1],党的二十大报告指出,这需要"积极回应各国人民普遍关切,为解决人类面临的共同问题作出贡献",坚持胸怀天下最终要落实到对人类共同问题的自觉重视、科学认知和有效求解上,同样要诉诸坚持问题导向。没有对问题导向自觉的坚持和坚守,坚持胸怀天下就很可能成为"可望不可及"的美好诉求。

鉴于坚持问题导向本身的现实价值,以及它在"六个必须坚持"中的独特地位,在更高层次、更高水平更好地坚持和运用问题导向,成为新发展阶段推进新时代中国特色社会主义建设,实现第二个百年奋斗目标的必然选择。这要求我们在新征程中,一是要把坚持问题导向和其他五个"必须坚持"进一步融会贯通,使坚持问题导向能更好地发挥作用;二是让坚持问题导向和历史担当、历史自觉、历史耐心更好地交融,形成更为坚定的战略定力、清醒的战略判断、更为积极的战略主动去把握和解决重大问题;三是在坚持问题导向不断解决问题的过程中,实现对唯物辩证法更好地融合和转化,推动实践创新和理论创新的良性互动,"不断提出真正解决问题的新理念新思路新办法"[2]。

从以上方面可以看出,当代中国马克思主义问题意识蕴含着丰富的方法论意蕴,当然,这种丰富的方法论意蕴主要是通过作为方法论的"坚持问题导向"来挖掘和阐析的,这也是我们把握当代中国马克思主义问题意识的更深层次价值和意义所在。

---

[1]《中共中央关于党的百年奋斗重大成就和历史经验的决议》,人民出版社2021年版,第68页。

[2] 习近平:《高举中国特色社会主义伟大旗帜　为全面建设社会主义现代化国家而团结奋斗——在中国共产党第二十次全国代表大会上的报告》,人民出版社2022年版,第20页。

参 考 文 献

《陈独秀文集》第 2 卷，人民出版社 2013 年版。

《陈云文选》第 1 卷，人民出版社 1995 年版。

《陈云文选》第 3 卷，人民出版社 1995 年版。

《邓小平文选》第 3 卷，人民出版社 1993 年版。

《邓小平文选》第 1、2 卷，人民出版社 1994 年版。

《邓小平的二十四次谈话》，人民出版社 2004 年版。

《董必武选集》，人民出版社 1985 年版。

《胡锦涛文选》第 1 卷，人民出版社 2016 年版。

《胡锦涛文选》第 3 卷，人民出版社 2016 年版。

《江泽民文选》第 1—3 卷，人民出版社 2006 年版。

《李大钊选集》，人民出版社 1959 年版。

《列宁全集》第 15 卷，人民出版社 2017 年版（第 2 版增订版）。

《列宁全集》第 25 卷，人民出版社 2017 年版（第 2 版增订版）。

《列宁全集》第 26 卷，人民出版社 2017 年版（第 2 版增订版）。

《列宁全集》第 27 卷，人民出版社 2017 年版（第 2 版增订版）。

《列宁全集》第 28 卷，人民出版社 2017 年版（第 2 版增订版）。

《列宁全集》第 29 卷，人民出版社 2017 年版（第 2 版增订版）。

《列宁全集》第 52 卷，人民出版社 2017 年版（第 2 版增订版）。

《列宁全集》第 7 卷，人民出版社 2013 年版（第 2 版增订版）。

《刘少奇选集》下卷，人民出版社 1985 年版。

《马克思恩格斯全集》第 1 卷，人民出版社 1956 年版。

《马克思恩格斯全集》第 17 卷，人民出版社 1963 年版。

《马克思恩格斯全集》第 18 卷，人民出版社 1964 年版。

《马克思恩格斯全集》第 27 卷，人民出版社 1972 年版。

《马克思恩格斯全集》第 34 卷，人民出版社 1972 年版。

《马克思恩格斯全集》第 38 卷，人民出版社 1972 年版。

《马克思恩格斯全集》第 39 卷，人民出版社 1974 年版。

《马克思恩格斯全集》第 40 卷，人民出版社 1982 年版。

《马克思恩格斯全集》第 8 卷，人民出版社 1995 年版。

《马克思恩格斯全集》第 25 卷，人民出版社 2001 年版。

《马克思恩格斯文集》第 1—10 卷，人民出版社 2009 年版。

《马克思恩格斯选集》第 1 卷，人民出版社 2012 年版。

《马克思恩格斯选集》第 3 卷，人民出版社 2012 年版。

《马克思恩格斯全集》第 35 卷，人民出版社 2013 年版。

《马克思恩格斯全集》第 49 卷，人民出版社 2016 年版。

《毛泽东选集》第 1—4 卷，人民出版社 1991 年版。

《毛泽东文集》第 1 卷，人民出版社 1993 年版。

《毛泽东文集》第 2 卷，人民出版社 1996 年版。

《毛泽东文集》第 3 卷，人民出版社 1996 年版。

《毛泽东文集》第 6 卷，人民出版社 1999 年版。

《毛泽东文集》第 7 卷，人民出版社 1999 年版。

《毛泽东思想年编：1921—1975》，中央文献出版社 2011 年版。

《斯大林选集》（上），人民出版社 1979 年版。

《习近平谈"一带一路"》，中央文献出版社 2018 年版。

《习近平谈治国理政》第二卷，外文出版社 2017 年版。

《习近平谈治国理政》第一卷，外文出版社 2018 年版。

《习近平谈治国理政》第三卷，外文出版社 2020 年版。

《习近平谈治国理政》第四卷，外文出版社 2022 年版。

《周恩来选集》下卷，人民出版社 1984 年版。

《中共中央关于党的百年奋斗重大成就和历史经验的决议》，人民出版社 2021 年版。

《中共中央关于全面深化改革若干重大问题的决定》，人民出版社 2013 年版。

《中共中央关于制定国民经济和社会发展第十四个五年规划和二〇三五年远景目标的
建议》，人民出版社 2020 年版。

〔英〕阿尔弗雷德·诺思·怀特海：《过程与实在》，杨富斌译，中国城市出版社 2003
年版。

〔德〕艾·爱因斯坦：《物理学的进化》，周肇威译，湖南教育出版社 1999 年版。

〔法〕安托万·普罗斯特：《历史学十二讲》，王春华译，北京大学出版社 2012 年版。

〔法〕奥古斯特·科尔纽：《马克思恩格斯传》第 1 卷，生活·读书·新知三联书店 1963
年版。

本刊评论员：《中国经济向好基本面不会改变》，《求是》2022 年第 10 期。

本书编写组：《中共中央文件选集》第 13 卷，中共中央党校出版社 1991 年版。

本书编写组：《中共中央文件选集》第 1 卷，中共中央党校出版社 1982 年版。

本书编写组编：《胡锦涛〈在全党深入学习实践科学发展观活动总结大会上的讲话〉
学习读本》，人民出版社 2010 年版。

曹锦清：《问题意识与调查研究》，《社会学评论》2014 年第 5 期，第 3—9 页。

陈先达：《"问题导向"思想方法的精髓》，《唯实》2016 年第 3 期，第 41—42 页。

陈先达：《"问题导向"思想方法的精髓是什么》，《北京日报》2016 年 2 月 15 日。

陈先达：《问题中的哲学》，中国人民大学出版社 2015 年版。

陈先达：《哲学中的问题与问题中的哲学》，《中国社会科学》2006 年第 2 期，第
4—10 页。

程晨：《带着问题学，针对问题改》，《人民日报》2016 年 4 月 26 日。

程晓宇：《务必敢于斗争、善于斗争》，《人民日报》2022 年 11 月 14 日。

邓小平：《建设有中国特色的社会主义（增订本）》，人民出版社 1987 年版。

董振华：《治国理政方法十讲》，人民出版社 2017 年版。

杜尚泽、张晓松：《"这件事我要以钉钉子精神反反复复地去抓"——记习近平总书记在重庆专题调研脱贫攻坚》，《人民日报》2019 年 4 月 19 日。

杜治洲：《坚持使命引领和问题导向相统一》，《人民日报》2018 年 11 月 13 日。

风笑天：《社会学研究方法》，中国人民大学出版社 2001 年版。

〔美〕傅高义：《邓小平时代》，冯克利译，生活·读书·新知三联书店 2013 年版。

顾一琼、陆益峰：《推动全面从严管理监督干部向纵深发展》，《文汇报》2022 年 10 月 18 日。

关锋、陈文静：《全面深化改革与共同体四种维度的自觉建构》，《华南师范大学学报（社会科学版）》2020 年第 2 期，第 14—27，189 页。

关锋：《"国家治理现代化"对历史唯物主义国家观的推进》，《教学与研究》2016 年第 11 期，第 27—36 页。

关锋：《发生、驱动和统摄：全面深化改革的三大逻辑解读》，《湖湘论坛》2020 年第 3 期，第 55—69 页。

关锋：《科学社会主义在中国的践行与发展——以重大难题求解为中心的阐释》，《探索》2020 年第 3 期，第 5—20 页。

关锋：《理论寻根、历史追踪和现实指向——"习近平新时代中国特色社会主义思想的世界观和方法论"何以提出的三重维度》，《思想理论教育导刊》2023 年第 2 期，第 33—41 页。

关锋：《全面深化改革与"问题和发展的辩证法"的建构》，《东南大学学报（哲学社会科学版）》2020 年第 3 期，第 50—59，152 页。

关锋：《习近平新时代中国特色社会主义思想对"问题"的科学理解和求解》，《福建师范大学学报（哲学社会科学版）》2022 年第 3 期，第 1—12，169 页。

韩庆祥：《现实逻辑—中国问题—治国理政》，《学习时报》2015 年 9 月 7 日。

何明：《问题意识与意识问题——人文社会科学问题的特征、来源与应答》，《学术月刊》2008 年第 10 期，第 20—27 页。

〔美〕赫舍尔：《人是谁》，隗仁莲译，贵州人民出版社 1994 年版。

〔德〕黑格尔：《逻辑学》下卷，杨之一译，商务印书馆 2013 年版。

〔德〕黑格尔：《小逻辑》，贺麟译，商务印书馆 1980 年版。

胡适：《问题与主义》，北京大学出版社 2013 年版。

黄河清：《近现代汉语辞源》（下），上海辞书出版社 2019 年版。

黄坤明：《把握好习近平新时代中国特色社会主义思想的世界观和方法论》，《人民日报》2022 年 11 月 16 日。

黄炎培：《八十年来》，文史资料出版社 1982 年版。

江金权：《伟大工程谱新篇——胡锦涛总书记抓党建重要活动纪略》，人民出版社 2007 年版。

江泽民：《论党的建设》，中央文献出版社 2001 年版。

姜华宣、张尉萍、肖甡：《中国共产党重要会议纪事》，中央文献出版社 2001 年版。

金炳华编：《哲学大辞典》（上），上海辞书出版社 2007 年版。

李国杰：《现代企业管理辞典》，甘肃人民出版社 1991 年版。

李君如：《"圈子文化"不是共产党人的文化》，《思想政治工作研究》2015 年第 3
　　期，第 14—16 页。

李慎明：《当今资本主义经济危机的成因及应对》，《红旗文稿》2009 年第 12 期，第
　　8—11 页。

林崇德：《心理学大辞典》（下），上海教育出版社 2003 年版。

林定夷：《科学中问题的结构与问题逻辑》，《哲学研究》1988 年第 5 期，第 32—
　　38 页。

林武：《树立问题意识 强化问题导向》，《人民日报》2016 年 5 月 23 日。

刘建军、王慧敏：《论坚持问题导向的思想方法和工作方法》，《理论月刊》2021 年
　　第 7 期，第 13—21 页。

刘少奇：《论共产党员的修养》，人民出版社 2018 年版。

刘源等编：《现代汉语常用词词频词典》，宇航出版社 1990 年版。

刘云山：《增强问题意识 坚持问题导向》，《学习时报》2014 年 5 月 19 日。

罗志田：《外来主义与中国国情："问题与主义"之争再认识之三》，《南京大学学
　　报》2005 年第 2 期，第 98—110 页。

罗志田：《整体改造和点滴改革："问题与主义"之争再认识之二》，《历史研究》
　　2005 年第 5 期，第 100—116，191 页。

毛泽东：《辩证法唯物论提纲（1937 年 8 月）》，天津人民出版社 1958 年版。

苗庆旺：《构建一体推进不敢腐、不能腐、不想腐体制机制》，《求是》2019 年第 24 期。

欧阳哲生：《胡适文集》第 3 册，北京大学出版社 1998 年版。

彭聃龄：《普通心理学》，北京师范大学出版社 2010 年版。

秦亚青：《国际关系理论的核心问题与中国学派的生成》，《中国社会科学》2005 年
　　第 3 期，第 165—176，209 页。

曲青山：《"四个伟大"的由来及其相互关系》，《福建党史月刊》2017 年第 11 期，
　　第 1—4，6 页。

全国干部培训教材编审指导委员会编：《全面推进国防和军队现代化》，人民出版社
　　2019 年版。

人民日报评论员：《新时代改革再出发的重要里程碑——写在党的十八届三中全会召
　　开五周年之际》，《人民日报》2019 年 1 月 4 日。

人民日报社理论部编：《深入学习习近平同志重要论述》，人民出版社 2013 年版。

任建树编：《陈独秀著作选编》第 2 卷，上海人民出版社 2009 年版。

任建树编：《陈独秀著作选编》第 3 卷，上海人民出版社 2009 年版。

石平：《学要带着问题学 做要针对问题改》，《求是》2016 年第 15 期。

孙兰英：《问题意识：解决中国问题的钥匙》，《中国社会科学报》2021 年 5 月 18 日。

谭虎娃：《历史的转折：中共中央在延安十三年》，人民出版社 2018 年版。

田子渝：《道路决定命运——第一代中国共产党人社会主义道路的选择轨迹》，《决
　　策与信息》2018 年第 5 期，第 10—19 页。

童世骏：《作为认识论范畴的"问题"》，《学术月刊》1991 年第 7 期，第 34—38，
　　75 页。

王晨：《抓住难得历史机遇 塑造良好国家形象》，《人民日报》2010 年 6 月 1 日。

王怀超：《新时代中国特色社会主义思想基本问题》，人民出版社 2020 年版。

王继凯：《党在大革命时期的学习》，《学习时报》2021 年 11 月 17 日。

王岐山：《开启新时代 踏上新征程》，《人民日报》2017 年 11 月 7 日。

王香平：《中国共产党历史上的三次大规模学习活动及其经验启示》，《毛泽东邓小平理论研究》2011 年第 7 期，第 179—193 页。

王晓东：《提高化解矛盾的能力和实效》，《人民日报》2015 年 3 月 12 日。

吴秋余：《新时代呼唤更平衡更充分的发展——访中共中央党校教授辛鸣》，《人民日报》2017 年 10 月 30 日。

新华词典编纂组编：《新华词典》，商务印书馆 1980 年版。

习近平：《辩证唯物主义是中国共产党人的世界观和方法论》，《求是》2019 年第 1 期。

习近平：《干在实处 走在前列——推进浙江新发展的思考与实践》，中共中央党校出版社 2006 年版。

习近平：《高举中国特色社会主义伟大旗帜 为全面建设社会主义现代化国家而团结奋斗——在中国共产党第二十次全国代表大会上的报告》，人民出版社 2022 年版。

习近平：《构建高质量伙伴关系 共创全球发展新时代》，《人民日报》2022 年 6 月 25 日。

习近平：《关于〈中共中央关于党的百年奋斗重大成就和历史经验的决议〉的说明》，《求是》2021 年第 23 期。

习近平：《关于建设马克思主义学习型政党的几点学习体会和认识》，《学习时报》2012 年 9 月 10 日。

习近平：《关于全面建成小康社会补短板问题》，《求是》2020 年第 1 期。

习近平：《坚持实事求是的思想路线》，《学习时报》2012 年 5 月 28 日。

习近平：《坚定理想信念 补足精神之钙》，《求是》2021 年第 1 期。

习近平：《决胜全面建成小康社会 夺取新时代中国特色社会主义伟大胜利——在中国共产党第十九次全国代表大会上的报告》，人民出版社 2017 年版。

习近平：《开放共创繁荣 创新引领未来》，《人民日报》2018 年 4 月 11 日。

习近平：《领导干部要读点历史》，《党建》2011 年第 10 期。

习近平：《领导干部要认认真真学习》，《学习时报》2008 年 5 月 26 日。

习近平：《论党的宣传思想工作》，中央文献出版社 2020 年版。

习近平：《论坚持全面深化改革》，中央文献出版社 2018 年版。

习近平：《论坚持推动构建人类命运共同体》，中央文献出版社 2018 年版。

习近平：《论中国共产党历史》，中央文献出版社 2021 年版。

习近平：《谋求持久发展 共筑亚太梦想——在亚太经合组织工商领导人峰会开幕式上的演讲》，《人民日报》2014 年 11 月 10 日。

习近平：《全党必须完整、准确、全面贯彻新发展理念》，《求是》2022 年第 16 期。

习近平：《全面从严治党探索出依靠党的自我革命跳出历史周期率的成功路径》，《求是》2023 年第 3 期。

习近平：《全面贯彻落实党的十八大精神要突出抓好六个方面工作》，《求是》2013 年第 1 期。

习近平：《让多边主义的火炬照亮人类前行之路——在世界经济论坛"达沃斯议程"

对话会上的特别致辞》，《人民日报》2021 年 1 月 26 日。

习近平：《深入实施新时代人才强国战略 加快建设世界重要人才中心和创新高地》，《求是》2021 年第 24 期。

习近平：《深入学习中国特色社会主义理论体系 努力掌握马克思主义立场观点方法》，《求是》2010 年第 7 期。

习近平：《谈谈调查研究》，《学习时报》2011 年 11 月 21 日。

习近平：《提高一体推进"三不腐"能力和水平 全面打赢反腐败斗争攻坚战持久战》，《人民日报》2022 年 6 月 19 日。

习近平：《推进党的建设新的伟大工程要一以贯之》，《求是》2020 年第 19 期。

习近平：《习近平主席在出席世界经济论坛 2017 年年会和访问联合国日内瓦总部时的演讲》，人民出版社 2017 年版。

习近平：《学习和掌握马克思主义立场观点方法是深入学习中国特色社会主义理论的根本要求》，《学习时报》2013 年 4 月 28 日。

习近平：《以史为鉴、开创未来、埋头苦干、勇毅前行》，《求是》2022 年第 1 期。

习近平：《在"不忘初心、牢记使命"主题教育工作会议上的讲话》，《求是》2019 年第 13 期。

习近平：《在"不忘初心、牢记使命"主题教育总结大会上的讲话》，人民出版社 2020 年版。

习近平：《在党的群众路线教育实践活动第一批总结暨第二批部署会议上的讲话》《人民日报》2014 年 1 月 21 日。

习近平：《在党的十九届一中全会上的讲话》，《求是》2018 年第 1 期。

习近平：《在党史学习教育动员大会上的讲话》，人民出版社 2021 年版。

习近平：《在第七十五届联合国大会一般性辩论上的讲话》，《人民日报》2020 年 9 月 23 日。

习近平：《在第十三届全国人民代表大会第一次会议上的讲话》，人民出版社 2018 年版。

习近平：《在二十国集团领导人第十三次峰会第一阶段会议上的讲话》，《人民日报》2018 年 12 月 1 日。

习近平：《在二十届中央政治局常委同中外记者见面时的讲话》，《求是》2022 年第 22 期。

习近平：《在纪念刘少奇同志诞辰 120 周年座谈会上的讲话》，人民出版社 2018 年版。

习近平：《在解决"两不愁三保障"突出问题座谈会上的讲话》，《求是》2019 年第 16 期。

习近平：《在经济社会领域专家座谈会上的讲话》，《人民日报》2020 年 8 月 26 日。

习近平：《在经济社会领域专家座谈会上的讲话》，人民出版社 2020 年版。

习近平：《在科学家座谈会上的讲话》，人民出版社 2020 年版。

习近平：《在庆祝改革开放 40 周年大会上的讲话》，《人民日报》2018 年 12 月 19 日。

习近平：《在庆祝海南建省办经济特区 30 周年大会上的讲话》，《人民日报》2018 年 4 月 14 日。

习近平：《在庆祝中国共产党成立 100 周年大会上的讲话》，人民出版社 2021 年版。

习近平：《在深圳经济特区建立 40 周年庆祝大会上的讲话》，《人民日报》2020 年
　　10 月 15 日。

习近平：《在网络安全和信息化工作座谈会上的讲话》，《人民日报》2016 年 4 月
　　26 日。

习近平：《在中国科学院第十七次院士大会、中国工程院第十二次院士大会上的讲话》，
　　人民出版社 2014 年版。

习近平：《在中央财经领导小组第十五次会议上的讲话》，《人民日报》2017 年 3 月
　　1 日。

习近平：《正确认识和把握我国发展重大理论和实践问题》，《求是》2022 年第 10 期。

习近平：《正确认识和把握中长期经济社会发展重大问题》，《求是》2021 年第 2 期。

习近平：《之江新语》，浙江人民出版社 2007 年版。

谢庐明：《党在中央苏区时期的学习》，《学习时报》2021 年 11 月 24 日。

徐崇温：《科学发展观：提出的背景和根据》，《广东社会科学》2008 年第 5 期，第
　　47—50 页。

英国培生教育有限公司编：《朗文当代高级英文辞典》，外语教学与研究出版社 2019
　　年版。

宣言：《什么是中国共产党，中国共产党干什么》，《人民日报》2022 年 6 月 30 日。

晏义光、陈上海：《马克思共产主义学校的办学特点》，《中国党政干部论坛》2008
　　年第 2 期，第 58—59 页。

杨尚昆：《杨尚昆日记》（上），中央文献出版社 2001 年版。

杨胜群：《只有中国特色社会主义才能发展中国》，《人民日报》2013 年 8 月 9 日。

杨信礼：《重读〈论持久战〉》，人民出版社 2018 年版。

姚本先：《论学生问题意识的培养》，《教育研究》1995 年第 10 期，第 40—43 页。

俞吾金：《如何理解"问题意识"》，《长江日报》2007 年 6 月 28 日。

中国社会科学院语言研究所词典编辑室编：《现代汉语词典》，商务印书馆 2016 年版。

中共中央党史和文献研究院、中央"不忘初心、牢记使命"主题教育领导小组办公室
　　编：《习近平关于"不忘初心、牢记使命"论述摘编》，党建读物出版社、中央文
　　献出版社 2019 年版。

中共中央党史和文献研究院编：《十九大以来重要文献选编》（上），中央编译出版
　　社 2019 年版。

中共中央党史和文献研究院编：《十九大以来重要文献选编》（中），中央编译出版
　　社 2021 年版。

中共中央党史和文献研究院编：《习近平关于防范风险挑战、应对突发事件论述摘编》，
　　中央文献出版社 2020 年版。

中共中央党史和文献研究院编：《习近平关于力戒形式主义官僚主义重要论述选编》，
　　中央文献出版社 2020 年版。

中共中央党史和文献研究院编：《习近平关于社会主义精神文明建设论述摘编》，中
　　央文献出版社 2022 年版。

中共中央党史和文献研究院编：《习近平关于总体国家安全观论述摘编》，中央文献
　　出版社 2018 年版。

中共中央纪律检查委员会、中共中央文献研究室编:《习近平关于党风廉政建设和反腐败斗争论述摘编》,中央文献出版社 2015 年版。

中共中央马克思恩格斯列宁斯大林著作编译局编:《列宁专题文集·论辩证唯物主义和历史唯物主义》,人民出版社 2009 年版。

中共中央马克思恩格斯列宁斯大林著作编译局编:《列宁专题文集·论马克思主义》,人民出版社 2009 年版。

中共中央马克思恩格斯列宁斯大林著作编译局研究室编:《五四时期期刊介绍》第 2 集下册,生活·读书·新知三联书店 1959 年版。

中共中央文献研究室、中共湖南省委《毛泽东早期文稿》编辑组编:《毛泽东早期文稿(1912.6—1920.11)》,湖南出版社 1990 年版。

中共中央文献研究室、中共西藏自治区委员会:《西藏工作文献选编(1949—2005)》,中央文献出版社 2005 年版。

中共中央文献研究室、中央档案馆编:《建党以来重要文献选编(1921—1949)》第 22 册,中央文献出版社 2011 年版。

中共中央文献研究室、中央档案馆编:《建党以来重要文献选编(1921—1949)》第 2 册,中央文献出版社 2011 年版。

中共中央文献研究室、中央档案馆编:《建国以来重要文献选编》第 2 册,中央文献出版社 1992 年版。

中共中央文献研究室、中央党的群众路线教育实践活动领导小组办公室编:《习近平关于党的群众路线教育实践活动论述摘编》,中央文献出版社 2014 年版。

中共中央文献研究室编:《陈云论党的建设》,中央文献出版社 1995 年版。

中共中央文献研究室编:《邓小平年谱(1975—1997)》(上、下),中央文献出版社 2004 年版。

中共中央文献研究室编:《邓小平文集(1949—1974)》(中、下),人民出版社 2014 年版。

中共中央文献研究室编:《改革开放三十年重要文献选编》(上),中央文献出版社 2008 年版。

中共中央文献研究室编:《建国以来毛泽东文稿》第 6 册,中央文献出版社 1992 年版。

中共中央文献研究室编:《建国以来毛泽东文稿》第 9 册,中央文献出版社 1996 年版。

中共中央文献研究室编:《毛泽东年谱(1949—1976)》第 6 卷,中央文献出版社 2013 年版。

中共中央文献研究室编:《毛泽东书信选集》,中央文献出版社 2003 年版。

中共中央文献研究室编:《毛泽东著作专题摘编》(下),中央文献出版社 2003 年版。

中共中央文献研究室编:《十八大以来重要文献选编》(上),中央文献出版社 2014 年版。

中共中央文献研究室编:《十八大以来重要文献选编》(下),中央文献出版社 2018 年版。

中共中央文献研究室编:《十八大以来重要文献选编》(中),中央文献出版社 2016 年版。

中共中央文献研究室编:《十二大以来重要文献选编》(上),人民出版社 1986 年版。

中共中央文献研究室编：《十六大以来重要文献选编》（上），中央文献出版社 2006
　　年版。

中共中央文献研究室编：《十六大以来重要文献选编》（中），中央文献出版社 2006
　　年版。

中共中央文献研究室编：《十七大以来重要文献选编》（上），中央文献出版社 2009
　　年版。

中共中央文献研究室编：《十七大以来重要文献选编》（下），中央文献出版社 2013
　　年版。

中共中央文献研究室编：《十四大以来重要文献选编》（上），人民出版社 1996 年版。

中共中央文献研究室编：《十五大以来重要文献选编》（上），人民出版社 2000 年版。

中共中央文献研究室编：《习近平关于科技创新论述摘编》，中央文献出版社 2016
　　年版。

中共中央文献研究室编：《习近平关于全面从严治党论述摘编》，中央文献出版社 2016
　　年版。

中共中央文献研究室编：《习近平关于全面深化改革论述摘编》，中央文献出版社 2014
　　年版。

中共中央文献研究室编：《习近平关于全面依法治国论述摘编》，中央文献出版社 2015
　　年版。

中共中央文献研究室编：《习近平关于社会主义经济建设论述摘编》，中央文献出版
　　社 2017 年版。

中共中央文献研究室编：《习近平关于社会主义社会建设论述摘编》，中央文献出版
　　社 2017 年版。

中共中央文献研究室编：《习近平关于社会主义生态文明建设论述摘编》，中央文献
　　出版社 2017 年版。

中共中央文献研究室编：《习近平关于社会主义文化建设论述摘编》，中央文献出版
　　社 2017 年版。

中共中央文献研究室编：《习近平关于协调推进"四个全面"战略布局论述摘编》，
　　中央文献出版社 2015 年版。

中共中央宣传部、国家发展和改革委员会编：《习近平经济思想学习纲要》，人民出
　　版社 2022 年版。

中共中央宣传部：《中国共产党的历史使命与行动价值》，人民出版社 2021 年版。

中共中央宣传部编：《习近平新时代中国特色社会主义思想学习问答》，人民出版社
　　2021 年版。

中共中央宣传部编：《习近平新时代中国特色社会主义思想学习纲要》，人民出版社
　　2019 年版。

中共中央宣传部编：《习近平总书记系列重要讲话读本》，人民出版社 2016 年版。

中华人民共和国国务院新闻办公室：《中国的民主》，人民出版社 2021 年版。

中央党史和文献研究院编：《习近平关于中国特色大国外交论述摘编》，中央文献出
　　版社 2020 年版。

《站在更高起点上把外宣工作做得更好》，《人民日报》1999 年 2 月 27 日。

《坚定必胜信心 增强忧患意识 坚持稳中求进 推动经济持续健康发展》，《人民日报》2012年12月11日。

《习近平在参加上海代表团审议时强调坚定不移深化改革开放加大创新驱动发展力度》，《人民日报》2013年3月6日。

《有"问题意识"，也要有"过程意识"——辩证看待社会发展与问题之一》，《人民日报》2013年5月20日。

《加强对改革重大问题调查研究 提高全面深化改革决策科学性》，《人民日报》2013年7月25日。

《总体布局统筹各方创新发展努力把我国建设成为网络强国》，《人民日报》2014年2月28日。

《解决问题才是硬道理——四论再接再厉搞好第二批教育实践活动》，《人民日报》2014年5月29日。

《严把改革方案质量关督察关 确保改革改有所进改有所成》，《人民日报》2014年9月30日。

《坚持运用辩证唯物主义世界观方法论提高解决我国改革发展基本问题本领》，《人民日报》2015年1月25日。

《增强改革定力保持改革韧劲 扎扎实实把改革举措落到实处》，《人民日报》2015年8月19日。

《坚持以扩大开放促进深化改革 坚定不移提高开放型经济水平》，《人民日报》2015年9月16日。

《坚持解放思想 强化问题导向 更好用新发展理念引领发展实践》，《人民日报》2016年3月6日。

《严肃党内政治生活 净化党内政治生态 为全面从严治党打下重要政治基础》，《人民日报》2016年6月30日。

《投入更大精力抓好改革落实 压实责任提实要求抓实考核》，《人民日报》2016年12月31日。

《应对复杂形势的科学方法》，《人民日报（海外版）》2017年2月13日。

《关于深化群众性精神文明创建活动的指导意见》，《人民日报》2017年4月6日。

《拓展改革督察工作广度深度 提高发现问题解决问题实效》，《人民日报》2017年4月19日。

《扎实推动经济社会持续健康发展 以优异成绩迎接党的十九大胜利召开》，《人民日报》2017年4月22日。

《"一带一路"承载和平发展共同心愿》，《人民日报》2018年8月30日。

《王岐山出席2018年创新经济论坛开幕式并致辞》，《人民日报》2018年11月7日。

《中央经济工作会议在北京举行》，《人民日报》2018年12月22日。

《习近平主持召开中央全面深化改革委员会第六次会议强调 对标重要领域和关键环节改革继续啃硬骨头确保干一件成一件》，《人民日报》2019年1月24日。

《在常学常新中加强理论修养 知行合一中主动担当作为》，《人民日报》2019年3月2日。

《增强问题意识 推动改革发展》，《光明日报》2019年4月15日。

《坚定信心埋头苦干奋勇争先 谱写新时代中原更加出彩的绚丽篇章》,《人民日报》
　2019 年 9 月 19 日。

《有的放矢:夯实敢于并善于斗争的根基》,《人民日报》2019 年 10 月 15 日。

《新时代公民道德建设实施纲要》,《人民日报》2019 年 10 月 28 日。

《注重解决群众最急最忧最盼的紧迫问题》,《人民日报》2019 年 10 月 29 日。

《新时代爱国主义教育实施纲要》,《人民日报》2019 年 11 月 13 日。

《习近平会见出席 2019 年"创新经济论坛"外方代表》,《人民日报》2019 年 11 月
　23 日。

《坚持问题导向要见实效》,《人民日报》2019 年 12 月 19 日。

《统筹推进疫情防控和经济社会发展工作 奋力实现今年经济社会发展目标任务》,《人
　民日报》2020 年 4 月 2 日。

《年轻干部要提高解决实际问题能力 想干事能干事干成事》,《人民日报》2020 年 10
　月 11 日。

《在危机中育新机 于变局中开新局》,《人民日报》2020 年 10 月 12 日。

《加强政治建设提高政治能力坚守人民情怀 不断提高政治判断力政治领悟力政治执行
　力》,《人民日报》2020 年 12 月 26 日。

《下好先手棋 打好主动仗——习近平总书记关于防范化解重大风险重要论述综述》,
　《人民日报》2021 年 4 月 15 日。

《中国共产党是什么样的政党——论中国共产党的历史使命与行动价值》,《人民日报》
　2021 年 8 月 28 日。

《持续推动解决群众身边急愁盼难问题》,《人民日报》2021 年 10 月 12 日。

《习近平向"2021 从都国际论坛"开幕式发表视频致辞》,《人民日报》2021 年 12 月
　6 日。

《运筹帷幄定基调,步调一致向前进——2021 年中央经济工作会议侧记》,《人民日报》
　2021 年 12 月 12 日。

《筑牢理想信念根基树立践行正确政绩观 在新时代新征程上留下无悔的奋斗足迹》,
　《人民日报》2022 年 3 月 2 日。

《总是以积极的态度去面对问题》,《人民日报》2022 年 5 月 6 日。

《善于从战略上看问题想问题》,《人民日报》,2022 年 7 月 12 日。

《高举中国特色社会主义伟大旗帜 奋力谱写全面建设社会主义现代化国家崭新篇
　章》,《人民日报》2022 年 7 月 28 日。

《推动中华民族伟大复兴号巨轮乘风破浪、扬帆远航——党的二十大报告诞生记》,《人
　民日报》2022 年 10 月 26 日。

《不断提出真正解决问题的新理念新思路新办法》,《人民日报》2022 年 11 月 18 日。

Nye J S. *Bound to Lead: The Changing Nature of American Power*. New York: Basic Books.
　1990.